NEUROCIÊNCIA PARA LÍDERES

Neuroscience for leaders: practical insights to successfully lead people and organizations
© Nikolaos Dimitriadis and Alexandros Psychogios 2016, 2021

© 2021 by Universo dos Livros
Todos os direitos reservados e protegidos pela Lei 9.610 de 19/02/1998. Nenhuma parte deste livro, sem autorização prévia por escrito da editora, poderá ser reproduzida ou transmitida sejam quais forem os meios empregados: eletrônicos, mecânicos, fotográficos, gravação ou quaisquer outros.

Diretor editorial
Luis Matos

Gerente editorial
Marcia Batista

Assistentes editoriais
Letícia Nakamura e Raquel F. Abranches

Tradução
Marcia Men

Preparação
Juliana Gregolin

Revisão
Ricardo Franzin e
Nathalia Ferrarezi

Capa e diagramação
Renato Klisman

Dados Internacionais de Catalogação na Publicação (CIP)
Angélica Ilacqua CRB-8/7057

D58n
    Dimitriadis, Nikolaos
    Neurociência para líderes : como liderar pessoas e empresas para o sucesso / Nikolaos Dimitriadis, Alexandros Psychogios ; tradução de Marcia Men. -- São Paulo : Universo dos Livros, 2021.
    400 p.

    ISBN 978-65-5609-132-7
    Título original: *Neuroscience for leaders : practical insights to successfully lead people and organizations*

    1. Liderança 2. Administração de pessoal 3. Neurociência
    I. Título II. Psychogios, Alexandros III. Men, Marcia

21-3165   CDD 658.4092

Universo dos Livros Editora Ltda.
Avenida Ordem e Progresso, 157 — 8º andar — Conj. 803
CEP 01141-030 — Barra Funda — São Paulo/SP
Telefone: (11) 3392-3336
www.universodoslivros.com.br
e-mail: editor@universodoslivros.com.br

NIKOLAOS DIMITRIADIS
ALEXANDROS PSYCHOGIOS

NEUROCIÊNCIA PARA LÍDERES

COMO LIDERAR PESSOAS E EMPRESAS PARA O SUCESSO

São Paulo
2025

Grupo Editorial
UNIVERSO DOS LIVROS

Sumário

INTRODUÇÃO **9**
    O cérebro 12
    A adaptabilidade 16
    A liderança 18
    Resumo sobre a abordagem LCA 22
    Tenha em mente enquanto lê este livro 27

PILAR Nº1
Pensamento **31**

CAPÍTULO 1 — Cérebro poderoso, líder poderoso **32**
    O cérebro devorador de energia 33
    O músculo da força de vontade para líderes 36
    Pensamento de nível superior 39
    Valores fortes 40
    A síndrome de *burnout* 42
    Sobrecarga cognitiva via multitarefas 48
    Resiliência é a resposta 54
    Tenha em mente 58

CAPÍTULO 2 — Mente clara, direção forte **59**
    A evolução do cérebro obcecado pela sobrevivência 61
    Cuidado com padrões que trazem brindes 64
    Unidos venceremos... ou não? 68
    Tropeços mentais 70
    Culturas corporativas favorecendo a mente com viés ... 74
    Questionar é vencer 77
    Quando o símio assume o controle 84
    Tenha em mente 87

CAPÍTULO 3 — Melhor desempenho, mais seguidores......88
    O cérebro em mudança permanente...............90
    Propósito acima de tudo.........................94
    Flua para a grandeza...........................102
    Criatividade matou a concorrência...............106
    Se não me falha a memória......................115
    Adaptar, apostar e crescer.....................124
    Tenha em mente................................128

SUMÁRIO DO PILAR Nº 1: PENSAMENTO................129

PILAR Nº2
Sentimentos...131

CAPÍTULO 4 — Mais emoção, decisões melhores..........132
    O cérebro dominado pela emoção................135
    Estilo emocional...............................139
    De humor a sentimentos ótimos..................153
    QE como qualificação de capacitação............159
    Tenha em mente................................164

CAPÍTULO 5 — Emoção correta, ação correta............165
    As emoções básicas no cérebro..................168
    O rosto do líder...............................178
    Elementar, dr. Plutchik!.......................180
    Liderança feliz................................187
    Juntando os pontinhos emocionais...............195
    Tenha em mente................................202

SUMÁRIO DO PILAR Nº 2: SENTIMENTOS................204

PILAR Nº3
Automações cerebrais.................................207

CAPÍTULO 6 — Reação instintiva, solução mais veloz......208
    O cérebro controlador da mente..................210
    Horário nobre..219
    Novos hábitos, velhos hábitos....................231
    Vamos à atividade física!..........................239
    Conhecimento e automaticidade..................245
    Tenha em mente....................................248

SUMÁRIO DO PILAR Nº 3: AUTOMAÇÕES CEREBRAIS.....249

PILAR Nº 4
Relações..251

CAPÍTULO 7 — Mais conectado, mais bem-sucedido......252
    O cérebro socialmente programado...............261
    Eu sei o que você está pensando..................268
    Os espelhos em nosso cérebro....................274
    Conectividade humana............................278
    Confie na amígdala e nas substâncias
    químicas do seu cérebro..........................290
    Tenha em mente....................................294

CAPÍTULO 8 — Comunicação cerebral, mais persuasão....295
    Persuadindo o cérebro a agir......................297
    A influência de Cialdini...........................307
    Fale com o cérebro................................314
    Estímulos de persuasão...........................320
    Tenha em mente....................................325

SUMÁRIO DO PILAR Nº 4: RELAÇÕES....................327

CONSIDERAÇÕES FINAIS: o futuro da ciência cerebral, liderança e a abordagem *LCA* 330
    O futuro da ciência cerebral 330
    Homo relationalis: a liderança relacional do cérebro adaptável 338
    O futuro da abordagem liderança do cérebro adaptável 341
    Tenha em mente 344

EPÍLOGO 345

AGRADECIMENTOS 347

SOBRE OS AUTORES 348

NOTAS DE FIM 350

REFERÊNCIAS BIBLIOGRÁFICAS 365

INTRODUÇÃO

O enigma da liderança e o cérebro humano

"O que constitui um grande líder?". Esta pergunta de profunda importância tem ressoado há séculos nas mentes de cientistas, filósofos, profissionais e até cidadãos comuns ao redor do mundo. Também é a pergunta principal na capa da edição de novembro de 2015 da *Harvard Business Review*, uma revista amplamente influente para administradores, exibindo a obsessão do mundo dos negócios e organizações a respeito da liderança. Apesar de sua importância, a resposta a essa questão é perpetuamente imprecisa. Já foram propostos muitos modelos, teorias e tentativas para se captar a liderança de forma completa. Não mais. Acreditamos que o enigma da liderança enfim dispõe de uma resposta convincente. Uma resposta com raízes em uma fonte específica e bastante tangível: o cérebro.

A liderança não é uma ciência exata. Também não é pura arte. Não é sequer um conjunto isolado de pensamentos, emoções ou ações. Liderança é uma atitude. E, assim como ocorre com todas as atitudes na teoria psicológica clássica, consiste simultaneamente de pensamentos, emoções e comportamentos,[1] uma soma em que o resultado é maior do que suas partes. Como atitude, a liderança pode ser encontrada em qualquer lugar na vida social. Ela não é definida por hierarquias. Não é uma qualificação que se recebe. Com frequência gostamos de pensar na liderança como uma flor do campo. As flores do campo podem crescer em muitos lugares, desde que existam as condições apropriadas. De maneira similar, a liderança pode emergir caso encontre as condições apropriadas dentro e fora das organizações.

Como fenômeno social importante, a liderança foi estudada de modo extensivo. A meta principal ao investigá-la era, e ainda é, identificar as tais condições que a influenciam. O conhecimento cumulativo sobre liderança vem sendo formulado por diversas ciências, como biologia, psicologia, sociologia, ciência política, antropologia, história, entre outras. Entretanto, conforme mencionamos, a despeito de quanto conhecimento temos atualmente sobre a liderança, ainda estamos longe de entender o fenômeno holisticamente e mais longe ainda de aprender a desenvolver uma atitude eficaz de liderança. A razão é simples: a liderança não é um fenômeno estático. Ela é dinâmica, evolui com frequência. Afirmamos que, por ser um fenômeno dinâmico, ela necessita de uma abordagem dinâmica para ser compreendida. Em outras palavras: precisamos sempre expandir nossa habilidade de compreender a liderança como atitude baseada em novas formas de conhecimento emergente. Nesse sentido, o maior avanço hoje é a neurociência.

Nos últimos vinte anos, saltos tecnológicos ajudaram os neurocientistas a estudar e entender o cérebro humano como nunca em toda a história humana. Descobertas inovadoras surgiram no contexto da neuroanatomia, do desenvolvimento de sinapses e do funcionamento cerebral, influenciando consideravelmente o modo como entendemos não apenas o funcionamento interno do cérebro, mas, em um sentido mais profundo, nossas próprias atitudes sociais e individuais. Como consequência, a neurociência ajudou a ampliar nossa compreensão da liderança como atitude dentro das organizações. De fato, embora a neurociência tenha exercido impacto mais imediato sobre outras áreas relacionadas à empresarial, como as de marketing e comunicações, uma atenção crescente tem recaído sobre seus efeitos na liderança, aquilo que Rock e Ringleb (2009) chamam de *neuroliderança*. Eles definiram a neuroliderança como o estudo das microfundações biológicas dos relacionamentos interpessoais com base na influência entre líderes e seus seguidores. A neuroliderança afirma que, ao entenderem como o cérebro humano funciona, os líderes são capazes de obter vantagem real para engajar a si mesmos e aos outros, direcionando todos a um desempenho melhorado.[2] Para corroborar essa perspectiva, Henson e Rossou[3] argumentaram que já existe evidência de que os líderes se tornam mais eficazes quando estimulam a si mesmos e suas equipes a aproveitar melhor suas capacidades cerebrais. Isso é feito principalmente por meio do aprimoramento da potência cerebral individual, do cultivo de relacionamentos saudáveis e do desenvolvimento de um pensamento coletivo de alta qualidade.[4] Há cada vez mais vozes sugerindo que a neurociência abre novos caminhos para a compreensão da liderança e para a modificação da importantíssima atitude de liderança.

O que parece ser menos estudado e desenvolvido, contudo, são abordagens práticas para conscientizar os líderes acerca da flexibilidade e capacidade de seus cérebros, além de como, exatamente, as duas grandezas influenciam atitudes de liderança no mundo real. Embora haja um número relativamente grande de publicações sobre o assunto, pouquíssimas fornecem uma abordagem concreta, um passo a passo para aproveitar esse novo conhecimento de um jeito simples, sistemático e prático para os profissionais que mais anseiam por isso: os empresários e os gestores organizacionais.

Argumentamos que a liderança moderna requer julgamento prático, ou o que Aristóteles, o filósofo da Grécia antiga, chamava de *phronesis*. A *phronesis* tem ligação com o julgamento advindo de ações que dependem de seu contexto, já que estão embutidas nas nossas experiências diárias locais.[5] É um modo de pensar, saber, agir e viver nossas vidas diárias.[6] Ela é adquirida mediante a experiência prática e pode ser mais bem compreendida quando assumimos uma postura reflexiva ante essa experiência.[7] Por sua vez, ela nos ajuda a formular julgamentos e influencia o modo como nos comportamos.[8] Nesse aspecto, o julgamento prático está associado à nossa consciência das variáveis que podem influenciar nosso julgamento. Sem dúvida alguma, uma delas é o cérebro. Este livro busca auxiliar praticantes da liderança (todos nós) a aumentar sua consciência a respeito do impacto do cérebro sobre nosso comportamento de liderança. Seu objetivo é, em especial, oferecer uma abordagem holística e prática para se entender e implementar o cérebro para a liderança. Ao fazer uso do conhecimento crescente sobre o cérebro, que vem da neurociência e das ciências comportamentais, além do pensamento tradicional sobre administração e liderança, este livro desvenda meios acessíveis de estimular o cérebro rumo à liderança. Trata-se de um saber crucial para ambientes desafiadores dos setores organizacionais e empresariais. Ao utilizar pesquisas globais diversas e modernas, construímos uma abordagem ampla, concreta e, ao mesmo tempo, simples para ajudar gestores e outros profissionais a aprimorar suas capacidades como líderes. Com isso em mente, propomos a abordagem de liderança do cérebro adaptável (LCA) como forma de pensar, sentir e agir no interior das entidades sociais organizadas.

A LCA é uma abordagem sobre a atitude que os indivíduos podem adotar em sua tentativa de considerar o cérebro e sua influência no próprio comportamento, conduzindo, assim, projetos, processos e pessoas. Essa abordagem pode ser incluída no campo mais amplo da neurociência aplicada. A ênfase fica no "aplicada", sugerindo-se que este livro se destina àqueles que precisam implementar abordagens novas e eficazes à liderança o mais depressa possível, simplesmente porque as abordagens existentes não têm apresentado um desempenho particularmente bom.

Em primeiro lugar, é importante explicar em termos mais concretos os três elementos principais sobre os quais a LCA se baseia: o cérebro, a adaptabilidade e a liderança.

O cérebro

Vivemos no novo século do cérebro. Foi isso que a *Scientific American* declarou na capa de sua edição de março de 2014. Já faz mais de vinte anos que a neurociência, a economia comportamental e outras disciplinas científicas despedaçaram vários mitos sobre a tomada de decisões e o comportamento humano, em especial a fixação obstinada na ideia de que a lógica domina tudo. Essa crença vem rapidamente saindo de moda, dada a descoberta de que a nossa capacidade para o pensamento racional e analítico *não é* a capacidade humana absoluta. Ela é importante? Sim. A mais importante? Não. A neurociência, como discutimos em detalhes neste livro, é clara: os humanos não são nem deveriam ser criaturas puramente racionais. Substituir a racionalidade por uma perspectiva mais complexa, profunda e, por que não, holística e compreensiva quanto ao funcionamento interno do cérebro humano e como ele influencia nossa vida é crucial para melhorar o comportamento humano. Como consequência, ao longo das últimas duas décadas, inúmeros estudos e livros foram publicados sobre a neurociência, o cérebro e as forças ocultas que moldam o comportamento. Ao mesmo tempo, há um interesse crescente de pessoas de várias profissões e áreas em aprender as regras do comportamento humano baseadas no cérebro.

Avanços na tecnologia médica provaram-se extremamente úteis nesse sentido. Tecnologias de imagem (como a ressonância magnética funcional — fMRI) e outras tecnologias neurais, biométricas e de captura de ondas cerebrais contribuíram dramaticamente para a maneira como o cérebro é estudado.[9] A principal consequência é que foram descobertos muitos novos *insights* sobre processos, desenvolvimento e conectividade neurais. Essas descobertas influenciam não apenas o modo como entendemos a função cerebral em si, mas, mais importante, elas exercem impacto profundo ao revelar o modo como o cérebro influencia nosso processo individual e coletivo de tomada de decisões e, como resultado, nosso comportamento pessoal e social. Em outras palavras, essas evoluções desenvolvem drasticamente nossa compreensão dos fenômenos sociais, como liderança e mudança nas organizações. Vamos explorar em termos simples, o máximo que pudermos, o que é o nosso cérebro, falando biologicamente.

Nosso cérebro não é um órgão. Na verdade, é uma síntese bastante complexa de diferentes partes que também vêm evoluindo dinamicamente ao longo dos milênios. Uma descrição mais concreta do cérebro (não apenas dos humanos) é de que ele consiste em um número imenso de neurônios conectados uns aos outros por meio de milhões de algo chamado de sinapse. Os neurocientistas afirmam que os humanos têm cerca de 86 bilhões de neurônios e que cada neurônio tem cerca de mil sinapses.[10] Em decorrência disso, o número total de sinapses ativadas em nosso cérebro é enorme, demonstrando sua natureza complexa. Um jeito de imaginar as neuroconexões é pensar no *design* de uma rede, como demonstrado na Figura 0.1.

Os neurônios se comunicam uns com os outros mediante sinais elétricos chamados "ações potenciais", que carregam apenas 0,1 volt e podem cruzar longas distâncias à velocidade de 120 metros por segundo.[11] Essa sinalização elétrica alcança uma sinapse, disparando neurotransmissores que, por sua vez, causam mudanças elétricas no neurônio. Os neurotransmissores podem despertar ou inibir a atividade dos neurônios.

Em geral, sabemos que a atividade dos neurotransmissores é essencial para a nossa função cerebral, já que ela permite que o cérebro mude continuamente, adaptando-se aos estímulos dos mundos interno e externo. De maneira geral, o cérebro é uma rede de neurônios que segue um modo de agir bastante sofisticado e uma organização bem complexa.

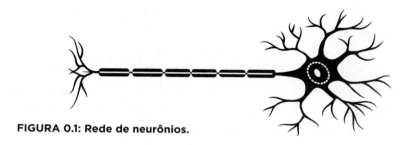

FIGURA 0.1: Rede de neurônios.

Além dessa breve descrição sobre neurônios cerebrais, também é importante termos uma visão clara de sua anatomia. Desde o nascimento, nosso cérebro desenvolve diversas formas semelhantes entre si. Entretanto, para compreender melhor essa estrutura, podemos usar o modo mais simples de descrevê-la, dividindo-a em três partes principais que estão sempre interconectadas umas com as outras. Esta é a popular teoria do cérebro trino, que será discutida com relação à persuasão no capítulo 8. Embora ultrassimplificada e altamente criticada, a teoria do cérebro trino (ou três cérebros) é bastante eficaz como modelo educacional e introdutório à estrutura e função do cérebro.

O primeiro cérebro é conhecido como cérebro basal ou instintivo — ou, ainda, simplesmente como cérebro reptiliano, já que pode ser visto também em répteis e outros seres vivos. Ele está localizado na base de nosso crânio, logo acima do pescoço. Nos humanos, esse cérebro apresenta três estruturas: a medula oblonga (ou bulbo raquidiano), a ponte e o cerebelo.[12] O cérebro reptiliano, como é chamado às vezes, é responsável por todos os comportamentos automáticos cujo objetivo é nos manter vivos. Funções como respiração, batimentos cardíacos, sono, pressão sanguínea e deglutição estão ligadas a essa parte do cérebro. Descobertas recentes na ciência cerebral apontaram que ele também influencia nossas habilidades emocionais e cognitivas.[13]

A segunda parte do cérebro é chamada de sistema límbico ou cérebro emocional. Esse cérebro, também conhecido como cérebro mamífero, está conectado ao sistema emocional e é o responsável por comportamentos sociais, incluindo ações e decisões físicas, e emoções básicas, já que a amígdala,[14] o centro responsável pelo medo e pela excitação, e o núcleo accumbens,[15] o centro responsável pelas recompensas, estão situados aqui. O sistema límbico está conectado a outras funções humanas, tais como audição, processamento de informações visuais e, é claro, o humor.[16] Uma questão que precisa estar clara a esta altura é: embora o cérebro esteja conectado às emoções, isso não significa que as emoções "existam" e estejam ativas apenas nessa parte dele. Em vez disso, é preciso compreender as emoções como estados mentais complexos relacionados ao sistema nervoso e trazidos à tona por mudanças químicas ligadas a pensamentos e sensações.[17]

A terceira e última parte é chamada de neocórtex ou prosencéfalo — ou, simplesmente, de cérebro racional. O neocórtex é associado ao processamento mais elevado de informações e habilidades cognitivas, além de à formação de memórias. O córtex cerebral é associado, por exemplo, à nossa habilidade de reunir palavras e falar um idioma, usar a criatividade, imaginar coisas e gerar ideias.[18] Capacidades cognitivas relacionadas ao processamento de informações e à armazenagem de informações também são funções fundamentais do cérebro racional.[19] O terceiro cérebro pode ser estruturado ainda em quatro lobos principais: *frontal, occipital, temporal* e *parietal*, nos quais as funções mencionadas anteriormente se localizam.

Para nós, está tudo no cérebro. O cérebro define nosso comportamento, incluindo aí emoções, pensamentos e ações. Já que, como dissemos no início deste capítulo, a liderança é uma atitude, pode-se argumentar que a liderança também é definida pela função do nosso cérebro. A pesquisa e a prática da liderança deveriam começar e terminar com ele: um único cérebro, tanto quanto nosso cérebro coletivo, interna e externamente às organizações. Discutir a liderança sem a neurociência, sem a psicologia, a antropologia e a economia comportamental, não seria apenas inadequado, mas seriamente errôneo. Nossos padrões de reflexão, nossas habilidades analíticas, nossos humores, nossas reações emocionais, nossos hábitos, nossos relacionamentos, nossas habilidades comunicativas, nossa capacidade de mudar e compreender rapidamente os outros, nossa influência geral, nosso poder de persuasão e, enfim, quase qualquer coisa que venha à sua mente no que tange à liderança podem remeter ao cérebro. Seu cérebro faz de você um grande líder. Você permite que ele faça isso?

A adaptabilidade

A palavra "complexidade" pode ser usada para caracterizar as sociedades modernas e as entidades coletivas dentro delas. As sociedades, assim como as organizações, são sistemas de interação humana infinita, e podem ser vistas como inerentemente complexas. Em nossas palestras, é comum pedirmos aos alunos que definam complexidade da forma mais fácil e conveniente que conseguirem. Depois de alguma discussão e várias definições sugeridas pelos alunos, com frequência concluímos que a complexidade reflete uma situação, ou qualquer situação, que não pode ser compreendida em sua plenitude. Em outras palavras, complexidade é algo que não conseguimos compreender com facilidade e, portanto, também não conseguimos controlar. É importante destacar aqui que existe uma distinção crucial entre *complicado* e *complexo*. "Complicado" é algo que depende de vários fatores que amiúde requerem conhecimento para poder ser explicado e controlado. "Complexo" é algo que também depende de muitos fatores. Contudo, esses fatores são quase impossíveis de prever, identificar e, em última análise, colocar sob controle humano.

A ciência da complexidade surgiu nos últimos cinquenta anos e mudou drasticamente o modo como entendemos os fenômenos físicos. A complexidade e a teoria do caos também influenciaram as ciências sociais, inclusive a administração e a liderança, em especial ao longo das três últimas décadas. Nesse contexto, a teoria da complexidade considera as sociedades e as organizações sistemas adaptáveis complexos, formados por inúmeros agentes autônomos, que se engajam em comportamentos não lineares, imprevisíveis e emergentes.[20] Esses sistemas têm uma capacidade inata de se auto-organizarem, já que os relacionamentos em seu interior são guiados por *loops* de *feedback* contínuo.[21] De modo similar, a teoria do caos preconiza que sistemas sociais evoluam constantemente ao longo do tempo, uma vez que são sensíveis a mudanças pequenas que podem provocar oscilações imprevisíveis no sistema como um todo.[22]

A complexidade nas ciências sociais se tornou um forte paradigma. A percepção de que vivemos em um mundo volátil, incerto, complexo e ambíguo (VUCA, na sigla em inglês)[23] está amplamente difundida. Para entender melhor o mundo VUCA em que vivemos, pense em um dia da sua vida. Considere por um momento quanta informação você recebe todos os dias, com relação direta ou indireta ao seu trabalho. Pense no seu fluxo diário de comunicação — quantos e-mails você envia e recebe, independentemente de todos eles serem relevantes e, mais importante, úteis; quantas vezes interage com outras pessoas, seja comunicando-se pessoalmente, pelo telefone ou por meio de plataformas de reuniões digitais, como o Skype; quanto tempo passa lendo notícias relacionadas ao seu trabalho, visitando sites relevantes etc.; e quanto tempo dedica diariamente a mídias sociais relativas ao trabalho. Por fim, considere o total de informações que você recebe da mídia profissional. Agora, lembre-se de que a mesma situação está acontecendo com a maioria dos indivíduos deste planeta, de uma forma ou outra. A rede de interações resultante disso é estonteante. Esse é apenas um pequeno exercício mental para se vislumbrar o mundo em que vivemos na atualidade.

O mundo consiste em dinamismo, evolução rápida, imprevisibilidade, imensa incerteza e, é claro, informação infinita. Sem nenhuma dúvida, nosso mundo VUCA é um mundo *infocrático*. Se o paradigma anterior de organização social era a *burocracia*, o novo paradigma é a *infocracia*.[24] Esse paradigma defende que a fonte de poder não está mais escondida em cargos e escritórios. Por causa da explosão de informação por que passamos, ele foi redistribuído por todas as nossas entidades sociais organizadas. A infocracia requer uma nova abordagem, orientada para a adaptação contínua, e não para um único resultado excelente, como ocorria com o paradigma burocrático. A infocracia determina que tudo o que ocorre ao nosso redor está de algum modo sendo cocriado por todos nós, mesmo que alguns tenham mais influência sobre o resultado.[25] Em outras palavras, o novo paradigma eleva as pessoas, tornando-as o componente crucial de qualquer sistema social. As pessoas, e, em particular, os líderes, precisam entender que desempenham um papel essencial na formulação do mundo VUCA ao nosso redor. Elas não são participantes passivos. Para entendê-lo, porém, elas precisam desenvolver com urgência novas habilidades adaptativas.

     A ciência do cérebro traz uma mensagem de esperança nesse sentido. Essa esperança se chama *neuroplasticidade*. Nosso cérebro não permanece imutável ao longo de nossa vida. Pelo contrário: ele muda constantemente, todos os dias. A neuroplasticidade é a habilidade comprovada do cérebro de mudar, ser treinado, adaptar-se, criar novas conexões neurais ou degradar as existentes. Tudo isso depende, adicionalmente aos fatores genéticos, de nós, do ambiente em que vivemos e do modo como interagimos com ele. Mesmo na vida adulta e na terceira idade, nosso cérebro muda constantemente.[26] Como consequência, o cérebro é a chave para o novo tipo de liderança necessária a uma adaptação contínua em um mundo complexo. Provavelmente por esse motivo, a prestigiosa *Harvard Business Review* dedicou uma edição especial ao assunto, no começo de 2019, intitulada "A ciência do cérebro por trás dos negócios".

A liderança

"Liderança" é um termo extremamente popular, com um impacto significativo em nossas sociedades e organizações. Uma indicação disso é o fato de que uma pesquisa do termo "liderança" no Google retorna aproximadamente 33,7 milhões de resultados. Quando se procura por "liderança nos negócios", o site retorna cerca de 48,4 milhões de resultados. Liderança importa. Desde o início da humanidade e do desenvolvimento das comunidades primitivas que levaram às primeiras civilizações, os líderes desempenharam um papel importante. Mas por que as pessoas acreditam tanto em liderança? Uma resposta crucial pode ser encontrada na psicologia. Segundo Maccoby,[27] as pessoas anseiam por seguir um líder por motivos tanto racionais quanto irracionais. Os motivos racionais têm relação com aquilo que se desconhece, que, em geral, significa o futuro das pessoas. Líderes demonstram estabilidade e certeza quando lidam com situações incertas. Eles podem oferecer esperança e apontar um caminho claro à nossa frente. Entretanto, os motivos irracionais parecem ser ainda mais relevantes. As pessoas seguem um líder, com frequência sem perceberem que o estão fazendo, porque essa é uma reação natural frente a situações difíceis. Essa disposição automática a seguir líderes emerge de emoções e imagens na mente inconsciente, que são projetadas no relacionamento com os líderes.[28] A liderança é um estado evoluído em nosso cérebro.

> **NOSSA ABORDAGEM SOBRE QUEM É O LÍDER**
> É imprescindível mencionar que, quando usamos o termo "líder" neste livro, estamos nos referindo, na maioria das vezes, a todos aqueles em cargos formais de gestão em diversos níveis nos vários tipos de organizações. No entanto, é importante lembrar que "líderes" informais também podem aprender lições cruciais com este livro. Não é necessário ter autoridade hierárquica formal para motivar outras pessoas, dirigi-las a um destino específico e apoiá-las durante esse processo. Sim, nós nos referimos a todos vocês: mães, pais, amigos e muitos outros que pensam e agem como líderes sem necessariamente se darem conta disso. Este livro também é para vocês!

Existem literalmente milhares de estudos que buscam compreender, explicar e, paradoxalmente, de alguma forma "controlar" o fenômeno da liderança. Quem já explorou a literatura existente sobre liderança[29] categorizou-a em quatro tipos ou abordagens principais:

1. A *abordagem autocrática-controladora*, em que o líder busca e controla recursos para melhorar a eficiência.

2. A *abordagem motivacional-engajadora*, em que o líder se concentra em relacionamentos e em motivar as pessoas de maneira a melhorar os resultados.

3. A *abordagem transformativa*, em que o líder tem como meta transformar a cultura de uma organização, na tentativa de alcançar melhores resultados.

4. A *abordagem adaptável*, em que o líder enxerga as organizações como sistemas complexos que estão sempre em evolução e, portanto, tentam se adaptar constantemente.

O que apresentamos é um sistema evolucionário. A liderança começou com controle, passou para motivação, depois para a transformação e, finalmente, chegou à adaptação. Nossa abordagem, conforme explicamos neste livro, não se encaixa simplesmente no quarto estilo. Ela se empenha em expandi-lo. A liderança adaptável lida bastante com sistemas e os coloca no centro da análise.[30] Os sistemas, esses, sim, são adaptáveis, e os líderes têm de operar em um ambiente em constante mudança dentro desses sistemas. Em nossa abordagem, o foco não está nos sistemas, o mundo exterior, mas no cérebro, o mundo interior. Para nós, o cérebro também é adaptável. E é essa capacidade fenomenal do cérebro de mudar que traz a liderança à dianteira da criação de organizações melhores e de um futuro mais brilhante para todos.

Nossa abordagem segue uma perspectiva particularmente mais evolucionária e biológica. Vemos a liderança como se fora baseada, entre outras coisas, em nosso cérebro e no modo como ele tem evoluído ao longo da história da humanidade. Muitos argumentos se baseiam em uma perspectiva relativamente nova da liderança chamada de teoria evolucionária da liderança (teoria EvoL).[31] A teoria EvoL segue uma lógica darwinista e tenta explicar o modo como a liderança foi formulada mediante "pressões seletivas operando sobre humanos em ambientes ancestrais".[32] Essa perspectiva afirma que o comportamento humano — e, portanto, a liderança — é resultado de processos fisiológicos, neurológicos e psicológicos influenciados pela evolução biológica. Também é fundamental compreender que esses produtos biológicos operam automaticamente[33] e não estão livres desse contexto, já que são altamente sensíveis a influências ambientais.[34] A teoria EvoL usa várias abordagens para estudar o comportamento de liderança e seus resultados. Por exemplo: a neurociência cognitiva organizacional,[35] o comportamento neuro-organizacional[36] e a neurociência organizacional[37] aplicam ferramentas e técnicas neurocientíficas para investigar fenômenos organizacionais, incluindo a liderança. Há estudiosos que também analisam diferenças individuais, concentrando-se em hormônios e neurotransmissores, bem como no modo como eles afetam o comportamento de liderança,[38] enquanto outros enfatizam a relevância genética dos papéis de liderança.[39] Finalmente, alguns deles se concentram em expressões faciais e sua influência sobre as percepções de liderança.[40]

Além desses desdobramentos da teoria EvoL, dois outros aspectos são extremamente importantes no estudo das influências biológicas sobre o comportamento de liderança. O primeiro é a perspectiva do seguidor. A teoria EvoL destaca a importância do líder, assim como a importância do seguidor.[41] A liderança é resultado de um processo evolutivo, assim como a disposição para seguir. Em outras palavras, seguidores são um aspecto essencial no processo de liderança, e sua contribuição é, antes de tudo, um produto da evolução biológica. O segundo aspecto é a perspectiva do contexto. A teoria EvoL afirma que diferentes estilos de liderança são resultado de diferentes circunstâncias ocorrendo em situações diferentes.[42] Seguindo a mesma veia, a teoria EvoL defende que os atributos da liderança também são culturalmente sensíveis.[43]

Com base nessas informações, nossa abordagem à liderança é alicerçada em três elementos: o líder, o seguidor e o contexto. Afirmamos que a liderança como fenômeno social precisa ser compreendida dentro da estrutura desses três elementos. Ao separá-los e analisá-los individualmente, podemos apenas ter uma compreensão limitada da liderança. O denominador comum entre esses três elementos é o cérebro humano. Ao ter o cérebro como foco e compreender a sua influência sobre nosso comportamento, podemos: aumentar a consciência de nós mesmos como líderes e compreender melhor nossas limitações e habilidades; aumentar a consciência de terceiros (seguidores), compreendendo como outras pessoas tomam decisões e se motivam; e, finalmente, aumentar a consciência do contexto, compreendendo características especiais de tempo, de espaço e das situações nas quais a liderança ocorre. De modo geral, acreditamos intensamente que, ao entender como o cérebro funciona e aceitar nossa habilidade de alterar como ele reage aos estímulos, estaremos em uma posição melhor para refletir sobre a experiência, formular julgamentos e, assim, adaptar mais adequadamente nosso comportamento em relação a nós mesmos e aos outros. A abordagem LCA é fundamental para isso.

Resumo sobre a abordagem LCA

A abordagem LCA consiste em quatro pilares. Eles são os quatro principais grupos de ideias, *insights* científicos e recomendações práticas que reunimos, organizamos e usamos como uma ampla abordagem baseada no cérebro em nossas vidas empresariais, gerenciais, educacionais e pessoais. Ao criar essa abordagem, utilizamos uma grande quantidade de literatura científica e de negócios relacionada às descobertas mais recentes, e combinamos isso com a literatura clássica. Usamos estudos acadêmicos, exemplos, estudos de caso, histórias pessoais, opiniões profissionais e dicas práticas do mundo todo. Porém, o mais importante: usamos a experiência advinda de nossas próprias consultorias, pesquisas, treinamentos, *coachings* e iniciativas como empreendedores e gestores. Descrevemos brevemente cada uma delas na Figura 0.2.

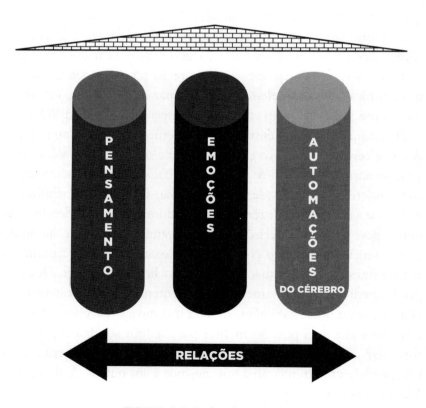

FIGURA 0.2: A abordagem LCA.

Pilar nº 1 — Pensamento

O primeiro pilar reflete a função cognitiva do nosso cérebro. É o maior pilar neste livro, porque é fundamental que líderes e empresas aprendam como pensar de uma forma baseada no cérebro. Se aprenderem a fazê-lo, poderão libertar o verdadeiro poder de seu pensamento analítico e realizar mais. Tornar-se um líder com base no cérebro significa, antes de tudo, manter e aumentar o poder da força de vontade. O motivo para isso é óbvio e simples: a liderança trata de manter seu cérebro forte e capaz de lidar de forma eficiente e eficaz com situações exigentes. Seus pensamentos e decisões nunca serão claros, relevantes, úteis e inspiradores se você desperdiça sua energia cerebral facilmente. É preciso aprender a poupar e usar a força de vontade, evitando-se, assim, as armadilhas advindas do esgotamento, do *burnout* e da necessidade de ser multitarefas. A consciência de seus próprios vieses cognitivos é tão importante quanto a força de vontade. Economistas, psicólogos, autores de livros de negócios e consultores enxergam os vieses como o principal mal do pensamento não racional. Um cérebro forte, que esteja cheio de força de vontade, mas também de suas próprias ilusões, não é bom para ninguém. Portanto, líderes precisam estar sempre cientes de seus vieses para que possam decidir conscientemente quando esses vieses são úteis (sim, eles podem ser) e quando não são. Cuidado com eles e use-os em seu benefício quando necessário. De forma semelhante, cuidado com o reconhecimento automático de padrões que podem ser enganosos e faça boas perguntas para revelar os elementos essenciais em cada situação. Questionar é uma habilidade central à liderança. Adotar um propósito pessoal profundo e cheio de significado ajuda os líderes a manter seus pensamentos nos trilhos. Ao mesmo tempo, a habilidade de descobrir e alcançar o estado mental de excelência, o "fluxo", irá ajudá-los a promover a clareza, a eficácia e a produtividade de pensamento. O pensamento criativo emerge como o tipo mais importante de pensamento, já que uma solução engenhosa de problemas é necessária quando se lida com a ruptura e a mudança constante. A memória com frequência aparece nas pesquisas como a capacidade cognitiva que as pessoas mais desejam aprimorar. Uma memória funcional e de longo alcance sempre impressiona as pessoas ao nosso redor, e amiúde ajuda a vencer uma discussão. Os líderes precisam aprender a melhorar e a utilizar sua memória. Adicionalmente, eles também precisam aprimorar sua mentalidade, adotando uma postura mais aberta, positiva e focada no crescimento, que os ajudará a se manterem afiados e prontos para quaisquer situações desafiadoras.

Pilar nº 2 — Sentimentos

O segundo pilar reflete a vida emocional dos nossos cérebros. Os humanos nem sempre são capazes de compreender e articular as próprias emoções; isso cria um enorme desafio para os líderes, levando-se em conta que o que nos move são as emoções, não os pensamentos. Oferecemos modelos concretos para nomear e categorizar nossas emoções fundamentais e para reconhecê-las em nós mesmos e nos outros. Ser capaz de discernir a emoção logo de cara e lidar com ela de forma adequada é crucial para uma liderança melhor. Além disso, evocar a emoção correta no momento correto é parte integral da liderança moderna. Equações emocionais e agilidade emocional podem fazer milagres por líderes quando usadas apropriadamente. Exploramos os estilos emocionais, as formas estabelecidas pelas quais reagimos emocionalmente a estímulos e como identificá-los. Mais importante, nós nos concentramos em como mudá-los para que se encaixem em um estilo moderno de liderança, Os líderes precisam também examinar seus humores, ou estados emocionais semiestáveis, porque o humor errado pode destruir o espírito colaborativo de uma equipe, de um departamento ou de uma empresa inteira. Encontre seu humor positivo, de crescimento, e transmita-o àqueles ao seu redor. Você será recompensado de imediato.

Pilar nº 3 — Automações do cérebro

O terceiro pilar reflete as respostas e os protocolos automáticos do nosso cérebro. Como nossas decisões e ações se baseiam primeiramente em processos cerebrais muito além de nosso controle consciente, pois que enraizados nas estruturas cerebrais mais profundas, é imperativo que líderes modernos compreendam e utilizem esses processos em seu benefício. A preparação, o processo por meio do qual os líderes podem incentivar seu próprio cérebro e o das pessoas ao seu redor na direção de uma decisão ou um comportamento específicos, deveria ser aplicada diariamente. Por meio da preparação, os líderes podem melhorar a produtividade, a criatividade e a conectividade social. Da mesma forma, hábitos, o modo mais eficiente para que o cérebro poupe uma energia preciosa, deveriam se tornar elementos estratégicos para aprimorar a capacidade de liderança. Como padrões de comportamento repetido, os hábitos em ambientes de trabalho são representativos da cultura da empresa e precisam ser abordados com cuidado. A literatura mais recente sugere que mudar hábitos, criando um conjunto mais favorável tanto para nós mesmos quanto para os outros, não é difícil se seguirmos o processo correto. Destrua hábitos negativos e crie outros, positivos, para impulsionar seu efeito de liderança. Além disso, nossos cérebros evoluíram ao longo de milhões de anos para lidar com os desafios e oportunidades do mundo físico que os cerca. Portanto, desenvolveram formas únicas de interagir e reagir automaticamente a mudanças em seus arredores. Nesse aspecto, sugerimos que lidar com o ambiente físico ou o contexto físico afeta massivamente o comportamento e a tomada de decisão da liderança. O líder moderno precisa entender a interação entre o cérebro e o mundo físico, e utilizar espaços para encorajar as reações comportamentais desejadas.

Pilar nº 4 — Relações

O quarto e último pilar reflete o aspecto social de nossas vidas como líderes. Consideramos que seja o pilar mais importante, já que é aqui que a liderança como interação social ocorre de fato. Este pilar não deveria ser considerado uma seção cerebral diferente, e sim o pilar que conecta todos os outros. Nenhum líder pode inspirar uma ação se as demais pessoas não se conectarem a ele de maneira profunda e significativa. E, para que isso ocorra, os líderes precisam compreender plenamente as origens de base social da consciência e adotar uma atitude de "colaborar primeiro, depois reciprocar" nas interações de negócios. Os "faça isso, não aquilo" são fornecidos e os líderes modernos são incentivados a desenvolver seu próprio radar para que se identifiquem e se conectem com as pessoas à sua volta. Essa habilidade, por si só, aumentará dramaticamente a sua eficácia como líder. Utilizar a tendência de imitação do seu cérebro para criar e manter uma cultura corporativa eficaz, além de estabelecer e administrar extensas redes de contatos humanos, seja por elos fortes, seja por elos fracos, vai elevar seu status como líder. E mais: dominar a arte de fazer contato com outras pessoas ao demonstrar presença, calor humano e força vai ajudá-lo a criar uma conexão poderosa com indivíduos importantes dentro e fora da sua organização. Entretanto, se você não se certificar de que a sua química cerebral relevante esteja em modo colaborativo, não será capaz de adaptar seu cérebro para a liderança conectada em redes.

Relações são construídas e nutridas por meio da comunicação. E a comunicação, para nós, trata de criar uma resposta comportamental desejada. Assim, a persuasão é uma habilidade central à liderança, pois os líderes modernos precisam dela para influenciar comportamentos e alcançar as metas da empresa. Nesse sentido, precisamos "falar" com todas as três funções cerebrais principais — pensar, sentir e fazer — se quisermos induzir uma mudança comportamental significativa. Portanto, precisamos guiar a racionalidade, motivada por emoções fortes, e ajustar o ambiente para os hábitos desejados. Para obter os melhores resultados tanto para os cérebros individuais quanto para o coletivo, os líderes precisam usar, sempre que possível, os princípios da persuasão; frases específicas (como "por causa") que podem acelerar sua influência sobre outros; conversas compassivas e os seis estímulos-chave para chamar a atenção de um cérebro. Sua habilidade ampliada para persuadir os outros terá um impacto positivo no seu próprio trabalho e no trabalho de outras pessoas.

Agora, prepare-se para imergir a si mesmo e ao seu cérebro na abordagem LCA.

Tenha em mente enquanto lê este livro

1. Embora a neurociência seja a principal fonte para o modelo LCA, também usamos psicologia, sociologia, economia comportamental, ciências administrativas e de liderança e até mesmo marketing e comunicação para conseguir explicar e sustentar nossa abordagem. Hoje, os líderes precisam de toda a ajuda disponível, seja lá de onde vier.
2. Busque outros estudos para expandir seu conhecimento sobre os assuntos que achar mais interessantes. É impossível explicar a fundo todos os tópicos, conceitos, exemplos e recomendações em um único livro. No entanto, fornecemos uma lista extensa e abrangente de fontes, que incentivamos o leitor a explorar. Ela inclui autores céticos sobre a popularidade da neurociência e os tópicos discutidos neste livro, como o comediante Robert Newman, em seu livro de 2017, *Neuropolis: a brain science survival guide*; o psicólogo Paul Bloom, com *Against empathy: the case for rational compassion* (2017); e o psicólogo Benjamin Hardy, com *Willpower doesn't work: discover the hidden keys to success* (2018). Em geral, quem observar com atenção perceberá que há um conflito crescente entre a psicologia clássica e a neurociência moderna, já que a neurociência, com o uso da tecnologia para leitura do cérebro, revisa e até mesmo rejeita teorias e métodos tradicionais da psicologia.[44] Ter uma opinião bem-informada depois de revisar argumentos conflitantes e adotar uma abordagem crítica são habilidades cruciais para todos os profissionais hoje em dia.
3. As historinhas curtas no início de cada capítulo são reais. Os capítulos abrem com um líder em uma situação empresarial difícil. Todas essas histórias vêm de nosso trabalho pessoal com líderes e gestores em todo o mundo. Modificamos detalhes para que eles não possam ser reconhecidos, mas os desafios relatados foram mantidos inalterados.
4. Todos os exercícios e recomendações no livro foram testados e postos à prova ao longo dos últimos catorze anos que passamos construindo a abordagem LCA. Encontre aqueles que funcionam melhor para você e sua equipe. Para isso, experimente quantos

desejar nos momentos apropriados. Tente investir em quantidade e qualidade.
5. Este é um livro para praticantes escrito por praticantes. Não é uma obra feita por neurocientistas para líderes. Isso é importante. Não fornecemos detalhes sobre o cérebro só por fornecer. Escolhemos a dedo e sintetizamos cuidadosamente as informações que consideramos mais relevantes em nossas práticas administrativas, consultivas e docentes. Ao contrário da maioria dos livros sobre o assunto, não apresentamos nenhuma ilustração de um cérebro neste livro. Os líderes não precisam conhecer detalhes da anatomia cerebral. Precisam, sim, ser amistosos com o cérebro. Embora ofereçamos informações específicas sobre funções cerebrais cruciais, nós sempre nos concentramos no pragmatismo. É disso que a LCA trata.
6. O cérebro ainda nos reserva muitas surpresas, então mantenha a mente aberta. A neurociência e outros campos que lidam com a natureza humana, especialmente com o comportamento humano, ainda estão evoluindo. A investigação científica e a tecnologia ampliarão as fronteiras da compreensão, e mais *insights* inovadores estão prestes a surgir. Por exemplo: em 2018, o neurocientista George Paxinos e sua equipe na Neuroscience Research Australia anunciaram a descoberta de uma nova parte do cérebro, desconhecida até então, e que é, segundo a equipe de pesquisa, "ausente no macaco rhesus e outros animais que estudamos. Essa região poderia ser o que faz de nós, humanos, únicos, além de nosso cérebro maior".[45] Então, nunca pare de buscar, nunca pare de perguntar e nunca pare de aprender.
7. Não apenas leia, faça. Você aprende mais e de forma mais rápida fazendo do que lendo. Comece a aplicar as ideias e recomendações assim que sentir vontade. Experimente primeiro em situações de baixo risco e, lentamente, passe a tarefas mais importantes. Não esperamos que você coloque todas em prática, mas que tente explorar a maioria delas.
8. Esqueça do *Homo economicus*. Essa visão ultrapassada dos humanos, sustentada durante séculos por alguns economistas, está acabada, ficou para trás. Os humanos não são racionais e jamais

serão. E isso é ótimo, na verdade. A racionalidade desempenha um papel essencial para implementar decisões mais profundas, mas sem o compasso moral, o empurrão motivacional das emoções e o guia estável da empatia seríamos apenas psicopatas frios. Grandes líderes não são psicopatas frios. Eles são seres atenciosos, compreensivos, passionais e visionários (com todas essas características ou uma combinação delas) que seguem adiante, não importa o que aconteça. Se fossem puramente racionais, eles teriam desistido muitas vezes ao longo do caminho.
9. Trata-se de você, pessoalmente, e das pessoas ao seu redor. O líder com cérebro adaptável modifica não apenas um cérebro, mas muitos. Líderes que mudam seus cérebros inevitavelmente mudam os daqueles que estiverem mais próximos a eles, tornando-se uma força imbatível a favor do progresso. Nenhum líder é uma ilha. Líderes são atores sociais poderosos com uma imensa responsabilidade de melhorar tudo e todos, o tempo todo.
10. Todos nós somos líderes. Funcionários da linha de frente, gerentes intermediários e supervisores, chefes de unidades ou de departamentos, diretores executivos e diretores presidentes (CEOs): todos líderes. A era de profissionais não líderes chegou ao fim. Complexidade, rupturas, informação abundante e os clientes mais exigentes de todos os tempos deixaram o modelo antigo obsoleto. Seja qual for o cargo, lidere como um verdadeiro líder baseado no cérebro e você trará consigo a mudança que importa. E muita mudança.

Está na hora de passar para o primeiro pilar.

PILAR Nº 1

Pensamento

Capítulo 1

Cérebro poderoso, líder poderoso

> **REUNIÃO DE PLANEJAMENTO DE NEGÓCIOS — SEXTA-FEIRA**
>
> Tarde de sexta-feira e todo mundo veio para a reunião. A semana toda fora extremamente exigente, já que a equipe estava finalizando o plano de negócios do ano seguinte. Trabalhar até tarde da noite era a regra. Os últimos detalhes importantes de assuntos estratégicos seriam esclarecidos nessa reunião e a tensão na sala era palpável. Todos estavam física e mentalmente exaustos e mal podiam esperar para terminar. Apesar de o planejamento de negócios sempre ter sido exigente, neste ano a pressão era maior do que nunca, devido a novos desafios de mercado. Aquele plano de negócios podia fazer uma grande diferença para a empresa, trazendo crescimento real, ou podia acarretar um desempenho abaixo das expectativas, prejudicando seriamente a reputação da empresa e da equipe. A líder da equipe entra na sala. Ela sempre acreditou em liderar dando o exemplo, por isso, era a primeira a chegar ao escritório, logo de manhã cedinho, e a última a sair à noite durante essa semana. Sua crença mais profunda era de que, se todos trabalhassem mais intensamente e por mais tempo, seriam bem-sucedidos. Ela dá uma olhada na agenda e em seguida para os rostos tensos ao redor da mesa. A reunião começa.

> Argumentos sobre implementação rapidamente evoluem para impasses hostis. Discordâncias sobre estratégia se transformam em comentários pessoais desagradáveis. A insatisfação generalizada se acumula, até que, no final da reunião, transborda em vários colapsos emocionais. Embora a equipe tenha conseguido entregar um plano de negócios que alcançava seus objetivos principais, o espírito de colaboração que fora construído com tanto cuidado e investimento ao longo do ano estava irreversivelmente danificado. Relacionamentos nunca se recuperaram, e duas pessoas cruciais deixaram a empresa nos meses seguintes. Por mais que soe surpreendente, o resultado geral daquela reunião de sexta-feira já tinha sido decidido antes mesmo de ela começar. Não pelas pessoas presentes. Nem mesmo pela líder. Mas, sim, pelos seus cérebros.

Quantas vezes líderes e gestores enfrentam situações como a descrita? Reuniões formais, apresentações importantes, sessões de *feedback* ou simples tomadas de decisões envolvem regularmente pessoas que estão tensas e sobrecarregadas. Independentemente de estereótipos culturais sobre o líder todo-poderoso que está sempre ligado, constantemente em sua melhor forma e sempre no controle, a ciência demonstra que a força do cérebro tem limites. Se esses limites são ignorados, o autocontrole pode se deteriorar depressa, com consequências drásticas para todos os envolvidos. A força de vontade é uma característica fundamental da liderança e deve ser cultivada cuidadosamente para produzir o apoio desejado tanto para um pensamento claro quanto para a melhor gestão possível das emoções. E isso tudo começa no cérebro.

O cérebro devorador de energia

O cérebro consome mais energia do que qualquer outro órgão humano. Segundo um artigo de 2008 da *Scientific American*, no total, o cérebro consome mais de 20% de toda a energia à disposição do corpo. Embora represente apenas 2% de nossa massa corpórea, ele consome um quinto do oxigênio e um quarto da glucose.[1] Se fosse uma empresa, poderíamos entender assim: o cérebro representa um departamento com apenas 2% da força de trabalho total, mas exige 20% dos recursos financeiros da empresa. Naturalmente, toda decisão nesse departamento deveria ser tomada com a máxima eficiência e eficácia. A priorização seria a melhor solução, e toda ação seria minuciosamente pesada por seu impacto na sobrevivência de toda a organização. O cérebro se comporta exatamente da mesma forma. Ele prioriza funções corporais que garantam sua sobrevivência, redirecionando energia para essas áreas em vez de usá-la em funções exóticas e refinadas, como análise e previsão, se e quando isso é necessário. Voltando à analogia empresarial, isso não é muito diferente do que ocorre em muitas empresas que, ao lidar com uma queda nas vendas, concentram mais recursos nas áreas que acreditam ser essenciais à sobrevivência do negócio. Ao mesmo tempo, retiram recursos dos projetos mais elaborados e arriscados, bem como de campanhas caras de publicidade.

Indo um pouco além, a neurociência revela que o cérebro consome a maioria de sua energia em sistemas automáticos de manutenção em vez de em funções executivas de cognição superior. Ele consome quase 90% de sua energia em um estado calmo, quando não se exige das pessoas que pensem muito. Assim, ele tem na verdade uma pequena porção de energia disponível para dedicar a tarefas complexas e cognitivamente exigentes, como gerenciar uma reunião de final de ano, debater os últimos detalhes de um plano de negócios e navegar com diplomacia pelas opiniões conflitantes da equipe. Passamos nossas vidas achando que a maior parte dos processos que ocorrem em nossos cérebros tem a ver com a área da qual temos ciência, a nossa consciência. Isso não poderia estar mais distante da verdade. A maior parte da potência cerebral é usada em outro lugar: nas profundezas de nossos cérebros. De acordo com estimativas, a faixa de nossa percepção consciente é de 100 bits por segundo[2] ou até mesmo de 50 bits por segundo,[3] isso dá 10 bilhões de bits de informação entrando em nosso cérebro a cada segundo. Isso é nada menos do que extraordinário, já que vai de encontro a uma percepção fundamental que temos de nós mesmos como espécie e como indivíduos. Na verdade, a parte que acreditamos ser fundamental para as nossas principais competências e habilidades para desenvolver a nós mesmos e nossas carreiras — ou seja, nossa parte analítica e de solução de problemas consciente — recebe apenas uma fração da energia total e do poder de processamento. Isso significa que temos que ser extremamente cuidadosos e estratégicos ao administrar essa energia. Senão, não a teremos de sobra para usar em nossas exigentes, desafiadoras e exaustivas tarefas diárias de processamento de informação.

Há uma nova teoria emergindo sobre por que o cérebro precisa usar tanta energia, de modo constante e subconsciente; um assunto que tem intrigado a neurociência há décadas. James Kozloski,[4] um neurocientista de computadores no Thomas J Watson Research Centre, da IBM, desenvolveu o que ele chama de modelo cerebral de *looping* fechado para trocas baseadas em informações corticais para explicar todo esse consumo extensivo de energia pelo cérebro. Segundo Kozolski, o cérebro constantemente recicla sinais, o que significa dizer que ele retraça repetidas vezes caminhos neurais já estabelecidos.[5] Em essência, o cérebro envia sinais por caminhos preexistentes para garantir constantemente que três funcionalidades cruciais estejam sempre em atividade: a sensorial, que nos diz o que está acontecendo; a límbica, que nos diz o que isso significa para nós; e a comportamental, que nos diz qual é a reação apropriada.[6] Esse processo infinito e devorador de energia é evolutivamente benéfico, já que nos garantiu uma vantagem para sobreviver e prosperar, a despeito dos desafios constantes do ambiente.

A principal questão que os líderes precisam determinar, portanto, é quanta potência permitirão que seus cérebros canalizem para o setor de solução de problemas quando precisam de seu melhor desempenho sob essas condições. Será que poderão criar uma situação em que o cérebro estará desesperado por energia e automaticamente realocando essa energia para estruturas mais profundas e cruciais para sua sobrevivência? Ou será que conseguirão administrar seus ambientes pessoais e profissionais de modo a permitir um desempenho com capacidade total do cérebro quando enfrentarem adversidades? A primeira opção representa a via expressa para decisões ruins, respostas hostis e reuniões fracassadas. A segunda representa o caminho seguro para que líderes aprimorem suas habilidades de tomada de decisão e controlem suas reações emocionais de forma eficaz e significativa.

Antes de continuarmos, porém, precisamos lidar com um mito antigo sobre o poder de nossos cérebros e sua habilidade de processamento. Uma das primeiras respostas que as pessoas dão em nossas palestras e conferências, quando perguntamos o que elas sabem sobre o cérebro, é que nós usamos apenas 10% dele. Isso não é verdade. É tão absurdo quanto dizer que usamos apenas 10% de nossos braços. Um braço saudável, embora não seja utilizado o tempo todo, faz uso de todos os seus músculos e funcionalidades quando requisitado. O mesmo pode ser dito do cérebro. Como Simon Laughlin, professor da Cambridge University, diz: "A maior parte dos seus neurônios permanece relativamente silenciosa por longos períodos, esperando para entrar em ação assim que ativados. Eles fazem isso para usar a energia de maneira eficiente".[7] Assim, as células cerebrais repousam até que sejam solicitadas a entrar em ação para executar suas funções. Em um cérebro saudável, todas as células estão mais ou menos prontas para desempenhar suas funções. É claro que filmes populares como *Lucy* (2014), de Luc Besson, que mostra a personagem-título, interpretada por Scarlett Johansson, gradualmente usando mais do que 10% do seu cérebro, terminando por alcançar os 100% e tornando-se uma criatura praticamente divina, não ajudam as pessoas a abandonar o mito dos 10%. Apesar disso, o filme é bem divertido.

O músculo da força de vontade para líderes

Força de vontade e autocontrole não são infinitos. Walter Mischel, em seu livro *The marshmallow test*, de 2014, descreve analiticamente e explica o famoso experimento do marshmallow de Stanford, conduzido por ele no final da década de 1960 e início da década de 1970. Walter demonstrou graficamente que, quando somos expostos a situações em que precisamos empregar o autocontrole, consumimos energia cerebral muito depressa, apresentando, portanto, um desempenho bem pior na próxima tarefa que precisar de força de vontade. Crianças que demonstraram mais força de vontade quando lhes foi solicitado que evitassem comer um marshmallow colocado diante delas tiveram um desempenho pior no próximo teste de autocontrole, que ocorreu imediatamente após o teste do marshmallow. Contrariamente, aquelas que demonstraram menos autocontrole e comeram o marshmallow rapidamente no primeiro teste tiveram um desempenho muito melhor no segundo. Como pode ser isso? A força de vontade não é algo que nós temos ou não temos? Os resultados do experimento do marshmallow parecem contraintuitivos, já que tendemos a crer que a força de vontade é um traço essencial da personalidade. As sociedades parecem separar as pessoas em dois grupos, fortes e fracas, seja qual for a situação, e as pessoas tendem a identificar os líderes conforme o estereótipo de forte ou fraco, com base em protótipos específicos que já têm em suas mentes.

Quando apresentamos o experimento do marshmallow e perguntamos para a plateia sobre o resultado do *segundo* teste, de forma quase unânime as pessoas, sejam elas estudantes ou executivos, respondem previsivelmente: as crianças que mostraram força de vontade mais intensa no primeiro teste também se saíram melhor no segundo teste. Quando revelamos os resultados encontrados, elas geralmente levam alguns minutos para acomodar essa nova perspectiva sobre a força de vontade. Isso demonstra mais uma vez que não é fácil superar crenças arraigadas sobre a natureza e o comportamento humanos, mesmo quando a prova científica é tão contundente. Quando se conformam com a ideia de que a força de vontade é como um músculo que pode se cansar, as pessoas tornam-se capazes de explicar melhor algumas experiências prévias e de olhar para o futuro de um jeito mais confiante e claro. Elas tendem a reconhecer casos específicos de sua vida profissional, quando passaram por algum processo exaustivo para o cérebro que as levou a pensar e agir de forma menos eficaz em um estágio posterior.

> **QUADRO DE AÇÃO**
>
> Sente-se, relaxe e mentalmente retorne para a última vez em que passou por uma situação importante e exigente no seu trabalho, que tenha demandado esforço e decisões rápidas. Pense nas coisas que consumiram sua energia cerebral e então pense no que aconteceu depois. Consolide suas conclusões com base nos argumentos apresentados e pense nos aspectos em que você precisa estar ciente da próxima vez. Faça isso. Você ficará impressionado com os resultados.

O cérebro utilizará sua potência para ajudar a pessoa a desempenhar as tarefas desejadas de forma apropriada. Essa tarefa pode ser uma negociação, uma apresentação de vendas ou uma sessão de *coaching* individual. Entretanto, por ser um órgão que poupa energia, quando lhe é solicitado que consuma muita energia e os níveis gerais caem, ele reavaliará as prioridades e se certificará de que a energia flua primariamente para onde é mais necessária. E essa decisão será sempre a favor de sua própria sobrevivência e dos centros de manutenção do corpo. Assim, líderes precisam estar sempre cientes da habilidade de seu próprio cérebro de distribuir potência suficiente para sua porção executiva quando for crucial para eles obter seu melhor desempenho. Do contrário, emoções primitivas, pensamentos confusos e uma incapacidade de se concentrar nas coisas certas assumirão o controle e prejudicarão processos, relações e resultados. O *esgotamento do ego* se estabelece quando o seu ego, assim como a sua habilidade de dirigir as próprias ações e de desempenhar um autocontrole eficaz, fica tão cansado e destituído de energia que não consegue mais funcionar de maneira adequada. Em essência, ele não está mais no comando. Você não está mais no comando. As funções primitivas do cérebro assumiram completamente o controle do seu corpo. Nenhum líder quer se ver em uma situação dessas. Jamais!

O esgotamento do ego envolve pelo menos quatro partes diferentes do cérebro humano:[8]

- A parte envolvida em planejamento e manutenção das regras, chamada de córtex pré-frontal dorsolateral;
- A parte envolvida em controle inibidor e mudança de cenário, chamada de córtex pré-frontal ventrolateral;
- A parte envolvida em monitoração de conflitos/erros, chamada de córtex cingulado anterior dorsal;
- As partes envolvidas na manutenção e atualização da memória operacional, dentro das regiões laterais parietais.

Após revisar a pesquisa neurocientífica existente sobre o assunto, Inzlicht e associados[9] concluíram que, "de uma perspectiva psicológica, cada um desses processos poderia ser considerado necessário, mas por si sós não suficientes para o autocontrole". Isso faz do autocontrole e de seu oposto, o esgotamento do ego, um fenômeno neurológico complexo com inúmeras consequências.

A boa notícia é que o músculo da força de vontade no cérebro dos líderes pode ser aprimorado no longo prazo. O principal pesquisador do esgotamento do ego, Roy Baumeister, discorre em *Willpower: rediscovering the greatest human strength*[10] sobre os benefícios de fortalecer seu músculo da força de vontade e os perigos de não fazê-lo. Segundo todas as recomendações sobre o autocontrole disponibilizadas pela ciência, nossa experiência nos provou que pensamento de nível superior, valores fortes e *feedback* imediato são três estratégias essenciais nas empresas para fortalecer o músculo da força de vontade na liderança. Permita-nos explicar.

Pensamento de nível superior

O pensamento de nível superior ocorre quando nos engajamos em pensamentos mais abstratos e criativos ou simplesmente ao considerarmos o quadro geral de uma situação. Esse jeito de pensar, mais conceitual, tem relação com perguntas do tipo "por quê" e é o oposto exato do pensamento de nível inferior, mais norteado por perguntas do tipo "o quê" e "como". Experimentos descobriram que o pensamento superior ajuda o cérebro a ter melhor desempenho em testes de força de vontade do que o pensamento de nível inferior. Embora essa descoberta científica possa ter efeitos práticos profundos na gestão e na liderança, ela é largamente ignorada nas empresas. Organizações modernas parecem obcecadas com implementação e vitórias rápidas. "Fazer" é, de longe, preferível a "pensar", já que mudanças rápidas de mercado demandam reações rápidas das empresas. Isso deixa pouco espaço para que os líderes se engajem em pensamento conceitual e contemplações abstratas de verdade. Mesmo quando esse tipo de pensamento é exercitado, trata-se de privilégio geralmente reservado a quem está mais acima na hierarquia, muitas vezes de maneira exclusiva para o ponto mais alto dela. Ao mesmo tempo, porém, as empresas exigem que sua equipe da linha de frente demonstre resiliência total e participe das batalhas diárias no mercado volátil com autocontrole avançado e força de vontade exemplar. Contudo, isso só pode acontecer quando a equipe recebe, em todos os níveis, encorajamento para discutir abertamente o quadro geral da situação, quando é exposta a perguntas do tipo "por que" e está motivada para refletir sobre as causas das coisas. A meta é ajudar as pessoas a sintetizar o todo, em vez de focar nas partes do todo. Para conseguir fazer isso, precisamos reconhecer a contribuição do pensamento de nível superior para reter nossa potência cerebral. Ao facilitar esse processo, podemos melhorar decisões e ações baseadas na força de vontade da equipe, que exercitará mais autocontrole, alcançando objetivos com mais eficiência e eficácia.

Valores fortes

Valores fortes também estão associados com uma força de vontade aumentada. Os líderes que quiserem estar sempre focados e mentalmente fortes precisam desenvolver valores significativos e profundos. Contratar pela atitude do candidato e treiná-lo nas habilidades necessárias é uma estratégia tão popular porque gente com a ética de trabalho certa se comportará da forma desejada na maior parte do tempo, independentemente do que precise enfrentar ou de seu próprio cansaço. Essas pessoas simplesmente terão mais energia para se dedicar a seus comportamentos preferidos do que aquelas que não têm valores ou cujos valores são questionáveis. Some-se a isso o fato de que funcionar sob fortes valores pessoais fornece ao cérebro um roteiro de normas comportamentais. Assim, em situações de baixo nível de energia, quando alguém trabalhou muito nos últimos dias e se sente muito cansado, o cérebro se voltará para o modo habitual e replicará comportamentos padronizados para poupar energia. Esses comportamentos, se guiados por valores arraigados, estarão alinhados com as aspirações e reduzirão a possibilidade de reações indesejadas a estímulos externos. Construir valores fortes na organização, nos quais as pessoas acreditem de verdade, pode funcionar da mesma forma e melhorar coletivamente a força de vontade na empresa. Porém, criar valores fortes vai além de mexer no *branding* corporativo e estabelecer mantras internos. Esses valores devem estar presentes no DNA da empresa, de cima a baixo; devem se tornar a medida padrão com a qual todos os comportamentos e desempenhos serão comparados. Só assim o cérebro aprenderá que eles são absolutamente necessários para a sobrevivência e os relegará à sua região de comportamentos automáticos. Isso dará ao cérebro a energia necessária nos casos em que ela for escassa. Segundo nossa experiência, os valores se tornam uma parte integrante da mente coletiva corporativa quando seguem a estrutura ABC para infundir valores empresariais.

> **O ABC DA CRIAÇÃO DE VALORES EMPRESARIAIS**
>
> *A de autoridade*. Os valores empresariais são implementados e movidos de forma vertical, de cima para baixo — eles transitam das posições de alta autoridade para as de baixa autoridade, e não o contrário. Isso ocorre porque o cérebro das pessoas mais abaixo na hierarquia subconscientemente replica os comportamentos reais das pessoas que elas percebem como mais poderosas do que elas.
>
> *B de barômetro*. As empresas precisam medir periodicamente o status e a manutenção dos valores entre seus membros. As duas principais variáveis medidas são a *importância* de cada valor e o *desempenho* em cada valor. Ou seja, precisamos medir qual é o potencial impacto de cada valor em nosso negócio (importância do valor) e quanto cada valor motiva o comportamento dentro da empresa (desempenho do valor).
>
> *C de consistência*. Os valores não devem ser usados apenas para propósitos internos de relações-públicas nem para criar uma história interessante da marca. Cada um deles deve estar altamente integrado em todos os processos e procedimentos da empresa, de uma maneira formal e clara para todos. Isso pode melhorar sua manutenção, pois criam-se rapidamente os hábitos apropriados.

O *feedback* fornece pontos de checagem tangíveis para o cérebro ajustar comportamentos (mais informações e sugestões sobre *feedback* podem ser encontradas no capítulo 8). A ausência de autocontrole normalmente deixa a pessoa mais afável, mais sensível a impulsos ou até mais agitada. Um *feedback* imediato pode ajudar a conter um comportamento ruim ou até a reavaliar a situação, levando a ações corretivas. Por exemplo: se você recebe o *feedback* formal de que precisa para trabalhar no seu autocontrole, de modo a poder ser considerado para uma promoção, isso pode ter uma influência forte no seu comportamento da próxima vez que estiver em uma reunião. De maneira similar, você pode pedir a um integrante confiável da equipe para sinalizar informalmente quando a reunião estiver "esquentando", caso sinta que não está sempre calmo o bastante para detectar tal situação. Em uma escala mais ampla, desenvolver uma cultura empresarial que seja transparente e solidária, com processos amplamente difundidos para a entrega rápida e precisa de *feedback*, pode ajudar o cérebro dos funcionários a receber os sinais corretos no momento certo para ajustar seu comportamento e, assim, demonstrar mais autocontrole e força de vontade. Quanto mais importante o sinal, mais o cérebro disponibilizará a energia e a atenção necessárias para lidar com ele. Portanto, temos certeza de que estamos recebendo o *feedback* correto no momento certo? Ademais, estamos dando a esse *feedback* a atenção e o peso corretos para auxiliar nosso cérebro a se comportar à altura? Em caso negativo, a potência de que precisamos para reagir de maneira forte e afirmativa ao sinal pode simplesmente não estar disponível.

A ciência da força de vontade fornece percepções importantes sobre o que é necessário para que um líder tenha um cérebro forte, mas não conta a história toda. Para ter uma imagem mais completa sobre a potência do cérebro e garantir que ele tenha uma supercarga para lidar com a complexidade, precisamos evitar a síndrome de *burnout*.

A síndrome de *burnout*

Finalmente, você tirou aquelas tão aguardadas férias e viajou para um lugar exótico! Foi merecido, já que você vinha trabalhando sem parar no último ano com equipes multidisciplinares e multinacionais em um projeto de reestruturação crucial. O projeto foi bastante longo e exaustivo. Você sonhava com essas férias e com o tempo que passaria longe de tudo, só desfrutando do sol e do mar. Só assim você se esqueceria de tudo por um tempo e voltaria para o escritório novinho em folha, pronto para a próxima. O problema é que, apesar do descanso físico, do rejuvenescimento mental e da recarga emocional por que passara, após uma semana de trabalho ao voltar das férias, você começou a se sentir tão cansado quanto antes. Sejamos honestos. Muitos de nós têm essa sensação esquisita e, ainda pior, achamos muito difícil achar a motivação para explicá-la, pensando que precisamos apenas redescobrir nosso antigo eu. Entretanto, não é assim que deveria funcionar. Você teve o seu descanso, pensando em grandes ideias ou em nenhuma ideia. O que está acontecendo? De onde vieram esse cansaço e todas essas emoções negativas sobre o trabalho? Há uma boa chance de que tenham vindo da síndrome de *burnout*, que diminui sua habilidade de desempenhar tão bem quanto sempre quis.

Sentir-se cronicamente cansado, tanto física quanto mentalmente, não é algo incomum nas empresas modernas, em que novos problemas surgem todos os dias e as lições aprendidas ontem nem sempre se aplicam aos desafios de amanhã. Mas a síndrome de *burnout* não surge apenas do cansaço e exaustão. Mais uma vez contra a nossa intuição, ela também depende de condições essenciais do trabalho que, se não forem resolvidas, podem fazer seu cérebro desatrelar e ter um desempenho inferior às expectativas de todos e, principalmente, às suas. Será que você pode ser um verdadeiro líder quando sofre de *burnout*? Nós também achamos que não. Como um líder pode inspirar e influenciar os outros quando está constantemente exausto, sentindo-se desestimulado ou ineficaz, ou tudo isso junto? Porque esses são os principais sintomas de *burnout*. E como um líder pode liderar uma equipe que também está sofrendo de *burnout*, sentindo esses sintomas por meses a fio? Quase impossível.

Às vezes, em nossas carreiras como consultores e *coaches*, encontramos empresas com *burnout* muito difundido. Diretores de departamentos, gestores intermediários e equipes da linha de frente reclamando igual e constantemente de se sentirem desprovidos de energia, de ter coisas demais para fazer, do pouco tempo para concluí-las, de mais tarefas serem acrescentadas todos os dias sem qualquer compaixão. E, pior, com frequência incapazes de descrever de forma eficaz a situação que enfrentam. Eles sentem e compreendem aquilo pelo que estão passando todos os dias, mas parece que as palavras não são suficientes para comunicar a situação. Então, eles pedem ajuda em qualquer oportunidade que surja. Nesses casos, a cultura corporativa parece ser como um vampiro de energia que esgota os poderes mentais de seus funcionários de propósito. Buscando um pouco além da superfície, um líder pode facilmente descobrir as causas verdadeiras do *burnout* e entrar em ação de imediato para garantir que isso não influencie ainda mais o desempenho. Fazendo isso, os líderes podem confrontar e reduzir qualquer traço de desânimo, estimular a autoconfiança da equipe e fazê-la se sentir mais empoderada para se engajar e convencer os outros a atingir os seus objetivos.

O *burnout* é um problema sério nas empresas. Uma pesquisa Gallup revelou que 23% dos funcionários enfrentam-no com regularidade, enquanto outros 44% o fazem de vez em quando, o que leva a uma desconexão considerável entre os funcionários e a efeitos importantes no faturamento.[11] De fato, ele é tão prevalente nos ambientes profissionais de todo o mundo que em 2019 a Organização Mundial pela Saúde (OMS) incluiu a síndrome de *burnout* em sua 11ª Revisão da Classificação Internacional de Doenças como um fenômeno ocupacional. Embora não seja uma doença em si, mas um sintoma, a OMS explica que o *burnout* é "conceitualizado como resultando do estresse crônico no ambiente de trabalho que não foi gerenciado com sucesso".[12] O fato de o *burnout* advir principalmente da ineficácia da administração em resolver uma pressão crônica sobre os funcionários ilustra o papel central da liderança de criar um ambiente acolhedor que detecte e lide com isso de modo decisivo e oportuno. Como primeiro passo para criar esse ambiente, os líderes devem se certificar de que não estão, eles mesmos, sofrendo de síndrome de *burnout*.

Um caso exemplar de líder que passou pela síndrome de *burnout* é Elon Musk, CEO da Tesla e da SpaceX. Em 7 de agosto de 2018, Musk tuitou que tinha obtido financiamento para tornar a Tesla uma empresa de capital fechado, tendo concordado com um preço específico pelas ações.[13] Primeiro, isso não era verdade; segundo, ele não deveria estar tuitando essa informação sem as consultas e discussões apropriadas com sua equipe, sócios e investidores. Como resultado, Musk renunciou ao cargo de presidente da Tesla e tanto ele, pessoalmente, quanto a empresa pagaram multas elevadas. Em uma entrevista alguns dias depois, Musk admitiu que aquele ano tinha sido o mais doloroso e difícil de sua carreira, e que ele vinha trabalhando 120 horas por semana antes de escrever o tuíte.[14] Musk disse: "havia algumas vezes em que eu não saía da empresa por três ou quatro dias — dias em que eu nem saía ao ar livre. Com isso, não via mais meus filhos. Nem meus amigos".[15] A situação de Musk demonstra que o esgotamento e o *burnout* não se restringem a funcionários nos níveis inferiores e intermediários da hierarquia. Eles podem atingir qualquer um, desde o estagiário ao CEO. Se o *burnout* não for diagnosticado com sucesso, ele levará a erros, queda na produtividade, ações erráticas, recolhimento, desconexão, conflitos, absenteísmo e outros comportamentos indesejados na empresa.

Exaustões físicas devem ser abordadas de diversas formas. Férias podem ser uma boa solução, mas doses diárias e semanais de relaxamento podem ajudar muito mais. Um líder tem que estar ciente do estado de "alteração" que pode ser causado pela adrenalina quando alguém trabalha por longas horas durante um período prolongado. Embora a sensação seja momentaneamente boa, ela esconde dores e ineficiências do corpo e da mente. Criar um ambiente profissional que permita intervalos e momentos relaxantes é vital para se lidar de forma eficaz com o *burnout*. O impacto das sessões de recuperação ou descompressão não pode ser subestimado. No entanto, as causas mais profundas do *burnout* são mais difíceis de resolver. Mas elas devem ser abordadas de forma decisiva se quisermos calibrar nossos cérebros para a liderança.

A palavra fundamental para compreender e prevenir o *burnout* é *disparidade*. Passar por disparidades por um longo período sem que elas sejam resolvidas pode levar a um ou mais sintomas de *burnout*. As disparidades podem ocorrer de várias formas:

- Complexidade crescente de um problema e tempo limitado para sua solução;
- Discrepância entre a descrição do cargo ocupado e as habilidades reais;
- Natureza da tarefa/da cultura empresarial versus valores pessoais;

- Expectativas elevadas de desempenho e escassez de recursos disponíveis;
- Responsabilidade por uma tarefa, mas absoluta falta de controle sobre ela;
- Pressão por um bom desempenho acompanhada de falta de reconhecimento pela empresa;
- Relacionamento estrutural muito próximo, mas com péssima qualidade de convivência (supervisor e supervisionado, por exemplo);
- Discrepância entre o "dizer" e o "fazer" organizacional — gestores dizem uma coisa e fazem outra;
- Recém-chegados enfrentando trabalhos altamente imprevisíveis;
- Trabalho percebido como sério e pouca polidez entre os colegas de trabalho.

A lista, infelizmente, poderia continuar para sempre, e gestores e funcionários no mundo todo podem acrescentar suas disparidades aqui. Pior, muitos enfrentam uma combinação dessas disparidades, fazendo múltiplos sintomas de *burnout* se manifestarem simultaneamente. No final das contas, a disparidade cria um ambiente muito tóxico para sustentar qualidades de liderança. Então, o que fazer?

> **QUADRO DE AÇÃO**
> Pense em alguns dos assuntos complexos com os quais você já precisou lidar. A seguir, tente encontrar a disparidade que o fez se sentir exausto e indisposto, impossibilitando-o de manter o seu desempenho. Quais são as suas conclusões? O que você pode fazer da próxima vez para evitar disparidades similares? Lembre-se: o importante é você identificar o que deve evitar fazer da próxima vez.

Nosso cérebro é um órgão social. O fato de a pior punição na prisão ser o isolamento prova que o nosso cérebro pode lidar com muitas coisas, mas não com a ausência de interação. Nosso cérebro cresce e melhora por meio da interação social. Sem interações significativas e constantes nos estágios iniciais das nossas vidas, acabamos com sérios problemas e deficiências mentais. Ele se desenvolve e aprende principalmente por meio de estímulos externos, e nosso ambiente social desempenha um papel importante. Embora a parte relacional de fazer os ajustes finos no cérebro de liderança seja discutida em capítulos posteriores, forjar as interações sociais corretas no trabalho é considerado o remédio universal contra o *burnout*.

Por meio de nossa extensa experiência em consultoria de comunicação interna, identificamos várias ocasiões em que a melhoria da troca de informações internas reduz as disparidades mencionadas. Por exemplo: comunicações internas de mão dupla, projetadas estrategicamente, podem ajudar os líderes a escutar suas equipes e transmitir a informação certa para as pessoas certas. Explicar as coisas em detalhes e discutir os valores, objetivos, processos e resultados da empresa não são aspectos levados a sério em muitas empresas, apesar de ser o jeito mais fácil de se lidar com disparidades. A troca de informações por meio da comunicação franca é necessária para qualquer líder lutar contra a síndrome de *burnout*, tanto individual quanto coletivamente. Mesmo no nível micro, todo bom relacionamento dentro de uma empresa é baseado em comunicação oportuna, precisa e interativa entre duas pessoas ou entre uma equipe. Isso é realmente inevitável. Além disso, um sorriso pode ajudar muito. Tratar as pessoas com respeito e espalhar bondade ao seu redor cria as condições certas para reduzir o impacto do *burnout* nos outros e, em troca, em você também. Finalmente, priorizar as tarefas certas durante seu dia e o da sua equipe, bem como garantir que todos compreendem o que está acontecendo, e por quê, são boas maneiras de reduzir as disparidades. Autocontrole reduzido e síndrome de *burnout* podem prejudicar sua capacidade de liderança em definitivo. Saber identificar os sintomas e como tratá-los de maneira oportuna certamente ajudará a melhorar drasticamente seu cérebro de liderança. Apesar disso, há mais uma condição que ameaça a força do seu cérebro e que precisa ser abordada pelo líder moderno. A execução de multitarefas é provavelmente a mais complicada das três, porque muitos gestores e diretores que encontramos nas empresas estão convencidos de que esta, na verdade, é uma característica positiva da liderança. Exercer multitarefas esconde mais perigos do que pensamos.

Sobrecarga cognitiva via multitarefas

A complexidade, na forma de forças múltiplas, imprevisíveis e dinâmicas moldando nossa realidade empresarial cotidiana, aumentou dramaticamente ao longo das últimas décadas. A tecnologia e a competição global são apenas dois dos elementos do ambiente externo que mudam de modo rápido e imprevisto. Se somarmos a isso as mudanças demográficas, a política global, as descobertas científicas emergentes, clientes exigentes e o estado fluido da economia mundial, não é difícil entender a pressão sem precedentes que os líderes modernos experimentam. Resultados, linhas de novos produtos, gestão de talentos, geração de valor para os acionistas e vitórias rápidas são áreas em que se espera que eles tenham um desempenho espetacular, com frequência sem o luxo de contratar mais pessoal. Por consequência, muitas pessoas nas empresas acreditam que funcionar de forma multitarefas lhes permite lidar satisfatoriamente com essa complexidade, simplesmente executando mais tarefas ao mesmo tempo. Isso funciona?

Não. Não obstante a crença popular de que executar multitarefas é uma habilidade impressionante das pessoas supereficientes, isso, na verdade, reduz a potência do cérebro, enfraquecendo líderes. Esse fato ocorre porque a necessidade de atuar em multitarefas tem relação com maior esgotamento cognitivo. Quanto mais tarefas você se cobra para executar simultaneamente, mais pressão acrescenta à sua memória funcional. No final, quanto mais alta a *carga cognitiva* no seu cérebro, mais rápido ele esgota a energia que tem disponível. Isso não deveria ser uma surpresa para os gestores, uma vez que a relação negativa entre o desempenho e a sobrecarga parece existir em muitos outros tipos de sistemas. Um fluxo exacerbado de informações simultâneas causa congestionamento em tudo, de redes elétricas a estradas, de salas de concerto a rios. Por que achamos que com os nossos cérebros seria diferente?

É verdade que adultos têm uma capacidade maior do que crianças e idosos para administrar tarefas diferentes ao mesmo tempo. Também é verdade que a educação e a experiência geralmente podem aumentar a capacidade de se trabalhar em multitarefas. Mas isso só vai até certo ponto. A carga de informações que geramos hoje em dia como sociedade aumentou, chegando a um nível inacreditável, e muito mais rápido do que a habilidade do cérebro de lidar com isso. Conforme relatado pelo portal de tecnologia techcrunch.com,[16] Eric Schmidt, CEO da Google, disse em uma conferência de tecnologia em 2010 que a quantidade de informação que produzimos coletivamente a cada dois dias é igual a toda a informação produzida pela humanidade até 2003, algo impulsionado principalmente pela velocidade extrema com a qual dados gerados pelos usuários são postados on-line. Essa afirmação espantosa deveria alarmar todas as empresas, pois evidencia que a nossa abordagem atual à execução de multitarefas precisa ser revisada com urgência. Em vez de tratá-la como o antídoto para a complexidade, a pressão e a quantidade de informação crescentes, deveríamos considerá-la uma de suas doenças. A execução de multitarefas não ajuda o nosso cérebro de liderança a tomar decisões melhores. Não permite que ele se concentre nas questões certas e inspire as pessoas. Em vez disso, cria uma ilusão de eficiência alimentada por uma necessidade interna de sentir orgulho do quanto foi feito em um tempo limitado. Executar multitarefas não tem relação com a eficiência, mas com a sensação de que com isso se tem eficiência — com o agravante de mascarar defeitos em traços fundamentais da liderança. Também precisamos parar de pensar na prática da liderança como outra tarefa. *Não é*. Um estudo feito por Sanbonmatsu *et al*.[17] fornece vários *insights* incríveis, que desafiam a atitude positiva com que a execução de multitarefas é vista nas empresas. O estudo descobriu que as pessoas que se consideravam excelentes em multitarefas na verdade tinham uma opinião exagerada sobre si mesmas. Elas apresentaram um desempenho muito ruim em testes de multitarefas. Aparentemente, saíram-se ainda pior do que as pessoas que não se consideravam aptas em multitarefas e não se engajavam muito nessa prática em suas vidas cotidianas. Isso é uma descoberta fantástica. Quanto mais praticamos multitarefas e mais achamos que somos excelentes nisso, menos eficazes somos na realidade. Se é assim, por que as pessoas continuam fazendo isso? Com frequência, adeptos das multitarefas são aventureiros em busca da emoção que realizar muitas tarefas pode trazer. As pessoas que se rotulam como adeptas irremediáveis das multitarefas são mais impulsivas, abraçando sempre que possível a onda de fazer muitas coisas ao mesmo tempo. *Fazer* não significa *fazer do jeito certo*, porém. Pode até render uma sensação boa e eufórica, mas não faz de nós líderes melhores. A liderança não é uma tarefa para adeptos de multitarefas. A liderança tem a ver com comunicar, mostrar o caminho, motivar, apoiar e desenvolver, e essas não são tarefas tradicionais do trabalho. São, ou deveriam ser, comportamentos diários dos gestores. Ao fazer várias coisas em paralelo e tentar atingir múltiplas metas simultaneamente, podemos acabar com sérias perdas no jogo da liderança.

Sanbonmatsu *et al.*[18] prosseguiram, revelando que os autoproclamados adeptos das multitarefas demonstraram falhas importantes em controlar a parte executiva de seu cérebro. A parte executiva é a que controla os nossos impulsos, dirige nossa atenção e foco, lida com nossa memória funcional e administra nossas funções de resolução de problemas e completude de tarefas. A carga cognitiva pode inibir tudo isso, enfraquecendo líderes e incapacitando-os de realizar seu papel mais influente. Como podemos confiar e seguir um líder que demonstra baixa atenção, memória funcional confusa e capacidade limitada de resolução de problemas? Não podemos. É por isso que a execução de multitarefas deve ser abordada com extrema cautela. Os adeptos dessa prática são menos capazes de administrar distrações e manter o foco em uma única tarefa de cada vez. Entretanto, com a complexidade aumentada e o ritmo incontrolável do fluxo de informações, as distrações e os ruídos chegaram para ficar. As empresas precisam de líderes que não vão pular impulsivamente a cada nova direção que surgir. Bem pelo contrário, elas precisam de gente que possa navegar com convicção pelo mar de desafios e liderar os outros na direção certa. Com a quantidade limitada de energia cerebral disponível para a parte executiva, é extremamente arriscado enfraquecer suas importantes funções executivas porque há tarefas demais sendo processadas ao mesmo tempo. Líderes verdadeiros são aqueles que usam sua energia cerebral com sabedoria e seletividade, de modo a garantir que tenham o suficiente para manter o foco, solucionar problemas, controlar impulsos e raciocinar. De outra forma, essas funções receberão menos energia do que o necessário para funcionar apropriadamente, resultando em comportamentos confusos, desorientados e frustrantes. O autocontrole sofre muito.

APRENDENDO COM A VIDA REAL:
O GERENTE MULTITAREFAS

Nós nos lembramos especificamente de um caso em que prestávamos consultoria para um diretor de desenvolvimento de negócios de uma grande empresa de varejo na região sudeste da Europa. Com experiência global e muitos sucessos internacionais em seu currículo, ele tinha confiança em si mesmo e em sua equipe. Entretanto, quando as ondas de choque da crise econômica de 2008 atingiram a região, ele teve que lidar com muitos "incêndios" de uma vez só. Era uma situação nova para ele. Portanto, ele buscou assumir mais responsabilidades, na tentativa de enfrentar a complexidade crescente exercendo multitarefas. Ele estava trabalhando mais horas, com múltiplas tarefas em sua agenda diária. Pressionava a si mesmo e aos outros, e começou a criar mais problemas do que resolvê-los. Levou algum tempo, contudo, para entender que assumir multitarefas era parte da doença, não a solução. Isso porque distribuir sua atenção para múltiplos locais e questões urgentes simultaneamente criava entusiasmo e uma sensação exagerada de realização em curto prazo. Também ficou óbvio para nós que a qualidade de sua atenção, priorização e tomada de decisão estava se deteriorando rapidamente. Por sorte, um contratempo logo no começo e a análise das potenciais consequências maiores de seu impulso por multitarefas o fizeram reconsiderar essa abordagem. Com a nossa ajuda, ele:

- Delegou mais, dando poder às pessoas mais próximas dele para que também assumissem algumas das decisões cruciais;
- concentrou-se em um assunto central a cada reunião, aumentando o número de encontros, mas reduzindo drasticamente sua duração;
- organizou seu trabalho de um jeito que permitiu um agrupamento eficiente de tarefas relacionadas;

- separou algum tempo para refletir e avaliar novas informações e novas tarefas antes de passar para a execução;
- aumentou a transparência do fluxo de trabalho para toda a equipe, de modo que todos estivessem cientes do que estava acontecendo o tempo todo;
- usou melhor o *feedback*, tanto de dentro da empresa quanto de fora, depois de completar cada tarefa para garantir que as coisas tinham se movido de acordo com o planejado;
- tomou ações corretivas antes de passar para uma tarefa totalmente nova;
- evitou distrações desnecessárias, minimizando a exposição a fontes não cruciais;
- criou sessões silenciosas na semana para se concentrar melhor na tarefa à mão;
- adotou uma nova agenda semanal que abria espaço para surpresas e alterações nas prioridades, tanto quanto possível.

A sua companhia suportou a crise melhor do que a concorrência e conseguiu fechar mais alguns negócios lucrativos no processo. Saiu-se bem porque essas ideias mudaram todo o ambiente cultural dentro da empresa, fazendo que outras pessoas seguissem uma rota semelhante, já que ele o estava fazendo. E o jogo da liderança foi vencido.

Um detalhe interessante desse caso é o fato de que, no começo do período de alta pressão, nosso cliente estava realmente se saindo muito bem na prática de multitarefas. O estudo de Sanbonmatsu e associados demonstrou que pessoas sem o hábito de executar multitarefas tinham melhor desempenho ao adotar essa estratégia, caso isso lhes fosse solicitado, do que aquelas orgulhosas de suas habilidades de trabalhar assim. Isso significa que nós não vamos fracassar ao trabalhar com multitarefas se não houver alternativa, desde que por um curto período. Pois, se isso se tornar um hábito e nós ficarmos viciados na sensação incrível de realizar multitarefas, colocaremos em perigo não só a nossa empresa, mas nós mesmos. Dito isso, há uma parcela minúscula da população que poderia ser caracterizada como adepta de *supertarefas*, devido à sua habilidade de cumprir multitarefas sem sofrer o lado ruim dessa prática. A neurociência ainda não sabe explicar esse fenômeno, por isso, considerar a si mesmo um adepto da supertarefa sem observação científica minuciosa é não apenas questionável, mas também perigoso. Mas vejamos mais alguns fatos.

Um estudo sobre a prática de multitarefas feito por Bachmann *et al.*[19] lançou mais alguma luz sobre como isso pode ser feito de um jeito mais bem-sucedido. Os pesquisadores analisaram estudantes durante uma semana e descobriram que eles trabalharam em modo multitarefas por cerca de 41% do tempo. Entretanto, nem todos exerceram as mesmas tarefas. O impacto sobre a percepção e as emoções dos participantes em relação às diversas tarefas dependeu muito do grau de autonomia na execução dessas tarefas. Quando novas tarefas foram impostas, o impacto da prática sobre o bem-estar dos participantes foi negativo, mas, quando as tarefas adicionais eram mais autônomas, o impacto sobre o bem-estar foi positivo. Isso quer dizer que, se nos sentimos coagidos e controlados quando nos pedem para executar mais de uma tarefa de cada vez, o efeito sobre a prática de executá-las no modo multitarefas será pior. Se, contudo, recebemos bem a tarefa adicional e até mesmo podemos iniciá-la por conta própria, com alto grau de autonomia e envolvimento pessoal, então o efeito da prática pode até ser positivo.

Tendo em mente que praticar multitarefas durante um longo período deve ser evitado, esse estudo ajuda a compreender como executar a quantidade necessária de multitarefas de um jeito melhor. Aumentar a sensação de controle, dando poder às pessoas para que escolham as suas tarefas e administrem seu tempo, pode levar a uma prática mais satisfatória de multitarefas, quando não há como isso ser evitado. Alto engajamento e investimento emocional pessoal junto àquilo que fazemos podem mitigar os efeitos negativos da execução de multitarefas, quando ela é necessária. Por outro lado, preencher as listas de afazeres das pessoas de forma autoritária e verticalmente, de cima para baixo, dando-lhes pouco ou nenhum controle sobre a execução de tarefas adicionais "porque elas precisam ser feitas", faz da prática de multitarefas uma quimera moderna em empresas do mundo todo.

Resiliência é a resposta

A complexidade e o alto volume de desafios enfrentados pelo líder moderno não serão reduzidos em breve. Líderes precisarão navegar e operar em ambientes cada vez mais exigentes tendo o mesmo cérebro, como espécie, de milhares de anos atrás. Isso significa que nossa habilidade para lidar com grandes quantidades de informação, rápidas tomadas de decisão e execução de multitarefas, causas cruciais de esgotamento do ego e de síndrome de *burnout*, também precisará melhorar.

Nosso cérebro desenvolve e renova estratégias constantemente para lidar com o ambiente de maneira eficaz. Com base no local em que nascemos e nas experiências pelas quais passamos durante as nossas vidas, nosso cérebro aprendeu a se imergir completamente ou a se desviar de situações emocionalmente comprometedoras. Ele pode suportar, até certo ponto, o golpe emocional de uma situação negativa, e a velocidade e o grau com que ele se recupera desses golpes perfazem o que chamamos de resiliência. Falando de modo prático, se o seu processo de raciocínio continua relativamente ileso e sua força de vontade segue forte após uma notícia negativa, como uma queda considerável nas vendas, o atraso na entrega de um fornecedor importante ou a perda de um parceiro estratégico para um concorrente, então a sua resiliência é alta.

O termo "resiliência" é usado frequentemente em relação à engenharia. É interessante examiná-lo por essa perspectiva para revelar seu significado interno. David D. Woods, professor de Engenharia de Sistemas Integrados e psicólogo cognitivo, define a resiliência como a habilidade de "compreender como o sistema se adapta, e a quais tipos, às perturbações no ambiente".[20] Segundo Woods, suas características essenciais são:

- *Capacidade*: o tamanho ou tipo de perturbação que o sistema consegue absorver ou ao qual é capaz de se adaptar.
- *Flexibilidade*: a habilidade de o sistema se reestruturar em reação a mudanças ou pressões externas. O contrário de rigidez.
- *Margem:* quão próximo de seus limites o sistema consegue continuar operando.

- *Tolerância*: como um sistema se comporta quando atinge um limite (colapso rápido ou lento).

No contexto empresarial, essas características essenciais podem ser traduzidas da seguinte forma: quantos "golpes" (notícias negativas, más decisões, conflitos pessoais com colegas etc.) você consegue receber e que tipo de "golpe" exerce um efeito maior sobre você? O quanto você é flexível quando recebe um "golpe" negativo e como se recompõe? A que proximidade do seu limite você consegue operar normalmente? Se o seu limite é alcançado, você regride depressa ou lentamente? Essas são questões difíceis, e nem sempre sabemos as nossas próprias respostas, mas elas são importantes e precisam ser buscadas.

No trabalho, a psicologia da resiliência tem uma definição muito semelhante àquela utilizada na engenharia. Em uma visão geral da área, Fletcher e Sarkar[21] definiram a resiliência como "o papel [exercido pelos] processos e comportamentos mentais para promover os patrimônios pessoais e proteger um indivíduo de potenciais efeitos negativos advindos de estressores". A resiliência funciona como o sistema imunológico para situações desafiadoras. Dito isso, uma pessoa resiliente não é aquela que não é afetada pelas situações. Isso provavelmente seria um sinal de indiferença, desassociação e desengajamento. A pessoa resiliente recebe o "golpe" negativo, vivencia a situação e, então, reage e se recupera. Vários componentes da resiliência pessoal foram sugeridos na literatura relevante: graus de superação, flexibilidade pessoal, senso de agência e propósito, engajamento positivo na vida diária, regulação emocional e biométrica da flutuação fisiológica, tais como variabilidade da pulsação.[22] A resiliência é um processo, não algo estático; ela se desenvolve com o tempo.

Estudando a estrutura da rede cerebral, Ohashi e associados[23] descobriram que indivíduos resilientes tinham menos seções cerebrais interconectadas do que aqueles menos resilientes. Isso era particularmente pronunciado na amígdala direita, que é o principal centro do medo no cérebro. Isso significa que cérebros resilientes têm seções mais isoladas para não permitir a ampla distribuição de uma forte reação negativa por todo o órgão. Essa é uma descoberta impressionante. Ela se soma a estudos anteriores, feitos tanto em animais quanto em humanos, que demonstraram que cérebros resilientes aprenderam como usar a neuroplasticidade, a habilidade do cérebro de mudar fisicamente, para lidar com mudanças e promover comportamentos corretos em seu benefício.[24] Em comparação, cérebros não resilientes aprenderam — com frequência, devido a traumas anteriores — a ser mais sensíveis, ou hipersensíveis, e a priorizar ameaças e negatividade. De fato, a resiliência é o processo pelo qual o cérebro se engaja ativamente com mecanismos de superação para voltar à situação normal, à sua homeostase, e não dar ênfase excessiva ao risco, sob o risco de torná-lo dominante em extensas redes neurais.

A resiliência também é um conceito bem aplicado em estudos de liderança. A resiliência da liderança, assim como outras capacidades psicológicas positivas, como esperança, otimismo e confiança, são consideradas capital psicológico (CaPsi) para líderes.[25] Peterson *et al.*,[26] ao coletar e analisar dados sobre o CaPsi de 55 líderes empresariais de diversos setores utilizando técnicas de pesquisa, conseguiram dividir os líderes entre aqueles com alto ou baixo CaPsi. Então, usando um método consolidado de pesquisa neurocientífica chamado eletroencefalograma (EEG), compararam os dois grupos e descobriram que os de alto CaPsi tendiam a mostrar atividade mais intensa no córtex pré-frontal esquerdo, confirmando que a resiliência tem relação com essa parte do cérebro. De acordo com o mesmo estudo, líderes resilientes têm uma visão mais confiável da realidade, sendo mais lógicos ao analisar situações e entrar em ação. Somando-se a isso, Maulding *et al.*[27] descobriram que a resiliência tem relação com a liderança eficiente. Seu estudo descobriu uma forte correlação entre resiliência, inteligência emocional e desempenho bem-sucedido da liderança. De maneira similar, Steward[28] revela que líderes resilientes demonstram uma série de capacidades como inteligência emocional e energia, mas também uma porção de aspectos orientados para si mesmos, como bem-estar, forte senso de propósito e autoconfiança. Esses e muitos outros estudos sugerem que a resiliência não é apenas um estado do ser, mas um processo complexo de adaptação e crescimento em um contexto específico.[29] Um líder resiliente não apenas consegue sobreviver em um ambiente profissional desafiador como ele abraça os desafios e floresce nesse ambiente. Então, as questões agora são: como os líderes podem desenvolver sua resiliência? Quais são os aspectos que eles podem aprimorar?

Segundo a Associação Psicológica Americana (APA), estas são as dez principais formas de se aumentar a resiliência:

1. *Fazer conexões.* Crie e se engaje em relacionamentos significativos, recebendo e dando assistência às pessoas mais próximas de si.
2. *Repensar as crises.* Em vez de tratar as crises como eventos únicos e catastróficos, tente vê-las como situações que já aconteceram antes a outras pessoas que ainda estão por aí.
3. *Abraçar as mudanças.* Aceite o fato de que tudo muda e que isso pode ser algo bom para lhe ajudar a se focar no que mais importa.
4. *Estabelecer metas.* Crie metas viáveis e realistas e mova-se na direção delas seguindo uma abordagem passo a passo exequível.
5. *Tomar decisões.* Ataque os desafios, tomando decisões e passando para a ação.
6. *Olhar para dentro.* Identifique situações que o façam sentir-se melhor e tente estabelecer um estado mental similar quando os problemas se manifestarem.
7. *Aumentar a confiança.* Aprender a confiar na sua intuição e nos seus instintos pode criar uma visão mais positiva de si mesmo.
8. *Pensar no longo prazo.* Dissecar uma situação negativa olhando para seu passado, presente e futuro é essencial para desmistificá-la.
9. *Ser positivo.* Concentre-se nos aspectos positivos da sua vida, ou de uma situação desafiadora, e visualize um resultado melhor.
10. *Cuide-se.* Tente desfrutar mais da vida e do trabalho fazendo as coisas que tiverem maior impacto positivo sobre você.

Quando seu cérebro mantém ótimos níveis de energia, a habilidade de aumentar sua resiliência está em seu melhor momento. Um cérebro cansado raramente é um cérebro resiliente.

Tenha em mente

A execução de multitarefas, o esgotamento do ego e a síndrome de *burnout* de longo prazo são sérias ameaças ao líder moderno e à prática da liderança. A energia cerebral é crucial para a liderança, já que está diretamente relacionada a maior autocontrole, engajamento significativo, completude eficiente de tarefas e resiliência. Portanto, um cérebro poderoso cria um líder poderoso, e não o inverso. É preciso abraçar o fato de que o guardião da energia do seu cérebro é você. Assim, escolha protegê-lo e direcionar sua energia para onde ela é mais necessária.

ESTIMULE O SEU CÉREBRO: APRENDA A DISTINGUIR TAREFAS E LIDERANÇA

Faça uma lista de tarefas que você quer/precisa realizar quase diariamente em seu trabalho. Depois, faça outra lista de suas ações como líder. Pense no que você está fazendo para cumprir os itens na primeira lista e no que faz para se comportar como um líder. Em seguida, pense quais dessas tarefas são realmente essenciais e quais ações de liderança são igualmente essenciais. Pense em quanto tempo você dedica à parte das tarefas e quanto tempo dedica às ações de liderança. Você deixa energia suficiente para seu cérebro nos dois grupos? Como poderia melhorar suas reservas de energia cerebral com base no que aprendeu neste capítulo? Considere suas conclusões e use-as da próxima vez.

Capítulo 2

Mente clara, direção forte

O PADRÃO SE REVELOU PARA MIM

O momento da verdade. O CEO está prestes a anunciar os resultados anuais na frente de toda a equipe. As coisas têm sido difíceis ultimamente e a empresa está lutando para criar ideias competitivas. Novos concorrentes estão consumindo uma parcela do mercado como nunca acontecera antes. A equipe está decepcionada com os resultados do terceiro trimestre e espera que os números das vendas nesse último trimestre tenham sido melhores. Isso porque o CEO e líder, admirado na empresa por tantos anos, tomou uma série de decisões ousadas para reverter a tendência negativa, decisões que todos apoiaram, uma vez que seu charme e convicção mantiveram-se fortes como sempre. Ele tinha muita confiança de que os resultados poderiam melhorar e teve os *insights* de como fazê-lo.

No começo do ano, ele contratou uma agência de pesquisa para ajudá-lo a compreender melhor a situação. Era a primeira vez em sua longa carreira que ele não conseguia ler o mercado tão facilmente, como sempre fizera, e quis ir mais fundo. Com a agência e alguns diretores de confiança, eles projetaram um estudo ambicioso para medir todos os aspectos críticos do negócio, interna e externamente. O estudo levou meses para ser concebido e implementado, mas seis meses atrás, quando os resultados chegaram, ficou muito claro para ele

> o que precisava ser feito. É verdade que, quando os resultados complicados e cheios de camadas foram apresentados, sua equipe teve alguma dificuldade para juntar as peças e visualizar o quadro geral, mas ele entendeu de imediato. Sentiu-se jovem de novo, rejuvenescido por sua habilidade de "atravessar" todos os gráficos e captar o sentido central de tudo aquilo. Ele via claramente o padrão. Cheio de confiança, ditou à sua equipe o que era preciso fazer a partir do dia seguinte. Quando a diretora de aquisições expressou suas reservas, ele e outros diretores a tranquilizaram, garantindo que tudo daria certo. Agora, todos eles conseguiam enxergar, de algum jeito. O padrão finalmente estava claro e a sensação era ótima. Quando o CEO entrou na sala para anunciar os resultados no final do ano, a expressão em seu rosto disse tudo: os números negativos não haviam sido revertidos. Levou dois anos para que a empresa se recuperasse e para que as pessoas entendessem.

Quantas vezes gestores e líderes experimentam a revigorante sensação de reconhecimento de um padrão? Com que frequência seus colegas gritam "A-ha!" em uma reunião, pois acabaram de perceber a verdade ao ver os números na tela? E quantas vezes esses padrões se mostraram muito distantes da realidade? Nosso cérebro ama padrões. Isso ocorre porque padrões o fazem se sentir seguro em situações de alta incerteza. Se existe perigo lá fora e você não sabe muito bem o que fazer, primeiro não vai se mover muito. Mas não se mover é mais perigoso do que se mover, então o cérebro vai tentar encontrar sinais para decifrar depressa qual a melhor opção e colocá-la em prática. E ela vai funcionar, independentemente da qualidade dos sinais. Portanto, os problemas surgem quando o curso de ação selecionado se baseia em uma compreensão errônea da situação. Apesar de ficarmos felizes por estarmos em movimento, podemos terminar em uma situação muito pior do que a de antes de agirmos. Líderes deveriam tomar decisões sabendo dessas armadilhas intelectuais, de modo a garantir que não sejam atraídos por elas. Isso evitará que as suas ações também enganem a terceiros.

A evolução do cérebro obcecado pela sobrevivência

Levamos nossa vida em estado de consciência. Bem, pelo menos durante boa parte do tempo, e quando não estamos dormindo sem sonhar. Estarmos conscientes nos dá uma sensação de estar no controle, já que podemos detectar o nosso raciocínio e ver quando e como tomamos decisões. Não é por acidente que nossa espécie é chamada de *Homo sapiens sapiens*, ou "o mais sábio dos sábios". Somos a única espécie com autoconsciência e habilidade avançada de linguagem. Apesar de outros mamíferos, como chimpanzés e golfinhos, e até os pássaros pega também serem autoconscientes, os humanos são os únicos no reino animal a se engajar em pensamentos sofisticados e elaborados. Essa capacidade singularmente superior não apenas de pensar, mas também de refletir sobre os nossos próprios pensamentos, tem sido há muito saudada como o pináculo daquilo que nos torna humanos. "Penso, logo existo", disse Descartes no século XVII; muito antes, Aristóteles falava sobre a racionalidade (*logos*, que significa lógica em grego) ser uma habilidade unicamente humana, portanto, os humanos são animais racionais. Até a arte glorifica nossos processos de raciocínio, como no caso da famosa estátua de bronze *O pensador*, de Auguste Rodin, que apareceu pela primeira vez na virada do século XX. De alguma forma, tornou-se um axioma de que pensar é controlar o cérebro, ou ter a habilidade de fazer isso, já que é o que faz dos humanos, humanos. O raciocínio, representado pela parte executiva de nosso cérebro, tornou-se a referência absoluta para a existência humana, a habilidade absoluta e o controlador absoluto. A neurociência, porém, diz o contrário.

O propósito absoluto do nosso cérebro não é pensar. Como usualmente gostamos de dizer em nossas palestras, a habilidade de se usar o pensamento exclusivamente e todas as vezes é, na verdade, uma ilusão. Pensar é um meio para um fim: a sobrevivência. E, se a sobrevivência é a meta, o cérebro vai usar todas as suas funções para apoiá-la de modo integrador e definitivo. O cérebro analisa uma situação específica e, com base na urgência e importância para a sobrevivência, aciona diferentes funções para se encaixar a seu propósito. Pensar raramente é uma prioridade para o cérebro na reação a uma situação. Isso porque as funções executivas do cérebro, aquelas que controlam as emoções, preveem o futuro, avaliam as consequências e fazem cálculos, desenvolveram-se muito depois na evolução. Há aproximadamente 1,9 milhão de anos, quando o gênero *Homo* surgiu, o cérebro começou a desenvolver áreas mais sofisticadas no lobo frontal relacionadas a habilidades avançadas de linguagem. Até aí, tudo bem. Contudo, os cérebros não surgiram primeiro nos humanos. Os cérebros, como células nervosas concentradas que controlam sistemas e comportamentos corporais, existiam muito antes na natureza. Na anatomia do cérebro humano, as estruturas mais antigas, às quais normalmente nos referimos como rombencéfalo, e o mesencéfalo, também conhecido como o sistema límbico, exercem muito mais influência sobre o nosso comportamento do que a estrutura mais recente, o neocórtex ou prosencéfalo. Sempre que pedimos às pessoas em nossos seminários que desenhem o cérebro, elas acabam desenhando o neocórtex, que parece ser a imagem com a qual a maioria de nós associa o cérebro. A influência real do cérebro, porém, vem de um local internamente mais profundo.

O rombencéfalo, ou, como também é chamado, o cérebro reptiliano, representa as funções mais básicas de nosso cérebro, tais como o controle do equilíbrio, da pulsação, da respiração e da temperatura, e encontra-se na medula espinhal e no cerebelo. Ele é muito semelhante ao cérebro de um réptil. Conforme explicado por Dan Hill,[1] em seu livro *Emotionomics: leveraging emotions for business success*, esse tipo de cérebro existe há aproximadamente 500 milhões de anos na natureza. O sistema límbico, ou sistema limite, fica entre a medula espinhal e os hemisférios cerebrais e inclui funções de controle do aprendizado, da memória, da motivação e das emoções. Esse tipo de cérebro já existe na natureza há cerca de 200 milhões de anos. E, finalmente, o neocórtex é o mais jovem dos três, tendo adquirido suas características mais avançadas há menos de 2 milhões de anos. Como viemos a acreditar que a parte mais jovem é a mais forte? O exame dos padrões neurais no cérebro desafia a ideia de que o pensamento fica no topo. Há dez vezes mais sinais indo do sistema límbico para o neocórtex do que na direção inversa. Mais surpreendente: a atividade cerebral no neocórtex corresponde a apenas 5% da atividade cerebral total. Pensar vem em último lugar segundo qualquer medida entre as prioridades do cérebro para a sobrevivência. Em termos evolutivos, isso faz muito sentido.

O próprio processo do raciocínio está profundamente enraizado em estruturas cerebrais subconscientes, algo que passa quase que sem ser notado em nossas vidas cotidianas. Para mostrar isso em nossos seminários e palestras, aplicamos um miniexercício inspirado pelo neurocientista Sam Harris.[2] Pedimos à audiência que feche os olhos e tente não pensar em nada pelo máximo de tempo que conseguir. Após alguns minutos, perguntamos a todos qual pensamento foi o primeiro a cruzar suas mentes. E são as duas perguntas seguintes que os surpreendem: como, exatamente, esse pensamento foi criado e por quem. As pessoas geralmente respondem em voz alta: "Eu! Eu gerei meu próprio pensamento". Embora isso pareça verdade intuitivamente, trata-se de uma ilusão. A maioria dos pensamentos em nossa mente origina-se no nosso inconsciente, não podendo ser alterados nem controlados por nós. Esses pensamentos são importantes porque, quando entram em nossa consciência, moldam nossas opções de ação para comportamentos voluntários. Ou seja, pensamentos voluntários (gerados subconscientemente) formam a base de nossas ações voluntárias (geradas conscientemente).

Um estudo feito por Bhangal e associados[3] sugere claramente que o conteúdo de nossa consciência pode brotar involuntariamente, sem que haja um envolvimento deliberado de nossa parte. Os pesquisadores mostraram aos participantes objetos distintos, desenhados em cores e formas diferentes, e pediram a eles que dessem nomes às cores ou às formas, mas não a ambos. O fato de que metade dos participantes conseguiu nomear tanto as cores quanto as formas depois do teste, independentemente do que escolheram (ou foram instruídos a fazer, como foi o caso em uma variante do teste), sem tentar fazer isso por escolha própria, corrobora a literatura existente sobre o fato de os processos cerebrais involuntários estarem sempre presentes. Esses processos mandam pensamentos para a nossa mente consciente sem que tomemos conhecimento deles ou sem que sejamos capazes de gerenciá-los. O percentual de pessoas contando involuntariamente objetos quando não estavam conscientemente tentando contá-los, em um segundo experimento feito pelos autores desse estudo, foi ainda maior do que o percentual referente às formas e cores. Conforme os autores concluíram: "Quando estão executando a ação X, as pessoas também experienciam conteúdos conscientes sobre a ação Y, apesar de a segunda ação não ter sido selecionada [voluntariamente] para produção", somando-se à extensa literatura científica sobre o assunto. Esse estudo destaca o espantoso fato de que a imprevisibilidade de entrada de nossos pensamentos não controlados, que vivenciamos todos os dias, indica a presença de um sistema neural baseado na evolução que pode ser estudado e até mesmo previsto, e *não* a presença de um sistema não mecânico e indeterminado, guiado pela consciência.

Não importa se apresentamos esses fatos a executivos ou leigos, as pessoas sempre ficam chocadas. A crença de que nosso cérebro é lógico é tão profundamente arraigada que qualquer prova do contrário causa surpresa no melhor dos casos e, no pior, descrença. Essa compreensão tem um efeito profundo no modo como líderes tomam decisões nas empresas. Quando fica claro que nossos cérebros criam as respostas desejadas a estímulos guiados principalmente por forças muito antigas e, em sua maioria, ocultas, líderes começam a mudar sua perspectiva sobre como tomar decisões. Sua confiança na ocorrência natural e voluntária da lógica e do raciocínio fica abalada. E, então, eles recomeçam do zero.

Cuidado com padrões que trazem brindes

Então, por que gostamos tanto de padrões? As tendências de emprego e consumo, os últimos avanços tecnológicos, os ciclos macroeconômicos, as mudanças nos investimentos e nas tomadas de decisões políticas; para todo lado que olharmos, haverá padrões a serem descobertos. Os padrões podem levar nossos negócios prosperem ou quebrem, podem reforçar ou danificar nossa posição de liderança. Simplesmente não conseguimos evitar: padrões nos deixam felizes. A dopamina, uma substância química de recompensa muito influente em nosso cérebro, é a culpada por isso. Sempre que encontramos um padrão, nosso cérebro combina estímulos e memória. Isso significa que, quando uma nova situação surge, como os dados mais recentes em uma planilha ou novos concorrentes no mercado, nosso cérebro vasculha desesperadamente a nossa memória para combinar essa nova informação a outras preexistentes. Dá no mesmo descobrir uma combinação completa ou criar um novo padrão combinando várias informações antigas: o cérebro será recompensado com uma dose de dopamina. Nenhum padrão significa nenhuma explicação. Nenhuma explicação significa mais incerteza. Incerteza significa que não há sobrevivência. Em resumo, padrões criam a sensação de controle porque eles aumentam, de forma realista ou não, nossas chances de sobrevivência. É um mecanismo evolucionário muito eficaz que incentiva nossos cérebros a sempre buscar padrões e, assim, assegurar nossa continuação como espécie.

    A dopamina deve ser levada a sério. Ela é um hormônio muito forte de recompensa e um neurotransmissor no cérebro que cria imenso prazer quando liberado. Entretanto, nem todo reconhecimento de padrão libera grandes quantidades de dopamina. O reconhecimento de padrões é uma função normal e automática do cérebro que nos ajuda a reconhecer rostos familiares, símbolos e músicas. Seria catastrófico se cada reconhecimento corriqueiro de padrão viesse acompanhado de quantidades consideráveis de dopamina. Sendo assim, o prazer digno de nota acompanha o reconhecimento de padrões quando isso ocorre em uma situação muito difícil e imprevisível. É aí que obtemos o maior prazer. Isso ocorre por causa da função de "erro de previsão" da dopamina. Esse hormônio é liberado intensamente quando as recompensas são menos esperadas e mais surpreendentes, não quando as coisas estão seguindo o seu rumo normal. De fato, quando as previsões feitas pelo cérebro são confirmadas pela realidade, quantidades normais de dopamina são liberadas. A quantidade extra de dopamina é reservada para situações que surpreendentemente excedem as expectativas. O exemplo do começo do capítulo demonstra esse mecanismo de forma muito clara. A situação era crítica, os riscos, muito altos, e ninguém fazia ideia do que fazer, e, então, o reconhecimento de padrões ofereceu suas maiores recompensas ao CEO. Alarmado por sua incapacidade inicial de perceber os sinais e consumido pelos dados à sua frente, sua memória buscou padrões antigos que combinassem com a situação. Quando isso aconteceu, ele se sentiu empolgado, rejuvenescido e cheio de confiança. Como Fridman e associados afirmaram:[4]

> O cérebro não reage simplesmente a aportes sensoriais recebidos do mundo exterior (ou do corpo); em vez disso, ele antecipa esses aportes construindo um modelo [previsões] [...] Essas previsões são constantemente comparadas com os aportes sensoriais recebidos ("erro de previsão").

Se esse erro de previsão for grande, de modo que o estímulo recebido não combina muito com o modelo preexistente de como a realidade deveria funcionar, e essa diferença for muito negativa, ou seja, se os eventos na vida real punem o cérebro por sua previsão errada, o cérebro aprende e atualiza seu modelo interno em um esforço para se tornar mais preciso ao prever situações similares no futuro. Ou seja, o sistema preditivo induzido por dopamina no nosso cérebro é um mecanismo de aprendizagem significativo para nos ajudar a sobreviver, no presente e em situações futuras. Só que há um problema: a dor, e, portanto, o aprendizado trazido pela previsão errônea dos resultados, só ocorrem quando a situação já se desenrolou por completo, o que em muitos casos profissionais é simplesmente tarde demais. Assim, o entusiasmo e a recompensa de se detectar um padrão onde não existe nenhum *ex ante*, ou antes do evento, com frequência leva líderes a lições dolorosas *ex post*, ou após o evento.

Esse modelo interno de previsão, que em estatística é chamado de código preditivo hierárquico bayesiano, funciona de forma descendente no cérebro; nele, presunções guiadas pela curiosidade levam a hipóteses que são testadas com base em informações recebidas por meio de estímulos.[5] Quando analisamos dados financeiros, conversamos com colegas, entrevistamos clientes ou visitamos o website de um concorrente, nosso cérebro usa a curiosidade para detectar vislumbres da realidade e, com base em experiências anteriores, desenvolver uma hipótese do que acontecerá a seguir:

> "Será que isso significa que teremos um problema de fluxo de caixa no terceiro trimestre?"
> "Isso é um sinal de que nossos concorrentes se tornarão mais agressivos em sua estratégia de precificação?"
> "Será que meus colegas mudaram de ideia quanto ao nosso próximo grande investimento, que apresentei no mês passado?"
> "Será que essa tecnologia inovadora vai destruir nosso mercado nos próximos cinco anos?"

Essas perguntas que fazemos mentalmente, em geral, não são tão inocentes quanto parecem. Elas incubam uma teoria já desenvolvida de como as coisas vão se desenrolar. Nosso cérebro constantemente levanta hipóteses sem dados suficientes do mundo real para corroborá-las. Quanto mais importante for a situação, mais depressa o cérebro criará suas hipóteses, de modo a reagir da forma mais rápida e firme que puder. É surpreendente que, nesse processo, os dados enviados de nossos sentidos para o cérebro tenham menos poder do que os dados já existentes no cérebro. As hipóteses são mais fortes do que a realidade. De fato, em caminhos visuais, existem mais caminhos descendentes do que ascendentes: o cérebro usa mais vias neurais para transmitir suas próprias ideias (descendentes) do que para desafiar essas ideias com informações extraídas do ambiente (ascendentes). Como explica Dennett:[6] "Quando o organismo está no embalo, com tudo dando certo e em território conhecido, as correções que vêm de fora [dados da realidade] diminuem para um gotejar e os palpites do cérebro, sem enfrentar nenhum desafio, dão a ele uma previsão do que vem a seguir".

Executivos do mundo todo nos explicam constantemente a natureza dinâmica de seu trabalho. A imprevisibilidade faz parte da sua rotina e em cada grande decisão que precisam tomar há complexidade envolvida. É sua responsabilidade enxergar o quadro geral e oferecer soluções que inspirem os outros. Ao mesmo tempo, eles precisam ser tão precisos quanto possível. Assim, o reconhecimento de padrões é um aspecto fundamental de seu papel em ambientes muito desafiadores, e uma onda de dopamina está à espera em cada esquina. Contudo, líderes que tomam decisões erradas acabam perdendo tanto os seus seguidores quanto os seus empregos. Assim, ter conhecimento dessa armadilha mental tornou-se mais importante do que nunca para as pessoas em empresas modernas.

Não temos como evitar enxergar padrões em dados, no comportamento das pessoas e nas tendências do mercado. Esse é o papel evolucionário desempenhado pelo nosso cérebro para assegurar a nossa sobrevivência. É possível evitar a "euforia" ao se detectar um padrão, que pode ser potencialmente errado, se nos assegurarmos de examinar todas as perspectivas possíveis e prestarmos a mesma atenção a opiniões diferentes. O reconhecimento de padrões emerge das profundezas do nosso cérebro. Reexaminar a situação e proceder a um controle cruzado devem ser reações imediatas após o reconhecimento de qualquer padrão, mesmo que óbvio. Lembre-se sempre de que o reconhecimento de padrões pode trazer ótimas sensações, mas eles também podem ser verdadeiros cavalos de Troia para o seu futuro na liderança.

Unidos venceremos... ou não?

"A união faz a força", diz a sabedoria popular. Essa máxima obviamente preconiza que, quando fazemos parte de uma equipe, devemos priorizar a equipe, não os indivíduos. Em última instância, se isso for levado ao pé da letra, o trabalho em equipe pode sufocar as vozes individuais em nome do bem coletivo. Mas e se as vozes isoladas estiverem corretas e a equipe, errada? Talvez você se lembre de que, no exemplo citado no início deste capítulo, uma integrante da diretoria expressou suas preocupações com as revelações de padrão do CEO. No entanto, ela foi imediatamente silenciada tanto pelo próprio CEO quanto por outros colegas. Ela acabou seguindo o que eles propunham, convertendo-se à verdade da equipe. Depois dos desastrosos resultados no final do ano, foi uma das primeiras a mudar de emprego.

Não é raro encontrarmos equipes encantadas por uma ideia. As pessoas seguem aquela ideia como se fosse uma panaceia para todos, ou quase todos, os seus problemas. Seja um novo sistema de planificação de recursos da empresa ou um caro exercício de *rebranding*, seja uma nova contratação de alto nível ou um produto inovador que promete ser o divisor de águas definitivo, equipes com frequência caem na armadilha do pensamento de grupo. Encontramos o pensamento de grupo muitas vezes em nossos eventos de treinamento e consultoria. Ele geralmente se manifesta primeiro como solução comprovada e depois como forte comprometimento da equipe, antes de finalmente revelar sua verdadeira face: um dogma que ninguém tem o direito de desafiar. Existem vários estudos, principalmente em psicologia social, sobre esse fenômeno, promovidos por Irving Janis, um psicólogo americano. Em seu livro de 1982, *Groupthink: Psychological studies of policy decisions and fiascoes*, ele vê o pensamento de grupo como uma disposição e uma cegueira dos integrantes daquele determinado grupo em enxergar alternativas a uma decisão e/ou ação de forma realista. Grupos que estabelecem políticas ou tomam decisões às vezes se tornam tão fechados e influenciados por seus êxitos anteriores que seus líderes podem facilmente receber apoio acrítico dos demais membros para decisões ruins. Existem inúmeros estudos de laboratório que buscaram validar os argumentos de Janis. Muitos deles confirmaram que equipes moderadamente coesas e dotadas de uma confiança mútua mais pragmática tomam decisões melhores do que equipes pouco coesas ou coesas demais. Adicionado a isso, equipes excessivamente coesas tendem a tomar decisões muito ruins influenciadas pelo pensamento de grupo.

Quanto ao aspecto neurológico do pensamento de grupo, mais uma vez testemunhamos a interação entre as estruturas cerebrais mais profundas e a sua parte executiva. Em particular, o domínio do cérebro antigo sobre o novo. Motivado por seu desejo perpétuo de sobrevivência, o cérebro impulsiona comportamentos que favorecem a homogeneidade do grupo em vez de desafiar a situação vigente — especialmente quando as ideias amadas vêm do carismático e todo-poderoso líder da equipe, com que os outros integrantes parecem concordar com entusiasmo. O pensamento de grupo ameaça o cérebro individual com noções do tipo "ou você está com a gente ou está contra a gente", que deixam subentendido que pode haver sérias consequências caso se opte pela segunda opção. A escolha é nossa, mas muito provavelmente a decisão já foi tomada por nosso cérebro.

QUADRO DE AÇÃO

Para evitar os malefícios do pensamento de grupo ou proteger a sua equipe disso, você pode fazer várias coisas:

- Escolher um ou dois integrantes da equipe para avaliar criticamente as decisões o tempo todo. Esses integrantes podem ser trocados de acordo com o caso específico.
- Utilizar equipes diferentes para explicar a mesma questão e evitar a comunicação entre equipes durante esse processo.
- Evitar envolver apenas especialistas no processo de tomada de decisão. Vez ou outra, use pessoas com menos experiência ou convide gente de fora para se envolver.

> Dessa forma, você pode facilitar a introdução de ideias novas e inexploradas.
>
> Além das ações descritas, você também deve pensar em outras maneiras de desafiar a situação vigente em uma equipe já estabelecida sem arriscar a coesão do time.

Tropeços mentais

Além do reconhecimento de padrões e do pensamento de grupo, há um grande número de respostas automáticas do cérebro a situações que faz administradores tomarem decisões erradas e se envolverem em ações equivocadas. As estruturas cerebrais mais profundas — o antigo cérebro reptiliano e o sistema límbico —, por terem a sobrevivência como sua maior prioridade há milênios, caracterizam-se por um raciocínio rápido e irrefletido. Por serem muito poderosas, elas arrastam nosso comportamento para junto dos seus desejos, dando poucas chances para que o cérebro executivo interfira estrategicamente na situação. Mas até onde vai esse dilema?

Na verdade, vai bem fundo. Vieses cognitivos são agora muito bem documentados em múltiplas disciplinas.[7] Eles ocorrem mais assiduamente quando a urgência é aumentada, a informação é confusa e nossos arredores sociais sugerem conformidade. O limite natural de processamento de informações do nosso cérebro faz que protocolos automatizados assumam o controle, levando a comportamentos específicos. A racionalidade é deixada de lado. Ela vai para o banco de trás, enquanto o motorista é uma pessoa subjetiva, fechada, impulsiva e autoafirmativa. Essa pessoa se importa apenas com respostas rápidas baseadas naquilo que já é sabido e confortável. Risco é inaceitável. Portanto, despender energia com exploração e experimentação é visto pelo cérebro como um desvio de energia vital de comportamentos repetitivos mais reconfortantes. De modo geral, não é uma rota aconselhável para aspirantes a líder.

Sob uma perspectiva neurocientífica, vieses lidam principalmente com as maneiras como nosso cérebro determina se um indivíduo é membro do nosso grupo, o chamado intragrupo, ou se é membro de outro grupo, o chamado extragrupo. Com mais de mil decisões tomadas todos os dias e cerca de 150 vieses identificados até o momento, juízos imediatos sobre as pessoas com base em suas características visíveis, como gênero (que tipicamente levamos cerca de 50 milissegundos para determinar) ou raça (que tipicamente levamos por volta de 100 milissegundos para determinar), evoluíram para ajudar o cérebro a navegar com eficiência por um ambiente complexo e dinâmico.[8] É crucial para o sucesso dessa navegação o agrupamento de pessoas como amigas/integrantes do intragrupo ou inimigas/integrantes do extragrupo. Revisando a literatura científica disponível sobre esse assunto, Molenberghs e Louis[9] sistematizaram os processos cerebrais envolvidos nos vieses de preferência intragrupal. Eles sugeriram cinco processos que desempenham um papel essencial, conforme exposto em estudos de neuroimagens:

- *Percepção das pessoas.* Áreas neurais associadas com a percepção de palavras, rostos e ações são ativadas quando nosso cérebro está diferenciando as pessoas como pertencentes ou não ao nosso grupo.
- *Empatia.* Áreas neurais cruciais associadas com vivenciar a dor dos outros são ativadas intensamente quando vemos membros do intragrupo sofrendo, mostrando menos atividade quando se trata de outras pessoas.
- *Mentalizar.* De maneira semelhante, áreas neurais centrais associadas com pensar sobre a mentalidade de outras pessoas são ativadas com maior ou menor intensidade, dependendo do grupo a que a pessoa em questão pertence. Para alguns extragrupos, nos quais percebemos uma ameaça elevada, essas áreas são ativadas intensamente, enquanto para outros, com os quais não nos importamos, elas são pouco ativadas.
- *Sensibilidade moral.* Nosso cérebro é muito mais sensível quando confrontado com pessoas do extragrupo do que quando lida com pessoas do intragrupo.

- *Sistema de recompensa.* Os mecanismos de recompensa do cérebro se ativam mais intensamente quando socializamos com pessoas de nosso intragrupo, mas isso também ocorre quando pessoas do extragrupo sofrem.

Líderes cerebrais devem usar o exposto como critério para identificar atitudes de intragrupo e extragrupo em suas equipes. Se a mentalidade e o comportamento discriminante intragrupais se baseiam em características humanas básicas, como gênero e raça, a reação da liderança deve ser decisiva e oportuna. Esses fenômenos não devem ser tolerados sob nenhuma circunstância, tanto por razões humanistas quanto de negócios. Reconhecendo essa necessidade, muitas empresas no mundo todo têm se envolvido em sistemas de treinamento que buscam minimizar os vieses contra pessoas no ambiente profissional. Entretanto, esses sistemas não trouxeram os efeitos desejados. O relatório da pesquisa *Diversity management that works* [Gestão de diversidade que funciona], da CIPD, o órgão profissional voltado para recursos humanos e desenvolvimento pessoal no Reino Unido, descobriu que treinamentos do tipo não produziam nenhuma melhoria conclusiva em atitudes ou comportamentos.[10] Foi possível aumentar a consciência dessas questões, mas essa consciência não necessariamente se traduziu em mudança significativa. A ciência cerebral poderia prever isso, já que a compreensão, ou processo cognitivo, não leva previsivelmente a um novo comportamento. Assim como o treinamento fracassa em induzir mudanças comportamentais, o mesmo pode ser dito da informação. Macine Williams, diretora global de diversidade da Google, enfatiza que, para mudar atitudes e comportamentos, "os números só podem nos levar até certo ponto". Além disso, "algoritmos e estatísticas não captam qual a sensação" de sofrer discriminação e vivenciar uma cultura corporativa com vieses diariamente.[11] Segundo Williams, uma abordagem mais aprofundada e mais pessoal é necessária. Isso significa que mudar a mente das pessoas por meio de treinamento e informação não é suficiente, nem sequer é um pré-requisito, para mudar o comportamento dessas pessoas. Este livro oferece uma variedade de ideias com base científica e ferramentas práticas para alcançar a mudança, utilizando funções cerebrais diversas, não apenas a compreensão.

Em particular, este livro, além de torná-lo, leitor ou leitora, mais ciente dessas questões, apoia a ideia de que ser mais resiliente a vieses depende de até que ponto você pode incitar a si mesmo nesse sentido. Uma ideia que usamos extensamente em nossas palestras e seminários de *coaching* foi sugerida por Howard J. Ross em seu livro *Everyday bias* [Viés cotidiano].[12] O argumento que ele usa é simples, mas essencial para todos, especialmente para líderes. Ele afirma que, em uma cultura (empresarial) cheia de valores de certeza, é extremamente importante identificar as formas que nos alertam e nos deixam mais conscientemente indecisos. Como isso é possível? Simples: faça uma PAUSA e repense o que pretende fazer a respeito de alguma coisa. Para Ross, PAUSA é a chave para superar vieses, baseada nos seguintes aspectos:

P — Preste atenção ao que está acontecendo com o julgamento (evento versus interpretação).
A — Admita ou identifique sua reação/interpretação/julgamentos.
U — Use sua empatia para compreender outras reações/interpretações/julgamentos possíveis.
S — Sonde qual é o modo mais construtivo/empoderador/produtivo de lidar com a situação.
A — Aplique seu plano de ação (aja de forma coerente com o que fizer mais sentido).

Colocado em termos mais simples, isso significa que, como líder, você precisa pensar duas vezes. Antes de tomar uma decisão importante, como contratar alguém, demitir alguém, avaliar e recompensar alguém, aprovar um investimento ou até mesmo convocar uma reunião, pense duas vezes sobre o motivo da sua decisão. Dê a si mesmo o benefício da dúvida. Nossa própria experiência provou que esse é um modo muito prático, além de eficaz e razoavelmente rápido, de reagir a possíveis vieses.

Se os vieses de grupo forem baseados em outros critérios, mais centrados na empresa — como competição interna, conflitos em departamentos, tribos no poder e ambições pessoais —, então o líder cerebral deve primeiro reconhecer esses critérios, em seguida analisar seu impacto e, por fim, facilitar a formação de mentalidades de grupo apropriadas, que estimulem o desempenho das equipes e da empresa. Steve Jobs, o emblemático líder da Apple e da Pixar, reconhecidamente criou uma cultura interna de extremo antagonismo com outras gigantes de TI, em especial com a Microsoft. Tanto isso é verdade que ele buscou com uma paixão incomparável lançar o primeiro iPhone porque, conforme relatou Scott Forstall, ex-diretor do iOS, encontrou-se em um evento social com um executivo da Microsoft que se gabou do trabalho que a Microsoft estava fazendo em *tablets*.[13] Criar um senso de "nós" contra "eles" não é inerentemente ruim sempre, e líderes podem utilizar o poder da aptidão natural de nosso cérebro para a percepção de grupos criando as atitudes de intragrupo e extragrupo corretas, tanto nas equipes quanto na empresa como um todo.

A ameaça dos vieses cognitivos, especialmente em relações intragrupo versus extragrupo, está sempre presente e pode ser expressa em qualquer situação administrativa. Quando você rotula pessoas e se deixa levar por estereótipos, quando não está aberto a informações novas e conflitantes, quando confia demais em sua memória e experiência e quando se coloca no centro do universo, vieses cognitivos estão em ação.[14] O cérebro não direciona energia suficiente para o lobo pré-frontal para uma análise mais objetiva da situação. Ele prefere recorrer a padrões neurais que gastem menos energia e enxerga as coisas como elas deveriam ser, não como elas realmente são. E, como descobrimos por meio de nossas interações com centenas de empresas em mais de vinte países, nosso ambiente moderno de negócios cultiva uma cultura corporativa que, com frequência, faz os vieses virem à tona.

Culturas corporativas favorecendo a mente com viés

Um estudo de psicologia social sobre uma história bíblica revela como as empresas constroem culturas que favorecem vieses. Em 1973, Darley e Batson publicaram seu estudo, agora clássico, sobre a parábola do Bom Samaritano. A parábola fala sobre ajudar uma pessoa em grandes apuros sem que haja algum objetivo egoísta por trás dessa ajuda. Os dois cientistas fizeram uma experiência em Princeton, pedindo a seus estudantes que fossem a um prédio para conversar sobre o Bom

Samaritano e outro assunto não relacionado. Em seguida, os alunos foram instruídos a dirigir-se a outro prédio para uma prova. A alguns dos estudantes foi solicitado que se apressassem para chegar ao outro prédio, enquanto a outros foi dito que não havia tanta pressa. No caminho para esse outro local, todos os alunos passaram por uma pessoa que pedia ajuda imediata e aparentava precisar muito dessa ajuda. Quem ajudou mais? Surpreendentemente, falar sobre a história do Bom Samaritano antes de encontrar a pessoa em apuros não teve nenhum efeito sobre a reação dos alunos. O que teve um efeito real no seu comportamento foi a urgência. Apenas 10% dos alunos instados a correr para o outro prédio pararam para oferecer ajuda, enquanto mais de 60% dos estudantes que não estavam com tanta pressa pararam para ajudar.

Muitas empresas no mundo todo têm valores corporativos que contam uma história similar. Centrada no cliente, voltada para soluções, apoiadora da equipe, promotora dos funcionários, focada na comunidade, tudo isso são valores que encontramos constantemente em materiais corporativos pelo mundo. Mas vemos dentro das empresas, entretanto, que a urgência cancela esses valores, priorizando metas de curto prazo, centradas em torno do ego. Um prazo apertado, o próximo grande projeto começando agora, a reunião da manhã seguinte para a qual você precisa se preparar hoje, os números mais recentes que não são tão bons quanto se esperava, o novo diretor quer cada vez mais, e outras chamadas de emergência criam culturas que nutrem comportamentos automáticos, desvios do lobo frontal e vieses cognitivos. Independentemente das belas narrativas de boas ações nos negócios, a pressão do "agora" reduz a habilidade do cérebro de dirigir energia para estruturas vitais ao raciocínio que possam fazer as perguntas certas. Em vez de perguntar, estamos simplesmente fazendo. E, mais importante, falhamos em parar e perguntar àquele necessitado: "Como eu posso ajudar?" ou "Como eu posso melhorar a sua situação?", assim como ocorreu no experimento em Princeton. Nas empresas de hoje, perguntas como essas, dirigidas a nossos colegas de equipe, subordinados, chefes, pessoas em outros departamentos e, é claro, para nós mesmos, são cruciais para que comecemos a questionar e paremos de correr.

Um estudo sobre como a excitação modifica as intenções de comportamento também é útil para corroborar a noção de que culturas corporativas deveriam ser mais atentas e reflexivas. Ariely e Lowenstein[15] pediram aos estudantes que respondessem perguntas sobre comportamento moral, instruindo-os a responder ao mesmo questionário posteriormente, quando estivessem em um estado de excitação. As respostas foram consideravelmente diferentes, o que demonstra de maneira clara que intenções bem ponderadas podem sair voando pela janela quando algumas seções específicas do cérebro estão excitadas. Sabemos fazer a coisa certa quando estamos calmos; porém, quando excitados, nós nos comportamos de outra forma. O estudo se concentrou em excitação sexual, mas os resultados não ficaram confinados exclusivamente a essa atividade cerebral. A excitação envolve a ativação de nosso sistema nervoso automático, o que leva a uma elevação da pulsação, a um aumento da pressão arterial e a uma sensibilidade extrema a estímulos externos. Nesses casos, o pensamento racional perde o controle e o poder recai sobre as reações mais impulsivas e pré-programadas.

O caso da Uber, a mundialmente famosa empresa de compartilhamento de carona remunerada, é um exemplo cabal de como um foco excessivo no crescimento rápido pode levar a uma cultura interna agressiva, que atropela qualquer boa intenção e um valor corporativo cuidadosamente projetado. Conforme amplamente noticiado no início de 2017, descobriu-se que a cultura da empresa incluía exemplos sistêmicos de discriminação, assédio e comportamento hostil.[16] Apesar dos amplos esforços de Travis Kalanick, fundador da empresa, para corrigir o problema, ele acabou tendo que se retirar de seu cargo de CEO poucos meses depois.[17] Esse exemplo ilustra categoricamente que, não obstante as salvaguardas cognitivas que possamos colocar em ação para garantir que maus comportamentos não se manifestem no ambiente profissional, nossos comportamentos cotidianos e paixões internas podem colocar tudo em risco caso priorizem os mesmos comportamentos que rejeitamos verbalmente, sinalizando para todos ao nosso redor que é isso que eles precisam fazer para sobreviver na empresa.

Nossa narrativa corporativa até pode buscar promover todos os grandes valores da compreensão, colaboração e reflexão, mas a urgência e o estado mental de excitação/estresse em que nos encontramos com frequência no trabalho nos deixam mais subservientes do que nunca a nossos próprios vieses. A resposta é questionar mais.

Questionar é vencer

A arma de gestão mais confiável contra vieses cognitivos é, na verdade, a mais simples: fazer perguntas. Muitas, e o tempo todo. Fazer as perguntas certas, e mesmo algumas erradas, cria as condições apropriadas para desafiar reações automáticas e, assim, revelar qualquer viés que possa emergir. Questionar tem a ver com um estado mental de observação antes da ação. Inserir esse passo intermediário de questionar minimiza o efeito comportamental imediato dos vieses. Em vez de o cérebro saltar diretamente de um estímulo para uma conclusão prematura ou uma reação comportamental equivocada, fazer perguntas tem um poder de contenção valioso. Em outras palavras, as perguntar têm o poder de interromper processos neurais rápidos e atividades impulsivas, redirecionando mais energia cerebral para as funções reflexivas e de raciocínio.

O poder do ato de fazer perguntas finalmente está sendo notado em empresas e outras instituições em nossa sociedade. Segundo Warren Berger,[18] um grande defensor do questionamento fundamentado, nosso cérebro busca informações incessantemente desde o momento em que nascemos. Em média, fazemos 40 mil perguntas entre 2 e 5 anos de idade, e 300 perguntas diariamente aos 4 anos. Entretanto, o ritmo do questionamento atinge seu auge aos 5 anos e começa a decair logo em seguida. O motivo para isso é a cultura do antiquestionamento que construímos em casa, nas escolas e no trabalho. Em vez de incentivar o ato de fazer perguntas como uma das formas mais naturais para nosso cérebro aprender e mudar de comportamento, nós o neutralizamos. Quando nos deparamos com atitudes do tipo "é assim mesmo" e "é assim que as coisas sempre foram por aqui", sabemos no mesmo instante que o ambiente é hostil ao questionamento fundamentado. Contudo, fazer perguntas é só o começo; fazer as perguntas certas também é muito importante. Schoemaker e Krupp,[19] com base em sua extensa pesquisa corporativa, separaram em seis categorias as perguntas fundamentais feitas por líderes vencedores:

1. Perguntas que fazem pensar em uma perspectiva inesperada e descobrir o significado oculto de tendências mais amplas do mercado.

2. Perguntas que ajudam a explorar cenários futuros e analisar as maiores incertezas externas futuras para cada um deles.
3. Perguntas que ajudam a pessoa a se tornar alguém "do contra", que examina cada problema por ângulos múltiplos e diversos.
4. Perguntas que ajudem a identificar os padrões corretos, empregando-se múltiplas lentes para descobrir conexões difíceis de perceber à primeira vista.
5. Perguntas que ajudam a criar novas opções, avaliando-se muitas alternativas e suas consequências inesperadas.
6. Perguntas que ajudam a aprender rapidamente com os fracassos e a utilizá-los como fonte de melhorias imediatas e mais inovações.

Para eles, o ponto de partida para o sucesso de longo prazo na liderança não está nas respostas, e sim nas perguntas. A lista apresentada é um remédio muito eficaz para combater vieses cognitivos e limitar a obsessão do cérebro com o que ele já conhece.

> **QUADRO DE AÇÃO**
> Ao usar a estrutura apresentada, tente desenvolver algumas questões para cada uma das seis categorias. Tente pensar em situações específicas para desenvolver essas perguntas. Peça a alguns membros da sua equipe que façam o mesmo. Consegue perceber a diferença?

Sócrates celebremente disse: "Só sei que nada sei". Suas perguntas eram tão poderosas que, no final, condenaram-lhe à pena capital. Sociedades com um ritmo lento de mudança, como eram as antigas, não gostam de desafios à situação vigente. Empresas do paradigma anterior, operando em setores estáveis, não fomentam realmente uma cultura de questionamento. Hoje, as coisas são muito diferentes. Exemplos de CEOs recuperando empresas por meio do poder do questionamento, do apoio e do aprendizado agora são comuns. Frank Blake, CEO da Home Depot nos Estados Unidos conduziu a recuperação da empresa no difícil ambiente pós-crise de 2008 — e o fez sabendo muito pouco sobre a empresa e o setor em que ela atuava quando assumiu o cargo de CEO.[20] Seu comprometimento com perguntas sadias e produtivas em todos os níveis e sua recomendação de que todo o corpo administrativo empreendesse caminhadas de aprendizado nas lojas levaram a mudanças corretas, que aumentaram a satisfação dos consumidores e trouxeram um aumento no valor das ações.

Todavia, existe outro conjunto de perguntas que os líderes modernos precisam fazer, o qual diz respeito a seus desafios mais estratégicos: aqueles cuja decisão pode exercer um impacto considerável, seja ele positivo ou negativo, sobre a vida das pessoas dentro e fora da empresa. Essas questões tratam menos do negócio em si, mas, sim, do papel mais amplo que a empresa desempenha no mundo e de sua responsabilidade como uma acionista ativa na sociedade. Essas decisões duras requerem uma mentalidade inquisitiva específica que coloca à prova pressuposições, hábitos e necessidades estratégicas aparentemente inevitáveis. Essas são as perguntas que fazem os líderes atingirem a grandeza para além de seu papel imediato como indivíduos que guiam empresas. Segundo Joseph Badaracco, professor de Ética nos Negócios em Harvard, as perguntas são:[21]

- *Quais são as consequências diretas e indiretas da sua decisão?* Essa pergunta exige uma análise rigorosa dos cursos de ação possíveis e do seu impacto humano. Tomar decisões apressadamente, em especial decisões com efeitos amplos sobre a vida de várias comunidades internas e externas, é a abordagem errada. Embora o futuro seja, em grande parte, imprevisível, reunir a equipe correta, despender tempo nessa questão e examinar os custos e benefícios humanos das decisões possíveis são os requisitos básicos para responder a essa pergunta com sucesso.
- *Quais são as suas obrigações centrais nessa decisão?* Tirando as obrigações do líder para com os acionistas e suas equipes, existem outras obrigações que vão além do escopo estritamente centrado nos negócios. Essas obrigações são pan-humanas, já que têm relação com todos os humanos potencialmente afetados por uma determinada decisão. Por exemplo: a obrigação de proteger a dignidade das pessoas como seres humanos ou a obrigação de que direitos humanos básicos sejam respeitados superam objetivos profissionais de curto prazo. Se esse tipo de obrigação for respeitado, pode cimentar a posição do líder como guardião do futuro tanto da empresa como da humanidade.

- *Você enxerga o mundo como ele é?* Essa pergunta inclui duas subseções: você enxerga o mundo lá fora como ele é? Você enxerga o mundo aqui dentro como ele é? A primeira parte tem a ver com o aspecto prático de implementar a sua decisão, evitando qualquer ilusão ou ideia errônea sobre as intenções e capacidades dos outros. A segunda parte tem a ver com as suas capacidades, prontidão e disposição para passar pelas mudanças, desafios e caminhos necessários para implementar a decisão.
- *Quais são as suas comunidades?* Como nosso cérebro é um órgão social, sondar e reconhecer as diversas comunidades às quais você pertence tem uma importância fundamental na tomada da decisão certa. Essa pergunta demanda que você identifique os valores e normas que guiam seu comportamento corporativo. Ao mesmo tempo, ela lhe pede para desafiar esses valores e normas para poder se certificar de que você não está tomando decisões apenas para preservar modos já existentes de pensar e agir.
- *Você vai conseguir viver com a sua decisão?* No final, depois de qualquer decisão que tomamos, precisamos conviver com ela e assumir plena responsabilidade por suas consequências, sejam elas positivas ou negativas. Para poder explorar se a decisão que quer tomar corresponde àquilo que o seu compasso interno aponta, você precisa reservar algum tempo para refletir, falar com mentores ou profissionais em quem confie e ouvir aqueles que melhor lhe conheçam pessoalmente.

O poder de questionar traz mais energia para a parte racional do seu cérebro e minimiza o impacto dos atalhos neurais. Mas que tipo de líder questionador você quer ser, exatamente?

TABELA 2.1   Matriz dos estilos de questionamento

Atitude		Engajamento	
		Ativo	Passivo
	Construtiva	O astro das perguntas	O bom ouvinte
	Não construtiva	O interrogador do mal	O resmungão solitário

Identificamos quatro tipos de questionadores:

- *O astro das perguntas.* O líder se envolve ativamente em conversas, muitas vezes como iniciador e facilitador. Todas as discussões são amigáveis e, com frequência, criativamente agitadas, e não existe resposta errada. A meta é o desenvolvimento mútuo.
- *O bom ouvinte.* O líder está sempre aberto para responder perguntas e oferecer *feedback*. Entretanto, geralmente são outras pessoas que começam as discussões. Ouvir, guiar e decidir são suas principais características, mas de forma reativa.
- *O interrogador do mal.* O líder faz perguntas a todos, mas são perguntas difíceis de responder e até mesmo ofensivas. O principal propósito é fazer os outros se sentirem inferiores e incapazes. Esse líder é temido, não respeitado.
- *O resmungão solitário.* O líder se isola por escolha própria, emitindo todos os sinais possíveis para que os outros mantenham distância. Faz as pessoas se sentirem desconfortáveis quando é perturbado e aparenta ter tudo sob controle, logo, não deveria ser questionado. Questionamento é associado à fraqueza.

Mover-se na direção do quadrante do astro das perguntas é essencial para um cérebro calibrado para a liderança. Pode não ser fácil mudar, mas é necessário para poder combater vieses e outros atalhos mentais.

QUADRO DE AÇÃO

Ao utilizar a estrutura apresentada, tente avaliar a si mesmo. Pense em cada um desses tipos e tente se classificar em alguma das categorias. Anote o que você faz que o coloca naquela categoria. Pense no que precisa fazer para poder trocar de categoria. Anote seus pensamentos a respeito. É importante tomar nota dos seus pensamentos, já que isso pode ajudá-lo a desenvolver um processo de raciocínio muito mais estruturado e concreto em torno desses assuntos.

APRENDENDO COM A VIDA REAL:
UM CONTO DE DOIS GESTORES

Gestor A faz as perguntas certas, no momento certo, para as pessoas certas.

Gestor B nunca faz perguntas, para não parecer fraco.

Gestor A incentiva o pensamento independente.

Gestor B permite que você expresse quaisquer opiniões em reuniões, desde que confirmem a dele.

Gestor A sempre confere duas vezes os dados... e depois confere mais uma vez.

Gestor B dá uma olhada nos dados e passa direto para a implementação, porque o padrão é sempre evidente.

Gestor A tem uma atitude de "até onde eu sei".

Gestor B tem uma atitude de "vai por mim".

Gestor A se expõe às ideias de quem vem de fora.

Gestor B considera irrelevantes as ideias de quem está de fora.

Gestor A com frequência estimula a equipe a refletir individual e coletivamente sobre decisões e projetos.

Gestor B não tem tempo para reflexão, só para começar outro projeto.

Gestor A prefere pesquisas que envolvam múltiplas amostras e uma variedade de métodos para coletar dados.

Gestor B tem usado a mesma abordagem de pesquisa há anos, pois foi testada e funciona.

Gestor A frequenta conferências, reuniões setoriais e treinamentos com uma atitude produtiva e receptiva.

Gestor B sempre volta de um evento com a frase: "Eu já sabia disso, não tem nenhuma novidade".

Gestor A segue os melhores pensadores de diversas áreas no Twitter, em blogs e publicações.

Gestor B não segue ninguém (ao menos declaradamente) — os outros é que deveriam segui-lo.

Gestor A se permite intervalos regulares durante o dia e periodicamente dá escapadas mais longas para reiniciar sua mente.

Gestor B acredita que intervalos são para os fracos.

Gestor A se interessa quando percebe um viés em si mesmo ou em outras pessoas, sendo sempre educado e gentil a respeito, seja consigo mesmo ou com os outros.

Gestor B nunca aceita que um erro de raciocínio tenha vindo de seu próprio viés, porque seu raciocínio é baseado em pura racionalidade. Acredita que todas as outras pessoas tenham vieses.

Gestor A considera todas as opiniões cuidadosamente (embora não dedique necessariamente o mesmo tempo a todas elas), mesmo quando se trata de uma conversa casual fora do escritório, com pessoas sem relação com o trabalho.

Gestor B nunca fala de negócios com ninguém fora do escritório, exceto para se gabar sobre um sucesso.

Gestor A testa e usa os aplicativos mais recentes para produtividade, colaboração e geração de ideias e ama experimentar.

Gestor B usa e-mails e planilhas, e odeia experimentar, acreditando que isso demonstra que as pessoas não sabem o que estão fazendo.

Infelizmente, ainda não encontramos ninguém que se encaixe exatamente no meio do caminho entre esses dois extremos. Embora não seja necessário que a pessoa tenha todas as características do gestor A ou do gestor B, constantemente vemos que a maioria das características será de uma ou outra categoria. Esses dois tipos de gestores correspondem à clássica categorização de Philip Tetlock[22] de previsores políticos em raposas e porcos-espinho. Em seu estudo chamado *Expert political judgment: how good is it? How can we know?* [Julgamento político especializado: é bom mesmo? Como podemos saber?], ele explora o que faz as pessoas preverem melhores resultados políticos. Cita um antigo poeta grego, famoso por dizer que as raposas sabem muitas coisas, enquanto os porcos-espinho sabem de apenas uma coisa grande. Na visão amplamente aceita de Tetlock,[23] as atitudes gerais das pessoas afetam de maneira crítica sua capacidade de raciocínio e previsão. Uma raposa tem a mente aberta, aceita a responsabilidade por seus erros, sempre aprende e vê o mundo como um sistema complexo e difícil de prever. O porco-espinho é teimoso, buscando sempre confirmar crenças antigas, não escuta pessoas de fora e fica feliz em explicar tudo de acordo com teorias já existentes. As raposas, grosso modo, preveem muito melhor do que os porcos-espinho. O gestor A é uma raposa, com um cérebro mais calibrado para se tornar um grande líder em tempos caóticos e dinâmicos. O gestor B é uma relíquia à espera da extinção, se não mudar depressa.

Quando o símio assume o controle

Uma das lições mais importantes que aprendemos logo no início de nossa jornada pela compreensão do impacto exercido pelo cérebro sobre a liderança e o comportamento humano em geral foi a existência de importantes protocolos de sobrevivência. O cérebro tem seus próprios protocolos antigos, profundamente arraigados em suas redes neurais ocultas e ativados em casos extremos para garantir a nossa sobrevivência. E aprendemos isso do jeito mais difícil.

Um de nós sofreu um acidente automobilístico no final da década de 1990. Ninguém ficou gravemente ferido, mas o espantoso é que o exato momento da batida não foi vivenciado conscientemente, porque a pessoa desmaiou. Recuperar a consciência poucos segundos após o impacto foi crucial para que as medidas necessárias para escapar com ferimentos mínimos pudessem ter sido tomadas. A grande questão, contudo, foi quem decidiu "desligar" a consciência no momento exato do impacto. Com certeza, não foi uma decisão racional, já que tudo aconteceu em milésimos de segundos. A busca por uma resposta levou à compreensão de que o cérebro aplica suas próprias regras quando decide que uma situação é crítica. Estímulos externos viajam através de nossos sentidos até o cérebro, que, mais rápido do que o pensamento, decide como vai tratá-los. No caso do acidente, o cérebro decidiu desligar a percepção para evitar sobrecarregar o sistema com um choque. Se ele entrasse em choque, o comportamento talvez não estivesse otimizado para a sobrevivência.[24] Podemos chamar esses protocolos de *sequestro*. Mas será que o sequestro das funções executivas do cérebro por funções mais primitivas acontece apenas em casos extremos? Não. Isso acontece todos os dias. Líderes modernos precisam estar particularmente alertas para um mecanismo de sequestro do cérebro conhecido como sequestro da amígdala, que ameaça sua clareza de pensamento diariamente.

A amígdala faz parte do sistema límbico do cérebro, o qual, conforme já descrevemos, é o que mais lida com a memória, o aprendizado, a motivação e a emoção. Nesse sistema, a amígdala exerce o papel de guardiã emocional da sobrevivência, decidindo se deve interferir e quando. Interferir significa assumir o controle. A amígdala está geralmente associada ao aprendizado emocional, já que combina eventos externos com a memória interna para escolher a melhor ação possível. Se o evento externo ameaça evocar uma memória intensa e desagradável, a amígdala decide assumir o controle, impedindo os lobos racionais de pensar demais. Em uma situação de perigo grave, não há muito tempo para debate e deliberação. Por consequência, a amígdala também está associada com estresse, ansiedade, medo e agressividade.[25] Para líderes, isso quer dizer que há situações diárias no trabalho em que as amígdalas podem interpretar como ameaçadoras, por isso, sequestrarão o raciocínio mais elevado, o que terá consequências importantes. Dentre elas, incluem-se: comportamento errático, falta de confiança nos outros, baixa autoconfiança, prejuízo na tomada de decisões e no desempenho, incapacidade de captar sinais (humanos e numéricos), egocentrismo, pensamento de curto prazo, mal-entendidos e erros de comunicação, reações automáticas e atitudes vingativas. De forma alguma características desejáveis em indivíduos inspiradores.

Entretanto, não estamos indefesos contra os sequestros da amígdala. Há muitas coisas que podem ser feitas. Steve Peters,[26] professor da Universidade de Sheffield, desenvolveu um programa de gestão da mente por meio do qual ajuda atletas e outras pessoas que buscam resultados elevados a lidar de maneira eficaz com esses sequestros. Segundo sua abordagem, nosso "chimpanzé" interior — que, graças à evolução, é cinco vezes mais forte do que nossa vontade consciente — influencia nosso comportamento, atacando nossa mente com pensamentos venenosos e cheios de medo, como "Eu não consigo fazer isso" e "Todo mundo está contra mim". Declarações típicas que acabam deixando claras as intenções do chimpanzé interno são:

"As coisas não vão acontecer como eu queria que acontecessem" (questões externas).
"Eu não me sinto à altura da tarefa diante de mim" (questões internas).

A solução para lidar com o símio que vive em nossa cabeça e tem o poder de desativar nosso raciocínio claro é aceitá-lo e evitar lutar com ele (ele é mais forte). Precisamos observar todos os seus movimentos e impulsos para então nutrir seu melhor lado, o que fará nos sentirmos menos inseguros no longo prazo. Finalmente, podemos gerenciar o chimpanzé por meio de um sistema de distrações e recompensas. Uma distração pode ser algo que não permitirá que o chimpanzé se expresse plenamente, como entrar rapidamente na sala de reuniões sem se estressar muito pensando a respeito. Uma recompensa trata de dar ao chimpanzé algo de que ele gosta quando o trabalho ao qual ele se opõe foi realizado, em parte ou totalmente. Isso pode ser algo como fazer seu primeiro intervalo para o café só depois de ter revisado aquele relatório difícil de manhã.

Uma abordagem mais física para lidar com os sequestros é defendida pelo dr. Alan Watkins em seu livro *Coherence: the secret science of brilliant leadership* [Coerência: a ciência secreta da liderança brilhante]. O dr. Watkins[27] sugere um método de relaxamento pela respiração que acalma a pulsação irregular causada por uma mente cheia do medo produzido pela amígdala. Reservar um tempo para respirar de forma regular, tranquila e vinda do coração, todos os dias, pode ter um impacto considerável nas reações de estresse. Isso pode dar à mente o espaço certo para desenvolver emoções e pensamentos construtivos. Ignorar a fisiologia dos sequestros é um equívoco estratégico que reduz a habilidade de se lidar com eles de forma bem-sucedida. Nós sempre recomendamos a nossos clientes que interrompam brevemente uma situação quando se sentirem dominados pelo medo ou pela raiva. O conselho popular de nunca se enviar um e-mail em um momento de irritação, deixando para fazê-lo no dia seguinte, tem sua origem na interdependência entre fisiologia e psicologia. Faça uma caminhada, respire calma e regularmente, do fundo do peito, e dê a seu organismo o tempo necessário para expulsar a química produzida pela agressividade e o medo. Esses simples atos podem fazer mais do que você imagina para melhorar seu desempenho na liderança.

A questão crucial para gerenciar esses sequestros é ter ciência de que eles estão ali e, então, separar-se deles. Se você tratar esses pensamentos negativos com um interesse genuíno em vez de com uma aceitação fatalista, metade do trabalho está feito. Seus pensamentos não são necessariamente você. Embora você não possa decidir o que vem à sua mente, pode decidir o que fazer com seus pensamentos, especialmente quando seu corpo estiver em um estado mais calmo. Quem deve liderar o seu time é a sua mente clara, não o seu símio interno.

Tenha em mente

Nossas mentes jamais estarão livres de influências irracionais impulsionadas pelas estruturas mais antigas do cérebro. Entretanto, ao resistir ao "barato" da dopamina liberada pelo reconhecimento de padrões e à atração gravitacional dos vieses cognitivos, mantendo-nos conscientes do símio interno que quer levar a melhor sobre nós, podemos alcançar um estado mental mais claro. Se estivermos constantemente cientes dos vieses e fizermos as perguntas certas, criando uma cultura que valorize o debate, aumentaremos o papel estratégico do raciocínio claro em nossos desafios diários de liderança. Isso, por sua vez, irá nos permitir passar instruções mais claras e coerentes às nossas equipes.

> **ESTIMULE O SEU CÉREBRO: VOCÊ E SEU SÍMIO**
> Pense no lado símio do seu cérebro. Faça uma lista de coisas que você já fez quando o símio assumiu o comando. Essas ocasiões diziam respeito a quê? Você conseguiria categorizá-las? Em seguida, faça outra lista com ações potenciais que você, como um líder, poderia tomar para controlar o símio dentro de si. Considere suas conclusões e esteja ciente delas na próxima vez que uma dessas situações se repetir.

Capítulo 3

Melhor desempenho, mais seguidores

TUDO SE RESUME ÀS VENDAS... SERÁ?
Ela aceita de bom grado o novo cargo e a responsabilidade de gerir as operações de vendas mundialmente. O CEO deixou claro que confia plenamente nela. Ele também destacou o fato de que ela deve desenvolver a nova estratégia de vendas que os levará ao patamar de outros *players* globais. O futuro da empresa está nas mãos dela, e ela fica contente com isso. Ao longo de sua vida, sempre que teve que entregar resultados, nunca se sentira atemorizada. Sua confiança se baseia em sua habilidade de priorizar corretamente, arregaçar as mangas e encarar o problema. E isso sempre funcionou. Mas será que vai funcionar agora, no papel mais importante de sua carreira?

O projeto começa bem. Ela desenvolve a principal diretriz estratégica pessoalmente, com sugestões cruciais de seus pares e alguns consultores experientes. A estratégia é muito bem pensada, com excelente análise, e já é aceita com elogios pela diretoria. É um plano ousado, incluindo abordagens inovadoras. O momento é desafiador, demanda pensamentos arrojados e mudanças profundas para que se possam resolver os novos problemas. O que resta é apresentar o plano para os diretores regionais de vendas para se iniciar a implementação globalmente o mais rápido possível. Ela já fez apresentações importantes antes.

Mesmo assim, esta é a apresentação *mais* importante de sua carreira profissional. Naturalmente, ela fica acordada até tarde aperfeiçoando cada frase, desenhando com cuidado cada slide. Ela ensaia, depois ensaia de novo. Antes de entrar no auditório, ela repassa os números em sua mente uma última vez para garantir que tem tudo na ordem correta. Ela está ciente de que deve ser convincente quanto à necessidade dessas mudanças, mas sabe também que cada palavra e cada número na apresentação estão lá para ajudar a empresa a sobreviver. E todos querem que a empresa se saia bem, não é? Se não querem, então por que ela trabalha tanto? Se não é para aumentar as vendas, é para quê?
Entretanto, apesar da fala e do material visual caprichados, da clareza dos números e da convicção em sua voz e gestos, a apresentação não impressionou. De fato, todos tinham entendido e concordado com sua utilidade. Mas algo importante estava faltando. Os comentários depois da apresentação, principalmente durante o jantar informal, diziam que a estratégia era impecável, mas as mudanças necessárias não pareciam interessantes. Até o CEO, ao conversar com ela brevemente no jantar, observou que a plateia reagiu de modo frio durante a apresentação e mesmo depois. Na manhã seguinte, ela fez o que sempre fazia nessas situações: arregaçou as mangas ainda mais e começou a trabalhar com mais afinco para fazer o plano se realizar. A implementação da primeira fase mostra que os diretores regionais tiveram um bom desempenho, mas não tão bom quanto ela gostaria. Alguns estão se saindo melhor do que outros, mas, no geral, eles não estão tão propensos a mudar seu comportamento, mesmo em um momento tão desafiador. Com toda a franqueza, nem ela está tão entusiasmada quanto imaginou que estaria no começo da missão. Algo está faltando também para ela. Aprendizado e mudança são processos lentos e dolorosos para todos. Alguns meses depois, ela deixa o cargo. Não

> tem mais a motivação interna que tinha no passado para entrar em ação e superar o próprio desempenho.
>
> O que aconteceu? A tarefa era clara, os números eram fortes e tudo estava em ordem para o sucesso. Tudo, menos o cérebro dela.

Sejamos honestos: a grande liderança anda de mãos dadas com um grande desempenho. Nossa capacidade de ter um desempenho excelente e de influenciar outras pessoas a fazer o mesmo depende não apenas de nossa visão tradicional de desempenho, ou seja, uma mistura de habilidades, competências, tempo, recursos e orientação. Ela também depende da capacidade do cérebro de reconhecer a importância da tarefa à nossa frente e gerar o comprometimento, a resistência e as mudanças necessárias para o sucesso, independentemente de barreiras, fracassos e desvantagens. Essa habilidade vem de uma característica singular do cérebro que surpreende a todos quando a encontram pela primeira vez. Aparentemente, nosso cérebro pode mudar bastante ao longo de nossas vidas, e essa mudança pode determinar o resultado de nossos esforços de um modo crítico e decisivo.

O cérebro em mudança permanente

O cérebro nunca permanece o mesmo. Ele se modifica constantemente. O cérebro é um sistema dinâmico de neurônios sempre em movimento. Esse fato extraordinário tomou a neurociência de assalto e contrariou crenças antigas de que todas as mudanças cerebrais ocorrem apenas quando somos muito jovens. Conforme relatado pela psicóloga e neurocientista Elaine Fox[1] em seu livro *Rainy brain, sunny brain: how to retrain your brain to overcome pessimism and achieve a more positive outlook* [Cérebro chuvoso, cérebro ensolarado: como treinar seu cérebro para superar o pessimismo e alcançar uma perspectiva mais positiva], a ideia dominante até a década de 1980 era de que o cérebro é um órgão biologicamente estático, portanto, sua estrutura e sua natureza não se modificariam significativamente durante a nossa vida adulta. Sendo assim, estávamos mais ou menos "presos" pela vida toda ao cérebro que tínhamos. Nossos deveres resumiam-se, primeiro, a garantir que ele não fosse danificado de alguma forma, e segundo, a usá-lo da melhor forma que pudéssemos. Embora ele sempre pudesse se deteriorar devido a acidentes ou doenças, jamais poderia melhorar. Os limites superiores do nosso cérebro eram talhados em pedra, já que não podíamos aprimorar significativamente suas habilidades de aprendizado e desempenho. Por isso, os testes de QI eram tão importantes: nós tínhamos uma capacidade cerebral estável, a qual podíamos medir e então trabalhar seu potencial. Isso, porém, não podia estar mais longe da verdade.

Já há mais de duas décadas, sabemos que o cérebro é qualquer coisa, menos estável. Nosso cérebro é elástico, ou seja, ele tem a habilidade de se reprogramar, de criar novas sinapses entre seus neurônios com base no que está acontecendo dentro e fora de nós. Nossa compreensão da neuroplasticidade, como essa habilidade é chamada, alterou a maneira como vemos o cérebro e nossas capacidades na vida. O uso que fazemos do cérebro pode realmente mudá-lo, e isso se opõe à visão anterior de que o tecido cerebral era o "hardware" rígido e os nossos pensamentos eram simplesmente o "software". A neuroplasticidade mostra que o nosso "software" pode modificar o "hardware", embora essa seja apenas uma analogia grosseira, uma vez que, para melhorar os nossos aparelhos, devemos comprar periodicamente atualizações do hardware e instalar *plug-ins* diversos. Já em nossos cérebros, a atualização do "hardware" pode acontecer atualizando-se o "software" ou por meio de uma mudança em nosso comportamento. Como Chopra e Tanzi[2] explicam tão bem em seu livro *Super brain: unleash the explosive power of your mind* [Supercérebro: liberte o poder explosivo da sua mente]:

> A neuroplasticidade é melhor do que a mente acima da matéria. É a mente se transformando em matéria conforme seus pensamentos criam novos crescimentos neurais [...] Nosso cérebro é incrivelmente resiliente; o processo maravilhoso de neuroplasticidade lhe dá a capacidade, por meio de seus pensamentos, emoções e ações, de se desenvolver em qualquer direção que quiser.

A notável capacidade de nosso cérebro de refazer conexões entre seus neurônios levou à agora famosa frase "células que disparam juntas, continuam juntas", que na verdade sugere que, quanto mais usamos certos caminhos neurais específicos, mais esses caminhos se fortalecerão. Apesar de as vantagens dessa atividade neural serem inúmeras, ela também tem seu lado negativo. Em primeiro lugar, as conexões entre neurônios podem se tornar fortes demais, deixando pouco espaço para a flexibilidade e a mudança; em segundo, áreas que não forem usadas podem ficar muito enfraquecidas. "Se não usar, vai perder" é outra frase famosa no campo da neuroplasticidade. Significa que, se você não adaptar e desenvolver novos caminhos, não vai apenas permanecer como era antes, e sim realmente deteriorar seus neurônios e conexões, tornando-se menos capaz de desempenhar algumas tarefas. Isso é particularmente verdade para habilidades cognitivas, nem tanto para as motoras: nós realmente não nos esquecemos de como andar de bicicleta, mas achamos muito difícil falar uma língua que aprendemos anos atrás e não praticamos há tempos. A maioria das habilidades administrativas e de liderança nas empresas modernas tem a ver com a cognição e não com trabalho manual. Isso quer dizer que você precisa ter muito cuidado para reter conexões neurais fortes nas áreas mais importantes. Senão, vai se tornar cognitivamente mais fraco e profissionalmente mais vulnerável.

Falando de maneira pragmática, porém, como podemos fazer isso? Como desenvolver, cultivar e manter nossas habilidades cognitivas de liderança? Bem, uma opção é ler livros (como o nosso) e participar de programas de desenvolvimento de liderança. Entretanto, não espere muita coisa. Você pode, definitivamente, ler sobre boas ideias relativas à capacidade de liderança e se divertir e adquirir algum conhecimento útil em programas de treinamento, mas desenvolver de fato sua capacidade de liderança é uma história bem diferente, temos informar. A liderança como capacidade cognitiva pode ser desenvolvida e mantida principalmente por meio da prática. Você precisa se permitir "entrar" em uma situação real de liderança. Precisa pensar e agir de fato como um líder para detectar melhorias em suas capacidades de liderança. E não só uma vez. Você precisa fazer isso cada vez mais, já que suas células cerebrais "relativas à liderança" precisam ser sempre disparadas para que estejam sempre a postos e ativas.

Em um ambiente imprevisível e em mudança contínua, em que as empresas precisam acompanhar as mudanças vindas de todos os lados, os cérebros dos líderes precisam se adaptar e evoluir constantemente. A neuroplasticidade pode ser nossa melhor amiga ou nossa pior inimiga, dependendo de como utilizamos o nosso cérebro. A neuroplasticidade funciona em benefício do líder por meio do processo de aprendizado constante, já que aprender é o principal combustível para os neurônios criarem novas conexões e novos caminhos. Bruce Hood,[3] um renomado psicólogo britânico, declarou claramente em seu livro *The domesticated brain* [O cérebro domesticado] que existe uma elasticidade positiva em nosso cérebro, mesmo na vida adulta, desde que continuemos aprendendo ao longo de nossas vidas. Aprendizado é a chave para a plasticidade, assim como a chave para um bom desempenho dos líderes modernos. Como aconselhou Indra Nooyi, diretora-executiva e CEO da Pepsico, a todos os profissionais em sua entrevista à revista *Fortune*:[4]

> Nunca pare de aprender. Seja você um funcionário de nível básico ou um CEO, você não sabe de tudo. Admitir isso não é um sinal de fraqueza. Os líderes mais fortes são aqueles que seguem estudando a vida toda.

Um cérebro plástico que nunca para de aprender é um cérebro com habilidades cognitivas aprimoradas, como uma memória melhor e uma atenção otimizada. Portanto, ele desempenha um papel fundamental no desenvolvimento de nossas capacidades do neocórtex, e esse é o principal motivo para ele aparecer no primeiro pilar do nosso modelo. Entretanto, esse não é um superpoder neural destinado ao uso perpétuo. Ele decai ao longo do tempo, e pode decair mais depressa com nossa ajuda descuidada. Somos responsáveis por nossa neuroplasticidade, e essa é uma das mensagens mais importantes que a neurociência moderna tem a oferecer. Como explica Adam Gazzaley, um neurocientista da Universidade da Califórnia:[5]

> Assim como os demais órgãos do nosso corpo, o cérebro passa por mudanças em seu desempenho. É possível ver essa mudança em seus músculos, seus ossos, seu cabelo — e é possível senti-la em seu cérebro. Não ajuda muito o fato de as pessoas buscarem conforto e uma vida menos exigente quando ficam mais velhas, mas a verdade

é que o cérebro ainda é plástico quando elas têm 70 ou 80 anos. Ele ainda pode ser otimizado — porém, em vez disso, muitas pessoas inadvertidamente aceleram sua deterioração.

Mas como nos mantemos motivados para aprender, adaptar e evoluir constantemente? Onde encontramos a inspiração e a disposição para ir aonde ninguém chegou antes, e para levar outros conosco? E, mais importante, como mantemos nosso cérebro vivo, disparando e crescendo em meio a desafios e até decepções? Em primeiro lugar, um líder com um cérebro plástico e ativo é um líder com um propósito forte.

Propósito acima de tudo

O principal problema com a nova diretora global de vendas no nosso caso de abertura é que ela não teve a atitude certa em seu novo cargo. Apesar de administrar bem os elementos tangíveis de seu trabalho, como números, estratégias e apresentações, sua performance não era guiada por um propósito mais elevado. E, quanto mais você sobe na hierarquia, mais precisa de um propósito que possa motivá-lo e guiá-lo, além de fazer que as pessoas ao seu redor desejem segui-lo. Isso é algo que nenhum líder moderno pode seguir ignorando. Em vez de se concentrar nas vendas como o maior objetivo e principal motivador tanto para si mesma quanto para os outros, ela deveria ter mirado propósitos diferentes, ativando outras regiões do cérebro.

Em uma das palestras TED Talk mais assistidas on-line, Simon Sinek[6] explicou a biologia simples do propósito. Começando no interior do cérebro e usando os exemplos famosos da Apple, dos irmãos Wright e de Martin Luther King, ele celebremente argumentou que a motivação mais poderosa para fazer algo vem do fundo do cérebro. Essas estruturas cerebrais mais antigas são movidas pela paixão que se obtém ao se responder de forma convincente a perguntas do tipo "por quê". Em contraste, a maioria das empresas e das pessoas se empenha para responder a perguntas dos tipos "o quê" e "como", esquecendo-se de que o verdadeiro poder não está nas explicações complicadas de produtos, processos e procedimentos, mas, sim, em grandes ideais. Um propósito grandioso e preferencialmente de longo prazo pode ajudar as pessoas ao seu redor a enxergar a direção e compreender melhor as decisões que foram tomadas e as que ainda serão. Sinek,[7] em seu livro *Start with why: How great leaders inspire everyone to take action* [Comece com o porquê: como grandes líderes inspiram todos a entrar em ação], descreve seu círculo dourado, que tem em seu centro a poderosa pergunta "por quê". Se você é motivado por um "por quê" poderoso, relacionado com um propósito mais elevado, então vai dedicar suas horas, seu comprometimento e até a influência necessários para atingir seus objetivos. Se é motivado por questões do tipo "o quê" e "como", vai alcançar pouquíssima coisa em momentos difíceis e não carregará ninguém consigo. "Por quê" traz conexões e paixão das profundezas do cérebro, das áreas que realmente motivam o comportamento, enquanto "o quê" traz racionalização, análise e pouquíssimo movimento. Essa afirmação é notavelmente similar à declaração de Daniel Pink, que pode ser encontrada em seu livro *Drive: the surprising truth about what motivates us* [Impulso: a verdade surpreendente sobre o que nos motiva][8] e em sua famosa palestra TED Talk sobre o enigma da motivação:[9] problemas contemporâneos exigem soluções criativas, que somente virão da motivação intrínseca. Se você busca dinheiro e vendas como fins por si sós, não conseguirá atingir as regiões mais fugidias, porém mais eficazes do cérebro, aquelas que trazem soluções para problemas inesperados. Dinheiro e vendas fazem parte do que tem sido chamado de recompensas extrínsecas,[10] que são resultados mensuráveis impostos e controlados por outras pessoas. Essa motivação extrínseca só pode funcionar com problemas diretos e baseados na rotina.

A motivação intrínseca liberta seu cérebro da pressão de recompensas imediatas e desprovidas de visão, permitindo que você tenha um desempenho melhor do que antes. Portanto, essa motivação funciona melhor para metas difíceis, desafiadoras e complexas, que requeiram nossa criatividade e pensamento complexo. Esse parece ser o caso em um experimento que temos conduzido com os nossos alunos. Separamos os alunos em dois grupos. Ambos têm o mesmo objetivo. Os alunos precisam entrar em uma sala, um aluno de cada vez, e completar um quebra-cabeça, que é o mesmo para os dois grupos. No primeiro grupo, simplesmente pedimos aos alunos que completem o quebra-cabeça, sem oferecer nenhuma recompensa. Explicamos que vamos apenas medir o tempo de que cada um precisou para atingir a meta. Dizemos que ficamos agradecidos por sua participação no experimento, que nos trará informações extremamente valiosas. No segundo grupo, quando pedimos aos alunos que montem o quebra-cabeça, acrescentamos um senso de competição entre eles, prometendo uma recompensa monetária específica para os três alunos mais rápidos. O que você acha que aconteceu? Segundo o senso comum tradicional (racional) de gestão, os alunos na situação de pagamento por desempenho (o segundo grupo) se sairiam melhor do que aqueles na situação de recompensa não extrínseca (primeiro grupo). Contudo, os resultados demonstraram exatamente o contrário. O primeiro grupo de estudantes foi, em média, 3,3 minutos mais rápido do que o segundo. Repetimos essa experiência muitas vezes e, na maioria dos casos, observamos que a promessa de uma recompensa extrínseca específica funcionou como obstáculo para motivar os cérebros a pensar de forma criativa. Em comparação, quando facilitamos a emergência de recompensas intrínsecas, os estudantes tiveram um desempenho melhor com metas desafiadoras. Também observamos que as recompensas intrínsecas são ampliadas por um propósito maior específico. Assim, a motivação intrínseca precisa de um propósito, e o propósito aparentemente começa pelo "por quê", bem no fundo do cérebro.

O propósito como uma característica crucial da liderança foi destacado pelo consultor Nikos Mourkogiannis em seu livro de 2006, *Purpose: the starting point of great companies* [Propósito: o ponto de partida das grandes empresas]. Mourkogiannis afirmou que, para poder se tornar um grande líder, a pessoa não pode se dar ao luxo de estar fora de sincronia com aqueles ao seu redor no que diz respeito ao propósito que a motiva. Dessa forma, aspirantes a líder precisam desenvolver uma noção clara de seu próprio compasso moral para que possam conduzir a si mesmos e aos outros em futuras decisões que poderão definir sua carreira e sua vida. Mourkogiannis sugere que existem quatro fontes principais de um propósito mais elevado nas empresas:

- *Descoberta*. Para pessoas motivadas pela descoberta, a vida é uma aventura. A busca contínua pelo novo impulsiona as pessoas a fazer promessas fortes e a dar o melhor de si para cumprir essas promessas. A tradição, a familiaridade e as restrições atuais são os piores inimigos da descoberta. Pessoas e empresas guiadas por este propósito sempre farão um esforço extra para atingir seus objetivos, especialmente para atender antes das outras a uma nova e inexplorada necessidade do mercado.

- *Excelência.* Para aqueles que são motivados pela excelência, viver é uma arte. Seus atos não vêm tanto da exigência do consumidor, mas, sim, de uma obsessão com as qualidades inerentes de seu produto ou serviço. Seu rendimento tem que ser o melhor possível, o melhor disponível; em uma palavra, perfeito. Como artistas, seus padrões elevados são sua estrela-guia e não são negociáveis. Baixar os padrões nos processos e resultados é visto como abrir mão, ou até como uma derrota.
- *Altruísmo.* Para quem emprega o altruísmo como seu propósito, a vida simplesmente tem a ver com apoiar os outros. Trata-se do instinto pessoal ou institucionalizado de fornecer ajuda a nossas comunidades. Essa atitude solidária pode se dirigir a clientes, funcionários, fornecedores, cidades e até ao ambiente como um todo. Ela diz respeito, na verdade, a colocar o bem-estar daqueles no seu entorno como uma das maiores prioridades e as suas necessidades egoístas em segundo ou terceiro lugar.
- *Heroísmo.* Aqueles que acreditam no heroísmo creem que um único indivíduo, ou uma única empresa, pode e deve mudar o curso da história e mudar a vida de todo mundo para melhor. Eles sentem que possuem habilidades especiais e que deveriam usá-las completamente para atingir os resultados mais elevados possíveis, desafiando a situação vigente a qualquer custo. O heroísmo é uma atitude altamente competitiva, mas também envolve o sacrifício da própria vida pessoal em nome da razão maior de estar neste planeta: desenvolver aquele produto, construir esta empresa, fechar este negócio, resolver este problema.

Evitar a adoção de um propósito forte ou fazê-lo de maneira superficial e apenas porque está na moda é uma atitude frequentemente enraizada em uma ideia corrente nas estruturas administrativas das empresas. Essa ideia, tanto poderosa quanto ultrapassada, origina-se no pensamento econômico convencional, que considera que as pessoas são autocentradas, agem em interesse próprio e seu trabalho nas empresas se baseia puramente em suas diversas obrigações contratuais. De acordo com Robert E. Quinn e Anjan V. Thakor,[11] professores de Administração, inúmeras práticas internas das empresas fracassam e funcionam de forma contrária ao esperado porque usam essa lógica de centenas de anos como sua hipótese fundamental. O propósito, entretanto, vai contra essa hipótese, pois trata os seres humanos de maneira mais pessoal e emocional, viabilizando uma abordagem de longo prazo. Quinn e Thakor enfatizam que, como gestor, você tem uma escolha:

> Você pode redobrar seu empenho naquela abordagem [guiada pela economia], na presunção de que só precisa de mais controles, ou de controles mais estritos, para alcançar o impacto desejado. Ou você pode alinhar a organização a um propósito mais elevado e autêntico que vá ao encontro de seu interesse nos negócios e ajude a guiar suas decisões. Se você for bem-sucedido nisso, seu pessoal vai experimentar coisas novas, passar para o aprendizado profundo, correr riscos e fazer contribuições surpreendentes.

Um propósito bem-sucedido consegue interligar emocionalmente os interesses pessoais e corporativos. Para isso, Quinn e Thakor sugerem que, além do papel estratégico da mais alta liderança de visualizar, descobrir e comunicar um propósito autêntico, outros dois grupos são essenciais dentro da organização: os gerentes intermediários e os agentes de mudança positiva. Os gerentes intermediários são cruciais por causa de seu papel intermediário entre o topo da hierarquia e a base de funcionários.[12] Eles precisam ser incluídos, motivados e empoderados para que possam se tornar comunicadores ativos e implementadores do propósito da empresa. Agentes de mudança positiva (ou "energizantes", como Quinn e Thakor os chamam) estão espalhados dentro da empresa e as pessoas tendem a reconhecê-los naturalmente e a confiar neles. Esses energizantes, quando identificados e organizados em uma rede significativa de colaboradores, formam o combustível da mudança, inspirando e guiando os outros para o nosso propósito.

Em nossa experiência, o propósito é o ponto de partida de um grande líder, um grande colega, um grande amigo. Várias e várias vezes conhecemos gerentes e diretores que são fortes em habilidades e conhecimento, têm aspirações claras de carreira, têm até um bom histórico de resultados, mas lhes falta o fogo interno para levar a si mesmos e àqueles ao seu redor para o próximo nível. Geralmente, dizemos a esses indivíduos que, seja lá o que os tenha levado até ali, não necessariamente os transformará em profissionais bem-sucedidos em um nível superior na empresa. Uma passagem do tangível para o intangível, de apenas buscar mais vendas para aprimorar sua criatividade e seu pensamento complexo, são pré-requisitos para que eles sobrevivam aos desafios de dirigir empresas e equipes de alto nível. Isso é necessário para eles irem em frente, aprenderem, conectarem-se e manterem o cérebro sempre melhorando. Um propósito mais elevado não é um luxo da liderança, mas um pré-requisito para a liderança.

COMO IDENTIFICAR O PROPÓSITO ERRADO

Sempre começamos nossas sessões de *coaching* perguntando sobre o propósito da pessoa. Mediante um processo dialético de exploração dos seus motivos e aspirações, guiamos nossos clientes no diagnóstico de seu próprio propósito e no diagnóstico do propósito das pessoas ao seu redor. Esse diagnóstico consiste das quatro perguntas a seguir, nessa ordem específica:

- *Extrínseca ou intrínseca?* Se o indivíduo é motivado por objetivos de curto prazo, muito específicos, egoístas e materialistas, então não está no caminho correto. Recompensas extrínsecas que sigam uma lógica tacanha de "se-então" ("se eu fizer isso, então ganho aquilo") não permitem a percepção de todo o potencial de um propósito verdadeiro. Um propósito verdadeiro precisa vir de ideais mais elevados, como a contribuição positiva às vidas das pessoas em torno de nós, e de emoções mais profundas, como o amor e o cuidado. Nós os ajudamos

a descobrir por si mesmos o potencial "por quê" de suas ações, que com frequência fica escondido lá no fundo.
- *Complicado ou simples?* Se o indivíduo usa palavras demais para descrever seu propósito, então algo está errado. As palavras não trabalham a nosso favor aqui, simplesmente porque as estruturas mais profundas do cérebro, que são as responsáveis por comprometimento, paixão e comportamento, não têm capacidade de linguagem. Quanto mais palavras usamos, mais forte a indicação de que a parte executiva do cérebro, no neocórtex, assumiu o controle e, portanto, não devemos esperar muita motivação. Propósitos grandiosos são simples de explicar e poderosos em emocionar as pessoas. Claro que, se o indivíduo responde de forma rápida e simples, mas menciona motivadores extrínsecos, então começamos de novo. Nós os ajudamos a expressar seu propósito de modo que todos possam entender facilmente.
- *Forçado ou natural?* Quando um indivíduo usa linguagem corporativa e/ou simplesmente repete a missão, a visão e os valores da empresa, então temos um bom motivo para preocupação. Um propósito mais elevado é genuíno quando ocorre naturalmente para a pessoa, não devendo ser imposto de forma alguma. Mesmo quando alguém está alinhado com a maioria dos valores da organização, não é razoável que uma cópia carbono dos materiais da empresa seja produzida durante nosso questionário. Quando isso acontece, suspeitamos que nosso cliente esteja apenas escondendo o propósito real por trás do oficial. Após mais discussão e algum trabalho, as pessoas geralmente expõem seus motivadores, e, então, começa o trabalho de verdade.
- *Potencial alto ou baixo de compartilhamento?* Aqui exploramos se o propósito mais elevado é facilmente transmissível para outras pessoas dentro e fora da empresa. Se for, isso significa que o propósito não apenas

servirá como estrela guia para o líder, bem como envolverá equipes internas e clientes, fornecedores e parceiros externos. Propósitos mais elevados que se tornam virais por meio das pessoas, produtos e comunicações de uma empresa mudaram não apenas indivíduos, mas também mercados inteiros e sociedades como um todo. Se o propósito não é facilmente transmissível para outras pessoas e não pode inspirá-las, então precisamos revisar o propósito em si, o ambiente ou ambos.

QUADRO DE AÇÃO

Individualmente
Repasse as quatro perguntas no quadro anterior, "Como identificar o propósito errado". Faça anotações. Depois de responder a cada uma das perguntas, considere o que você escreveu com base na discussão deste capítulo. O seu propósito está de acordo com as melhores práticas? Se não está, o que você pode fazer para melhorá-lo? Reescreva suas respostas até alcançar um resultado satisfatório. Você pode usar o modelo de Mourkogiannis para ajudá-lo a definir ou redefinir seu propósito.

Em equipe
Você também pode fazer esse exercício com sua equipe, mas apenas se a sua busca pelo propósito certo é genuína. Isso levará as outras pessoas a se abrir e a compartilhar seus pensamentos e sentimentos mais íntimos. Identificar diferentes propósitos mais elevados dentro da equipe não é um problema. Nesses casos, discuta com sua equipe como seus propósitos diferentes podem sustentar uns aos outros para alcançar os objetivos da empresa. Inspiração compartilhada é o que estamos buscando. Sugerimos, contudo, proceder com a tarefa da equipe depois de ter identificado e definido seu propósito individual.

O propósito motiva de dentro para fora para seguir em um movimento para o alto e avante, impulsionado por uma paixão sem limites e um princípio mais elevado. No entanto, o propósito jamais o ajudará a fazer nada de extraordinário se não for acompanhado pelo estado mental de alta performance. Esse estado é chamado de "fluxo" e, em seu caminho para a liderança grandiosa, você precisa abraçá-lo de forma plena e entusiasmada.

Flua para a grandeza

O cérebro não tem um desempenho otimizado por padrão. Ele pode chegar a isso sob circunstâncias específicas que podem ser observadas e analisadas. Podemos, então, induzir esse estado mental otimizado e alcançar aquilo que buscamos, acelerar nosso aprendizado e desenvolver uma competência muito mais rapidamente do que o esperado. Essa percepção revolucionou o modo como vemos o desempenho. Ela também deveria fazer da neurociência a "amiga" mais próxima de todos os profissionais ao redor do mundo.

Quando foi a última vez que você se sentiu em seu auge e teve um desempenho à altura? Com que frequência e facilidade você alcança uma concentração perfeita e um controle absoluto do momento? Quando você foi capaz de absorver e compreender informações rapidamente, entregando soluções eficazes das quais você e sua equipe se orgulharam? Em resumo, quando e como você está entrando no fluxo? O que a maioria das pessoas chama de "estar no ritmo" é o que, na neurociência, se chama de fluxo. Essa palavra descreve os momentos de absorção total que levam a um estado otimizado de consciência. Em um estado otimizado de consciência, seu desempenho, seus resultados e seu bem-estar serão os melhores possíveis. Mihaly Csikszentmihalyi,[13] o famoso psicólogo húngaro-americano que foi o primeiro a estudar metodicamente esse estado, tendo devotado sua vida a esse trabalho, declarou de modo muito apropriado que:

> Os melhores momentos em nossas vidas não são aqueles instantes passivos, receptivos, relaxantes [...] Os melhores momentos usualmente ocorrem quando o corpo ou a mente da pessoa é levado a seus limites em um esforço voluntário para realizar algo difícil e recompensador.

Quase todos podem se lembrar de um momento em que, apesar de muitas adversidades, descobriram a força interior para fazer seu melhor, sentindo-se plenamente empoderados, focados e contentes. Nessas situações, experimentamos algo como uma realidade alternativa em que o tempo é alterado, movendo-se muito depressa ou muito lentamente, e nossa noção de nós mesmos se funde com o que está ao redor. Em resumo, somos invencíveis! Esse estado é crucial para líderes terem uma performance incrível nos momentos mais necessários, e cria seguidores que acreditarão neles seja qual for a situação.

O futuro pertence ao fluxo, e muitos projetos notáveis estão levando o conceito mais além. Chris Berka, neurocientista e empreendedora, criou com sua equipe um aparelho simples que pode ser usado na cabeça para medir as duas ondas mentais cruciais envolvidas no fluxo, alfa e theta.[14] Segundo o *American Heritage Dictionary of the English Language*,[15] um dos mais importantes dicionários da língua inglesa, as ondas alfa podem ser consideradas um padrão de oscilações elétricas suaves e regulares no cérebro humano que ocorrem quando a pessoa está desperta e relaxada; elas têm uma frequência entre 8 e 13 hertz. Segundo a mesma fonte, as ondas theta têm uma frequência de 4 a 8 hertz e são registradas principalmente no hipocampo de mamíferos carnívoros quando eles estão alertas ou excitados. Ondas alfa produzem um estado de concentração meditativa, e ondas theta produzem relaxamento extremo. Imagine medir suas ondas cerebrais enquanto tenta, conscientemente, afiná-las para entrar no fluxo. Assim que você atinge a medida certa de ondas cerebrais alfa e theta por meio de relaxamento e concentração, começa a lidar com uma situação difícil e crucial. Você está agora em seu desempenho otimizado. Segundo Berka, essa tecnologia permite que aprendamos, sejamos mais criativos e dominemos novas habilidades mais rapidamente do que nunca. E há mais: Steven Kotler,[16] com seu Projeto Genoma do Fluxo, está comprometido a descobrir os aspectos neurobiológicos do fluxo. Analisando as mudanças químicas, elétricas e estruturais em nosso cérebro ocorridas antes, durante e depois do fluxo, ele busca fornecer soluções para que as pessoas o atinjam com mais frequência. Kotler[17] descobriu que, além das alterações nas ondas cerebrais, o fluxo exige a presença de um complexo coquetel de substâncias neuroquímicas coletivamente responsáveis pelas três principais características da rápida solução de problemas:

- *Tempos de reação muscular para atenção.* Isso significa que o nosso corpo, como um todo, reage mais depressa do que o usual para atingir um objetivo.
- *Reconhecimento de padrões.* Este é o lado positivo do reconhecimento de padrões, quando nosso cérebro é mais eficaz e eficiente, interpretando uma situação tão precisamente quanto possível.
- *Pensamento lateral.* Nosso cérebro identifica novas soluções ao enxergar uma situação de formas novas e alternativas.

Segundo nossa experiência, as condições internas e externas fundamentais para se atingir o fluxo são as que relacionamos a seguir.

Internas

- *Propósito mais elevado.* Não existe fluxo sem a sensação de que o que você faz serve a seu propósito pessoal mais elevado. Quanto mais você for genuína, ativa e apaixonadamente motivado por seu propósito, mais fácil será entrar no estado de fluxo.
- *Competência avançada.* Embora o fluxo acelere o aprendizado e possa ajudá-lo a se desenvolver pessoalmente ainda mais, ele não pode ser atingido se você não domina as habilidades básicas da sua área. Você precisa ser bom para poder se tornar excelente e desempenhar com excelência. E a excelência pode ser alcançada com a prática. Howe *et al.*[18] argumentaram que um talento (como a liderança) pode se tornar uma habilidade crucial, principalmente devido ao trabalho dedicado e assíduo.
- *Baixa ansiedade.* Quanto mais alto o nível de ansiedade, menor a possibilidade de se entrar em fluxo. Muito estresse e excesso de

pressão são os piores inimigos da entrada no estado otimizado de fluxo, pois são condições que dificultam que a combinação vencedora de concentração meditativa, forte recompensa emocional e motivação intrínseca se manifeste simultaneamente. Entretanto, a ausência total de estresse é igualmente contraproducente para colocar nosso cérebro em um estado de fluxo. O bom estresse é uma condição necessária para a super performance.[19]

Externas

- *Um novo desafio.* Você provavelmente não vai entrar em fluxo se estiver tratando de um problema rotineiro. Problemas rotineiros colocam o cérebro no piloto automático e os hábitos são convocados a terminar o serviço. Não há necessidade de gastar energia adicional do cérebro se o desafio não inclui elementos novos que o tornem excitante e interessante.
- *Algum controle.* Também será bem difícil entrar em fluxo se você não tiver absolutamente nenhum controle sobre a situação em questão. Sem que haja empoderamento e possibilidade de se tomar uma decisão com liberdade para resolver o problema, haverá pouco espaço para você encontrar a força interior que o tornará a melhor versão de si mesmo. Um senso de autonomia e de contribuição empoderada anda de mãos dadas com a habilidade de se alcançar o fluxo. Porém, controle demais, especialmente do tipo que inibe e restringe cognitivamente, bem como que torna o nosso crítico interno mais estrito, é destrutivo para o estado de fluxo.
- *Significância aumentada.* Quanto mais importante a situação, mais fácil entrar no fluxo. Problemas com implicações limitadas, independentemente do quanto sejam surpreendentes e novos, não conseguem criar o senso de urgência e a sensação de impacto aumentado que podem trazer o fluxo de forma natural e convincente. Entramos em fluxo quando isso é realmente necessário.

Seja qual for o próximo passo para compreender melhor o fluxo, uma coisa é certa: nossas escolas, universidades, instituições e empresas deveriam ser mais receptivas ao fluxo, tornando-se, assim, locais onde as pessoas entrassem nesse estado individual e coletivamente para realizar, criar e desfrutar. A pergunta real aqui é: você está se tornando um líder de fluxo? Ou seja: você está se empenhando em colocar a si mesmo em fluxo e, ao mesmo tempo, permitir que outros façam o mesmo? Esse é o modo mais rápido e certeiro para uma liderança baseada no cérebro.

Criatividade matou a concorrência

Nós já discutimos no capítulo anterior a importância das perguntas para se manter a clareza mental. Entretanto, ser curioso não serve apenas termos uma boa visão do mundo ao nosso redor. A curiosidade também é crucial para que sejamos criativos e possamos trazer novas soluções para novos problemas. Em ambientes dinâmicos e imprevisíveis, nos quais as mudanças rápidas são a norma, a criatividade emerge como a habilidade número um para executivos e líderes. Parece também que a criatividade é a principal (se não a única) forma de reagir à complexidade maior que nos cerca. Assim, precisamos nos mover com rapidez para longe de ditados antigos, obsoletos e arriscados, como "a curiosidade matou o gato". A única coisa que a curiosidade e a criatividade podem matar é a sua concorrência!

Uma pesquisa da IBM de 2010, com mais de 1,5 mil CEOs em 60 países e 33 setores industriais do mundo todo, descobriu que a criatividade é considerada a habilidade essencial para se navegar com eficácia o ambiente de negócios cada vez mais complexo. Os CEOs nesse estudo colocaram a criatividade como a habilidade mais requisitada, acima de competências empresariais mais tradicionais, como rigor, disciplina administrativa, integridade e visão. Esse é um resultado notável, já que a criatividade é tradicionalmente considerada uma habilidade reservada a profissões específicas, quando não restrita a artistas, publicitários e inventores. De fato, a criatividade raramente era um assunto importante nos estudos, seminários e treinamentos de negócios que não tratassem de comunicação de marketing e cursos de inovação. Um estudo conduzido por Ros Taylor[20] no Reino Unido, composto de cem entrevistas com executivos de vários setores, revelou que 70% deles acreditavam que a criatividade era menos compatível com o ambiente profissional e mais compatível com as artes. Sua pesquisa subsequente, feita com mil profissionais por todo o país, mostrou as menores pontuações para as afirmações "A criatividade está no topo da agenda da minha empresa" e "Todos [na minha empresa] usam sistematicamente uma ferramenta ou técnica criativa". Independentemente de quantos CEOs desejem tê-la em suas empresas, a criatividade não faz parte do DNA dos negócios tradicionais. No entanto, a obsessão mundial com a inovação contínua em todos os níveis trouxe à tona o pensamento criativo, como argumentamos anteriormente, que se tornou a principal arma no arsenal dos líderes para lidar de maneira bem-sucedida com a complexidade. Mas de onde vêm a criatividade e a solução criativa de problemas?

A parte do cérebro que traz as novas ideias mais perceptivas não é a mesma que faz a maior parte da análise e do pensamento racional. Evangelia Chrysikou,[21] professora de Psicologia na Universidade do Kansas, ao resumir as pesquisas sobre a neurociência da geração de ideias, argumentou que a menor atividade na parte executiva do cérebro é crucial para a criatividade. A hipofrontalidade, que ocorre quando há atividade reduzida no córtex pré-frontal, leva a menos restrições, menor foco de atenção e ao abandono das regras. A mente se torna mais aberta e novas ideias emergem mais livremente. O aquietamento do cérebro executivo se associa positivamente com maior produção criativa. Quanto menos pensarmos sobre um problema, mais criativamente poderemos resolvê-lo. As provas também vêm diretamente do ambiente de negócios. Mike Byrne, um dos sócios-fundadores e diretor-executivo de criação da Anomaly, uma agência de marketing não convencional com escritórios em três continentes, revelou na revista *Entrepreneur*:[22]

> Eu dou a cada ideia um tempo para "cozinhar" […] Os melhores cozidos sempre vêm quando estou fazendo alguma outra coisa. Por algum motivo, isso abre meu raciocínio. Eu consigo ter clareza. Consigo resolver qualquer problema mais depressa, porque o "cozinhar" me ajuda a chegar à resposta mais rápido.

Não é incomum que executivos e outros profissionais que dependem da criatividade se refiram a correr, tomar banho, sair para uma caminhada e até mesmo "deixar para decidir amanhã" como grandes estratégias para alcançar soluções criativas para novos desafios. Executivos cursando MBA e alguns clientes corporativos nossos já expressaram opiniões similares. Isso não quer dizer que não pensar ativamente sobre um problema seja ignorá-lo. "Cozinhar" uma ideia, como Byrne descreveu o ato, não é fugir dela. Pelo contrário: aquietar nosso cérebro executivo *depois* de aprender o máximo que podemos sobre um problema, e não antes, é crucial para que o resto do cérebro possa nos oferecer a solução adequada e relevante.

Existem dois pontos principais nesse impressionante processo cerebral. O primeiro é o ponto de partida, chamado de codificação, e se refere ao esforço do cérebro para absorver o máximo de informação por meio dos sentidos para solucionar o problema em questão. O segundo é o ponto final, chamado recuperação, quando o cérebro decide qual o melhor curso de ação e externaliza essa decisão por intermédio da inserção de pensamento, o que significa que a decisão entra em nossa mente consciente e em nosso comportamento. Em um estudo pioneiro que demonstrou esse processo cerebral, Bursley e associados acomodaram os participantes em uma máquina de ressonância magnética funcional (RMF) e mostraram a eles uma série de imagens de animais fictícios, com um nome inventado para cada animal. Em seguida, pediram aos participantes que se lembrassem dos animais e seus nomes. Entretanto, alguns participantes receberam uma tarefa para distraí-los logo depois da exposição das imagens com os animais e nomes, enquanto outros tiveram que responder imediatamente, sem distrações. Qual grupo se lembrou de mais animais e dos seus respectivos nomes? Os participantes distraídos tiveram um desempenho muito melhor do que aqueles que responderam de imediato. O estudo foi pioneiro porque foi o primeiro a demonstrar "que um período breve e ativo de processamento desconectado pós-codificação impulsiona o aprendizado associativo" e que isso pode acontecer quando a mente das pessoas está consciente e ativamente em busca de outros objetivos. Além disso, os resultados dos RMFs desse estudo mostraram que as mesmas áreas cerebrais ativadas na fase de codificação são reativadas na fase da distração. Isso significa que "padrões de atividade presentes no córtex pré-frontal dorsolateral (CPFDL) durante a codificação são restabelecidos no processamento desconectado, corroborando a hipótese de que representações da memória codificada são reativadas durante o processamento desconectado". O cérebro revive a experiência de codificação de dados na forma de lembranças de modo a processar a informação "como ela é" e fornecer a resposta mais inteligente e realista possível. E tudo isso ocorre fora de nosso espectro de consciência.

Em esforços anteriores para compreender esse processo, Bursley[24] declarou que o aprendizado desconectado e a tomada de decisão apresentam seu melhor desempenho sob duas condições. Quanto mais complicado o problema, tanto melhor a decisão do subconsciente. Quanto mais o cérebro se importar, quanto mais o indivíduo estiver pessoalmente investido na situação e quanto mais exigente for essa situação, tanto melhor será o resultado do processamento desperto, mas desconectado.

Por incrível que pareça, isso se aplica até ao sono, quando as funções executivas de nosso cérebro, as que mais exercem controle, estão, em grande parte, ausentes. É o mesmo princípio que entra em ação ao se "cozinhar" uma ideia: adormecemos com nossa mente cheia de dados e informações sobre um problema que nos incomoda e sonhamos com a solução, ou ela nos ocorre pouco antes de estarmos totalmente despertos. Isso parece ser particularmente verdadeiro com estudiosos do cérebro, já que tanto Adam Gazzaley, o neurocientista da Universidade da Califórnia citado anteriormente neste capítulo, e John Bargh, o maior estudioso da automaticidade do cérebro e do processamento inconsciente, tiveram sonhos que os levaram a importantes descobertas em suas carreiras. Gazzaley sonhou vividamente com um jogo de videogame em que o jogador dirigia um carro e, ao mesmo tempo, tinha de atirar em placas de trânsito de determinado formato. Ao acordar, ele se deu conta de que poderia projetar um jogo de videogame que ajudasse o cérebro a desenvolver-se.[25] De modo parecido, John Bargh estava mentalmente ocupado tentando descobrir a interação entre os processos cerebrais conscientes e inconscientes quando sonhou com um crocodilo virando de barriga para cima. Ele acordou com uma epifania de que os processos inconscientes ocorrem primeiro e os conscientes logo em seguida quando se determinam decisões e comportamentos.[26] Ainda mais notavelmente, o psicólogo Otto Loewi acordou certa noite em 1920 com uma ideia que lhe rendeu o Prêmio Nobel de Medicina em 1936: células nervosas comunicam-se entre si usando substâncias químicas, os neurotransmissores.

Esse fenômeno não ocorre apenas com estudiosos do cérebro, é claro. Todos nós o vivenciamos. A pesquisa neurocientífica moderna lançou uma nova luz sobre o fenômeno, identificando duas fases específicas do sono que são cruciais para sua manifestação.[28] A primeira é o sono não REM, ou sono profundo sem sonhos, durante o qual o cérebro dispara milhões de neurônios ao mesmo tempo principalmente em duas de suas áreas, o hipocampo e o neocórtex. O hipocampo guarda as memórias dos eventos, enquanto o neocórtex guarda ideias, dados e conceitos mais abstratos. Durante essa fase, o cérebro cria categorias e extrai informações essenciais. A segunda é o sono REM, durante o qual o cérebro interrompe a conexão entre o hipocampo e o neocórtex e mantém os dois em um estado flexível em que novas conexões podem se formar de forma aleatória e livre. Como Lewis e associados explicam:

> A alta excitação, a plasticidade e a conectividade do sono REM [a segunda fase] fornecem o cenário ideal para a formação de conexões novas e inesperadas dentro do conhecimento já existente e corticalmente codificado. A intercalação sinérgica de sono REM e não REM pode promover a solução de problemas analíticos complexos.

Tanto a fase não REM quanto a fase REM são agora consideradas construtivas nas explosões criativas do sono. O problema é que o mundo está vivenciando o que Matthew Walker, diretor do Centro de Ciência do Sono Humano na Universidade da Califórnia e autor do livro *Why we sleep: the new science of sleep and dreams* [Por que dormimos: a nova ciência do sono e dos sonhos], chama de uma "epidemia catastrófica de perda do sono".[29] Segundo o professor Walker, "a perda do sono custa à economia britânica mais de £30 bilhões por ano em receita perdida, ou 2% do PIB". Esses são números alarmantes, que deveriam motivar líderes a tomar um cuidado extra com a quantidade e a qualidade do sono de que eles e seu pessoal desfrutam todas as noites. Infelizmente, o sono com frequência é associado à preguiça e à negligência. Isso tem que parar. O sono pode fazer milagres pela clareza mental, pela determinação e pela solução criativa de problemas, especialmente quando acompanhado por um forte senso de propósito e um comprometimento profundo e significativo com o escopo do seu trabalho, os membros de sua equipe e a marca de sua empresa.

Não obstante, parece que, quanto mais espremermos nosso cérebro para gerar ideias olhando várias vezes para os dados, gráficos e planilhas, menos capazes nos tornamos de encontrar soluções criativas. Essa proposta contraintuitiva se choca com a prática costumeira de muitas empresas e gestores de alocar mais poder para a parte executiva do cérebro sempre que um problema difícil e complexo aparece. Paradoxalmente, é quando mais precisamos da criatividade que minimizamos a capacidade de nosso cérebro de produzi-la.

O trabalho pioneiro de Jennifer Mueller, da Universidade de San Diego, sobre a criatividade nas empresas também corrobora as descobertas apresentadas. A autora sugere que a criatividade é muito inibida quando executivos pensam em termos usuais de negócios. Em seu muito citado e popular artigo de 2012, "The bias against creativity: why people desire yet reject creative ideas" [O preconceito contra a criatividade: por que as pessoas desejam, mas rejeitam ideias criativas], ela e seus associados concluem que, mesmo que as organizações afirmem promover a criatividade e a inovação, elas na verdade as inviabilizam quando exigem que suas equipes criem as melhores e mais apropriadas soluções, desde que prontamente exequíveis. A aversão inerente das empresas à incerteza e seu empenho em evitá-la rapidamente matam qualquer ideia que seja de fato inovadora e criativa apenas porque os gestores favorecem opções mais seguras que surjam durante o *brainstorming*. Assim, existe um preconceito contra a criatividade: embora declaremos desejá-la, não temos nem a mentalidade nem os processos preparados para aceitá-la. Nós a queremos, mas, na verdade, tentamos evitá-la.

As implicações desse estudo são imensas, já que há uma necessidade urgente de mudarmos o modo como realizamos oficinas de geração de ideias e aplicamos nossos processos de filtragem, porque, no momento, o que fazemos inviabiliza a maioria das ideias criativas. Pensar demais inevitavelmente põe em ação o cérebro executivo e sua necessidade de analisar em minúcias, avaliar riscos, calcular consequências e prever resultados futuros usando o que já é conhecido. Ele acaba regredindo para o que é familiar, livre de riscos, o que já é esperado. O cérebro executivo não é o cérebro certo para gerar ou mesmo julgar novas ideias em seu estágio inicial. Como resultado, precisamos silenciá-lo para permitir que percepções onipotentes emerjam.

Nesse sentido, sugerimos a seguinte abordagem em seis passos, com base na ciência disponível e em nossa experiência com nossos clientes, para fomentar a inovação e permitir que a criatividade floresça em sua empresa:

1º passo: compreensão. Aqui, você precisa se familiarizar ao máximo possível com o problema. Precisa fazer sua pesquisa, ler os dados essenciais, olhar os principais gráficos, discutir com todas as pessoas mais importantes e considerar todos os ângulos possíveis. Nesse passo, você usa seu cérebro analítico para obter informações importantes que, adicionalmente à sua experiência pessoal, fornecerão a matéria-prima para seu cérebro perceptivo fazer o trabalho dele. A equipe deveria fazer o mesmo.

2º passo: exploração. Quando você estiver tentando criar ideias ou discutindo essas ideias com a sua equipe, mantenha a mente tão aberta quanto possível. Análises e críticas em excesso nesse estágio fazem mais mal do que bem.

2º passo, fase A: exploração individual. Pensar sem pensar é importante: mantenha seu cérebro alheio ao problema, mas em compasso de espera. Traga-o para o centro das atenções quando precisar discutir o assunto com a sua equipe e/ou considerar novas evidências. "Cozinhar" o problema, "deixar para amanhã" e correr ou praticar algum exercício para abrir espaço valioso na mente, assim como ouvir música ou direcionar o seu cérebro para um raciocínio mais elevado, pode ajudar imensamente.

2º passo, fase B: exploração em grupo. Discuta o problema de forma leve e divertida, mesmo que ele seja sério. Tente impedir que você e sua equipe se estressem, outorgando importância excessiva ao fracasso, à responsabilidade e ao desastre. Faça intervalos frequentes e distraia a equipe quando a discussão esquentar, mediante conversas e tarefas especificamente pensadas para esse fim. Vocês podem até dar uma caminhada juntos. Uma equipe sorridente, interessada e cheia de propósito é quase sempre uma equipe criativa.

3º passo: tomada de decisão. Quando as ideias preferidas surgirem, em vez de correr para implementá-las, considere-as com cuidado. Elas realmente resolvem o problema? Todos os ângulos foram levados em conta? Garantimos que a exaustão, o medo, a viabilidade, a facilidade e o medo de correr riscos não nos fizeram rejeitar as opções realmente criativas? Busque a opinião de fontes confiáveis de fora da empresa, porque elas normalmente enxergam os problemas e as soluções sem os vieses internos da equipe.

4º passo: implementação. Atualmente, pôr uma ideia em prática requer tanta criatividade quanto concebê-la. Planejamento, alocação de recursos e coordenação de atividades não são mais tarefas tão simples como já foram um dia. Revisar constantemente o processo envolvendo-se nele pessoalmente, fazer sempre as perguntas certas e manter o propósito vivo a todo custo pode fazer milagres pelo processo de trazer soluções inovadoras para o mundo real.

5º passo: resultados. O resultado final determina o sucesso ou o fracasso. Medir o óbvio requer menos criatividade do que medir o que importa. Examine todas as formas possíveis de calcular o impacto das soluções implementadas. Inclua o máximo de métricas possível, tanto quantitativas quanto qualitativas. Celebre os sucessos para cimentar a abordagem criativa à solução de problemas de negócios. Lide com os fracassos de forma criativa, já que sempre existem importantes lições a aprender.

6º passo: configuração. Tudo bem abraçar o pensamento criativo de maneira oportunista ao se tentar resolver um problema específico. Porém, a solução real em longo prazo envolve o desenvolvimento de uma cultura e uma estrutura que promovam constantemente a criatividade. Um ambiente ideal para tal se caracteriza pela jovialidade, pelo empoderamento, por questionamentos constantes, pela presença de ferramentas apropriadas e por uma sensação de propósito em tudo que é feito. Como o famoso experimento conduzido por Kempermann e associados[30] demonstrou, quando um grupo passa algum tempo em um ambiente interessante, animado e divertido, ele cria três vezes mais neurônios em áreas específicas do cérebro do que o grupo que passa o mesmo período em um ambiente confortável, mas vazio. Transferindo isso para pessoas, essa neurogênese tão drástica pode formar a base para grandes realizações dentro das empresas. Especialistas modernos em inovação e criatividade, como Tina Seelig,[31] de Stanford, nunca deixam de destacar a importância do ambiente e da cultura certos para a criatividade, enquanto outros, como Ros Taylor, autora de *Creativity at work* [Criatividade no trabalho],[32] sublinha a necessidade de técnicas, ferramentas e procedimentos específicos para garantir que um processo criativo sempre seja aplicado.

IMPULSIONE SEU CÉREBRO

Observe com atenção o processo de geração de ideias e de tomada de decisão na próxima vez que sua equipe fizer uma reunião de *brainstorming*. A equipe usou seus cérebros da forma apropriada para promover a criatividade ou permitiu que seu córtex pré-frontal reduzisse os riscos e buscasse a familiaridade? Se for esse o caso, pense em ideias que viabilizem uma nova abordagem do processo e permitam aumentar as contribuições criativas, e promova essas ideias dentro da equipe.

Opção 1: Na próxima reunião de *brainstorming*, escolha, dentre as disponíveis, uma ideia estimulante e que funcione bem para resolver o problema, mas que não seja popular com a equipe por uma questão de viabilidade. Peça a todos que finjam por um instante que aquela é a solução escolhida. Observe como a equipe se comporta agora e facilite a discussão seguindo essa deixa. Isso vai

> transferir a atenção de todos, indo de lidar com a incerteza para lidar com um novo projeto empolgante, sem o peso da responsabilidade. A criatividade será libertada!
>
> *Opção 2:* Na próxima reunião de *brainstorming*, peça aos participantes que deem ideias rapidamente. Tente não analisá-las nesta fase. Anote todas as ideias e, então, peça a todos que classifiquem de 1 a 5 cada ideia com base em dois fatores: solução real do problema e viabilidade/conforto. Discuta qualquer discrepância e reforce a necessidade de uma perspectiva voltada para soluções.
>
> *Opção 3:* Você também pode pedir aos membros da equipe que discutam ideias, defendendo e apoiando *apenas* as próprias ideias e evitando criticar as ideias dos outros. Ajude-os a libertar a criatividade focando nos aspectos positivos das decisões, e não nos negativos.

A criatividade é a neuroplasticidade no que ela tem de melhor. Identificar novas soluções para novos (e antigos) problemas, aprender coisas diferentes, explorar percepções inesperadas e desafiar a situação vigente possibilita que novos caminhos neurais sejam construídos em nossos cérebros, o que nos manterá eficientes e competitivos ainda por um longo tempo.

Se não me falha a memória

Notamos, e temos certeza de que você também já notou, que as pessoas que têm ótima memória são muito admiradas nas empresas. Na verdade, elas são admiradas em todos os lugares. Quando a memória de alguém rapidamente lembra de um fato, evento, nome ou data do passado, ajudando no progresso de uma discussão, as outras pessoas ficam impressionadas. Vivenciamos isso em nosso trabalho com empresas do mundo todo, o que nos levou a crer que melhorar a memória é uma parte essencial do calibramento do cérebro para uma liderança melhor. E não somos os únicos a acreditar nisso. Uma pesquisa feita pela *Scientific American Mind* em 2014 revelou que a maioria dos seus leitores priorizava a categoria "decifrar a cognição" em sua lista de desejos para um cérebro aprimorado, acima de "fortalecimento de caráter" e até mesmo de "cura de doenças". Dentro dessa categoria, a habilidade mais popular que queriam dominar era a memória, que obteve 40% dos votos totais. Joshua Foer,[33] autor do livro *Moonwalking with Einsten: The art and science of remembering everything* [Dançando com Einstein: a arte e a ciência de se lembrar de tudo], tem isso a dizer sobre a memória:

> As pessoas cujo intelecto eu mais admiro sempre parecem ter uma história adequada ou um fato pertinente à mão. Elas são capazes de buscar por toda a vastidão de seu conhecimento e acessar caminhos distantes [...] A memória e a inteligência parecem andar de mãos dadas, tanto quanto uma estrutura muscular e uma disposição atlética.

E uma impressão poderosa não é tudo que a boa memória ajuda um líder a alcançar. Ela também melhora a tomada de decisões e, portanto, o "raciocínio" em nosso modelo de liderança do cérebro adaptável. O complexo processo neural de tomar uma decisão depende em parte, mas de maneira crucial, da memória. A memória é a responsável por trazer de volta conhecimentos e informações adquiridos no passado que podem nos auxiliar a trilhar os cursos de ação possíveis durante o processo de tomada de decisão, segundo Antoine Bechara,[34] professor de Psicologia da University of Southern California. Essencialmente, uma memória perdida pode nos levar a repetir erros e a tomar decisões erradas que poderiam ter sido evitadas. Quantas vezes você já não participou de uma reunião em que a decisão foi influenciada por um fato importante ou por uma experiência vivida e recontada por um integrante da equipe? O apreço de todos por esse integrante deve ter no mínimo dobrado naquela reunião!

A memória em nosso cérebro pode ser classificada em duas categorias gerais: a de curto prazo, ou memória fluida, e a de longo prazo, ou cristalizada.[35] Se você se lembra de algo que estava fazendo há algumas horas, ou ontem, ou mais cedo, a lembrança está associada com seu processo de memória cristalizada. Uma memória de curto prazo dura cerca de um minuto.³⁶ Ela é fugaz, mas absolutamente necessária para processarmos a informação real conforme ela é recebida. Segundo Curtis e D'Esposito,³⁷ o CPFDL é responsável pela neuroatividade ligada à nossa função de memória fluida. O hipocampo, a parte de nosso cérebro que lembra um cavalo-marinho, localizada logo abaixo do neocórtex e do sistema límbico, desempenha um papel fundamental na memória de curto prazo, consolidando memórias do curto para o longo prazo e em localização espacial. As pessoas que têm o hipocampo danificado experimentam problemas tanto na memória quanto na orientação. Memórias de longo prazo fornecem os dados armazenados apropriados para nos ajudar a pensar sobre a informação de maneira mais minuciosa.³⁸ Elas são arquivadas nas conexões sinápticas dos neurônios em nosso neocórtex. Para nos lembrarmos de algo em longo prazo, precisamos combater o processo natural de degeneração das memórias, criando um processo dinâmico e repetitivo entre nosso hipocampo e nosso neocórtex. A memória de longo prazo em particular precisa passar por três estágios: *estágio de codificação* (produção de memórias), *estágio de armazenamento* (as memórias precisam ser armazenadas no hipocampo e depois no córtex) e *estágio de recuperação* (as memórias precisam ser recordadas quando necessário).³⁹

Informações que não são revisitadas tendem a ser esquecidas, já que as sinapses que contêm essa memória se enfraquecem com o tempo. Donald G. Mackay,⁴⁰ um professor de Psicologia na UCLA, defende que:

> Assim como um construtor pode produzir uma nova estrutura ou consertar uma estrutura danificada, o hipocampo também poderia moldar novas memórias para substituir aquelas que se degradaram [...]. Essa reconstrução pode ocorrer sempre que alguém reencontra uma palavra esquecida ou uma história pessoal do passado.

É desse jeito que a exposição mais recente e frequente a um trecho da informação pode restaurar uma memória fragmentada e minimizar a taxa de perda de memória. O processo segundo o qual isso é feito foi sugerido por Mackay, conforme a seguir:

- A informação é captada por nossos sentidos.
- Ela é transmitida à parte cerebral relevante para processamento (digamos que para o córtex visual, se for um estímulo visual).
- Essa informação viaja até a área de Broca no neocórtex, que armazena as memórias das palavras.
- A pessoa não consegue recuperar essa informação devido à degeneração que ocorre com o tempo.
- A pessoa é novamente exposta à mesma informação.
- O novo estímulo é transferido ao hipocampo, que interage com o neocórtex para recriar a memória esquecida.
- A memória reconstituída é armazenada novamente, mas com força renovada, no neocórtex.

Na prática, precisamos nos relembrar de informações importantes revisitando a fonte original ou fontes indiretas, assim garantindo a reconstrução e o reforço de memórias esmaecidas. Não deixe isso para a sorte e a natureza!

Outro jeito de potencializar nossa capacidade para memórias de longo prazo mais fortes envolve as emoções. Só por se importar pessoalmente e se engajar mais nas atividades em que você está envolvido, suas emoções o ajudarão a reter mais informação. Sentir-se desapegado e entediado terá um efeito negativo sobre aquilo de que você pode se lembrar mais tarde de uma conversa, reunião ou atividade. Isso ocorre porque, ao nos engajarmos ativamente em uma situação com a qual nos importamos, desenvolvemos memórias autobiográficas, ou memórias que estão mais próximas do nosso eu essencial. As emoções, nesse caso, agem como uma cola para garantir que nos lembremos de informações, tanto boas quanto ruins, que sejam importantes para nós. Como o psicólogo Stephan Hamann[41] sugeriu, a excitação emocional influencia tanto a codificação da memória, isto é, durante a atenção e a elaboração da informação, quanto a consolidação da memória. Basicamente, as memórias sobrecarregadas por fortes emoções são reativadas com mais frequência, são mais bem lembradas e atraem mais atenção para si mesmas. É, portanto, imperativo conferir com atenção sua motivação, seu envolvimento e seu apego emocional ao trabalho e às situações profissionais. Quanto mais você levar seu trabalho para o lado pessoal, mais memoráveis seus momentos profissionais se tornarão. De maneira semelhante, quanto mais pessoalmente você exercer seu papel como líder, mais memoráveis serão suas atitudes na liderança, o que o ajudará a repeti-las ou alterá-las. Um forte senso de propósito também vem a calhar aqui.

O terceiro jeito de melhorar sua memória é utilizar associações. Essa técnica é utilizada por participantes de concursos de memória no mundo todo e se baseia na compreensão de que quanto mais fortes e variadas forem as associações de uma informação no seu neocórtex, mais fácil será armazená-la e recuperá-la. A memória é uma atividade relacionada com a cognição espacial. É crucial que cada nova informação que precise ser armazenada eficazmente esteja envolvida em uma ação que a torne distinta e irresistível à memória. Como Foer[42] descreveu com tanta eloquência em seu livro sobre a arte da memória, isso ocorre porque a informação precisa tomar o máximo de espaço possível no nosso córtex, criando tantas sinapses quanto puder, tão fortes quanto puder. Um evento mundano pode se tornar extremamente divertido se o associarmos com elementos divertidos totalmente inventados por nós e anexados a ele. Por exemplo: se você tem dificuldade de se lembrar do título do cargo ocupado por alguém que conheceu recentemente, pense em um amigo seu que tenha o mesmo cargo e imagine esse amigo subindo uma ladeira em uma lhama ou um burro ao lado do novo conhecido. Essa imagem mental incomum e divertida aumentará as associações no seu cérebro e permitirão que você se lembre do que precisa com mais facilidade.

QUADRO DE AÇÃO

O antigo método do poeta Simônides de Ceos, chamado de "Palácio da Memória", consistia em armazenar memórias em uma imagem mental cuidadosamente construída de uma estrutura familiar (casa, estrada, vizinhança etc.), fixando-se cada informação a uma localização específica nessa estrutura. Tente você mesmo. Esse exercício deve ser feito em um local silencioso. Primeiro, escolha cinco novas informações que você queira memorizar. Então, feche os olhos e mentalmente caminhe por seu escritório (ou sua casa). Observe cada corredor, cada canto, cada mesa e cada sala de reunião do seu andar em todos os detalhes possíveis, mas sem nenhuma pessoa ou barulho. Depois que terminar e estiver satisfeito com a clareza do seu palácio mental, recomece a caminhar e coloque as cinco informações (imagens, nomes, noções, palavras, seja lá quais forem) em uma ordem específica em locais diferentes dentro do escritório. Você tem que, vividamente, depositá-las em cada lugar distinto. Para aumentar a memorabilidade, você também precisa criar uma atividade única para cada item em cada local, envolvendo um verbo e uma pessoa ou um item que faça de fato alguma coisa. Lembre-se: quanto mais não ortodoxo, divertido e ousado o ato, maior o seu sucesso em armazenar a memória.

Depois que terminar, faça um intervalo e relaxe; feche os olhos e tente revisitar seu palácio da memória, caminhando mentalmente por ele e encontrando os itens de que queria se lembrar guardados nos lugares onde você os deixou. A prática leva à perfeição, por isso, quanto mais você fizer essa brincadeira, melhor vai ficar. Apenas certifique-se de limpar mentalmente seu palácio antes de guardar novos itens.

A memória de um líder não pode falhar. Uma memória aprimorada leva a melhores decisões, a conversas mais profundas e a um desempenho melhorado no geral. E o mais importante: ela vai impressionar as pessoas ao seu redor e ajudar a aumentar seu carisma e influência. Além disso, a memória pode aumentar a habilidade do seu cérebro de se adaptar, o que é igualmente fundamental para os líderes atualmente.

É interessante notar, porém, que esquecer é um elemento crucial para aprendermos e subsequentemente nos lembrarmos do que importa de verdade. Em seu livro *How we learn: the surprising truth about when, where, and why it happens* [Como aprendemos: a surpreendente verdade sobre quando, onde e por que o aprendizado acontece], Benedict Carey[43] destaca que o esquecimento, provavelmente de forma contraintuitiva, possibilita e aprofunda o aprendizado, filtrando informações que possam distrair. Mais: o esquecimento causa uma quebra de memória que, ao ser reutilizada, fortalece a recuperação e a armazenagem da informação. Bjork e Bjork,[44] os principais especialistas no papel exercido pelo esquecimento no aprendizado, resumiram os três principais métodos para aprimorar o aprendizado por meio do esquecimento. Esses métodos são:

- *Mudança de ambiente.* Mude o contexto sensorial de quando um material ainda a ser aprendido é estudado para quando o material é revisto. As empresas deveriam organizar as mesmas sessões de treinamento em locais alternativos para que o material ensinado seja retido com mais eficiência.
- *Aumentar o intervalo.* Reserve um espaço de tempo maior entre o momento em que algo é estudado pela primeira vez e aquele em que o mesmo assunto é revisado ou testado. As empresas deveriam evitar ensinar tudo o que é possível saber sobre um assunto em uma mesma ocasião. Deveriam, em vez disso, abordar o tópico ao longo do tempo para obter melhores resultados.
- *Intercalar.* Em vez de aprender em blocos, ou seja, em trechos homogêneos de assuntos, deveríamos estudar ou praticar elementos mistos de conhecimento ainda inédito junto a outros materiais. Enquanto aprendem sobre um assunto, os funcionários deveriam ser expostos ao assunto em questão ao mesmo tempo em que são expostos a outros.

Esses métodos têm sido reportados com frequência nas pesquisas relevantes como formadores de uma estrutura robusta que ajuda os líderes a se aprofundarem na ciência do aprendizado, da memória e do esquecimento. Quando seguem esses métodos, as pessoas tendem a sentir que se esquecem mais do que se lembram. Porém, no longo prazo, o material estudado leva a uma melhor retenção/recuperação da memória e a um aumento da aplicação da habilidade aprendida. Infelizmente, quando as empresas estão pressionadas por questões de tempo e custos, o que é muito frequente, elas não seguem as descobertas mais recentes sobre o aprendizado, cometendo os mesmos erros repetidas vezes. A ciência cerebral mostra o caminho, e os líderes que a utilizam primeiro têm uma clara vantagem competitiva.

Há um último aspecto a respeito da memória que precisa ser abordado. E é um aspecto importante. Trata-se do fato de que a memória está longe de ser precisa, sendo altamente maleável. Como destaca a dra. Julia Shaw,[45] autora do livro *The memory illusion: remembering, forgetting, and the science of false memory* [A ilusão da memória: lembrando, esquecendo e a ciência da falsa memória], uma lembrança é uma rede de células cerebrais que se estende por várias regiões do cérebro, sendo atualizada constantemente. Embora se trate de um importante processo neural, que nos permite aprender e resolver problemas, ele pode ser muito manipulado. Essencialmente, toda vez que contamos uma história, mudamos a memória associada a ela, inserindo novos detalhes, acrescentando elementos que talvez tenhamos reunido de outro lugar ou criando novas conexões conceituais que podem ser imprecisas e equivocadas.[46]

Essa visão sem romantismo da memória arranca dela boa parte de sua credibilidade como processo e resultado. Lembranças nem sempre são tão reais quanto nossa mente gostaria que acreditássemos. Elas são o produto de disparos neurais dinâmicos e sensíveis, que não armazenam e recuperam dados simplesmente, mas também recriam e revivem uma experiência com base em emoções, impressões, novas informações e agendas ocultas do cérebro. De fato, quando líderes pretendem usar um evento anterior como ponto central em uma história ou ao construir um argumento crucial, precisam considerar os fatos com muito cuidado e usar múltiplas fontes confiáveis para conferir todas as informações vitais. Entretanto, há outra lição importante aqui. Quando uma situação profissional se mostra danosa para a equipe, criando uma reação emocional negativa e uma memória destrutiva dentro da empresa, líderes com cérebro adaptável podem transformá-la em uma oportunidade construtiva de aprendizado ao mudar posteriormente a forma como essa memória é percebida. A natureza da memória é, na verdade, algo positivo para a humanidade, já que permite revisitar situações a partir de uma outra perspectiva e mudar não os fatos, mas nossa atitude em relação àquela situação. Ao recriar a história para a nossa equipe, recriamos também a memória. Essa abordagem, utilizada na terapia de traumas psicológicos com resultados positivos, é uma ferramenta estratégica para líderes em seus esforços para transmitir coragem e resiliência a equipes esgotadas.

Existe uma última lição, também importante, em relação ao nosso sistema de memória que tem a ver com o contexto em que as informações e, portanto, as memórias foram criadas e armazenadas. Em um famoso estudo experimental,[47] solicitou-se a dois grupos de pessoas que aprendessem alguma informação. Um primeiro grupo deveria aprender simplesmente ouvindo a informação em uma sala, enquanto um segundo grupo foi instruído a fazer o mesmo, mas debaixo d'água e usando roupas de mergulho! Em seguida, os pesquisadores testaram os dois grupos em situações iguais (sala comum ou subaquática) ou em situações diferentes (aqueles que tinham aprendido a informação debaixo d'água foram testados em uma sala e aqueles que tinham aprendido a informação na sala foram testados debaixo d'água). Os resultados mostraram que aqueles que receberam a informação e foram testados em situação similar tiveram um desempenho muito melhor do que aqueles testados em situação diferente. Esse estudo demonstrou que o tipo de contexto não importa (no mínimo, não importa muito) no processo de aprendizado e desenvolvimento de memória de longo prazo, mas é importante que permaneça o mesmo no caso de recuperação da memória. Em outras palavras, colocar a pessoa no mesmo contexto pode ajudá-la a ativar a memória de longo prazo e facilita o processo de aprendizado.[48] Essa descoberta tem enormes implicações no desenvolvimento da liderança. Como argumentamos anteriormente, colocar-se em um contexto de liderança, em uma situação em que você precise liderar outras pessoas para realizar algo coletivamente, fornece uma oportunidade excelente para recuperar comportamentos de liderança e facilitar o desenvolvimento de suas capacidades de liderança. Além disso, uma lembrança de um contexto de liderança parece influenciar a percepção dos seguidores sobre seus líderes. Em um estudo, Boyatzis e seus colegas[49] usaram imagens de iRMF e pediram aos participantes que relembrassem eventos passados com dois tipos de líderes, ressoantes e dissonantes. Suas descobertas demonstraram que as memórias relacionadas a líderes ressoantes ou dissonantes ativaram partes específicas do sistema neural do cérebro, afetando de forma positiva ou negativa outros aspectos cognitivos e emocionais relacionados a uma parte do cérebro ou a outras. Esses resultados dão mais sustentação à ideia de que, quanto mais nos expomos e expomos os outros a experiências semelhantes de liderança, mais fortes serão as memórias que podem ser criadas, armazenadas e recuperadas, influenciando tanto o comportamento dos líderes quanto o dos seguidores.

Adaptar, apostar e crescer

A revista *The Economist* publica anualmente suas previsões mais importantes para o ano seguinte. A estimada publicação "O mundo em [ano]" inclui várias previsões em economia, negócios, política e tecnologia para o ano seguinte. Em sua edição especial de 25 anos, *The World in 2011*,[50] a previsão para a Líbia, na seção dedicada ao Oriente Médio e à África, declarava:

> Muammar Qaddafi está no poder há 40 anos e certamente completará 41. Reprimindo oponentes e solapando rivais, ele eliminou todas as ameaças significativas ao seu governo; o único sucessor viável é seu próprio filho, Saif al-Islam.

Como hoje sabemos que 2011 foi o ano em que o general Qaddafi e sua família foram apeados do poder, tendo sido o próprio general morto pelos rebeldes, podemos apenas nos espantar com a confiança dessa previsão em particular. Vimos nos capítulos anteriores que essa atitude se encaixa no perfil do porco-espinho, e não no da raposa. Ela também retrata uma asserção simples, mas poderosa para o mundo em que vivemos, e a mentalidade correspondente que os líderes precisam adotar para sobreviver. O nível de complexidade que vivenciamos hoje, com base no alto número de forças inter-relacionadas moldando simultaneamente todos os aspectos da nossa vida, sustenta uma abordagem bem diferente da tomada de decisão para líderes de todos os tipos. Desde a abordagem ultrapassada de escolher um único futuro rígido e se comportar de acordo, precisamos passar para uma perspectiva mais aberta, flexível e cautelosa de escolher múltiplos caminhos e buscá-los não necessariamente com uma atenção igual, mas definitivamente crucial. Essa nova abordagem é coerente com os escritos populares do filósofo moderno Nassim Nicholas Taleb[51] sobre aleatoriedade, eventos do tipo cisnes negros e antifragilidade. Em especial, Taleb declara que a aleatoriedade e os eventos imprevisíveis não estão fora de nosso controle e habilidade de previsão. Estabilidade, rotina, aumento gradual e planejado são coisas que os humanos preferem e buscam, em vez de mudanças radicais e súbitas. Entretanto, essa situação, considerando-se que eventos imprevisíveis (cisnes negros) ocorrerão mais cedo ou mais tarde, nos deixa mais fragilizados e sensíveis a seu impacto. Em comparação, nossa exposição constante a pequenas variações (evitando de tempos em tempos processos de ação rotineiros) pode nos deixar potencialmente mais resilientes ou, como diz Taleb, *antifrágeis*. Essa abordagem pede pelo que ficou conhecido como aposta pequena ou propositada. Trata-se da melhor estratégia cognitiva que conhecemos e aplicamos para guiar pessoas e organizações pelas águas perigosas da imprevisibilidade.

Com nossas vidas digitais, aparelhos celulares e mídias sociais dominando a conversa coletiva global, com as incertezas e conflitos políticos eclodindo ao redor do mundo e uma cultura de *startup* desafiando e destronando colossos da indústria todos os dias, os líderes têm pouco espaço para ter certeza sobre o futuro. Isso cria um problema sério com a estratégia, tanto pessoal quanto organizacional, já que a estratégia, um aspecto crucial do pensamento dos líderes, tradicionalmente dependia de previsões sobre o futuro e de decisões baseadas nessas previsões. Se o futuro é impossível de ser previsto, como podemos tomar qualquer decisão sólida sobre investimentos, alocação de recursos, preparação e planejamento de atividades? Empregando a mentalidade das apostas propositadas, podemos lidar com nossa realidade caótica de maneira mais eficaz e, ao mesmo tempo, reduzir o risco de fracasso.

O escritor e consultor Frans Johansson[52] define as apostas propositadas como as ações que tomamos independentemente de nossa ignorância sobre sua eficácia. Já o empreendedor e escritor Peter Sims[53] as define como ações de baixo risco cuja intenção é descobrir e experimentar ideias. Como a incerteza elevada define todas as áreas do empenho humano e não podemos ficar parados, é aconselhável lançar mão do máximo possível de ações diversificadas ao mesmo tempo, investindo em seu sucesso ou apostando nele. Isso eliminará a possibilidade de um golpe fatal se uma ou várias deles não funcionarem. A mentalidade de liderança derivada dessa abordagem é composta de bravura, hiperatividade, conexão e otimismo. A parte executiva do nosso cérebro faz sua análise usual, prevendo e tomando decisões ao silenciar o medo da amígdala de não sobreviver. Se muitas apostas pequenas fracassarem, não está tudo perdido. Entretanto, se apenas uma for bem-sucedida, isso pode fazer uma diferença gigantesca no resultado total.

Segundo Johansson, os cinco passos fundamentais para fazer apostas propositadas, que nós também aplicamos ativamente, são:

- *Faça muitas apostas.* Jogar apenas em uma arena e visualizar apenas um único futuro possível pode ser catastrófico. Engajar-se em múltiplas atividades simultaneamente e sempre descobrir e seguir novos caminhos para atingir seus objetivos são atitudes necessárias para o sucesso. Por exemplo: quando enfrentar um desafio específico, não procure apenas a solução perfeita e única; em vez disso, dedique-se a explorar várias alternativas. Recomendamos escolher várias ações que possam coexistir quando de sua implementação em vez de ações mutuamente excludentes.
- *Minimize o tamanho das apostas.* A principal característica das apostas é que elas são de baixo risco. Isso significa que, embora comprometamos recursos e tempo para implementá-las, confiamos a elas a sobrevivência financeira e estratégica da organização não de forma individual, mas, sim, coletiva. Temos observado que comprometer todos os recursos em uma única solução pode ser fatal tanto para a empresa como para a carreira dos gestores. Precisamos nos afastar da ideia poderosa e mágica que vai resolver um problema instantaneamente (mas de forma cara) e adotar um portfólio viável de soluções mais econômicas.
- *Dê o menor passo executável adiante.* Já que as apostas são usadas para examinar ideias na prática e várias delas simultaneamente, a abordagem deve ser cautelosa. Uma abordagem metódica deve ser adotada, segundo a qual cada tarefa leva à tarefa seguinte,

mas apenas quando a validade do passo anterior for estabelecida. Alocar passos diferentes a pessoas diferentes, lançar mão de recursos externos (pesquisadores, consultores) para ajudar a verificar os mais importantes entre eles e usar sua equipe mais imediata para avaliar o progresso e aprovar os passos seguintes são ações fundamentais que sugerimos a nossos clientes.

- *Calcule a perda razoável.* Em vez de analisar o possível retorno sobre o investimento (ROI) de cada aposta para decidir se é razoável seguir adiante ou não, tome a decisão com base em quanto é aceitável perder com cada uma delas. O ROI pode impedi-lo de tentar algumas atividades, mesmo que tenham baixa exigência de investimento, sem garantir que aquelas escolhidas realmente vão cumprir o que se espera. Portanto, é melhor parar de criar expectativas que são, de qualquer forma, altamente incertas e se concentrar em fazer apostas que demandam o menor investimento possível individualmente.
- *Use a paixão como um combustível.* Fazer várias apostas constantemente e acompanhá-las de perto, e até testemunhar várias delas "morrendo", requer um comprometimento muito forte. Como já foi discutido neste capítulo, um propósito mais elevado, paixão e motivação intrínseca podem mantê-lo em movimento, aprendendo rapidamente com as apostas que fracassaram e usando todos os sucessos possíveis como combustível para seus esforços contínuos. Em nossa experiência, equipes altamente motivadas são aquelas que mais trabalham e superam qualquer contratempo em seu caminho. Na verdade, trabalhamos com líderes que ficavam felizes ao ver apostas dando errado, pois sentiam que estavam se aproximando das que funcionariam.

A mentalidade das raposas, o poder interno para aproveitar a aleatoriedade e a habilidade de administrar múltiplas apostas propositadas ao mesmo tempo, sem perder de vista a criatividade, o fluxo e um propósito mais elevado, são os elementos centrais da mentalidade que os líderes contemporâneos precisam empregar. Essa mentalidade, que promove a neuroplasticidade positiva e a neurogênese, é notavelmente similar à mentalidade de crescimento sugerida pela dra. Carol S. Dweck.

A mentalidade afeta muito nosso comportamento, nosso relacionamento com o sucesso e o fracasso e, em última análise, nossa aptidão para a felicidade e o bem-estar. Dweck[55] explicou de maneira convincente que existem duas mentalidades principais adotadas pelas pessoas: a fixa e a de crescimento. A mentalidade fixa acredita em habilidades, inteligência e personalidade rígidas, e não crê em mudança significativa. Isso resulta em uma vida dependente demais das circunstâncias externas, em vez de em nossos próprios atos; na psicologia, isso é chamado de lócus de controle externo. Por sua vez, uma mentalidade de crescimento promove a liberdade de escolher quem você é, desenvolvendo e aprimorando suas habilidades. Inteligência, personalidade e capacidade não são traços estáticos. O fracasso é apenas outra oportunidade para aprender e crescer, enquanto o sucesso depende dos seus próprios esforços. Você pode, basicamente, mudar e se tornar uma pessoa melhor. Isso é chamado de lócus de controle interno.

A mentalidade de crescimento usa a neuroplasticidade da melhor forma possível, enquanto a mentalidade fixa a utiliza da pior forma possível. Vimos várias vezes que a liderança prospera com a mentalidade de crescimento, enquanto se degrada com a fixa. Qual é a sua mentalidade?

Tenha em mente

Nosso cérebro não permanece biologicamente inalterado durante nossa vida profissional. Ele pode mudar mais ou mudar menos, dependendo de como o utilizarmos. Os líderes precisam tirar vantagem da neuroplasticidade do cérebro e aprender mais rápido, apresentar um melhor desempenho e realizar mais. A memória é uma parte crítica da função cerebral e pode ajudar dramaticamente no desenvolvimento de nossas capacidades de liderança. Adotar um propósito mais elevado, atingir o fluxo, usar a criatividade em todas as situações, melhorar a memória e usar uma mentalidade de crescimento, adaptabilidade e diversificação são ações que podem fazer que líderes continuem sempre afiados e atualizados. Seu desempenho otimizado criará seguidores mais devotados a você.

SUMÁRIO DO PILAR Nº 1: PENSAMENTO
Lições de liderança

Poupe energia para o seu cérebro
Raciocínio de nível elevado, valores fortes e *feedback* imediato são três aspectos essenciais para fortalecer o músculo da força de vontade da liderança.
Poupe energia para o seu cérebro:
- lidando com o esgotamento do ego;
- lidando com a síndrome de *burnout;*
- lidando com a execução de multitarefas;
- desenvolvendo a resiliência.

Limpe a sua mente
Esteja ciente de vieses que possam cegá-lo quando for tomar decisões.
Use a estrutura da PAUSA para lhe ajudar a superar os vieses:

P — Preste atenção ao que está acontecendo com o julgamento (evento versus interpretação).

A — Admita ou identifique sua reação/interpretação/julgamentos.

U — Use sua empatia para compreender outras reações/interpretações/julgamentos possíveis.

S — Sonde qual é o modo mais construtivo/empoderador/produtivo de lidar com a situação.

A — Aplique seu plano de ação (aja de forma coerente com o que fizer mais sentido).

Fazer perguntas ativamente traz mais energia para a parte racional do cérebro. Quatro personalidades são possíveis quando fazemos perguntas:
- o astro das perguntas;
- o bom ouvinte;
- o interrogador do mal;
- o resmungão solitário.

O mecanismo de sequestro do cérebro ameaça o raciocínio claro, com consequências importantes, como comportamento errático, tomada de decisão e desempenho prejudicados etc. O sequestro pode ser gerenciado por meio de um sistema de distrações e recompensas.

Foco no desempenho

A neuroplasticidade pode nos ajudar a desenvolver novas habilidades e capacidades. A liderança pode ser desenvolvida por meio da prática real da liderança. Quanto mais você estiver envolvido em tarefas de liderança, maiores serão as suas chances de aprimorar essa capacidade cognitiva.

Um propósito forte pode ajudar líderes a enxergar a direção e compreender melhor tanto as decisões que já foram tomadas quanto as que ainda serão tomadas.

A criatividade e o desempenho podem ser melhorados por meio de:

- compreensão do contexto do problema;
- fuga da análise em excesso;
- uso da ferramenta analítica mais simples;
- revisão constante do processo de implementação;
- avaliação contínua dos resultados;
- repetição do processo quantas vezes for possível.

A memória desempenha um papel importante no desenvolvimento da liderança. Quanto mais você se coloque em uma situação de liderança, mais suas capacidades de liderança são armazenadas no sistema de memória de longo prazo do seu cérebro. Ademais, quanto mais você recuperar essas memórias, maiores as chances de se tornar cada vez melhor. Lide com a complexidade utilizando apostas propositadas:

- Faça muitas apostas.
- Minimize o tamanho das apostas.
- Dê o menor passo executável adiante.
- Calcule a perda razoável.
- Use a paixão como combustível.

PILAR Nº 2

SENTIMENTOS

Capítulo 4

Mais emoção, decisões melhores

MANTENHA A CALMA, SEMPRE

Ele se considera um ótimo gestor. Já exerceu cargos de diretoria em muitas empresas e seu histórico de resultados é estelar, com um ou outro percalço ocasional que ele resolveu rapidamente. Sempre foi muito cuidadoso ao pesar as opções antes de tomar uma decisão, assim como para envolver as pessoas certas. Sua situação profissional e sua reputação entre seus pares são fenomenais. Ele alcançou tudo isso seguindo uma regra simples, que aprendeu ainda jovem: mantenha a calma sempre, não importa o quanto a situação seja crítica.

Seu lema é: a administração lida apenas com números, não há espaço para emoções. Ele acredita que as emoções, boas ou más, podem influenciar o processo de tomada de decisão e alterar o que deveria ser um resultado claro e lógico, o tipo de resultado que o mercado e os acionistas preferem. Aprendeu a guardar suas emoções para os pouquíssimos momentos da vida que não envolvem qualquer risco: uma celebração em família, um concerto de sua banda favorita, um jogo do seu time de coração. Seu escritório é uma zona livre de emoções e ele sente muito orgulho disso. Considera que seu raciocínio é matemático, racional e objetivo, e que foi de grande valia em sua carreira. Ele usa esses princípios não apenas para si mesmo, mas também na escolha, avaliação e mentoria dos integrantes de sua equipe. Isto é, usava até agora.

Dois meses atrás, recebeu uma ligação muito importante. Ele é um dos candidatos ao cargo mais alto da empresa: o de CEO. Algo imenso, mas, como sempre, ele tratou a notícia com calma exterior. O processo de seleção do novo CEO será longo e desafiador, e ele precisa manter a compostura. Está confiante de que tudo o que o trouxera até ali fará ser bem-sucedido também no próximo nível.

A empresa contratou uma agência externa de consultoria para conduzir o processo de seleção. Como seria de se esperar, haveria entrevistas, testes, dramatizações e reuniões com pessoas diferentes de dentro e de fora da empresa. Ao longo da maior parte do processo, ele sentiu que as coisas corriam bem. E, então, vem o desafio final, que consiste em uma tarefa na qual se pede aos candidatos que desenvolvam um plano de reestruturação de uma grande parte da empresa. Como eles abordariam esse desafio? Quais seriam as principais áreas de preocupação e quais seriam as prioridades? É óbvio que era isso que os acionistas cogitavam fazer com a empresa, e queriam se certificar de que o novo CEO atacaria o problema com sucesso. Para cumprir a tarefa, ele lançou mão de todo o seu conhecimento e experiência, além de dedicar a famosa atitude fria a cada aspecto do projeto. Identificou as mudanças no mercado que levaram à necessidade de reestruturação, avaliou o que precisava ser feito com a estrutura atual, estabeleceu novos objetivos e estruturas, estimou orçamentos e desenvolveu um plano eficaz de implementação. Ele até considerou negociar com parceiros externos e substituir ou transferir funcionários essenciais. Tudo parecia limpo e claro para ele.

Quando chegou o dia do anúncio e ele não foi o candidato selecionado, ficou chocado, especialmente quando lhe disseram que seu desempenho na última tarefa tinha sido insatisfatório. Como podia ser? Ele fez tudo conforme as

> regras e tudo fazia sentido como política empresarial. Ele ainda não conseguia entender completamente o *feedback* que recebera, especialmente a parte que dizia que as empresas e indivíduos deveriam entender o cargo de CEO não como *chief executive officer* (presidente-executivo), mas, sim, como *chief emotional officer* (presidente emocional). O *feedback* dizia ainda que um gestor de alto nível, quando desafiado a cumprir uma tarefa tão monumental quanto um programa de reestruturação, deveria considerar primeiro as emoções, atitudes e persuasões, tanto suas como das pessoas ao seu redor, em suas análises e seus planos. A administração, pelo visto, não lida apenas com números, mas, primeiramente, com pessoas, porque as pessoas trabalham com os números e tomam decisões (certas ou erradas) nos negócios. Em segundo lugar, as pessoas têm emoções. Um gestor deveria ser capaz de reconhecer e utilizar as emoções de modo a responder à altura em situações exigentes. Após esse incidente, ele passou a considerar as emoções parte crucial do seu trabalho, tanto as suas quanto as dos outros. Ele compreendeu que não existe nenhuma situação, profissional ou pessoal, que não seja dominada e dirigida pelas emoções.

Houve um grande equívoco na interpretação da natureza humana. O advento da ciência e o pensamento inspirado pela Renascença após a Idade Média determinaram que os processos cognitivos seriam o ápice da experiência humana, relegando emoções a estados animalísticos. Expulsar as emoções dos processos mentais garantia o triunfo do pensamento objetivo. "Mantenha a calma", "não seja tão emotivo", "você está exagerando na reação" e outras frases do tipo demonstram a atitude agressiva e hostil com que as sociedades modernas encaram as emoções, e elas dominaram o jargão tradicional da ciência administrativa desde sua emergência e estruturação teórica por nomes como Taylor,[1] Fayol[2] e Weber.[3] A mensagem principal era: *quanto menos emoção, melhor a decisão*. Mas os humanos conseguem viver, pensar e agir sem as suas emoções? Seriam as emoções resquícios evolucionários que diminuem nossa habilidade de pensar racionalmente?

Deveríamos tentar suprimi-las para nos tornarmos líderes melhores? A neurociência responde a todas essas perguntas com um enfático NÃO, e o caso clínico de um paciente chamado Elliot pode nos ajudar a explicar por quê.

O cérebro dominado pela emoção

Aos trinta e poucos anos, Elliot descobriu que havia um tumor de crescimento acelerado na área mediana de seu cérebro, que estava empurrando os dois lobos frontais para cima. Depois de uma cirurgia de remoção bem-sucedida, Elliot recuperou a saúde, mas algo tinha mudado. Embora ainda fosse capaz de pensar logicamente e de ponderar as suas decisões racionalmente, seu comportamento real tornou-se antissocial, longe do que era normal. Essa mudança e outras similares, observadas em casos semelhantes, levaram a descobertas monumentais quanto ao papel das emoções na tomada de decisão e de modo geral em uma vida humana saudável. Em resumo, elas revelaram que as emoções são, no mínimo, tão importantes quanto qualquer outra função cerebral no modo como tomamos decisões e em como agimos com base nessas decisões. Decisões sem emoção não estão apenas erradas, mas também podem ser perigosas.

O caso de Elliot, assim como o famoso incidente envolvendo Phineas Gage, cujo crânio foi penetrado por uma barra de metal quente enquanto trabalhava na construção de uma nova ferrovia em Vermont, no século XIX, são descritos analiticamente no livro seminal de Antonio Damasio, *O erro de Descartes*, de 1994. Damasio, um renomado neurocientista e neurobiólogo, fez a seguinte declaração surpreendente em sua obra: "A redução da emoção pode constituir uma fonte igualmente importante de comportamento irracional". Ele afirmou de maneira convincente que, quando a emoção está ausente, há uma conexão contraintuitiva com comportamentos distorcidos, o que revela a sofisticada, mas intensa dependência entre raciocínio vigoroso e emoções saudáveis.

A descoberta notável no caso de Elliot e em outros similares na história da medicina é que, enquanto suas funções cognitivas de alto nível se mantiveram intactas após a cirurgia, seu processo de tomada de decisão e seu comportamento o levaram a um isolamento das pessoas ao seu redor. Quando submetido a testes de habilidade perceptiva, memória de curto prazo, novos aprendizados, linguagem, aritmética e habilidades motoras, Elliot teve um desempenho excepcionalmente bom. Ele parecia totalmente normal e pronto para executar como qualquer outra pessoa suas tarefas pessoais e profissionais. Mas seu comportamento era catastrófico para que pudesse fazer isso. Como era possível que alguém passasse em todos aqueles testes, parecendo totalmente lógico, e mesmo assim ter um desempenho tão ruim em sua vida social e pessoal? E por que esse é um fenômeno que a neurociência confirma repetidamente?[4] A resposta é simples e direta. A habilidade de usar emoções na tomada de decisões e no comportamento é tão importante quanto a habilidade de usar a lógica — às vezes, até mais importante. Do ponto de vista evolucionário, as emoções se desenvolveram muito antes em nossa longa história e desempenharam um papel crucial em nossas escolhas. O cérebro executivo, tendo sido o último acréscimo ao nosso crânio, depende muito das emoções para motivar e guiar suas decisões. Elliot, Phineas Gage e outros casos na história da medicina de fato sofreram danos nos caminhos neurológicos que injetavam emoções em suas escolhas, e isso levou a comportamentos desastrosos no longo prazo. Desligar o seu cérebro emocional quando for tomar decisões administrativas e de negócios não é apenas neurologicamente impossível, mas também algo muito perigoso de se tentar.

 O maior impacto das emoções na tomada de decisão se dá sobre a moralidade. Ela é a habilidade de se pesar uma decisão em seus últimos estágios com base em um possível impacto sobre você mesmo e sobre os outros. Na verdade, existem dois termos médicos que descrevem pessoas incapazes de usar a empatia e que, portanto, tomam apenas decisões a sangue-frio, que acabam se voltando contra si e contra a sociedade: psicopatas e sociopatas. Jon Ronson,[5] em seu famoso livro *O teste do psicopata: uma viagem pela indústria da loucura*, e, antes dele, Paul Babiak e Robert Hare, em seu igualmente conhecido livro *Snakes in suits: when psychopaths go to work* [Serpentes de terno e gravata: quando psicopatas vão trabalhar], argumentam que ausência de empatia, remorso e gentileza é uma característica quase sempre encontrada em psicopatas. Por incrível que pareça, é exatamente isso que faculdades, programas de MBA e empresas tradicionalmente buscam incutir em futuros profissionais e executivos, ao estimular um raciocínio frio e calculista. Será que estamos tentando transformar gestores, líderes e as pessoas em geral em psicopatas? Se for o caso, parece que estamos sendo muito bem-sucedidos, já que um estudo demonstrou que 20% dos CEOs podem ser diagnosticados como psicopatas, a mesma porcentagem obtida entre a população prisional.[6] Esse é um fato muito preocupante, já que, na população em geral, a presença de psicopatas corresponde a um percentual de apenas 1%. De acordo com Tomas Chamorro-Premuzic,[7] professor de Psicologia das Organizações na University College London e na Columbia University, se você quiser identificar um psicopata, há algumas características que podem denunciá-los: necessidade constante de validação e reconhecimento da parte de terceiros, egocentrismo exacerbado, nível elevado de achar que tem direito às coisas, incapacidade de sentir remorso e culpa e um desejo constante de vingança. Líderes modernos precisam se distanciar dessas mentalidades arcaicas e conscientizar-se de realidades baseadas na neurociência acerca do que nos torna grandes, na empresa e na vida.

A moralidade é uma emoção complexa. Ela pode girar em torno da compaixão, mas também da justiça e do respeito. Além disso, pode se basear em manter suas promessas e, especialmente, em não mentir. As emoções morais nos seres humanos são multifacetadas e dinâmicas, e evoluíram sob duas premissas: "nós" é mais vantajoso do que "eu" e eu não sou mais especial do que meus pares.[8] Ambos são componentes essenciais do sucesso coletivo nas empresas. No outro extremo, a maldade verdadeira pode ser vista mais como uma disfunção do cérebro do que como um estado de neurônios sadios disparando normalmente, diariamente. Psicopatia, sociopatia, tumores cerebrais específicos e córtices pré-frontais danificados fazem as pessoas executarem ações malignas com eficiência, repetidas vezes. Um cérebro sadio é um cérebro moral.

Além de aprimorarem a nossa tomada de decisão, as emoções são importantes para a liderança porque são a base da motivação. A raiz latina da palavra emoção é "mover", e isso fica evidente na própria palavra. É provável que quase nunca pensemos nela dessa forma, mas a palavra "emoção" implica que as emoções são a fundação de todos os nossos movimentos. Sem as emoções, ficaríamos parados, sem ter o impulso de fazer alguma coisa, qualquer coisa. É por isso que cientistas, consultores e empreendedores, como Chip Conley,[9] equiparam emoções com energia e movimento ou, como diz ele: "Emoções são veículos para transformar ou movimentar a sua vida". Emoções positivas ou negativas nos colocam em ação para buscar uma situação ou nos recolhermos diante dela. Elaine Fox[10] debruçou-se sobre esses dois sistemas básicos do cérebro, argumentando que eles explicam boa parte de nosso comportamento. A amígdala, como centro de medo/emergência/evasão/pessimismo, e o núcleo acúmbens, como centro de prazer/excitação/aceitação/otimismo, impulsionam a maior parte de nossos movimentos de aproximação ou fuga de situações. Embora essas estruturas cerebrais mais profundas possam ser responsáveis pela emergência nos humanos do que ficou conhecido como sistemas motivacionais de abordagem e fuga, seus rastros neurais são mais amplos do que apenas essas duas regiões cerebrais. Em uma revisão das pesquisas disponíveis sobre o assunto, Kelley e associados[11] confirmaram a expressão desses dois sistemas motivacionais como uma ativação assimétrica dos córtices pré-frontais esquerdo e direito do cérebro. Quando o lado esquerdo do nosso córtex pré-frontal dispara mais do que o direito, o cérebro pretende abordar uma situação; quando ele deseja evitar ou fugir de uma situação, ocorre o contrário. Essa habilidade de "lateralização" do nosso cérebro existe por uma razão muito importante em termos evolutivos:[12]

> Presume-se que esses efeitos de lateralidade tenham evoluído para aumentar a capacidade neural de um organismo e sua eficiência de processamento. Esses padrões de lateralidade podem evitar a iniciação simultânea de duas reações antagônicas por meio de conexões inibidoras entre os hemisférios. Ou seja: a lateralização cerebral impediria que um organismo iniciasse simultaneamente uma reação de abordagem e outra de evasão/fuga.

Líderes e gestores precisam estar familiarizados com o modo como esses sistemas afetam tanto o seu próprio comportamento como o comportamento de terceiros, caso desejem alcançar as decisões de nível mais elevado. Isso é particularmente importante porque a intencionalidade do cérebro, ou seja, a decisão subconsciente e muito rápida do cérebro de dar ou não seu apoio a determinada situação, formará a base dos pensamentos e ações da pessoa em relação a essa situação. A motivação/intencionalidade cerebral de abordagem está associada a emoções positivas, enquanto a motivação/intencionalidade de fuga/evasão está associada a emoções negativas, sendo a raiva a única emoção que, descobriu-se, faz parte dos dois sistemas.[13]

As emoções dominam o nosso cérebro. Elas são usualmente classificadas em três categorias: primeira, as emoções fugazes que sentimos em qualquer momento; segunda, os traços de personalidade, que são as emoções com uma presença de longo prazo; terceira, os estados de espírito, que se situam em algum ponto entre o primeiro e o segundo grupo. Falando neurologicamente, o conceito de estilo emocional está mais próximo de compreender como a programação do nosso cérebro afeta nossas decisões e nosso comportamento por meio das emoções — e, portanto, é o melhor ponto de partida para a nossa jornada emocional.

Estilo emocional

A psicologia lida com as emoções há muito tempo, mas não tinha a habilidade de olhar dentro do cérebro para ver exatamente o que estava acontecendo. Assim, não podia nos fornecer observações tão precisas como as que temos hoje em dia. O surgimento da neurociência e a tecnologia que a acompanha agora nos permite examinar o interior do cérebro para observar como os neurônios disparam e se conectam uns com os outros. Pesquisas revelaram a base neurológica das predisposições emocionais, e Richard Davidson,[14] famoso por sua pesquisa sobre o cérebro dos monges tibetanos, desenvolveu uma categorização específica daquilo que ele chama de estilos emocionais. Um estilo emocional, nas palavras dele, é:

> [Uma] forma consistente de reagir às experiências pelas quais passamos em nossas vidas. Ele é governado por circuitos cerebrais específicos e identificáveis, e pode ser medido usando-se métodos laboratoriais objetivos [...] Como os Estilos Emocionais são muito mais próximos dos sistemas cerebrais subjacentes do que de estados

emocionais ou traços de personalidade, eles podem ser considerados os átomos de nossas vidas emocionais — seus blocos fundamentais.

Os estilos emocionais marcam caminhos neurais específicos que vão além das explanações e discussões rudimentares sobre as emoções, ouvidas com tanta frequência em nossas vidas cotidianas, dentro e fora das organizações. Com base em observações científicas rigorosas e de longo prazo, Davidson estabeleceu seis estilos emocionais. Cada estilo é um *continuum* entre dois extremos. Acreditamos que seja vital aos gestores compreender esses estilos para que possam dirigir melhor os seus próprios comportamentos. Apresentamos a seguir uma explicação de cada estilo e sua relação com a liderança, como temos observado e utilizado em nossa prática.

Estilo 1: Resiliência
Conforme mencionado no capítulo 1, este estilo envolve, em um extremo, recuperação rápida das adversidades e, no outro, recuperação lenta. Ele determina o modo como respondemos emocionalmente a um evento negativo. Se você não consegue se recuperar facilmente de um contratempo e remói emoções negativas com frequência, então está mais próximo do extremo de recuperação lenta. Se a sua habilidade de funcionar adequadamente segue imperturbada e você combate as adversidades rapidamente, então está mais próximo do extremo de recuperação rápida. Os estados emocionais desses dois extremos dependem da interação entre a amígdala e o córtex pré-frontal, que mencionamos no capítulo 2. Quanto mais a amígdala for ativada, em detrimento do córtex pré-frontal, mais você penderá para o extremo da recuperação lenta. Contrariamente, quanto mais o córtex pré-frontal for ativado, em detrimento da amígdala, mais rapidamente você se recuperará. Tendo em mente o dinamismo crescente das organizações modernas e a abordagem das "pequenas apostas" discutida no capítulo 3, os líderes precisam superar rapidamente decepções e considerar novas alternativas quase todos os dias, usando altos níveis de energia. A resiliência é, de fato, uma característica crucial da liderança, que permite aos líderes encontrar a força interna para liderar a si mesmos e às suas equipes com confiança e

persuasão para novas vitórias. Recomendamos que nossos alunos e clientes empresariais ajam o mais rapidamente possível quando se deparam com um contratempo, procurando as lições aprendidas, novas alternativas e razões para serem ativos.

Estilo 2: Perspectiva
Este é o popular *continuum* pessimismo-otimismo. Assim como ocorre com o sistema duplo de Elaine Fox de cérebro nublado e ensolarado, essa perspectiva diz respeito ao modo como vemos os eventos cotidianos e a até que ponto conseguimos sustentar as emoções positivas. Temos a tendência de buscar pelo lado negativo de todas as situações ou estamos sempre "olhando o lado bom da vida"? A interação do córtex pré-frontal esquerdo com o núcleo acúmbens, nosso centro de prazer, é o foco aqui. Quanto mais sinais forem do córtex pré-frontal para o núcleo acúmbens, levando-o a aumentar a sua atividade, mais você estará no extremo positivo. Contrariamente, quanto menos sinais chegarem ao centro de prazer, mais próximo você estará do extremo negativo. Nosso centro de prazer opera principalmente sob a ação da dopamina e de opiáceos, e essas duas substâncias são responsáveis por diferentes tipos de reações prazerosas. A dopamina está mais associada com a antecipação do prazer e os opiáceos, com o prazer em si. Isso quer dizer que líderes precisam administrar de formas diferentes esses dois estados positivos. A sensação de excitação advinda da antecipação de um resultado, um evento, uma reunião ou uma apresentação não se baseia nas mesmas substâncias químicas responsáveis pela sensação de excitação que ocorre quando realizamos algo de fato. A dopamina está envolvida com a primeira e os opiáceos, com a segunda. Uma perspectiva positiva está associada a maiores níveis de motivação, energia, criatividade, determinação e saúde. Ajudamos as pessoas com as quais trabalhamos a se moverem na direção de uma perspectiva mais positiva baseada em opiáceos, ampliando as emoções antecipatórias e de realização. Trabalhar em uma apresentação em um excelente clima de trabalho de equipe e elevar o moral auxiliando todos a se concentrarem na experiência vindoura e no resultado positivo pode criar um clima de antecipação favorável ao acúmulo de dopamina. Cumprimentar as pessoas por seus esforços, exaltar os seus sucessos (mesmo que pequenos)

e oferecer uma compensação apropriada aos indivíduos e à equipe são ações que favorecem o surgimento de uma sensação de recompensa recheada de opiáceos.[15]

Estilo 3: Intuição social

Ler de maneira eficaz as intenções e emoções dos outros é essencial para a grande liderança, já que ninguém consegue inspirar as pessoas enquanto se mantém ignorante de seus estados mentais. Em um extremo deste *continuum* está a pessoa socialmente confusa; no outro, a pessoa socialmente intuitiva. Quando incapazes de decodificar as emoções de alguém, permanecemos no escuro no que diz respeito a possíveis cursos de ação para corrigir uma situação e impulsionar o desempenho. Entretanto, quando nossa sensibilidade às emoções das outras pessoas está elevada, temos a base da empatia e da compaixão. Então, estamos mais bem equipados para reagir de modo apropriado e realista a uma situação. A amígdala também está em jogo aqui, mas dessa vez trabalhando em conjunto com o giro fusiforme. O giro fusiforme se localiza nos lobos temporal e occipital de nosso córtex e tem a ver com vários tipos de reconhecimento. Um estudo publicado em 2012 por Josef Parvizi e associados da Stanford School of Medicine comprovou, mediante uso de eletrodos no cérebro de um paciente, a responsabilidade única dessa região do cérebro pelo reconhecimento facial. Quando a amígdala é mais ativada do que o giro fusiforme ao se olhar para o rosto das pessoas, eis uma forte indicação de um estilo socialmente confuso. Quando ocorre o contrário, indica-se uma pessoa altamente intuitiva. O estudo pioneiro do dr. Paul Ekman[16] sobre as expressões faciais humanas no mundo todo revelou o papel evolutivo da nossa habilidade de identificar o estado emocional das outras pessoas apenas pela observação dos seus rostos. No início de nosso desenvolvimento como espécie, quando a nossa capacidade para a linguagem ainda era limitada, tínhamos que, rápida e subconscientemente, ler e interpretar o rosto das outras pessoas para poder ajustar o nosso próprio comportamento e aumentar as nossas chances de sobrevivência. Para nos tornarmos socialmente conscientes, ou seja, para que desenvolvêssemos a cognição social, fomos assistidos não apenas por nossa capacidade evoluída de interpretar os rostos: automaticamente, interpretamos também os movimentos oculares. Os humanos possuem, de forma única, uma grande parte branca visível nos olhos, que torna possível a comunicação social por meio da atenção e da sinalização conjunta da direção de nosso olhar. A parte branca dos nossos olhos facilita, em comparação com outras espécies, acompanhar para onde a parte preta está olhando e, assim, inferir as intenções da pessoa. Quando toda a parte visível do olho é preta, é quase impossível formar qualquer hipótese sobre atenção e preferência. Descobriu-se que essa hipótese do olho colaborativo, como é conhecida, funciona bem tanto em crianças quanto em adultos com desenvolvimento cerebral típico, embora nem tanto em pessoas com autismo, provando que a intuição social bem-sucedida pressupõe uma leitura correta dos olhares dos outros.[17] A habilidade inata de ler rostos e olhos não desapareceu por causa de nossas habilidades linguísticas mais avançadas, mas também não é igual em todas as pessoas, como mencionamos antes. Para melhorar neste *continuum*, precisamos nos empenhar em silenciar a amígdala, lutando contra seu potencial de sequestro, ao mesmo tempo que tentamos melhorar nossa leitura dos sinais emocionais das pessoas observando seus rostos, movimentos corporais, voz e ações. Observar seus amigos e colegas mais próximos em busca de sinais emocionais e discutir com eles seu estado emocional é um bom começo. Contudo, isso deve ser feito com pessoas próximas, em quem você confie, de modo a evitar qualquer risco.

Estilo 4: Autoconsciência
Você é capaz de determinar seu próprio estado emocional com precisão ou não consegue detectar ou decodificar suas emoções de maneira adequada? A autoconsciência é um estilo emocional de importância fundamental para a liderança, já que só podemos direcionar nossa energia e nossas ações de forma apropriada quando conhecemos nossos pensamentos e emoções, detectando com precisão as mensagens que nosso corpo nos manda. Por exemplo: deveríamos compreender o impacto de uma reunião difícil sobre nosso estado emocional e impedir que ele "vaze" para reuniões subsequentes que não tenham qualquer conexão com a primeira. A principal região cerebral responsável por essa consciência é o córtex insular, ou lobo da ínsula, que faz parte de nosso córtex cerebral. Essa região cerebral é relacionada à consciência e vem sendo cada vez

mais considerada o centro de nosso eu consciente ou do eu consciente subjetivo.[18] Isso porque o córtex insular contém um mapa dos órgãos cerebrais, recebendo e enviando sinais para eles. Quanto mais alta a atividade no córtex insular, melhor é a autoconsciência; quanto menor a atividade, piores a experiência consciente e a compreensão de nossas próprias emoções. A famosa frase antiga "Conhece-te a ti mesmo", escrita no Templo de Apolo em Delfos e atribuída a Sócrates, Platão e Tales, entre outros, é a essência do *continuum* da autoconsciência. Em um extremo, nossa habilidade para a introspecção é muito fraca, cortando a conexão entre nosso eu interior e nosso eu consciente. No outro, podemos ser muito sensíveis a nossas mudanças e sinais internos. Na neurociência afetiva, essa introspecção é chamada de *interocepção* e se refere à nossa capacidade de identificar e rastrear os sinais corporais internos. Essa capacidade, que era tradicionalmente ligada à boa saúde física e mental e mais recentemente também a uma vida social sadia, é composta por três grandes regiões cerebrais: a insula anterior, o córtex cingulado anterior e o córtex orbitofrontal.[19] O que o cérebro tenta fazer é engajar seu radar interno, o nosso sistema nervoso, para detectar mudanças em nosso corpo, consciente e inconscientemente, para poder usar essas mudanças como informação crucial para tomar uma decisão ou aprimorar uma decisão já existente. O objetivo final é alcançar e manter um estado desejado de homeostase que leve ao sucesso. Essa homeostase, conforme explicado pelo astro da neurociência Antonio Damaso, não é a mesma "concepção convencional e depauperada de homeostase que se define como a regulamentação 'equilibrada' da operação da vida". Essa é uma visão simplista. Em vez disso, prossegue ele, a homeostase interoceptiva:

> [G]arante que a vida seja regulada dentro de um intervalo que não apenas seja compatível com a sobrevivência, mas também propício para o desabrochar, para a proteção da vida até o futuro de um organismo ou uma espécie [...] A minha visão é de que o imperativo inevitável da homeostase tem sido o fator governante da vida em todos os seus disfarces. A homeostase tem sido a base para o valor por trás da seleção natural, que por sua vez favorece os genes — e, por sua vez, o tipo de organismo — que exibem a homeostase mais inovadora e eficiente.

Identificar dados internos ao corpo e utilizá-los para nos ajudar a alcançar o nível de "normalidade" que nosso cérebro deseja são processos fundamentais para a liderança do cérebro adaptável. Mais importante ainda, é claro, é a natureza dessa "normalidade". O seu cérebro está feliz apenas por ter um trabalho e, portanto, tenta reter esse estado homeostático positivo dando ouvidos a sentimentos relacionados a esse objetivo? Ou o seu cérebro é mais feliz com realizações maiores e impactos mais amplos, e assim prioriza sentimentos que sejam mais apropriados ao cumprimento dessas metas? Cérebros com estados homeostáticos mais inovadores e eficientes sobreviverão mais tempo e serão evolutivamente mais bem-sucedidos. Os líderes precisam ter um cuidado especial ao recrutar pessoas para um determinar cargo e ao escolher membros para uma equipe específica, já que a natureza homeostática do candidato deve combinar com a natureza necessária para o cargo e/ou para ele se juntar à equipe. A menos, é claro, que você queira levar mudança para uma equipe, escolhendo deliberadamente alguém com uma homeostase diferente dos demais membros.

Nosso trabalho com gestores e líderes nas organizações com frequência inclui longas sessões de discussão dos níveis de consciência das próprias emoções em diversas situações profissionais e seu impacto sobre o comportamento geral. Reservar algum tempo para analisar calmamente e em isolamento seus sinais físicos quando se sente excitado, de maneira positiva ou negativa, pode ser crucial para compreender seu próprio estado emocional com precisão e agir de acordo. Segundo nossa experiência, a autoconsciência e o propósito têm uma relação muito próxima.

> **DECODIFICANDO NOSSAS EMOÇÕES**
>
> Compreender nossas emoções é crucial para determinar nossos estilos emocionais. No entanto, essa é uma tarefa muito difícil por causa da diferença entre emoções e sentimentos. Não são coisas iguais. Emoções são aquilo que ocorre dentro de nós, enquanto sentimentos são a *percepção subjetiva* que temos do que está acontecendo dentro de nós e suas consequências. Segundo Damasio,[21] as emoções são reações biológicas automáticas, que ocorrem na forma de respostas

químicas e neurais, a estímulos corporais ou ambientais. Elas são geradas de modo automático, independentemente de o estímulo ser processado de forma consciente ou inconsciente, e seu papel é nos forçar a nos movimentar ou reagir para sobreviver. Sentimentos, por sua vez, são representações ou percepções cognitivas das mudanças causadas pelas emoções, além da evocação dos processos de raciocínio e estados mentais consistentes com a emoção. Se a ínsula funciona bem, então a consciência das emoções e a geração de sentimentos correspondentes são congruentes. Pontuamos alto na dimensão da autoconsciência. Mas o que acontece se as duas coisas não forem consistentes e nós interpretarmos de maneira errada a emoção, achando que ela é algo que não é, independentemente do funcionamento da ínsula? Será que a percepção de nossas emoções pode ser obstruída pelo ambiente e por outras condições? E, em caso positivo, o que podemos fazer a respeito?
Em uma publicação de 1974, os psicólogos Dutton e Aaron descreveram seu experimento, chamado Ponte Suspensa de Capilano, hoje lendário. Nesse experimento, uma mulher atraente conduzia uma pesquisa e, como parte do processo, fornecia o seu número de telefone aos participantes jovens do sexo masculino, assim poderia responder qualquer pergunta adicional que tivessem sobre o experimento. Os pesquisadores mediram quantos participantes ligaram para ela depois do fim do experimento. Um grupo de participantes se encontrou com a pesquisadora em uma ponte suspensa instável; outro, em terra firme. Os resultados foram claros: os que estavam na ponte suspensa contactaram a pesquisadora em número maior do que os que estavam em terra firme. Eles foram enganados por sua própria percepção. O grupo na ponte perigosa atribuiu sua sensação de excitação/agitação à atratividade sexual da pesquisadora, em vez de ao seu próprio medo diante de uma situação de perigo potencial. A questão é que as sensações físicas causadas por ambas as coisas em nosso corpo são similares, e um estímulo

externo os empurrou na direção errada. Um caso excelente e representativo de sentimentos e emoções inconsistentes. Nossa recomendação para melhorar a percepção de suas próprias emoções, especialmente em situações profissionais, é a abordagem 3D + 3E. Ela inclui três tipos de descrição e três tipos de escuta:

1D. Descrição da situação. Não tenha pressa e descreva em detalhes uma situação que o faça experimentar sentimentos intensos. Preste atenção às causas, ao papel de outras pessoas e aos arredores físicos. O que o forçou a se sentir assim? Considere que isso seja o equivalente da análise ambiental estratégica. Essa descrição precisa acontecer relativamente perto de quando o evento aconteceu.

2D. Descrição das reações. Continue com o relato detalhado da reação comportamental que o sentimento gerou, primeiro em você e depois nos outros ao seu redor (quando aplicável). Rastreie, passo a passo, tudo o que se seguiu, desde ter o sentimento até representá-lo. Anote tanto as ações aparentemente sem importância, das quais só você tem ciência, quanto as importantes, que envolveram outras pessoas. Por que você se comportou assim? Isso também precisa ser feito próximo do evento.

3D. Descrição das correlações. Crie uma lista de eventos que tenham características parecidas ou resultados comportamentais semelhantes. Existe alguma conexão? Tente também ligar os fios de seu pensamento a seus sentimentos, à situação e aos comportamentos que vieram a seguir. Existe algum padrão? Essa é uma análise mais introspectiva, geralmente contínua, e demanda mais tempo do que as anteriores.

1E. Escuta interna. Olhe para dentro de si com poucas interrupções e interesse genuíno para ajudar a estabelecer uma ligação mais forte entre as emoções e os sentimentos. Silenciar nossa eloquência típica e atrelar nossa sensibilidade a emoções puras antes de chegarmos a conclusões fáceis são passos necessários para melhorar nossa compreensão de nossas emoções. A atenção plena se tornou uma moda global entre CEOs e executivos, pois promove um aumento da autoconsciência, conforme explicado por uma pioneira dessa área, Maria Gonzales.[22] Dê a si mesmo as chances, planejadas e improvisadas, de ouvir seu eu interior.

2D. *Escuta externa.* Ouça outras pessoas com cuidado e tente entender o ponto de vista que elas têm sem deixar que suas fortes emoções interfiram ou interpretem a conversa erroneamente. Isso é essencial para se ter uma imagem emocional clara da situação. Além disso, pedir a outros que avaliem e forneçam *feedback* sobre nosso estado emocional pode nos ajudar a contornar erros de comunicação internos sobre nossos próprios sentimentos. Não hesite em pedir auxílio às pessoas mais próximas de você.

3E. *Escuta constante.* Desenvolver um radar mental que busca constantemente, interna e externamente, sinais emocionais e o impacto que eles causam, tanto sobre você como sobre as pessoas ao seu redor, é a meta final da autoconsciência. Um "observatório de emoções" pessoal deve ser estabelecido em sua mente. Ele irá avaliar incansavelmente momentos importantes e outros nem tanto em busca de reações emocionais — e com isso estabelecerá um diretório de reconhecimento de padrões emocionais e comportamentos relacionados.

> **QUADRO DE AÇÃO:**
> **A ABORDAGEM 3D + 3E NA PRÁTICA**
>
> Pense em uma situação emocionalmente desafiadora pela qual você tenha passado recentemente, com sucesso ou não. Em seguida, use os três tipos de descrição e os três tipos de escuta apresentados para descrever como essa situação poderia ser interpretada. Quais são as suas conclusões? Existe alguma coisa que você poderia fazer de outro modo nessa situação?

Estilo 5: Sensibilidade ao contexto
Você está emocionalmente em harmonia com o que acontece ao seu redor e está se comportando de acordo? Ou geralmente é pego desprevenido pela situação, adotando comportamentos inapropriados que às vezes o deixam envergonhado? Em um extremo deste *continuum* estão as pessoas "afinadas" com o ambiente; no outro, aquelas "fora do tom". Estar afinado significa, nesse caso, estar em sincronia emocional, enquanto fora do tom significa desconexão emocional com a situação. Já vimos, por exemplo, gestores que fazem piadas em momentos importantes de uma apresentação ou que são excessivamente sérios quando um membro da equipe tenta, corretamente, deixar uma conversa mais leve. A região cerebral associada à sincronia emocional é o hipocampo. Nós já discutimos o hipocampo com relação à formação da memória, mas ele também desempenha um papel vital de adequar ou "afinar" comportamentos relativos a contextos ou situações. Um hipocampo mais fraco ou menor pode resultar em emoções completamente inapropriadas, e em comportamentos subsequentes igualmente inapropriados, em reação a condições externas. Além disso, o aprendizado contextual é reduzido nesses casos. Portanto, precisamos nos certificar de que nosso estado mental e nossas exigências externas se encaixem, de modo a nos comportarmos de acordo com a situação, tirando dela as lições corretas.

O nível mais alto de afinação ocorre quando nosso cérebro está plenamente conectado, ou "pareado", com o cérebro da pessoa com quem tentamos nos comunicar. Esse pareamento do cérebro acontece quando os dois cérebros vão além de apenas observar, processar e espelhar as palavras e ações concretas um do outro e passam a uma conectividade mais complexa, tratando de significado e intencionalidade.[22] Na afinação avançada, as mesmas áreas cerebrais disparam entre as pessoas: não apenas aquelas envolvidas na simples percepção de movimento e fala, mas as que criam um senso profundo de uma realidade social dinâmica e compartilhada. Isso é o que acontece quando vemos pessoas no ambiente profissional colaborando de forma eloquente e sem esforço, pessoas que parecem ler o pensamento umas das outras em reuniões e ativamente se ajudam antes mesmo que lhes seja pedido. Um estudo conduzido por Jiang *et al.*,[23] baseado em experimentos com *hiperscanners* (fNIRS, ou espectroscopia funcional em infravermelho próximo), demonstrou que existe uma sincronização neural mais elevada entre líderes e seus seguidores do que entre pares sem líderes. O resultado desse estudo corrobora a perspectiva de que um forte relacionamento entre o líder e o seguidor é muito importante para a eficácia do processo de liderança. Um relacionamento sólido é ainda mais fortalecido pela alta conectividade cerebral, a qual pode ser aprimorada por meio da comunicação de alta qualidade entre o líder e o seguidor.

Algumas das recomendações feitas no quadro "Decodificando suas emoções" também se aplicam aqui. Ouvir os outros e criar uma descrição o mais precisa possível do que aconteceu pode nos levar ao reconhecimento de padrões, aprendizado e adaptações apropriadas do comportamento no futuro. Uma nota de cautela: se você não tem certeza do que está sentindo na sala de reuniões, se é tensão ou antecipação positiva, é melhor esperar que mais sinais emerjam antes de fazer algo decisivo. Se você se sente perdido constantemente, então concentre-se em trabalhar para movimentar o *continuum* na direção de um estilo mais afinado. Mas tenha cuidado: sensibilidade demais pode aumentar as reações de estresse, já que ela está associada com a ansiedade e sentimentos de inadequação. Como Ellis e Boyce[24] argumentaram, embora a sensibilidade ao contexto em nosso cérebro seja valiosíssima do ponto de vista evolutivo para aprendermos a lidar de maneira eficaz com os ambientes em que nos encontramos, ela segue uma curva em U em relação ao estresse, ou seja, a baixa sensibilidade gera alto estresse, assim como a alta sensibilidade. Ser um pouco desconectado, ou não plenamente conectado, é uma grande vantagem para líderes modernos em nosso ambiente empresarial moderno imprevisível e estressante. Até que ponto vai essa desconexão é algo que cada líder precisa determinar individualmente, tendo como base tanto a sua própria experiência e personalidade quanto a situação em si.

Estilo 6: Atenção
Em um extremo dessa dimensão está a pessoa focada, enquanto no outro está a pessoa sem foco. Você tem dificuldade para se concentrar na pessoa que está falando com você do outro lado da mesa de reuniões? Sente sua mente viajar toda vez que olha para os resultados mensais ou para as informações mais recentes da pesquisa de engajamento de funcionários feita pelo RH? Você se aborrece com frequência em seu escritório de plano aberto porque o barulho não o deixa trabalhar direito? Então, você está mais próximo do extremo sem foco. Nesse caso, sua consciência emocional será limitada e sua reação comportamental, inadequada para a situação à mão. O córtex pré-frontal, ou cérebro executivo, é responsável pelo foco, já que uma atividade mais elevada pode gerar uma condição chamada de "travamento de fase", que é o foco máximo. Nessa condição, o engajamento do córtex pré-frontal é sincronizado perfeitamente com o estímulo externo, o que significa que você está mentalmente alinhado com aquilo em que está prestando atenção. Esse tipo de "travamento de fase" é muito admirado nas organizações. Um artigo no site da Bloomberg, escrito por Buhayar,[25] trata da popularidade da expressão "focado como raio laser" nas falas de CEOs. Menções sobre ter o foco de um raio laser na execução, no crescimento, em novos produtos e oportunidades de mercado, entre outras coisas, aparentemente viraram lugar-comum nas comunicações de alto escalão. O significado é claro: distrações não serão toleradas. Entretanto, um excesso de foco nem sempre é uma vantagem. Um estudo conduzido pelo neurocientista Jason Gallate e seus associados[26] revelou que pessoas criativas se beneficiam mais quando fazem intervalos de seu foco em um determinado problema e que esse intervalo permite que seus processos não conscientes assumam o controle e forneçam soluções perspicazes. Foco em excesso inibe a criatividade, mas pouco foco inibe o desempenho e a produtividade. Ao mesmo tempo, existem situações em que um foco extremo se faz necessário, como em certas

negociações, portanto, a intensidade do foco deve ser determinada caso a caso. Ter um propósito forte, conforme explicado no capítulo 1, e aplicar o método das "pequenas apostas" explicado no capítulo 3 ainda deixa espaço aberto para uma abordagem mais caótica, complexa e aparentemente desfocada das questões de estabelecimento de metas e decisões. Como explicou o economista John Kay depois de examinar diversos exemplos de estabelecimento de metas e realização:[27]

> A solução de problemas é iterativa e adaptável, e não direta. Bons tomadores de decisão equilibram objetivos incompatíveis e incomensuráveis. Eles são ecléticos e tendem a considerar a consistência uma característica da teimosia ou cegueira ideológica, em vez de virtude.

Sendo assim, deveríamos ser menos obcecados com o estabelecimento de metas claras e consistentes na vida e nos negócios. Em vez disso, deveríamos priorizar o sucesso surpreendente que vem da busca intuitiva de objetivos desequilibrados e desordenados que, no final, são alcançados com mais sucesso. Os custos ocultos de sempre buscar clareza e foco na tomada de decisão são mais altos do que podemos imaginar.

A prática contínua é a chave para se passar de um extremo ao outro em todos os estilos mencionados, utilizando ao mesmo tempo algo a que nos referimos no capítulo 3 como neuroplasticidade: a habilidade de alterar os nossos caminhos neurais e, assim, trocar de posição no *continuum* dos estilos emocionais. Embora possa ser desafiador ir de um extremo a outro, movimentar-se por essa linha é possível e aconselhável. Já vimos isso acontecer tanto em nós mesmos quanto nas pessoas com quem trabalhamos. Fazer disso uma prática regular na sua agenda trará resultados muito mais positivos.

QUADRO DE AÇÃO:
MEDINDO OS ESTILOS EMOCIONAIS EM EQUIPES

Passe por todas as seis dimensões estabelecidas por Davidson e pontue a si mesmo de 1 a 5, sendo 1 o extremo mais baixo e 5 o extremo mais alto. Reflita sobre cada pontuação. Anote alguns pontos principais sobre as pontuações que você quer manter e sobre as que deseja mudar, seja para cima, seja

> para baixo. Peça a seus colegas mais próximos que façam um julgamento a seu respeito e pontuem os resultados. Depois, observe se há alguma discordância entre a pontuação que você deu a si mesmo e a que eles lhe deram. Se houver discordância, por que você acha que ela ocorreu? Vocês também podem fazer esse exercício como uma equipe, cada um estabelecendo a sua própria pontuação primeiro e, em seguida, pontuando-se uns ao outros. Uma conversa franca, baseada em confiança e *feedback* positivo, pode ajudar todos os envolvidos a melhorar essas dimensões. Isso não deve ser tentado em grupo logo de início, ainda mais sem a ajuda de um profissional experiente.

De humor a sentimentos ótimos

Os efeitos em longo prazo dos estilos emocionais sobre como pensamos e nos comportamos em nossas organizações, embora não sejam iguais, lembram os efeitos em longo prazo da personalidade: seguem-nos por um longo período de nossas vidas. Eles podem mudar para se adequar melhor a nossos desafios na liderança, mas isso leva tempo e exige muito empenho concentrado. Em um horizonte de prazo mais curto, nossas emoções são altamente influenciadas por nosso humor, e os líderes modernos precisam estar cientes disso e buscar controlá-lo, já que nosso estado de espírito é um solo fértil para nossas reações emocionais cotidianas. Embora permaneça oculto, nosso humor é responsável pela maioria das emoções que vivenciamos no ambiente profissional. Segundo uma das maiores especialistas no assunto, a dra. Liz Miller:[28]

> Nosso humor flutua o tempo todo [...] Ele é uma medida interna de como estamos nos sentindo. Nós não expressamos nossos humores de forma direta, mas indiretamente: no modo como pensamos, nos comunicamos, nos comportamos e vemos o mundo [...] Quase toda a raiva reflete um humor subjacente irritável e ansioso. Esse humor forneceu o solo que permitiu que a emoção da raiva crescesse.

É o seu estado de espírito geral que vai determinar em grande parte os tipos de emoção que você expressará em dado momento. Portanto, ao se colocar no humor certo e evitar os humores contraproducentes, você pode buscar o conjunto certo de emoções em qualquer situação e usá-las para promover ainda mais suas habilidades de liderança. Por exemplo: com que facilidade você consegue gerenciar suas emoções e contribuições valiosas em uma reunião difícil sobre o recente aumento de absenteísmo dos funcionários quando está com um humor mais positivo em contraste com quando está com um negativo? Conhecemos inúmeros gestores que nos confidenciaram o desejo de terem reagido de outra forma em uma situação estressante, mas o mau humor geral reinando na empresa "durante aqueles dias" não permitiu que fizessem isso. Se eles soubessem como passar seu humor para o lado positivo, teriam lidado muito melhor com qualquer situação desafiadora. Isso porque, em uma longa lista de benefícios, nutrir um humor positivo é essencial para a concentração e a clareza de pensamento, para gerenciar seu comportamento, para criar relações profundas e duradouras e para cultivar a flexibilidade e a perseverança na busca de objetivos e de satisfação com o trabalho. Em um estudo particularmente interessante, Ruby Nadler e colegas[29] da Western University Canada demonstraram que as pessoas que se encontram em um humor positivo têm desempenho melhor do que aquelas em humor negativo ou mesmo neutro. Aquelas com humor positivo exibem flexibilidade cognitiva mais elevada e se saem muito melhor em tarefas que requeiram uso pesado do córtex pré-frontal, nosso cérebro executivo, como a testagem de hipóteses e a seleção de regras. Isso tem um efeito profundo sobre a administração, já que um humor positivo emerge como um pré-requisito não apenas para o aspecto mais suave do trabalho, como manter a equipe animada e motivar os indivíduos, mas principalmente para utilizarmos melhor as nossas capacidades de processamento cognitivo. Ou, em outras palavras, para pensarmos melhor e criarmos soluções mais adequadas para problemas difíceis. Bom humor significa bom raciocínio.

A agora famosa classificação de humores feita por Miller[30] usa duas variáveis para planejar um "mapa do humor": energia em um eixo e bem-estar no outro. O primeiro eixo (vertical) tem alta energia no topo e baixa energia na base; o segundo (horizontal), bem-estar negativo à esquerda e positivo à direita. A energia tem relação com o neurotransmissor dopamina, que trata de excitação/animação; o bem-estar tem relação com o sistema de serotonina e endorfina, que lida com o sentimento positivo, com o bom funcionamento dos órgãos internos e com o alívio da dor. Os quatro quadrantes do mapa do humor e os sentimentos pertencentes a cada um deles são explicados adiante, seguindo nossa prática com gestores no mundo todo:

Q1. O humor foguete. Quadrante de alta energia, bem-estar positivo. Líderes fortemente motivados, muito contentes e continuamente empolgados, que contagiam a todos com paixão e convicção. Acelerados, com energia ilimitada e um grande sorriso no rosto, líderes de humor foguete são a força invencível a guiar suas equipes. Esse humor raramente deixa a pessoa cansada e, quando isso acontece, ela se recupera com ideias ainda mais engenhosas e apoio emocional precioso para os outros.

Q2. O humor guru. Quadrante de baixa energia, bem-estar positivo. Líderes calmos, muito contentes e satisfeitos, que criam condições para um trabalho reflexivo, um ambiente profissional pacífico e um insuperável senso de segurança. Líderes de humor guru são uma arma eficiente contra a loucura de determinada situação, pois criam a estabilidade necessária para chegar a decisões sábias com altos efeitos em longo prazo.

Q3. O humor desmotivador. Quadrante de baixa energia, bem-estar negativo. Líderes física e mentalmente exauridos, com frequência tristes e até mesmo deprimidos, que não conseguem disfarçar seu tédio nem seus sentimentos negativos no trabalho. Líderes de humor desmotivador afetam negativamente todos ao seu redor, sugando a energia e difundindo o pessimismo.

Q4. O humor pânico. Quadrante de alta energia, bem-estar negativo. Tensão, irritação, medo e frustração são alguns dos sentimentos poderosos e negativos expressados pelos líderes com esse humor. Uma atitude nervosa, um foco excessivo na autopreservação e uma imagem do tipo "correndo por aí feito galinha sem cabeça" são associadas a líderes de humor pânico, que parecem deixar todos ao seu redor nervosos e inseguros. Na Tabela 4.1 você pode ver o mapa do humor em uma tabela matriz.

TABELA 4.1   Mapa matriz dos humores

Energia	Bem-estar	
	Negativa	*Positiva*
Alta	O humor pânico	O humor foguete
Baixa	O humor desmotivador	O humor guru

Um líder não precisa estar nos extremos para que seu humor seja considerado *foguete, guru, desmotivador* ou *pânico*. Mesmo as versões mais suavizadas capturam a essência de cada categoria. Manter-se do lado positivo e ir elevando o nível da energia é de importância fundamental. De fato, Alison Wood Brooks,[31] da Harvard Business School, descobriu que, quando existe uma excitação emocional por causa de um desafio importante no futuro, como uma apresentação ou uma prova, as pessoas se saem muito melhor se interpretam esse humor como empolgação do que como ansiedade. E um humor positivo, do tipo foguete, ajuda-nos a fazer exatamente isso. Ela também descobriu que as pessoas que tentam usar a antiga estratégia de se acalmar se saem mal. Mais uma pá de cal jogada sobre a abordagem "mantenha a calma".

O modelo de Miller se inspirou em um modelo mais antigo de categorização de emoções, conhecido como modelo circumplexo de afeto de Russel. Esse modelo é particularmente útil, já que trata com eficiência de muitos equívocos sobre as emoções. Por exemplo:[32]

> O papel da amígdala no processamento de estímulos emocionais provou-se fugidio, com os primeiros estudos de neuroimagens correlacionando a ativação da amígdala com reações de medo e outras emoções negativas, mas subestimando o papel da amígdala em auxiliar emoções positivas. O modelo circumplexo sugere que a evidência da atividade da amígdala durante estímulos aversivos e apetitivos (vide redes neurais de abordagem e fuga/evasão) pode ser compreendida prontamente se a amígdala fizer parte do sistema de excitação [...] Paradigmas de neuroimagem explorando

estímulos olfativos e gustatórios sustentam esse ponto de vista, demonstrando que a atividade da amígdala aumenta com a excitação, independentemente da valência positiva ou negativa associada com a experiência dos estímulos.

Isso quer dizer que a amígdala não se associa exclusivamente à negatividade. Seu papel é mais complexo e interessante, uma vez que se descobriu que ela é ativada tanto em estados de excitação positiva quanto de excitação negativa. Na verdade, quando gerações mais velhas de professores e administradores pediam a seus alunos e funcionários, respectivamente, que não fossem "emotivos demais", eles queriam dizer que não deveriam sentir-se "emocionalmente excitados". As emoções estão sempre presentes, mas seu nível de excitação e a valência desta, ou seja, sua natureza positiva ou negativa, mudam de acordo com a motivação e da intencionalidade do cérebro.

> **QUADRO DE AÇÃO: EXAMINE O SEU HUMOR**
> Repasse mentalmente as suas duas últimas semanas no trabalho. Você teve um humor prevalecente ao longo do período ou experimentou flutuações em momentos diferentes? Anote o(s) humor(es) que reconhecer e tente categorizá-los usando o modelo explicado nesta parte do livro. Usando só quatro quadrantes do mapa do humor, tente descrever sua experiência baseada em Q1, Q2, Q3 ou Q4. Para confirmar suas conclusões, é sempre uma boa estratégia perguntar às pessoas em quem você confia e com as quais interage mais, especialmente aquelas mais próximas de você durante o período que se está avaliando. Anote as causas e os resultados. Repita o exercício mensalmente. Depois de alguns meses, tente identificar padrões com base nas seguintes perguntas:
>
> - Humores específicos estão aparecendo devido a motivos específicos, tendo resultados específicos?
> - Por que você acha que seja esse o caso?

> Como o elo entre humores positivos e melhor desempenho está cientificamente estabelecido, seu objetivo é se mover na direção dos humores positivos prolongados, como os de tipo foguete e guru. Alcançar um humor positivo exige mudanças no ambiente, em consciência/conhecimento, em relacionamentos e em estilos emocionais, como descrito na seção anterior. Não permita que o seu humor prejudique seu potencial de liderança. Pelo contrário, coloque-o para trabalhar a seu favor e a favor de suas emoções. Proativamente, e depois que você se sentir confortável para examinar seu estado de espírito, tente fazer isso antes de reuniões e apresentações importantes, e entre no recinto com o humor mais apropriado.

Humores não são tão fixos quanto estilos emocionais e personalidades, mas podem se assentar por um longo tempo se não forem desafiados. Um estado de espírito constantemente negativo é um sinal da necessidade de mudança, e líderes devem considerar com frequência seu humor para garantir que estão dando a si mesmos a chance de experimentar a emoção certa no momento certo.

A importância do humor no trabalho é sublinhada pelo fato de que nossas emoções não estão apenas dentro de nós, mas "se derramam" para aqueles ao nosso redor. O fenômeno das emoções que se espalham como um vírus de uma pessoa para a outra, ou de uma pessoa para toda uma equipe, é chamado de contágio emocional. Como Snaebjornsson e Vaiciukynaite descobriram,[33] os primeiros estudos organizacionais e de psicologia reconheceram que as emoções e os humores se espalham entre os indivíduos, exercendo um impacto considerável sobre a sua performance. Líderes realmente afetam as pessoas ao seu redor com as suas emoções, estejam essas pessoas cientes desse processo ou não. O processo de contágio emocional inclui os mecanismos de imitação, sincronicidade/pareamento cerebral, experiência emocional compartilhada e *feedback* emocional consciente e inconsciente.[34] As descobertas essenciais sobre o contágio emocional e a liderança são:[35]

- O contágio emocional influencia o desempenho da equipe. Líderes que irradiam um humor positivo capacitam as equipes a desempenhar suas tarefas mais depressa, com maior coordenação e capacidades ampliadas de solucionar os problemas criativamente.
- Líderes que conseguem espalhar as suas emoções, especialmente as positivas, são percebidos como mais carismáticos pelas pessoas, portanto, a eficácia de sua liderança aumenta.
- O contágio emocional depende tanto da habilidade do líder de transferir emoções quanto da abertura das pessoas para recebê-las.
- Os líderes podem ser bem-sucedidos em transmitir suas emoções a integrantes da equipe, mas os integrantes da equipe devem então fazer circular as mesmas emoções entre si.
- O contágio emocional é um fenômeno de mão dupla. Isso significa que os líderes são mais bem-sucedidos em transferir emoções quando eles mesmos são mais abertos a receber o contágio emocional de suas equipes.
- As emoções são transferidas inconscientemente, mas isso também pode acontecer conscientemente, em especial quando elas são autênticas e transparentes. As pessoas sentem intuitivamente, e não analiticamente, que esse fenômeno existe e é potencialmente muito poderoso.

Adotar o humor certo, ou o estado emocional de longo prazo, é crucial para os líderes, não só para seu desempenho pessoal, mas primariamente para o desempenho dos outros por meio do extraordinário processo do contágio emocional.

QE como qualificação de capacitação

Desde meados da década de 1990, quando Daniel Goleman[36] passou a difundir os méritos da inteligência emocional, ou quociente emocional (QE), com seu *best-seller* internacional, surgiram inúmeros outros livros, artigos, pesquisas acadêmicas, eventos de consultoria e treinamento, serviços e especialistas sobre o assunto. Empresas multinacionais adotaram a prática de avaliar a inteligência emocional de seus executivos e descobriram até que o conceito ajuda os gestores a atingir seu potencial de liderança, já que, como ilustrado por Dijk e Freedman,[37] funcionários se tornam mais habilidosos em sua educação emocional e pensamento subsequente conforme sobem na hierarquia organizacional. Para nós, o QE foi — e ainda é — basilar para mudar a mentalidade ultrapassada presente nas sociedades e nas empresas de que as emoções são inapropriadas e até destrutivas. Como Cooper e Sawaf[38] pontuaram de forma excelente em seu primeiro e altamente influente livro, *Executive EQ* [QE Executivo], precisamos mudar nosso ponto de vista sobre as emoções:

- de algo que interfere no bom senso para algo essencial ao bom senso;
- de uma força que nos distrai para uma força que nos motiva;
- de um sinal de vulnerabilidade para um sinal de vitalidade e presença;
- de uma obstrução ao raciocínio para algo que melhora e acelera o raciocínio;
- de uma barreira ao controle para a base da confiança e da conexão;
- de uma inibição aos dados objetivos para um mecanismo importante de informação e *feedback*;
- de uma complicação ao planejamento para a centelha principal da criatividade e da inovação;
- de algo que enfraquece nossas atitudes para algo que ativa a nossa moralidade;
- de algo que solapa nossa autoridade para algo que impulsiona nossa influência sem autoridade.

Temos que atribuir ao movimento do QE a onda de mudanças nas organizações do mundo todo, que passaram a aceitar que as emoções são uma realidade que precisa ser incorporada nas mentalidades e nos processos. Boyatzis e Goleman,[39] em seu livro *Emotional competency inventory* [Inventário da competência emocional], sugerem um modelo de inteligência emocional para líderes desenvolvido para ser a primeira abordagem holística à gestão das emoções — modelo este que inspirou as massas e abriu caminhos profundos nas organizações, grandes e pequenas. Os dois estudiosos e seus associados expandiram e desenvolveram ainda mais essa abordagem em suas obras posteriores.[40] Esse modelo holístico de inteligência emocional, que nós também continuamos a praticar em nossas consultorias, *coachings* e treinamentos, consiste em quatro grupos principais, dos quais dois dizem respeito ao nosso mundo interno e dois, ao interno:

Grupo 1: Autoconsciência (consciência interna) trata da capacidade de reconhecer as próprias emoções e consiste em:

- *Autoconsciência emocional*: reconhecer nossas emoções e seus efeitos.
- *Autoanálise precisa*: conhecer nossos pontos fortes e limites.
- *Autoconfiança*: uma noção real do nosso próprio valor e de nossas capacidades.

Grupo 2: Autogestão (gestão interna) trata da capacidade de mudar nossas próprias emoções e consiste em:

- *Adaptabilidade*: flexibilidade ao lidar com situações de mudança ou obstáculos.
- *Autocontrole*: inibir emoções em nome das normas do grupo ou da organização.
- *Otimismo*: uma visão positiva da vida.
- *Iniciativa*: viés positivo voltado para a ação.
- *Orientação para conquistas*: empenho para se sair melhor.
- *Confiabilidade*: integridade ou coerência com seus valores, emoções e comportamento.

Grupo 3: Competência social (consciência externa) trata da capacidade de reconhecer emoções nos outros e consiste em:

- *Empatia*: compreender os outros e desenvolver um interesse ativo por aquilo que lhes diz respeito.
- *Orientação para o servir*: reconhecer as necessidades dos clientes e satisfazê-las.
- *Consciência organizacional*: detectar os relacionamentos políticos dentro da empresa.

Grupo 4: Gestão de relacionamentos (gestão externa) trata da capacidade de mudar emoções nos outros e consiste em:

- *Liderança inspiradora*: inspirar e guiar grupos e pessoas.
- *Desenvolver o próximo*: ajudar os outros a melhorar a sua performance.
- *Catalisador de mudanças*: iniciar ou gerenciar mudanças.
- *Gestão de conflitos*: resolver divergências.
- *Influência*: conseguir fazer os outros concordarem com você.
- *Trabalho em equipe*: criar uma visão compartilhada e sinergia no trabalho em equipe, colaborar com os outros, construir relacionamentos e redes.

Em um estudo recente, Eurich[41] descobriu que a autoconsciência interna está relacionada com maior satisfação no trabalho, mais autocontrole, melhores relacionamentos e mais felicidade, ao mesmo tempo que se relaciona negativamente com estresse e ansiedade. A autoconsciência externa está associada a mais empatia e a levar em consideração a perspectiva de terceiros, o que é ainda mais crítico hoje em dia. Para líderes, é de fundamental importância desenvolver os dois tipos de autoconsciência para poder cultivar relacionamentos melhores (ver também capítulos 7 e 8) com seus seguidores.

Resumindo, o QE ajuda os líderes a se tornarem mais conscientes e a gerenciar suas próprias emoções e as de outras pessoas. Isso começa dentro de nós mesmos e se espalha para as pessoas ao nosso redor. Empatia, escuta ativa e motivação intrínseca são apenas algumas das palavras-chave que o QE ajudou a trazer para as nossas vidas, e elas parecem ser elementos centrais na retórica da liderança. Como defendem Antonacopoulou e Gabriel,[42] esses elementos são necessários para se liderar com cuidado. Eles também sugerem que um líder precisa estar com os "nervos" em ordem para liderar. Ter os nervos para liderar significa enfatizar as três dimensões emocionais a seguir:

- *Emoções como mecanismos de enfrentamento*: emoções podem nos ajudar na adaptação a circunstâncias em mutação.

- *Emoções como qualidades transitórias*: as emoções preservam o que uma pessoa valoriza em circunstâncias diferentes.
- *Emoção como um sistema de reações*: as emoções apoiam a interpretação de situações.

Em outras palavras, as emoções são elementos essenciais na liderança engajada. Segundo nossa vivência, o QE é uma verdadeira qualificação de capacitação, já que, sem ele, o líder é incapaz de navegar e gerenciar de forma apropriada os seus estilos emocionais e humores, interna e externamente. Qualquer capacidade de inspirar, influenciar e emocionar os outros é minimizada e a pessoa logo se sentirá superada em seu trabalho e seu desempenho, terminando por se considerar excluída. O QE, pelo contrário, traz uma predisposição ideal para trabalhar com as emoções e uma alta probabilidade para o sucesso em longo prazo. É por essa razão que consideramos o QE uma competência emocional que pode ser cultivada e que, sem dúvida, pode ajudar os líderes não só a ampliar a sua eficácia, mas também a melhorar o seu relacionamento com seus seguidores de modo geral.

Independentemente da atração bem difundida do QE e suas duas décadas de influência, alguns sistemas administrativos e organizacionais ainda não levam plenamente em conta os seus ensinamentos e práticas. Existem treinamentos e outras iniciativas que se moveram nesse sentido, mas, no geral, as organizações ainda aparentam ser mais contrárias às emoções do que dominadas por elas. Como o nosso cérebro usa as emoções de formas tão diversificadas para impulsionar tanto o raciocínio quanto o desempenho, esperamos que uma nova onda de inteligência emocional atinja as empresas. Essa nova onda é a da neurociência. Em suma, não temos como subestimar a importância das emoções na liderança.

Tenha em mente

Um cérebro sem emoções é um cérebro avariado, e isso é algo que as empresas, líderes e gestores devem entender rapidamente para que possam se calibrar melhor e adotar uma abordagem da liderança baseada no cérebro. Um aspecto importante da LCA é a homeostase, ou a regulação equilibrada da nossa vida. Somando-se a isso, o pareamento do cérebro é crítico para a colaboração e o desempenho coletivo. O denominador comum da homeostase e do pareamento cerebral são as nossas emoções. As emoções nos ajudam a pensar mais rápido e moralmente; elas nos motivam e motivam os outros, além de estimular nossa capacidade cognitiva para um desempenho avançado, o qual pode ser alcançado por meio do contágio emocional. Além disso, a inteligência emocional é uma capacidade crucial à liderança. Estar consciente de seus estilos emocionais e seus humores e aplicar uma abordagem holística que leve em consideração tanto o mundo externo quanto o interno são fatores que podem ajudá-lo a superar a ideia ultrapassada de incompatibilidade entre emoções e negócios. A liderança é, primariamente, uma habilidade emocional, e CEO significa, na verdade, o chefe emocional em qualquer tipo de organização.

**ESTIMULE O SEU CÉREBRO:
IDENTIFIQUE EMOÇÕES NA LIDERANÇA**

Pense em um líder para quem ou com quem você já tenha trabalhado, especialmente alguém com quem você aceitaria de bom grado trabalhar de novo. Em seguida, pense em uma pessoa em cargo de liderança que você tenta evitar ou que tenha exercido pouco ou nenhum impacto sobre você. Tente comparar as duas pessoas, escrevendo como cada uma delas agia em sua vida profissional cotidiana. Pense e anote também como elas se relacionavam com os outros. Que lições podem ser aprendidas com essa comparação? Você consegue identificar o poder das emoções? Considere as suas conclusões e utilize-as da próxima vez.

Capítulo 5

Emoção correta, ação correta

> **MEDO = TRABALHO ÁRDUO**
>
> Ninguém deveria subestimar o poder do medo no ambiente de trabalho. Especialmente a executiva do nosso caso da vida real, que, durante os anos iniciais de sua carreira, trabalhou de perto com uma chefe que liderava com mão de ferro e sempre se empenhava em espalhar o medo e o terror pelo escritório. Embora discordasse desses métodos por princípio, ela instintivamente aprendeu com a chefe que o medo era mais efetivo para fazer as pessoas se concentrarem mais, trabalhassem mais arduamente e permanecessem no escritório por mais tempo do que incentivos financeiros. Ela só tinha que observar a sua própria reação ao ambiente emocional criado pela chefe para entender como o medo era eficiente. Claro, algumas pessoas não conseguiam lidar com isso e sofriam um colapso ou iam embora (ou as duas coisas). Mas a necessidade dessa abordagem ficava evidente nos desafios que a empresa enfrentava na época: concorrência feroz, turbulência política e altos riscos tornavam inviável uma abordagem mais amena e afetuosa. Era um jogo para pessoas fortes, e somente as mais fortes sobreviveriam. E ela sobreviveu.
>
> Tornar-se uma alta executiva na empresa levou vários anos. Mas o tempo não levou embora o que ela aprendera naqueles primeiros dias. O medo era a sua maior arma, tanto para sua própria motivação quanto para lidar com seus subordinados. A cultura de medo em seu departamento sempre a ajudara a manter as pessoas comprometidas, produtivas e mais fáceis

de gerenciar. O medo a manteve no controle, e estar no controle era tudo de que ela precisava para gerenciar a si mesma e aos outros. Ela acreditava em uma equação simples: o medo leva ao controle, o controle leva a uma gestão eficaz e uma gestão eficaz leva a um ótimo desempenho. Entretanto, ela não permaneceu completamente alheia às vantagens dos motivadores positivos. Usava medidas positivas formais e informais quando precisava atingir objetivos particulares, como atrair novo pessoal, impedir que sua equipe sofresse um colapso emocional, evitar que as pessoas deixassem a empresa e, às vezes, para que ela mesma se sentisse mais humana. Afinal, ela acreditava que os seres humanos são inerentemente bons e gentis, e era uma pessoa ótima com a maioria de seus amigos e sua família. Só que o trabalho sério na empresa requeria uma abordagem "séria". Assim, o castigo servia para manter as pessoas na linha e sempre funcionando, e a recompensa servia para atrair novos funcionários e evitar que os bons saíssem. A "cenoura e a vara", ou melhor, a "vara e a cenoura" eram sua caixa de ferramentas para a liderança. Tão simples, tão eficaz!
Contudo, ela começou a ter problemas quando um novo diretor de recursos humanos disse em uma reunião de alto escalão que a empresa não podia se dar ao luxo de perder outros grandes talentos. Por isso, de acordo com a última pesquisa de cultura organizacional, o clima em vários departamentos tinha que mudar urgentemente para se tornar mais positivo. O departamento com a pior pontuação na pesquisa interna tinha sido o dela. E mais, seu departamento também tinha a mais alta taxa de rotatividade de talentos. De posse desses números, o CEO solicitou uma reunião pessoal com ela. Nessa reunião, ela teve a oportunidade de explicar a sua abordagem e o quanto fora eficiente até ali, não havendo motivo, ela considerou, para mudar as coisas. Afirmou que sabia como usar as emoções para motivar seus funcionários e a si mesma, e que estava aborrecida com a nova situação. O CEO, em cooperação com o novo diretor

> de RH, pediu que ela passasse por um programa intensivo de treinamento de emoções e designou um novo *coach* profissional, especializado em gestão emocional, para ajudá-la. Depois de algum tempo, ela declarou que sua vida tinha mudado e que ela agora via como as emoções humanas eram lindamente complicadas. Ela era uma gestora muito melhor e uma ótima líder para sua equipe e seus colegas. Agora, estava claro para ela que negócios sérios precisam de uma abordagem séria para as emoções, e não da visão simplista que vinha aplicando.

Por que a administração e o mundo dos negócios de modo geral evitaram uma discussão séria e profunda sobre as emoções durante tanto tempo? E por que, quando reconheciam que as emoções podiam de fato desempenhar o seu papel, eles usavam conceitos humilhantes como o da "vara e a cenoura", que não é apropriado nem para burros de carga, quanto mais seres humanos? O medo, como uma ferramenta essencial de gestão, é difundido nas organizações de qualquer tipo e tamanho, como sugere nossa experiência ao redor do mundo. Visões simplistas das emoções nas empresas dominam os estilos de gestão, em parte porque não se aborda a base neurológica das emoções no treinamento administrativo básico, muitas vezes nem no avançado. Em outras palavras, a maioria dos programas de educação administrativa no mundo, especialmente os de MBA, baseia-se em princípios e práticas tradicionais da ciência administrativa, negligenciando descobertas cruciais de outras disciplinas que pedem especificamente que as inteligências emocional e social se tornem habilidades integrais na administração e na liderança.[1] Que emoções nós temos e como os líderes podem reconhecê-las e utilizá-las em si mesmos e nos outros nas suas organizações? As emoções têm um poder tremendo de mover as pessoas, e líderes modernos não podem mais ignorar como elas realmente atuam e que combinações podem funcionar melhor para eles em suas organizações.

As emoções básicas no cérebro

Existe um consenso maior, conforme vimos nos capítulos anteriores, de que as emoções são necessárias para a motivação e a ação humanas. Sem emoções, não haveria urgência para nos comportarmos de uma maneira específica; para nos transferirmos dinamicamente de uma posição indesejada de dor, perda e defesa para uma posição mais desejável de felicidade, ganho e proteção. Como o movimento é a função primária do cérebro,[2] as emoções, como combustível para esse movimento, deveriam ser colocadas no centro das abordagens contemporâneas relacionadas à liderança. De fato, o movimento e o cérebro se relacionam tão de perto que, como proclamou a pesquisadora e autora de neurociências Baronesa Susan Greenfield:

> Para formas de vida estacionárias, um cérebro não é mais necessário. A ideia central é de que, para um animal se movimentando, há uma interação com um ambiente que está mudando de maneira incessante. Você precisa de um aparelho que diga rapidamente o que está acontecendo e, mais importante, que o habilite a responder ao que está acontecendo, para se esquivar de predadores ou para perseguir a presa. Então, o cérebro, de qualquer forma, tamanho e grau de sofisticação, está conectado em um sentido muito básico à garantia da sobrevivência como consequência e como causa do movimento.

Árvores e plantas, embora tenham diversos sistemas internos que lhes permitem sobreviver e progredir, não possuem um centro administrativo claro que colete todas as informações sensoriais, internas e externas, para produzir uma imagem integrada de determinada situação e reagir àquela situação de forma decisiva e tão rapidamente quanto possível. Animais, por sua vez, e qualquer organismo multicelular, são equipados com um CEO que vê, ouve e sente tudo, de forma a tomar decisões depressa e agir de acordo com isso. Esse CEO é o cérebro, e sua principal função é iniciar um movimento para garantir o sucesso. Pensamento, sentimento, compreensão e qualquer outro processo cerebral são úteis apenas em sua capacidade de auxiliar o cérebro a mover o corpo na direção certa. Embora impulsos humanos básicos como fome, motivação, homeostase e emoções não sejam exatamente os mesmos fenômenos sob uma perspectiva neurocientífica,[4] existe um consenso muito difundido de que todos eles, com frequência coletivamente, levam ao movimento, que é o motivo pelo qual o cérebro existe.

As emoções são o compasso integrado do cérebro para a ação. Portanto, quanto maior a necessidade de mudança, ou mesmo de constante transformação, como em tantas indústrias contemporâneas, mais urgente é a necessidade de que as emoções mantenham as pessoas mudando, tomando a iniciativa e trazendo novas soluções para novos problemas. O cérebro é, na verdade, construído para isso, mas será que nós o estamos utilizando da forma apropriada?

O estado emocional do cérebro, com frequência, é descrito como um *continuum*, com positivo e negativo em seus extremos e neutro no meio. As duas pontas estão lá para fazer que nos movimentemos, seja na direção de um objeto, pessoa ou situação ou na direção oposta. Conforme descrito no capítulo anterior, essas duas condições são os sistemas motivacionais "evasão versus abordagem", nos quais, a depender da decodificação das informações que chegam ao cérebro, diferentes circuitos serão ativados para nos fazer agir. O importante aqui, entretanto, é que o número de emoções existentes nesse *continuum*, emoções essas que compõem a caixa de ferramenta que os líderes podem utilizar consigo mesmos e com os outros para ativar os sistemas de abordagem/evasão, está bem estabelecido na psicologia e na neurociência. Examinaremos algumas delas aqui, destacando similaridades e diferenças para demonstrar como elas funcionam.

Nós separamos anteriormente os estados emocionais (emoções) de sua percepção subjetiva (sentimentos), seus padrões intermediários (humores) e seus modelos de personalidade de longo prazo (estilos emocionais), e analisamos humores e estilos. Ao lidar agora com o elemento-chave, as emoções em si, há um empenho óbvio da ciência para identificar quais são as emoções centrais que impulsionam nosso comportamento. Isso porque, embora usemos vários nomes para descrever nossos estados internos na vida cotidiana, os cientistas descobriram que, na verdade, existe um número pequeno deles dominando nosso corpo e nosso cérebro. Conhecê-los e saber como eles se relacionam uns com os outros pode nos ajudar a lidar de forma mais eficaz com os desafios pessoais e profissionais do dia a dia. Tanto Ekman quanto seu professor Tomkins estudaram expressões faciais para revelar as emoções humanas básicas. O modelo de Ekman de expressões faciais universais descobriu que, no mundo todo, seis emoções básicas são mencionadas — raiva, nojo, medo, felicidade, tristeza e surpresa —, enquanto o modelo de Tomkins,[6] originalmente publicado em 1962 e 1963, identifica nove emoções básicas, ou "afetos", como ele as chama; algumas em pares de alto e baixo, com cada par apresentando uma qualificação de alto e baixo, que o estudioso Nathanson chama de "mecanismos instalados, pré-programados e geneticamente transmitidos que existem em cada um de nós". Elas são:

1. *Prazer (baixo), alegria (alta)*. Esta é uma reação positiva ao sucesso, e quanto mais alta a emoção, mais forte a disposição de compartilhar.
2. *Interesse (baixo), entusiasmo (alto)*. Esta é uma reação positiva a uma nova situação, e quanto mais alta a emoção, mais fortes a participação e o engajamento.
3. *Surpresa (baixa), susto (alto)*. Esta é uma reação neutra a uma mudança súbita que pode reiniciar nossos impulsos.
4. *Raiva (baixa), fúria (alta)*. Esta é uma reação negativa a ameaças, e quanto mais alta a emoção, mais forte o ataque físico e/ou verbal.
5. *Desconforto (baixo), angústia (alta)*. Esta é uma reação negativa a perdas, que leva ao pesar.
6. *Medo (baixo), terror (alto)*. Esta é uma reação negativa ao perigo, e quanto mais alta a emoção, mais elevado o impulso de fugir ou se esconder.
7. *Vergonha (baixa), humilhação (alta)*. Esta é uma reação negativa ao fracasso, que cria a necessidade de se revisar seu próprio comportamento.
8. *Desgosto*. Esta é uma reação negativa a uma oferta ruim, não necessariamente restrita a alimentos, e motiva o impulso de expelir e rejeitar.
9. *Nojo*. Esta é uma reação negativa a uma situação repelente e fortalece o impulso de evitar e manter coisas/pessoas a distância.

Tanto as seis emoções básicas de Ekman quanto as nove de Tomkins influenciaram profissionais das ciências e de outras áreas no mundo todo, principalmente por causa de sua objetividade e relação direta com o rosto humano. Esses conjuntos de emoções básicas envolvem macro e microexpressões do rosto; as últimas não podem ser conscientemente detectadas nem manipuladas, assim, revelam as estruturas mais profundas do cérebro e como elas reagem impulsivamente aos estímulos. As pesquisas mais recentes sobre o modelo de Ekman reduzem o número das emoções básicas nas expressões faciais a apenas quatro: felicidade, tristeza, medo/surpresa, raiva/nojo.[8] Utilizando as tecnologias e os métodos mais atuais, esse estudo demonstrou que a felicidade e a tristeza mostram sinais faciais únicos ao longo do tempo, enquanto o medo e a raiva partilham dos mesmos sinais iniciais que a surpresa e o nojo, respectivamente — ainda que, conforme o ciclo de uma expressão amadurece, esses pares tornem a se separar e fique evidente que os sinais faciais são projetados por pressões evolucionárias biológicas e sociais para otimizar sua função, como esperado pelas previsões evolucionárias. Então, o medo e a surpresa começam iguais, assim como a raiva e o nojo, o que provavelmente deixa claro que, no que diz respeito a lidar com estímulos negativos que comprometam de maneira iminente nossa sobrevivência, a reação rápida e uma sinalização ágil têm importância elevada.

As emoções básicas e as relações entre elas estão intrinsecamente ligadas às substâncias químicas no cérebro. O modelo de Hugo Lövheim[9] é o primeiro a traçar conexões detalhadas entre os níveis comparativos dos três neurotransmissores monoamina no nosso cérebro: serotonina, dopamina e noradrenalina. Lövheim combinou as nove emoções básicas de Tomkins com esses três neurotransmissores e mostrou quais substâncias devem estar altas e quais devem estar baixas para cada emoção. A serotonina, por exemplo, uma substância relacionada com a capacidade de controlar o nosso comportamento, pensar com clareza, regular nosso humor e especialmente evitar a agressividade, fica alta nas emoções positivas de prazer e entusiasmo, além de nas de surpresa e desgosto. Isso ocorre provavelmente porque nesses estados emocionais temos menor necessidade de exibir agressividade imediata e maior necessidade de exibir transparência e boa tomada de decisão. Por sua vez, a dopamina, o hormônio da excitação que nos deixa prontos para entrar em ação por meio da antecipação por resultados, fica alta nas duas emoções positivas de prazer e entusiasmo, mas também nos pares emocionais negativos de medo/terror e raiva/fúria. Isso demonstra que a dopamina não existe apenas para as situações positivas (relacionadas com recompensa), mas também para as negativas que precisem de nossa previsão imediata de resultados possíveis e reações apropriadas.[11] Finalmente, o hormônio do estresse, a noradrenalina (também conhecida como norepinefrina), fica alto em desconforto, raiva, interesse e surpresa, uma mistura interessante de emoções negativas, positivas e neutras. Isso ocorre porque a noradrenalina está presente em seu ponto mais elevado quando a situação que enfrentamos é drasticamente diferente daquela para a qual nossa memória e nossas expectativas nos prepararam; assim, passamos por uma "incerteza inesperada". Então, surpresa, interesse, raiva e desconforto estão naturalmente conectados com alta noradrenalina. Nesses casos, precisamos reexaminar o que sabemos e talvez aprender novos métodos e comportamentos. O modelo de Lövheim nos ajuda a olhar mais a fundo para a neurobiologia das emoções e compreender as mudanças cerebrais no nível químico enquanto as vivenciamos.

Nossa premissa é de que, independentemente do modelo seguido, os líderes e gestores precisam compreender as emoções básicas e separá-las dos sentimentos, humores e estilos, de modo que possam trabalhar com elas de maneira mais eficaz em diversos desafios. Se estiverem conscientes das reações automáticas que as emoções têm sobre o comportamento, os líderes podem guiar melhor os seus próprios atos e os dos outros. O modelo simplificado ao extremo e às vezes até ofensivo da vara e da cenoura como representação caricatural dos sistemas de evasão/abordagem em nosso cérebro tem que ser urgentemente substituído por um conhecimento mais realista e complexo das emoções e de como elas realmente afetam a nossa motivação.

> **APLICANDO O MODELO DE TOMKINS NAS ORGANIZAÇÕES**
>
> Aplicamos o modelo de nove emoções centrais de Tomkins já há algum tempo junto aos nossos clientes. As principais descobertas sobre cada uma delas, listadas a seguir, estão prontamente disponíveis para implementação por qualquer

gestor e aspirante a líder. Adaptamos o modelo para que se encaixe nos ambientes empresariais e institucionais.

Lidando com emoções positivas

1. *Celebrar.* A qualquer sucesso, mesmo o menor, organize uma celebração para você e sua equipe. Embora o tamanho e o tipo da celebração devam ser diretamente relacionados com o tamanho e o tipo do sucesso, nunca permita que um sucesso, por menor que seja, passe batido. Compartilhe a alegria e sua equipe a compartilhará dentro e fora da organização, com múltiplos efeitos positivos. A celebração é um processo social, não individual.

2. *Explorar.* De acordo com a mentalidade de crescimento descrita no capítulo anterior, novos dados, pessoas, situações etc. devem ser vistos com interesse genuíno e até com entusiasmo. Segundo o The Tomkins Institute,[13] essa perspectiva conecta diretamente o pensamento eficaz com uma boa emoção, já que esse é o processo pelo qual o aprendizado é recompensador. Melhore seu pensamento e sua memória explorando com entusiasmo o mundo ao seu redor, constantemente. Esse é o modo mais seguro de melhorar o engajamento. Além disso, Jaak Panksepp, autoridade mundial em neurociência afetiva, indicou em seu modelo de sete emoções primordiais — busca, fúria, medo, desejo, afeto, pânico/luto e diversão — que a busca é provavelmente a mais forte entre eles, já que são os circuitos de busca que disparam no cérebro quando ficamos empolgados com novas conexões intelectuais, novas ideias e tecnologias inovadoras, e quando buscamos entusiasticamente por significado.[14] Ou seja, buscar nos mantém motivados na direção dos nossos objetivos.

Lidar com a emoção neutra

3. *Parar e pensar.* Ao vivenciar mudanças bruscas, breves, inesperadas, é aconselhável que você evite reagir impulsivamente e analise a situação atentamente antes de entrar em ação. Especialmente quando olhar para dentro de si não gera percepções convincentes rapidamente (com base em memória e experiência), parar e dar tempo para que você e sua equipe pensem e analisem melhor a situação é a melhor estratégia. Considere que reconhecer esse fato para si mesmo e para a equipe não faz de você um líder fraco, e sim um líder sábio.

Lidar com emoções negativas

4. *Recarregar.* Empresas e organizações de todo tipo enfrentam mudanças constantes e ameaças crescentes de todos os lados. Falando geográfica e mercadologicamente, novos concorrentes podem surgir de qualquer lugar e ameaçar a existência mesmo de empresas bem estabelecidas. Ameaças também existem no interior das empresas, com pessoas tentando desenvolver suas carreiras às custas dos outros. O cérebro reage com raiva quando há muitas dessas ameaças e/ou apenas algumas, mas importantes. Isso vem dos muitos disparos de neurônios no cérebro e da resultante inabilidade de se resolver o desafio em questão de forma eficaz. Assim, ao sentir fúria e desejo de atacar com toda a força, apenas pergunte a si mesmo se isso tudo na verdade tem relação com um cérebro sobrecarregado e se o ataque realmente é o melhor caminho a seguir. Querer atacar revela que a pessoa sofrendo ataques é, na verdade, você, portanto, busque reorganizar a sua equipe e a si mesmo para garantir que sua resposta será otimizada. Isso também demonstra que a sua preparação e/ou a sua atitude não estavam suficientemente calibradas para o que aconteceu.

5. *Alertar.* De forma semelhante ao descrito, quando a situação parece desfavorável, o cérebro pode entrar em desconforto, com um impulso natural para o sentimento de pesar. A sensação de que algo está dando errado é uma ótima oportunidade para líderes e gestores estenderem a mão e alertarem seus colegas (e a si mesmos, claro) de que é necessário tomar outro curso de ação. Ficar quieto durante o desconforto ou tentar ignorar o problema são alternativas ruins, porque muito pouco ou nada pode ser melhorado assim. Alertar, como ocorre com o ato de celebrar, deveria sempre ser uma resposta social.

6 *Recompor.* O medo, ou o terror, na extremidade mais alta desse estado emocional é imensamente benéfico quando enfrentamos situações de vida ou morte, já que, nesse estado, direcionamos toda a nossa atenção para a ameaça à nossa frente. Embora a clássica resposta ao medo seja lutar ou fugir, aceitar a derrota e bater rapidamente em retirada são as respostas mais comuns sugeridas no modelo de Tomkins. O medo é uma ferramenta ótima para produzir atenção concentrada, mas apenas por breves períodos. Isso porque ele exaure rapidamente muitas outras funções cerebrais vitais, já que redireciona toda a energia para a atenção e a tensão muscular, de modo a responder à potencial ameaça mortal. Muitos gestores que gostam do medo, como no caso descrito na abertura deste capítulo, provavelmente o apreciam porque ele permite que eles e suas equipes alcancem um foco de raio laser na tarefa à mão. Isso vem com efeitos colaterais consideráveis, porém, e o tiro pode sair pela culatra se o medo não for utilizado com extrema cautela. O medo libera o hormônio esteroide cortisol, que, se for disparado com frequência, tem efeitos devastadores: mata células cerebrais, desliga o sistema imunológico, perturba o ciclo do sono, entre outros.[15] Segundo os autores do livro *The*

fear-free organization: vital insights from neuroscience to transform your business culture [A organização sem medo: descobertas vitais da neurociência para transformar a cultura da sua empresa], "é como dirigir um carro com um pé no acelerador e outro no freio".[16] Quando enfrentamos o medo, recompomo-nos e então reestabelecer a nossa estratégia, examinando de maneira realista as ameaças com a ajuda daqueles mais próximos de nós, pode ser de grande ajuda.

7. *Reafirmar.* A vergonha, no modelo de Tomkins, está mais ligada a esconder determinado sentimento do que a expressá-lo. Tem mais a ver com alguém que reduz consideravelmente o seu prazer do que com a criação de uma emoção totalmente nova. Os líderes podem enfrentar o fracasso recolhendo-se para dentro de si mesmos, fechando os canais de comunicação e enxergando a situação como irremediável, ou podem usar essa emoção como um sinal para que revisem seu próprio comportamento e postura geral, de modo a tomar as medidas apropriadas para melhorar. É preciso força de vontade e uma mentalidade de crescimento para fazer isso, mas os resultados podem ser espetaculares. Reafirmar para si mesmo e sua equipe as suas habilidades coletivas e a abundância de oportunidades para um sucesso futuro pode funcionar maravilhosamente ao se lidar com a vergonha.

8. *Conferir duas vezes.* O desgosto tem relação com se ter "engolido demais" algo que não se encaixa com nossos valores, atitudes e perspectivas. É uma reação impulsiva de rejeitar coisas, pessoas, ideias e situações que não conseguimos digerir, metaforicamente falando. Quando sentimos vontade de instantaneamente repelir algo ou alguém, é melhor conferir duas vezes de onde vem essa reação, em vez de demonstrar desprezo e afastar as pessoas. O sentimento é justificado ou existe apenas por causa de

um cinismo nascido do *burnout*, de estereótipos e outros vieses, ou por informações mal-entendidas? O mesmo vale para o nojo, que trata literalmente de nos afastarmos de algo o mais rápido possível por causa de seu efeito potencialmente tóxico sobre nosso bem-estar. O impulso é o de criar o máximo de distância possível, tão depressa quanto possível. Essa emoção pode assumir o controle no instante em que consideramos "tóxica" determinada situação e desejamos automaticamente nos afastar dela. Reforçando: conferir duas vezes os motivos para esse impulso é importante para determinar com certo grau de certeza se esse é o melhor curso de ação (e pode ser mesmo) ou se estamos apenas sendo enganados pelas circunstâncias e por nossos próprios vieses.

Todas as emoções básicas precisam ser compreendidas e abraçadas pelos líderes modernos. Nenhuma emoção deve ser ignorada, suprimida ou anulada, já que as emoções evoluíram por milênios para garantir a nossa sobrevivência, tanto física quanto socialmente. Como sugerido por Tomkins, porém, nosso papel é aumentar o impacto das emoções positivas em contraste com as negativas. Utilizar todas as emoções, até as negativas, para elevar a nossa performance pessoal e a de nossa equipe é o que separa os líderes inspiradores dos gestores que desmotivam.

QUADRO DE AÇÃO: IDENTIFIQUE A EMOÇÃO

Seguindo o modelo sugerido, pense em situações específicas com emoções intensas que você tenha vivenciado recentemente. Tente anotar algumas palavras-chave básicas que o seu cérebro poderia usar para administrar as emoções que surjam com base nas percepções essenciais anteriormente mencionadas. Daqui por diante, você pode usar essas palavras-chave para ativar e lidar com as emoções em situações diferentes.

O rosto do líder

Sem dúvida, uma das mais fortes emoções que influenciam o modo como nos comportamos é o medo. Nós evoluímos para temer certas coisas porque percebemos biologicamente as consequências de determinadas ações. Por exemplo: se eu tivesse sido mordido por um cão quando era pequeno, há uma boa probabilidade de que desenvolvesse uma fobia específica a cachorros, o que influenciaria meu comportamento junto a esses (sem dúvida) adoráveis animais de estimação. Considere agora por que algumas pessoas têm medo de cachorros. Será que todas elas foram mordidas? Claro que não. Então, o que houve? O que ocorre é que nós transmitimos as emoções de medo para os outros.[17] Medo e outras emoções são transmitidos pelo processo de aprendizado social. Em outras palavras, aprendemos com os outros a temer algumas coisas e situações específicas sem ter vivenciado realmente nenhuma consequência negativa dessas coisas e situações. Se vemos alguém em papel exemplar (um pai, um amigo, um professor, um líder etc.) reagir com medo a algo, tendemos a imitar essa atitude.[18] Portanto, as emoções são transferidas principalmente de uma pessoa para outra por meio da comunicação. Seres humanos, como animais sociais, usam diferentes modos de comunicação. Entretanto, a comunicação não verbal parece ser muito mais poderosa do que a verbal.[19] A expressão facial é uma maneira muito eficaz de comunicar medo e outras emoções. Evolutivamente falando, isso é muito útil. A capacidade de "ler" o medo no rosto dos outros nos ajuda a reagir ao perigo, e isso é extremamente importante.

Esse fato tem implicações imensas na liderança. A psicologia cognitiva experimental encontrou provas de mecanismos comportamentais evoluídos, incluindo liderança.[20] Estudos confirmam que, só de olhar para o rosto de outras pessoas, conseguimos detectar eventuais traços que denotem liderança. Por exemplo, um rosto de expressão dominadora de um líder pode ser suficiente para convencer os seguidores, especialmente em uma crise, a seguir o que ele decidir.[21] Somando-se a isso, parece que as pessoas demonstram mais lealdade a líderes de aparência mais masculina em momentos difíceis, ao passo que preferem um de aparência mais feminina em épocas mais normais.[22] A "cara" do líder é tão importante para a percepção dos seguidores que parece influenciar o julgamento de adultos e crianças. Em uma direção similar, outro estudo conduzido por Olivola *et al.*[23] revelou que as pessoas conseguem identificar líderes empresariais, militares e esportivos apenas observando seus rostos. Curiosamente, o mesmo estudo argumentava que não conseguimos entender com tanta facilidade os líderes políticos só pela observação de seus rostos, o que talvez ocorra devido à habilidade dos políticos de manipular as nossas percepções. Enfim, as emoções parecem ser facilmente identificadas no rosto do líder e influenciar nossa percepção a seu respeito durante a ação. Por exemplo, Trichas *et al.*[24] analisaram filmagens de apresentações de líderes coordenando e concluindo uma reunião com a equipe e descobriram que a expressão de emoções felizes pelos líderes influenciava positivamente as percepções dos seguidores a respeito desses líderes.

A essa altura, é fundamental mencionar que a habilidade de reconhecer e, portanto, influenciar usando as emoções transmitidas pelo rosto do líder parece não ser moderada pelo contexto, especialmente o cultural. A verdade é que, em uma situação real, os rostos raramente são observados isoladamente em relação a outros fatores, como voz, postura, outros rostos e o contexto cultural geral.[25] No entanto, existem diversos estudos confirmando que o rosto do líder é culturalmente independente, o que quer dizer que protótipos de líderes reconhecidos por meio de seus rostos são similares em várias culturas.[26] Parece que o rosto do líder é global e bem reconhecido. Isso sugere que líderes deveriam entender que seus rostos podem ser utilizados como indicadores e transmissores de emoções que levam a julgamentos como confiabilidade, dominância etc. Portanto, a questão é: será que líderes conseguem desenvolver a capacidade de transmitir as emoções certas por meio de suas feições? Um estudo realizado por Antonakis e seus colegas[27] respondeu positivamente, corroborando a ideia de que líderes podem adquirir essa capacidade depois de serem treinados e desenvolverem falas, expressões faciais e linguagem corporal específicas para lidar com determinadas audiências. No geral, entender como as emoções podem ser comunicadas por nossas expressões faciais é essencial para os líderes modernos.

Elementar, dr. Plutchik!

Compreender e lidar de maneira eficaz com emoções básicas é o primeiro passo para se tornar um líder melhor. O passo seguinte, e mais avançado, é compreender como as emoções se combinam para criar a riqueza de sentimentos que experimentamos na vida cotidiana. Nesse sentido, o dr. Robert Plutchik, no começo da década de 1980, foi além da identificação das emoções básicas, sugerindo que cada emoção, quando combinada com outras, produz novas emoções, e cada uma delas forma o oposto de outra emoção. Estudando as combinações emocionais do dr. Plutchik, obtemos uma visão mais complexa, mas também mais representativa, da função das emoções em nós mesmos e nos outros.

Considerando essa visão das emoções básicas, o dr. Plutchik[28] sugeriu que cada uma das oito emoções basilares tem o seu oposto: o prazer/alegria tem a tristeza, a confiança tem o desgosto, o medo tem a raiva, a surpresa tem a antecipação. Conhecer o oposto de uma emoção é importante, porque no momento que você experimenta uma emoção básica, sabe dizer qual está na outra ponta, podendo, assim, tomar os cuidados necessários. Por exemplo: quando você não confia muito em um colega e quer melhorar a situação, precisa reduzir o desgosto, já que isso leva à rejeição e à expulsão. Conferir duas vezes os fatos, reexaminar sua percepção e identificar em si mesmo as razões pelas quais a oferta dessa pessoa parece desafiar o seu bem-estar é um bom começo. Compartilhar aspectos das suas descobertas de forma construtiva e positiva com seu colega e trabalhar com ele para melhorar a confiança entre vocês é a forma recomendada para avançar. O mesmo vale para surpresa e antecipação. Mudanças aceleradas em todas os setores industriais e o imenso impacto exercido pela complexidade em nossas vidas profissionais têm feito da antecipação uma emoção difícil de sustentar. A antecipação constante pode levar à certeza, e a certeza significa segurança e controle. Como o estoque dessas emoções nos ambientes de negócios modernos é baixo, se você e sua equipe não querem ser surpreendidos o tempo todo (uma emoção que pode facilmente se desenvolver em outra, negativa), devem fazer o que for possível para minimizar a criação de antecipação rígida por resultados específicos como pré-condição do bem-estar, pessoal e coletivamente (na equipe). A abordagem de apostas pequenas/propositadas discutida no capítulo 3 pode ser muito útil para evitar grandes certeza e antecipações rígidas. Um forte senso de propósito, de novo remontando ao capítulo 3, pode também ajudar a desenvolver antecipação aberta e sadia, e, assim, mitigar surpresas desagradáveis constantes.

Mas o dr. Plutchik foi além, sugerindo que juntar duas emoções cria novas emoções e que conhecer os ingredientes de uma emoção pode nos ajudar a lidar melhor com essa emoção. As principais combinações são:

- Alegria e confiança criam amor (A). O oposto é o remorso (B), criado por tristeza e desgosto.
- Confiança e medo criam submissão (C). O oposto é o desprezo (D), criado por desgosto e raiva.
- Medo e surpresa criam reverência (E). O oposto é a agressividade (F), criada por raiva e antecipação.
- Surpresa e tristeza criam reprovação (G). O oposto é o otimismo (H), criado por antecipação e alegria.

Um chefe assustador que traz resultados geralmente lidera valendo-se da submissão e do medo, de maneira semelhante à mostrada no caso de abertura deste capítulo. Segundo nossa experiência, a submissão infelizmente é dominante como emoção escolhida pela liderança em muitas organizações ao redor do mundo. Independentemente das vantagens da obediência e da previsibilidade que vem de seguir as regras estritamente, comportamentos submissos podem ser extremamente perigosos. Não apenas porque a criatividade é altamente afetada e o pensamento de grupo prospera em um ambiente submisso, mas também porque os comportamentos podem facilmente tomar uma direção mais sombria. Conforme demonstrado nos experimentos seminais de Stanley Milgram e Philip Zimbardo, a obediência pode levar a ações imorais, já que as pessoas suspendem seu próprio juízo moral e racional quando subjugadas por uma autoridade dominadora. Milgram[29] conduziu seu experimento no início da década de 1960; nesse estudo, alguns participantes, atuando como professores, deveriam causar dor em outros participantes, que atuavam como alunos. A punição era choques elétricos, aplicados quando os "alunos" cometessem erros de aprendizado. Os alunos eram atores que não receberiam os choques, porque o gerador era falso, mas os participantes-professores ignoravam esse detalhe. Muitos professores (até 65% deles) optaram por ministrar os choques elétricos, alguns de intensidade muito alta, quando o condutor do experimento assim exigia para que o protocolo do teste fosse seguido corretamente. No famoso Experimento da Prisão de Stanford, conduzido por Zimbardo[30] em 1971, pediu-se aos participantes que vivessem isolados em um ambiente prisional e agissem como guardas ou como prisioneiros, a depender da equipe à qual fossem designados. Depois de apenas seis dias, o experimento teve de ser interrompido devido ao extensivo abuso que os prisioneiros recebiam tanto dos guardas quanto dos seus colegas prisioneiros, a pedido dos guardas. Esses dois experimentos clássicos destacam que a submissão e a obediência podem facilmente transformar algumas pessoas normais em instrumentos de tortura. Eles também demonstram que o uso do poder/autoridade é algo que, via de regra, envolve emoções que fazem as pessoas mudarem suas atitudes em relação às outras. Nas organizações, isso significa que o uso de uma combinação de medo e confiança para liderar as pessoas pode sair do controle e criar um ambiente imoral, no qual trapaças, mentiras e abusos se tornam a norma. Em um estudo recente, foram conduzidas entrevistas com gestores e funcionários de diferentes empresas operando em ambientes profissionais sob crise financeira.[31] Os resultados do estudo mostraram que os gestores estavam mais dispostos a usar os comportamentos apresentados para gerenciar a reação dos funcionários às mudanças implementadas por causa da situação crítica. Em outras palavras, a natureza do contexto, como, por exemplo, a crise causada pela pandemia da Covid-19 em 2020, pode aumentar a submissão e a obediência dos seguidores a seus líderes. Como temos argumentado desde o início deste livro, as organizações precisam de pessoal engajado, apaixonado e criativo, qualidades que o comportamento submisso jamais pode ajudar a desenvolver.

 O amor, curiosamente, é a combinação da confiança e da alegria, já que a empolgação acompanhada pela fé em alguém cria um vínculo poderoso. Tanto o amor como a submissão têm na confiança um ingrediente fundamental, mas a alegria substitui o medo para criar amor.

Esse é um ponto essencial no qual a análise das emoções de Plutchik[32] pode ser de grande auxílio para líderes. A confiança é crucial para gerar seguidores, mas acompanhá-la por medo ou por alegria pode atrair tipos muito diferentes de seguidores. Todos nós precisamos dissecar as emoções e detectar as melhores combinações que podem ser usadas para nos motivar e motivar os outros.

> **EMOÇÕES BÁSICAS E TESTE DE PERSONALIDADE**
>
> Mais recentemente, houve tentativas de combinar a visão neurocientífica das emoções com testes de personalidade mais populares. Jaak Panksepp, o pai da neurociência afetiva, desenvolveu seu próprio sistema de emoções básicas,[33] separando-as em positivas (desejo, busca de recompensa, afeto e diversão) e negativas (medo, fúria/raiva e pânico/tristeza). Ele também as agrupou em termos de estrutura cerebral, com medo, desejo, fúria/raiva e busca de recompensa (emoções mais antigas) alocadas no interior mais profundo do cérebro e afeto, pânico/tristeza e diversão (emoções sociais e mais recentes), no cérebro mediano. Junto com Christian Montag, Panksepp revisou a literatura acadêmica sobre testes de personalidade e concluiu que eles precisavam ser atualizados, com a incorporação das importantes descobertas científicas feitas pela neurociência das emoções para aumentar sua relevância e credibilidade.[34] O famoso teste de personalidade dos Cinco Grandes, que aponta abertura a experiências, conscienciosidade, extroversão, simpatia/amabilidade e neuroticismo/estabilidade emocional como os principais traços de personalidade, tem correlação com as emoções básicas de Panksepp nas seguintes formas:
>
> - abertura a experiências se correlaciona com alta busca;
> - extroversão se correlaciona com alta diversão;
> - simpatia/amabilidade se correlaciona com alto afeto e baixa raiva;
> - neuroticismo/estabilidade emocional se correlaciona com alto medo, alta tristeza e alta raiva.

A conscienciosidade não tem qualquer correlação com as emoções básicas atualmente, e isso será determinado em futuras pesquisas. Em essência, usar modelos psicológicos que não consideram a neurociência das emoções de modo integrado e elementar é uma abordagem ultrapassada e incompleta. As emoções, ao menos as básicas, devem ser consideradas acima de tudo o mais.

QUADRO DE AÇÃO: DECODIFIQUE AS COMBINAÇÕES EMOCIONAIS DE PLUTCHIK

Definir e compreender as emoções não é fácil porque, como Plutchik admitiu, existem mais de noventa definições na literatura relevante sobre o que elas realmente significam. Entretanto, é possível você melhorar drasticamente o gerenciamento das suas emoções se passar algum tempo analisando e aplicando as combinações sugeridas por ele. Um modo de fazer isso é pegar separadamente cada combinação, de A a H, e tentar relacioná-las a exemplos da vida real, obtidos no seu próprio ambiente de trabalho. Tente analisar o que pode acontecer se você aumentar ou reduzir qualquer um dos ingredientes básicos. E, o mais importante, identifique como você poderia fazer isso, pessoalmente. Por exemplo: a agressividade consiste em raiva mais antecipação. Se você sente uma agressividade constante em relação a um colega, um departamento ou um procedimento, seria possível reduzir o impacto negativo dessa emoção se você reduzisse ou mudasse a sua raiva, a sua antecipação ou ambas? O que seria possível fazer com qualquer uma dessas estratégias emocionais?

Ao levar o conceito das combinações emocionais um passo além, Chip Conley,[35] escritor, palestrante e empreendedor, sugere várias equações emocionais, como ele as chama, que podem nos ajudar a alcançar nossos objetivos profissionais e de vida com mais eficácia e eficiência. Seguindo o raciocínio de Plutchik de colocar duas emoções juntas para obter uma nova, Conley elaborou as suas próprias formulações. Três delas são congruentes com nossa própria perspectiva da liderança moderna e baseada no cérebro.

1. *Curiosidade = espanto + reverência.* Nós já discutimos a curiosidade como um pré-requisito para a criatividade, assim como sua importância em sempre fazer perguntas, permitindo ao cérebro processar novas informações e desafie vieses antigos. Segundo Conley, a curiosidade consiste em dois ingredientes principais, o espanto e a reverência. Enquanto o espanto é a pura empolgação da descoberta, a reverência é a combinação de medo e surpresa. Para que a curiosidade da nossa liderança funcione bem, precisamos abrir espaço para que o prazer de ser confrontado com algo potencialmente incrível, um novo produto/serviço, colega, tecnologia etc., ande de mãos dadas com a humildade e o sentimento de fazer parte de algo maior do que nós mesmos. A reverência nos permite estabelecer uma conexão com o mundo ao nosso redor e adotar uma perspectiva mais realista da situação, sem perder o aspecto de surpresa quando vivenciamos algo grandiosamente novo. A curiosidade sem o espanto é vazia e superficial, além de ter vida breve, enquanto a curiosidade sem a reverência é cheia de arrogância, isolamento e erros de interpretação.

2. *Arrependimento = decepção + responsabilidade.* Dentro de ambientes dinâmicos de negócios, espera-se dos líderes que tomem muitas decisões diariamente. Embora algumas dessas decisões tenham mais peso do que outras, as escolhas normalmente são abundantes para cada decisão, e escolher uma alternativa em detrimento das outras pode ser um tiro que sai pela culatra emocionalmente. Essa equação sugere que, quanto maior a decepção ou a sua responsabilidade, ou ambos, maior é o arrependimento. O arrependimento em si, segundo Conley, não é necessariamente uma emoção prejudicial, mas se ele se transformar em remorso (o arrependimento extremo), então pode ser devastador. Já vimos em nossa experiência que se arrepender de uma decisão pode ser benéfico, desde que isso leve a um aprendizado profundo e

a comportamentos futuros que corrijam a situação. Entretanto, também já vimos o arrependimento se tornar uma norma, levando os gestores a questionarem suas habilidades e prejudicando sua capacidade de tomar decisões. O arrependimento é inevitável na liderança. Minimizar as suas decepções adotando uma perspectiva de vida de longo prazo, buscar lições nos fracassos, delegar a responsabilidade sempre que for apropriado e estar sempre ciente do panorama geral são estratégias eficazes para resolver esta equação.

3. *Prosperar = frequência de positivo/frequência de negativo.* Prosperar, ou positividade, como Conley chama, tem a ver com a relação entre eventos positivos e negativos em nossas vidas. Melhor dizendo: trata da nossa percepção desses eventos. Para que esta equação tenha um resultado benéfico, eventos positivos precisam superar os negativos na ordem de três para um. Isso porque a negatividade exerce uma atração mais forte sobre nós do que a positividade, de modo que eventos positivos têm que vir sempre em maior quantidade do que os negativos para que a equação realmente funcione e leve à prosperidade. Evolutivamente falando, nós desenvolvemos uma sensibilidade maior aos estímulos negativos do que aos positivos, e isso pode ser visto facilmente no fato de que, em todos os modelos de emoções basilares, o número das negativas sempre supera o das positivas. Em nossa era primitiva, as emoções negativas eram mais eficientes para garantir a sobrevivência do que as positivas, e é por isso que tendemos a notar o que é negativo em detrimento do que é positivo. No entanto, nos ambientes mais seguros de hoje em dia, é a positividade que leva a uma motivação mais sadia e sustentável — e, portanto, a comportamentos corporativos desejáveis que possam trazer criatividade, engajamento e crescimento. Mudar a nossa perspectiva para começarmos a notar as informações positivas ao nosso redor, garantindo que operemos sob os valores corretos, apreciemos qualquer lição retirada de qualquer evento e nos conectemos com outras pessoas positivas pode nos ajudar a aumentar o numerador e a reduzir o denominador nessa equação.

Todas essas equações, junto com as combinações emocionais de Plutchik, podem ter um efeito final positivo ou negativo sobre suas capacidades de liderança. É uma decisão sua o lado para o qual penderá a balança. Agora, você tem material suficiente para começar a trabalhar com sua caixa de ferramentas emocionais e criar a sua própria mistura de ingredientes emocionais, que o ajudarão a alcançar seus objetivos pessoais e organizacionais. Entretanto, existe um estado emocional positivo específico que tem sido ignorado pelas organizações há tempo demais. Embora tentemos maximizá-lo em nossas vidas pessoais, ele parecia, e ainda parece para muita gente, incoerente com a administração. Trata-se da felicidade, e suas vantagens surpreenderão todos aqueles que ainda acreditam que o ambiente profissional deve ser carregado de emoções negativas, como o medo, para que as pessoas tenham um desempenho otimizado.

Liderança feliz

Claudia Hammond,[36] em seu livro *Emotional rollercoaster: a journey through the science of feelings* [Montanha-russa emocional: uma jornada pela ciência dos sentimentos], menciona que a felicidade geralmente está no topo da lista quando se pede às pessoas que façam uma lista de emoções. Além disso, ela pode ser encontrada em quase todos os modelos conhecidos de emoções basilares (com frequência, os cientistas referem-se a ela como alegria para captar mais claramente sua expressão momentânea). Com base nessa observação, é notável que a psicologia e a neurociência estejam ocupadas há tanto tempo com os problemas da nossa mente, e não com o seu lado positivo. Possivelmente, essa é outra prova do viés negativo de nosso cérebro, conforme mencionado anteriormente. Foi só em 1998 que o então novo presidente da proeminente APA, Martin Seligman, declarou que a psicologia tinha de se dedicar com mais afinco ao lado positivo de nossa mente e anunciou que o foco do seu mandato seria a psicologia positiva.[37] Já era hora de a obsessão dos cientistas com a negatividade abrir espaço para uma abordagem mais balanceada, que incluísse todos os elementos que fazem a nossa mente prosperar, não apenas aqueles que nos deixam mentalmente doentes.

EU NÃO CONSIGO... FICAR FELIZ

"I can't get no satisfaction" [eu não consigo ficar satisfeito], cantaram os Rolling Stones para o mundo todo em uma de suas canções mais reconhecíveis, lançada em 1965. E eles tinham razão, naquela época. As áreas de administração e marketing consideravam que a satisfação fosse uma métrica fundamental tanto para funcionários como para consumidores. A ideia era de que, se funcionários e consumidores estivessem satisfeitos, eles se comportariam da maneira esperada: os funcionários, com produtividade, e os consumidores, fazendo compras. Essa noção administrativa encontrou seus limites em um dos paradigmas administrativos mais populares surgidos nos anos 1980: o da administração com qualidade total (TQM, na sigla em inglês).[38] A ideia de satisfação se baseia principalmente em múltiplas teorias de discrepância,[39] segundo as quais a satisfação das pessoas depende da comparação que elas fazem com múltiplos padrões estipulados por elas mesmas — padrões esses que incluem outras pessoas, metas, níveis ideais de satisfação e condições prévias. A satisfação é mais alta quando a comparação exibe resultados favoráveis (comparação descendente — os padrões estabelecidos são mais baixos do que o estado pessoal atual) e mais baixa quando a comparação é desfavorável (comparação ascendente — os padrões são mais altos do que a realidade). O problema com essa abordagem é que a satisfação, por si só, não pode levar aos comportamentos aprimorados que desejamos ver demonstrados por nós mesmos e por nossos funcionários. Parece que a satisfação se tornou, na maior parte do tempo, uma condição necessária, mas não suficiente para um maior engajamento e uma lealdade reforçada. Nos diversos estudos que conduzimos nas organizações de nossos clientes, usando tanto métodos quantitativos como outros, mais exploratórios e qualitativos, para ajudá-los a identificar questões cruciais para a melhoria do desempenho, era constante surgir o fato de que a satisfação raramente tinha relação com qualquer fator importante. Acreditamos que a satisfação tenha outro

> significado hoje em dia, principalmente por causa da incerteza. A última crise financeira global, o aumento da concorrência no mundo todo, os rápidos avanços tecnológicos, os programas corporativos de terceirização e reestruturação e até a mudança climática criam um panorama do desconhecido que naturalmente faz muitas pessoas se sentirem inseguras e desprotegidas. Nesse ambiente, ter um emprego estável e receber um salário regularmente pode, para muita gente no mundo todo, ser suficiente para se estar satisfeito. Isso, na verdade, significa: "Neste momento, estou bem, olhe ao redor" ou "Estou bem no momento, não tenho ambições maiores", em vez de "Nós vamos nos sair muito bem!". Além disso, e seguindo a renomada teoria de higiene e motivação de Herzberg,[40] estamos observando que a satisfação em si se tornou um fator higiênico, em vez de motivacional. Isso quer dizer que a satisfação, como um fator mensurável e como uma terminologia explícita para indicar o nível de bem-estar dos empregados, serve, no melhor dos casos, para medir o nível de aceitação mínimo dos funcionários, e pouco mais do que isso.
>
> Nenhum grande líder jamais será lembrado porque criou um ambiente de trabalho satisfatório. Satisfação não basta. Grandes líderes são grandes porque conseguem espalhar emoções positivas fortes, que fazem acelerar o coração. Portanto, é o grande hit de Pharrell William, "Happy", que deve ser a trilha sonora da liderança moderna, e não "Satisfaction", dos Rolling Stones.

Para começar a levar a sério e descobrir os segredos das emoções positivas, era necessário seguir na direção de uma visão mais positiva da mente. A felicidade (ou alegria, bem-estar subjetivo, entre outros nomes) rapidamente se destacou e se tornou a emoção positiva da vez na ciência e na cultura pop. Isso, infelizmente, significa que há "smilies" em todo canto. Felizmente, isso também significa a condução de pesquisas importantes a respeito do funcionamento interno da felicidade em nosso cérebro e nosso comportamento. Para a sociedade em geral e as organizações, o estudo da felicidade trouxe uma descoberta surpreendente e poderosa. A felicidade não é apenas resultado de um trabalho bem-sucedido, mas também um pré-requisito para ele. Essa descoberta contraintuitiva foi de encontro aos valores existentes, já que muitas culturas ao redor do mundo percebem a felicidade como resultante do sucesso. Entretanto, Boehm e Lyubomirsky[41] descobriram provas substanciais que corroboravam a hipótese reversa, ou seja, de que a felicidade é a razão pela qual alguns funcionários são mais bem-sucedidos do que outros. Após revisarem um grande número de estudos longitudinais, transversais e experimentais, eles concordaram que:

> Consideradas em conjunto, as evidências sugerem que a felicidade não apenas tem correlação com o sucesso no ambiente profissional, mas também precede, frequentemente, medidas de sucesso, e essa indução de impactos positivos leva a melhores resultados no ambiente profissional.

Isso quer dizer que uma atmosfera positiva no trabalho não prejudica o sucesso; na verdade, ela o causa. Deixar os sentimentos positivos apenas para aquelas ocasiões em que o sucesso já ocorreu inevitavelmente reduzirá as chances de que ele ocorra. E as evidências desse efeito são extensivas. Simon Achor, o defensor global da felicidade no trabalho, resume a pesquisa relevante em seu best-seller, *The happiness advantage: the seven principles of positive psychology that fuel success and performance at work* [A vantagem da felicidade: os sete princípios da psicologia positiva que alimentam o sucesso e o desempenho no trabalho],[42] demonstrando que:

- Vendedores otimistas se saíam 56% melhor em seu trabalho do que seus colegas pessimistas;
- Médicos com um humor positivo exibiam três vezes mais inteligência e eram 19% mais rápidos em seus diagnósticos do que os outros;
- Estudantes preparados (colocados nesse estado mental sem saber) para se sentirem felizes antes de fazer uma prova se saíam melhor do que aqueles preparados para se sentirem neutros.

Evidências tão fortes, junto à pesquisa empírica do próprio Achor com mais de 1,6 mil universitários de alta performance em Harvard e seu engajamento profissional com as melhores empresas no mundo todo, levaram-no a declarar:

> Nossos cérebros são literalmente programados para ter seu melhor desempenho não quando estão negativos ou mesmo neutros, e sim quando estão positivos. No entanto, no mundo de hoje, ironicamente fazemos sacrifícios pelo sucesso, apenas para reduzir a taxa de sucesso de nosso cérebro. Nossa vida exigente faz com que nos sintamos estressados, e nos sentimos esmagados pela pressão crescente de chegar ao sucesso a qualquer custo.

E esse custo, parece, é o sucesso em si. Há uma surpresa muito interessante aqui. Em épocas difíceis, quando as coisas não estão indo muito bem para nós pessoalmente ou a empresa para a qual trabalhamos, permitimos que as emoções negativas nos agarrem e adiamos a felicidade, individual ou coletiva, para quando as coisas parecerem melhores. Esse é exatamente o tipo de mentalidade contrária à felicidade que torna o sucesso mais difícil e mais remoto. O que precisamos fazer é exatamente o oposto. Independentemente das condições atuais, precisamos manter o bom humor e sempre almejar o melhor. Isso, matematicamente, pode levar ao sucesso com mais facilidade do que as emoções negativas ou neutras que talvez consideremos mais adequadas para os tempos difíceis. É por isso que sempre tentamos criar as melhores e mais animadoras condições possíveis quando trabalhamos com um cliente — e pelo mesmo motivo tentamos nos manter sempre otimistas. Isso é corroborado por um estudo recente sobre organizações atingidas por crises financeiras. Em particular, após investigação de vários estudos de caso de empresas que lutam para sobreviver em um ambiente de crise, mediante entrevistas com gestores e observação de comportamentos e interações entre gestores e funcionários, descobriu-se que, quando gestores e líderes se concentravam em emoções e resultados positivos, alcançavam resultados melhores e a sobrevivência de suas empresas se tornava mais provável durante aquele período turbulento.[43]

A felicidade lança as bases para o sucesso de qualquer projeto por causa de sua capacidade de liberar inteligência, criatividade, espírito de colaboração e senso de comprometimento. Nós nos lembramos especialmente de uma situação em que uma equipe, que havia sido considerada ineficaz, passou a produzir freneticamente quando uma atmosfera positiva foi criada, após nossa recomendação e convívio com os integrantes. No final do ano, essa equipe inicialmente subestimada recebeu, das mãos do CEO da empresa, um prêmio por suas conquistas. Nenhuma pessoa, equipe ou empresa pode ser categoricamente chamada de ineficaz antes de se implementar, de forma completa e sincera, uma abordagem positiva.

Porém como podemos trabalhar para criar mais felicidade no trabalho para nós mesmos e para os outros de modo a calibrar nosso cérebro para o sucesso? O professor e escritor Richard Wiseman, depois de revisar a literatura disponível sobre como aumentar a felicidade, concluiu que o caminho mais rápido e seguro para fomentá-la inclui os três grupos de ações a seguir:[44]

1. *Gratidão e valorização.* A felicidade nasce de dentro para fora, portanto, precisa de um lugar ensolarado como ponto de partida. Crie esse local ensolarado expressando periodicamente sua gratidão por tudo de bom que lhe aconteceu. Se possível, crie um relato por escrito. Refresque constantemente sua memória sobre as fantásticas experiências que você já teve e como elas lhe fizeram sentir naquele momento. Tente reviver a sensação dentro da sua mente e do seu corpo. Examine sua situação atual e escolha apenas o que for positivo. Esforce-se um pouco mais e você se surpreenderá com a quantidade de momentos positivos que passam despercebidos por causa do poder sobrepujante e duradouro da negatividade. Afaste o véu negativo de sua mente e o sol brilhará. Finalmente, não contenha seu apreço por aqueles mais próximos de você. Agradeça-os ativamente por sua contribuição e seus esforços, assim como por seu apoio pessoal. Ao demonstrar o quanto os valoriza, tente ser tão específico e objetivo quanto possível. Isso beneficiará não só você mesmo, mas também as pessoas a quem você demonstrou seu apreço.

2. *Experiência e compartilhamento.* Nossos cérebros são programados para reagir melhor a experiências de vida real do que a bens materiais. Então, para impulsionar a sua felicidade mais depressa, comece a se engajar em experiências renovadoras e recompensadoras assim que possível. Além disso, crie e ofereça essas experiências, não apenas recompensas materiais, para sua equipe. A lista de 2015 das cem melhores empresas para se trabalhar da revista *Fortune*[45] sugeriu que benefícios gratuitos e escritórios futuristas não são o fator decisivo para uma empresa aparecer na relação, mas, sim, sua habilidade de "fomentar relacionamentos sólidos e recompensadores [...] entre seus funcionários". Portanto, é a natureza intangível da incrível experiência de se trabalhar com quem se gosta que torna as pessoas felizes em seu ambiente profissional, e não os benefícios tangíveis. É natural, então, que o ato de compartilhar tenha sido cientificamente comprovado como outro forte promotor de felicidade. Independentemente de a maioria das pessoas acreditar no contrário, compartilhar um item ou uma experiência nos deixa mais felizes do que quando mantemos as coisas só para nós mesmos. Como relata o professor Wiseman, até cinco gentilezas não financeiras por dia podem aumentar consideravelmente a nossa felicidade. Não é nenhuma surpresa, portanto, que o conceito de atos aleatórios de bondade tenha se tornado tão popular em publicações voltadas para a administração no mundo todo.
3. *Linguagem corporal e comportamento.* Sempre que conduzimos o famoso experimento indutor de felicidade, que inclui segurar uma caneta entre os dentes, os resultados são assombrosos. Se você segurar uma caneta na horizontal entre os dentes por alguns segundos sem tocá-la com os lábios, seu cérebro imediatamente libera hormônios de felicidade, só por achar que você está sorrindo. Se você está sorrindo, deve estar acontecendo algo de bom! Se, pelo contrário, segurar a ponta da caneta com os lábios, formando um "O" sem tocá-la com os dentes, seu cérebro acredita que você está franzindo o cenho e libera hormônios de estresse. A incrível descoberta desse experimento clássico é que a felicidade é sustentada após o final do teste e faz as pessoas se

conectarem mais positivamente, além de melhorar sua memória de eventos felizes. Isso, notavelmente, demonstra que há um processo de comunicação de via dupla entre o cérebro e o corpo. Não é só "o que o cérebro sentir, o corpo vai mostrar", mas também o inverso. Sorrir mais, adotar uma postura corporal mais positiva, confiante e ereta, usar palavras mais positivas ao falar e agir de modo geral com mais felicidade, tudo isso fará o cérebro se comportar de acordo. Parafraseando o dito "faça a diferença", nós aconselhamos que você "faça em si mesmo a diferença para a felicidade que quer sentir".

OS "TRÊS Ds" DA FELICIDADE

Em seu livro *Happiness by design: finding pleasure and purpose in everyday life* [Felicidade Projetada: encontrando prazer e propósito na vida cotidiana],[46] o professor de Ciência Comportamental Paul Dolan esboçou três áreas fundamentais para melhorar nosso nível de felicidade: decidir pela felicidade, desenhar a felicidade e dedicar-se à felicidade:

- *Decidir pela felicidade* trata de começar a notar de maneira mais metódica o *feedback* de nossas decisões e nossas ações no que diz respeito às emoções. Esse *feedback* pode ter como fonte outras pessoas ou nós mesmos. O principal problema aqui é que a velocidade da vida diária, como a maioria dos gestores pode facilmente confirmar, nem sempre permite que façamos uma reflexão sobre o impacto que nossas diferentes ações exercem sobre o nosso eu interior. Precisamos separar algum tempo, contudo, e frequentemente perguntar a nós mesmos e àqueles ao nosso redor como nossas decisões nos afetam pessoalmente.
- *Desenhar a felicidade* trata da criação do ambiente que induzirá o comportamento certo para aumentar a nossa felicidade. Por exemplo: se a nossa resolução de Ano-Novo é ler mais, devemos manter mais livros

> à vista, pois isso ajudará o nosso cérebro a reparar neles — e, assim, quem sabe os peguemos com mais facilidade. Também podemos escolher um website de resenhas de livros para ser a nossa página inicial na internet (assim, nossa exposição predefinida fica associada à nossa decisão), visitar uma livraria todo final de semana para ter um parâmetro concreto de referência a seguir ou entrar para um clube de leitura, de modo que as normas sociais nos ajudem a atingir nosso objetivo.
> - *Dedicar-se à felicidade* tem relação com concentrar-se mais na experiência do que nos bens materiais, passar mais tempo em atividades agradáveis e cheias de propósito, dedicar mais tempo a pessoas que exercem um impacto construtivo sobre nossa vida e nosso humor e minimizar distrações, como conferir nossos e-mails ou nossas redes sociais constantemente.
>
> Os três Ds são cruciais para aumentar a nossa felicidade e, como consequência, a felicidade das pessoas ao nosso redor.

Juntando os pontinhos emocionais

De uma perspectiva baseada nas emoções, se o medo e a negatividade são a versão 1.0 da motivação e se a felicidade e a positividade são a versão 2.0, há a versão 3.0, que envolve uma abordagem holística de utilização das emoções em nossa vida pessoal e profissional. Independentemente do modelo, todas as emoções básicas têm fortes motivos evolucionários para existir. O simples fato de que as temos hoje em dia prova que elas foram instrumentais em nos trazer para onde estamos hoje como seres humanos. Precisamos, entretanto, ser capazes de reconhecê-las sempre que possível para determinar os possíveis benefícios ou perigos advindos delas. Como Plutchik[47] afirma com tanta eloquência, "as emoções às vezes podem falhar em suas tarefas de adaptação". Isso quer dizer que nem tudo que sentimos é justificado por circunstâncias reais, nem tudo que estamos inclinados a fazer, impulsionados por nossas emoções, é benéfico para nós e para as pessoas ao nosso redor.

A ciência do otimismo, da felicidade e da psicologia positiva veio para aprimorar os antigos modelos simplistas de comportamento, tais como "a cenoura e a vara", e para liberar os imensos benefícios de se ter uma perspectiva positiva na vida e no trabalho. Desde então, começaram a emergir abordagens mais avançadas, que terminariam melhorando a gestão das emoções. Todd Kashdan, um famoso especialista em emoções negativas, e Robert Biswas-Diener, um famoso psicólogo positivo,[48] defendem a "completude" como essencial para o sucesso emocional. Segundo eles:

> [E]stá mais do que na hora de reavaliarmos crenças antiquadas do que é negativo e do que é positivo, psicologicamente falando. Está na hora de uma nova forma de compreensão do que significa ser mentalmente são e bem-sucedido, de se ver tanto o positivo e o negativo como parte de um todo maior e mais viável. Este, então, é o Santo Graal da psicologia, a completude [...] A completude é, para a psicologia, o que a iluminação é para a espiritualidade.

Eles veem três sinais da completude na linguagem corporativa, quando líderes falam de engajamento pleno e desempenho ideal. Essa linguagem revela que as organizações agora preferem a maturidade emocional e a utilização de qualquer emoção, em vez das categorizações mais antigas, simplistas e ultrapassadas das emoções como boas/positivas e más/negativas. Para eles, apenas a completude pode levar à agilidade emocional real; essa habilidade não trata de evitar emoções negativas, mas, sim, de "retirar o que há de negativo nelas". Eles citam o estudo feito por Adler e Hershfield[49] com 47 adultos, que demonstrou que as pessoas que vivenciam felicidade na psicoterapia no mesmo período em que vivenciavam tristeza obtinham resultados melhores em seu bem-estar do que aquelas que experimentavam apenas uma dessas duas emoções. O estudo concluiu que mudanças em experiências emocionais mistas, ou concomitantes, são um pré-requisito para a melhoria emocional de modo geral. Falando de modo simples, a pessoa precisa experimentar e lidar com emoções positivas *e* negativas em vez de priorizar umas e negligenciar outras, como era o caso nas versões motivacionais 1.0 e 2.0, que priorizavam emoções negativas e positivas, respectivamente. Esses resultados são revolucionários, já que destroem as barreiras entre categorias emocionais que existem há muito na psicologia, conforme explicado anteriormente neste capítulo. Sim, nós temos emoções que podem ser geralmente chamadas de positivas, negativas e neutras, mas isso não deve nos levar a estereotipá-las como boas e ruins. Como mencionamos na seção "Aplicando o modelo de Tomkins nas organizações" deste capítulo, cada uma das emoções básicas tem que ser vivenciada e então expressada apropriadamente para que seja utilizada de forma mais eficaz e seus benefícios sejam otimizados. Cada emoção nos fornece sinais importantes sobre o ambiente e nossa própria aclimatação a ele, algo que jamais deveríamos ignorar e/ou suprimir. Líderes que aplicam a completude em emoções sabem o que manter e o que não manter de cada emoção e, acima de tudo, compreendem o valor de todas as emoções para sua motivação, flexibilidade e bem-estar.

O PODER DO LADO SOMBRIO DA FORÇA

As emoções negativas receberam uma publicidade muito ruim ao longo da última década. Elas passaram a levar a culpa por quase todas as condições psicológicas que reduzem a habilidade das pessoas de conviver de maneira normal em nossa sociedade, talvez não de todo injustamente. O que é injusto, porém, é que os efeitos positivos das emoções negativas têm sido em sua maior parte ignorados.

Um exemplo notável disso é a dor. Campanhas de marketing no mundo todo nos prometem que nossas dores, físicas e psicológicas, desaparecerão se usarmos essa ou aquela marca. Qualquer inconveniência na vida, independentemente de quão pequena e trivial, qualquer preocupação que tivermos, os menores medos e insatisfações podem ser efetivamente resolvidos se comprarmos um produto ou serviço. Embora não exista nada de errado com essa abordagem em si, ela tem um efeito considerável sobre o nosso limiar percebido ao lidar com a dor. Mas dor não é o mesmo que dano. A máxima "sem dor não há ganho" destaca isso da melhor forma possível. A dor é quase sempre necessária para escaparmos de nossos platôs de aprendizado e das nossas zonas de conforto para que possamos melhorar e realizar mais. A dor também é um bom indicador de que algo é importante e vale a pena vivenciar. Não precisamos dizer aqui que dor de longo prazo ou intensa causa ou indica dano. Em muitos casos, porém, a dor (física, emocional, social ou existencial) não deveria ser evitada, temida ou simplesmente entendida. Ela deveria ser aceita plenamente e, o mais importante, vivenciada. Frustração é invenção, tristeza é aprendizado, estresse é foco e medo é capacitação — desde que na dosagem certa, é claro, o que faz disso uma questão pessoal. Além do mais, "não causar dano" não significa necessariamente "não infligir dor alguma", mas, sim, evitar danos de longo prazo. A dor de curto prazo pode, na verdade, ser extremamente benéfica se estiver ligada a esforço, sacrifício e insatisfação com a situação atual. Qualquer praticante de esportes sabe muito bem disso. Então, por que estamos desenvolvendo uma sociedade tão contrária à dor? Como o psicólogo Brock Bastian[50] destaca em seu livro *The other side of happiness: embracing a more fearless approach to living* [O outro lado da felicidade: abraçando uma abordagem mais destemida da vida]:

> Para encontrar a verdadeira felicidade, precisamos abraçar uma abordagem mais destemida da vida, precisamos abordar nossas experiências negativas com o pé direito [...] precisamos vivenciar a dor. Por "dor", refiro-me a todas as coisas que não são prazer. Refiro-me à ansiedade de um desafio considerável e à solidão do fracasso. Refiro-me à tristeza do término de uma relação amorosa ou ao medo de nossa própria mortalidade [...] Tudo isso é necessário para a felicidade. Sem dor, não existe um meio para atingir a felicidade real.

Isso vale também para o estresse, tido como inimigo usual do bem-estar da vida corporativa. Na saúde, o estresse se tornou a raiz de todos os males. Entretanto, o estresse é um sinal motivacional necessário em nosso cérebro que induz ações decisivas para a melhoria. O estresse patológico prolongado é ruim, claro. O estresse em si, contudo, é uma condição natural e normal, responsável por mudanças e pelo crescimento pessoal. Segundo Kelly McGonical,[51] psicóloga de saúde e palestrante em Stanford:

> [A] ciência mais recente revela que o estresse pode fazer de nós indivíduos mais inteligentes, mais fortes e mais bem-sucedidos. Ele nos ajuda a aprender e crescer. Pode até inspirar coragem e compaixão. A nova ciência também demonstra que mudar de ideia sobre o estresse pode nos deixar mais saudáveis e felizes. O modo como pensamos no estresse afeta tudo, desde a saúde cardiovascular até nossa habilidade de encontrar um significado na vida. O melhor jeito de administrar o estresse não é reduzi-lo ou evitá-lo, mas, sim, repensar seu significado e até aceitá-lo.

McGonical oferece uma variedade de maneiras de fazer do estresse o seu melhor amigo, incluindo:

- encontrar um significado mais profundo para a vida;
- aplicar valores claramente humanistas;
- ajudar os outros, independentemente do tamanho da ajuda;
- considerar o custo de evitar o estresse;
- repensar suas respostas ao estresse como preparação corporal e empolgação para enfrentar uma situação importante;
- separar desafios de ameaçar reais;
- descobrir propósito em suas ações que sejam mais elevados do que apenas o interesse próprio;

- estender a mão e se conectar a grupos e comunidades mais amplas;
- adotar uma mentalidade de crescimento que vê o lado bom da adversidade;
- comunicar seus sucessos ao lidar com o estresse para si mesmo e para os outros.

Finalmente, mas não menos importante, descobriu-se que um humor negativo que transmita emoções negativas a uma equipe, um processo descrito no capítulo 4 como contágio emocional, tem efeitos positivos sobre o pensamento analítico, apesar de seu efeito negativo sobre a criatividade, o esforço e a coordenação.[52] Isso significa que a negatividade pode ser utilizada como ferramenta estratégica para ajudar a equipe a se concentrar adequadamente em uma situação específica, por um período determinado, e produzir resultados positivos que vão beneficiar todos os envolvidos. Mas, definitivamente, não do modo sistêmico e permanente que foi relatado no caso de abertura deste capítulo!

Dor, estresse, um humor negativo e outras condições semelhantes são aliados, não inimigos, para qualquer um que aplique nossa abordagem da liderança do cérebro adaptável. Esse é o caminho para se abraçar uma perspectiva mais nuançada e científica da motivação humana.

Uma visão mais científica e profunda das emoções é necessária para que líderes tenham uma performance melhor, mas também é necessária para que nossa sociedade melhore como um todo. Nesse sentido, até animações podem ajudar. *Divertida Mente*, animação produzida pela Pixar Studios e lançada pela Walt Disney Pictures em 2015, apresentou a ciência das emoções básicas a crianças e adultos. No filme, as emoções básicas de alegria, raiva, tristeza, nojo e medo são personificadas nas cabeças dos personagens principais. Essa personificação funciona bem para mostrar como as emoções são as fontes principais do comportamento individual, além de retratar o papel crucial e mutuamente dependente das emoções nos relacionamentos interpessoais. Em um mundo no qual o *emoji* do coração, uma ideografia altamente emocional, foi anunciado como a palavra mais usada da língua inglesa no ano de 2014 no universo on-line pelo Monitor Global da Linguagem (Global Language Monitor),[53] a ampla popularização da ciência pode ter um efeito muito positivo sobre a compreensão e a aceitação coletiva da complexidade e da beleza do nosso cérebro emocional. Além disso, a publicidade em torno do Relatório Mundial da Felicidade, uma publicação anual patrocinada pela ONU que lista 156 países de acordo com um índice baseado em seus níveis de felicidade (Índice Mundial de Felicidade) e a decisão dos Emirados Árabes Unidos de nomear um Ministro de Estado para a Felicidade e de lançar o Programa Nacional para a Felicidade e a Positividade, além da ampla popularidade das abordagens escandinava e japonesa do bem-estar, chamadas respectivamente de *hygge* e *ikigai*, revelam uma grande mudança tanto na educação emocional quanto na política. O crescimento, seja ele pessoal, corporativo, nacional ou de qualquer outra natureza, que não envolva um bem-estar emocional de longo prazo não é um crescimento real.

Finalmente, precisamos mencionar que as emoções desempenham um papel importante não apenas para os líderes, mas também para os seguidores. Um estudo conduzido por Sanfey,[54] baseado em imagens do cérebro, revelou que, quando os seguidores acreditam ter recebido tratamento injusto por parte de seus líderes, partes específicas de seu cérebro, associadas às emoções (ínsula anterior), são ativadas. Esse estudo sugere que as emoções dos membros da equipe e dos funcionários desempenham um papel importante em sua decisão de seguir um líder. Elas também têm um papel importante na percepção de nossos líderes como bons ou maus.[55] Então, se você acha que as emoções de seus seguidores não têm relação com a opinião que eles têm a seu respeito como líder, pare e pense outra vez.

> **IMPULSIONE SEU CÉREBRO: IDENTIFICANDO VERSÕES MOTIVACIONAIS NO AMBIENTE PROFISSIONAL**
>
> Crie uma tabela e insira as três versões motivacionais em três colunas. Em fileiras separadas, identifique todos os superiores, colegas e funcionários que estão posicionados ao seu redor. Analise essas pessoas individualmente e caracterize-as como altas, médias ou baixas quanto a cada uma das versões motivacionais. A versão que domina a pessoa deve ser marcada como alta, a que aparece de vez em quando, como média e a que aparece raramente ou nunca, como baixa. Lembre-se:
>
> Versão 1.0: Medo e negatividade
> Versão 2.0: Felicidade e positividade
> Versão 3.0: Completude e agilidade emocional
>
> Enquanto analisa cada pessoa, tente se lembrar de circunstâncias específicas que, quando acumuladas, indicam padrões específicos de comportamento como resultado da versão motivacional preferida. No final da lista, acrescente seu próprio nome e faça a mesma coisa consigo. Tente ser tão franco quanto possível. Depois, peça a pelo menos duas pessoas em quem você confia na empresa que o categorizem, explicando para elas o conceito. Peça também que forneçam circunstâncias específicas para corroborar seu julgamento. O que essas pessoas aprenderam com todo esse exercício? Você ou as pessoas ao seu redor precisam mudar de versão? Em que sentido? E como?

Tenha em mente

Cenouras, varas, satisfação e outras abordagens de emoção única são algo do passado, incompatível com a neurociência moderna. A química e os circuitos cerebrais, assim como o estudo minucioso das expressões físicas, sugerem que temos um número de emoções basilares que evoluíram para executar tarefas importantes, e graças a isso nossas chances de sobrevivência aumentaram. Líderes e gestores não podem desempenhar seus deveres sem compreender como essas emoções funcionam e por quais motivos. Primeiro, você precisa entender que o seu rosto tem um papel significativo na transmissão de emoções para os outros. Segundo, familiarizar-se com o número e a natureza de nossas emoções básicas, liberar as surpreendentes relações entre elas, tirar vantagem das equações emocionais, utilizar o poder da psicologia positiva e, finalmente, montar todo o quebra-cabeça das emoções com completude e agilidade emocional são tarefas essenciais para a liderança baseada no cérebro adaptável. Finalmente, tanto as emoções positivas quanto as negativas podem ajudá-lo a atingir as prioridades da liderança. Acima de tudo, nosso cérebro é um órgão emocional.

SUMÁRIO DO PILAR Nº 2: SENTIMENTOS
Lições de liderança

Aprimore continuamente o estilo emocional
Aprimore sua autopercepção das emoções:
- Descreva a situação em detalhes;
- Faça um relato detalhado da reação comportamental que o sentimento gerou;
- Crie uma lista de eventos que tiveram resultados comportamentais similares;
- Olhe para dentro de si mesmo sem interrupções e com interesse genuíno;
- Ouça as outras pessoas com atenção e tente entender o ponto de vista delas;
- Analise a si mesmo interna e externamente com frequência em busca de sinais emocionais.

Melhore o seu estilo de liderança transmitindo emoções a outras pessoas, pois isso melhora o desempenho delas. Líderes que conseguem espalhar melhor suas emoções, especialmente as positivas, são percebidos como mais carismáticos pelas pessoas e, assim, sua eficácia na liderança aumenta. Desenvolva sua autoconsciência interna e externa, pois isso pode melhorar seu relacionamento com integrantes da equipe e aumentar sua satisfação no trabalho.

Esteja ciente dos humores
Mantenha seu humor positivo e com energia elevada. Considere com frequência seu humor para garantir que você se dê a chance de vivenciar a emoção certa, no momento certo.

Esteja ciente do poder das emoções básicas
Existem nove emoções básicas das quais os líderes precisam estar cientes: alegria, interesse, surpresa, raiva, desconforto, medo, vergonha, desgosto e nojo.

Lide com as emoções básicas da seguinte forma:
- Celebre qualquer sucesso consigo mesmo e com sua equipe;
- Explore novos dados, pessoas, situações e outras possibilidades;
- Reserve algum tempo para parar e pensar, especialmente quando vivenciando mudanças inesperadas;
- Faça uma pausa quando estiver com raiva para considerar se esse é o melhor caminho a seguir;
- Alerte seus colegas e a si mesmo quando for necessário tomar outro curso de ação;
- Recomponha-se e restabeleça sua estratégia, examinando as ameaças;
- Tranquilize a si mesmo e à sua equipe sobre suas habilidades e oportunidades coletivas;
- Confira duas vezes os motivos pelos quais mantém a maior distância possível de uma situação ou pessoa.

Esteja ciente da influência das expressões faciais do líder
Os líderes devem entender que seus rostos podem ser usados para indicar e transmitir emoções, de modo que outras pessoas (os seguidores) farão julgamentos sobre sua confiabilidade, dominância etc. com base nessas expressões faciais. Um treinamento em táticas de comunicação pode ajudá-lo a desenvolver o rosto de um líder.

Desenvolva agilidade mental e felicidade
A agilidade emocional pode ser desenvolvida caso os três grupos de ações a seguir sejam seguidos:
- Gratidão e valorização;
- Experiência e compartilhamento;
- Linguagem corporal e comportamento.

> A felicidade e a positividade estão diretamente conectadas com a capacidade de liderança.
>
> Melhore os níveis de felicidade usando a abordagem dos "três Ds":
> - Decidir pela felicidade;
> - Desenhar a felicidade;
> - Dedicar-se à felicidade.

PILAR Nº 3

Automações cerebrais

Capítulo 6

Reação instintiva, solução mais veloz

EU ESTOU NO CONTROLE, EU VOU MUDAR

Ele é um negociante reverenciado e corajoso. Sempre foi. Suas habilidades avançadas para fechar o acordo certo nas mais difíceis circunstâncias lhe valeram seu cargo atual de CEO, sua primeira vez no posto mais alto, em um fundo de investimentos de tamanho médio. O fundo queria alguém que pudesse encontrar rapidamente o caminho do crescimento, já que a última crise financeira o metera em problemas que não desapareceriam com facilidade. Determinado a ser bem-sucedido, ele começou a aplicar desde o primeiro dia tudo o que havia aprendido em sua carreira ao lidar com pessoal interno e externo. Renegociou os acordos já existentes, identificou novas oportunidades e rapidamente estabeleceu conexões valiosas. Fez progresso internamente também, revertendo más decisões do passado, cortando custos e otimizando as operações. Suas primeiras conquistas foram amplamente celebradas pelos acionistas, que confiavam nele quase cegamente. Entretanto, suas vitórias rápidas logo adquiriram um sabor amargo.

A sua habilidade em negociações vinha de descobrir rapidamente os pontos fracos de seu oponente e atacá-los com precisão cirúrgica. Isso lhe servia bem em trabalhos do passado, voltados para tarefas específicas e altamente especializadas, e também o ajudou a impor o ritmo inicial no emprego novo. Contudo, essa mesma habilidade, em vez de resolvê-los, passou a criar mais problemas. Com o passar do tempo, ficou evidente que sua abordagem de tubarão para solucionar problemas era um tiro n'água quando se tratava de desenvolver e manter relacionamentos. Boa parte do pessoal de alto escalão da empresa se demitiu e mudou de emprego, e muitos dos que continuaram pensavam em fazer o mesmo em breve. Embora ele parecesse desempenhar com muita eficácia e eficiência a parte técnica do cargo, de alguma forma falhava em incorporar o fator humano com a mesma competência. Quando confrontado pelos acionistas sobre isso, ele afirmou o contrário: era devido à sua profunda compreensão dos seres humanos que conseguia ser tão bom em negociações e em conseguir o que queria. Ele sabia exatamente como descobrir os pontos fracos das pessoas, como seus medos e desejos, e como pressioná-las para conseguir o resultado que queria. Reconhecia o papel importante das emoções nesse processo, tanto em si mesmo quanto nos outros, e era por isso que ele podia alcançar os números que estava buscando. Não tinha gelo nas veias ou uma mente fria: ele simplesmente prosperava com a manipulação.

Certa manhã, seu aliado mais próximo na empresa, escolhido por ele mesmo um ano antes para ser o vice-CEO, demitiu-se. O CEO, chocado com a notícia, chamou o vice para um encontro urgente. Durante uma conversa acalorada de duas horas, o ex-vice-CEO disse que não podia mais trabalhar ao lado do ex-aliado porque simplesmente não conseguia tolerar a manipulação premeditada que o CEO exercia sobre ele e sobre as outras pessoas. "As pessoas devem ser tratadas com respeito, e não com uma abordagem diferente a cada momento para você conseguir o que deseja delas", gritou ele. Mudar de rosto, de emoção e de palavras com tanta facilidade, dia após dia, para atingir resultados não é algo valorizado em líderes, prosseguiu ele. O CEO, concordando com essas observações, prometeu mudar. Disse que faria o seu melhor para tratar as pessoas de outra forma, para ser mais coerente em suas atitudes com os outros e para colocar os valores acima dos ganhos de curto prazo. Ele ficou grato por

> ter sido alertado e se disse determinado a ser uma pessoa melhor, um CEO melhor, um líder melhor. Considerava-se uma pessoa mentalmente muito forte, em pleno controle de seu comportamento, e era isso que ele faria. Ele convenceu o seu vice a ficar.
>
> Dois meses depois, entretanto, o vice foi embora de vez. O CEO nunca mudou de verdade, apesar de seu compromisso e de até ter feito alguns esforços sinceros no começo. Mas a atração de seu comportamento profundamente arraigado provou-se muito mais forte do que sua compreensão da necessidade de mudar. Um ano depois da partida do vice, seus grandes resultados iniciais se transformaram em perdas e os acionistas consideram muito seriamente eleger um novo CEO.

Esse caso mostra o conceito de consciência no pensamento humano. Seu papel no que realmente nos torna humanos é central para a neurociência e a psicologia. Será que tomamos decisões conscientes plenamente cientes dos seus riscos e benefícios? Será que nossa mente afeta nosso comportamento de forma direta e exclusiva? Podemos mudar quando quisermos? Somos nós que fazemos nosso próprio destino? Estamos no controle? Se sim, então só precisamos treinar nossas mentes conscientes por meio de processos formais e informais de aprendizado, como temos feito há séculos; se não, então os líderes precisam olhar mais a fundo para encontrar modos mais eficazes de compreender e influenciar suas decisões e ações. Porque, como sabemos agora, não estamos no controle de nós mesmos, ao menos não na extensão que acreditamos estar. Nosso cérebro é que está.

O cérebro controlador da mente

O inconsciente é a parte das funções cerebrais que contém os sentimentos — nesse contexto, chamados mais precisamente de emoções — e os pensamentos — mais precisamente chamados de intenções — dos quais não estamos cientes, mas que influenciam o modo como nos comportamos (segundo a definição do renomado dicionário *Cambridge Advanced Learner's Dictionary and Thesaurus*). O poder do inconsciente tem sido enfatizado há muito tempo pela psicologia, com Sigmund Freud atuando como precursor em nossa compreensão de como nossos desejos mais profundos e desconhecidos afetam nossa vida cotidiana. Entretanto, pesquisas mais recentes nessa área revelam que o inconsciente não é o lugar sombrio que Freud imaginou. Pelo contrário, ele oferece vantagens únicas. Sua capacidade de processamento forma uma parte integral de nosso estado de existência sadia, dinâmica e interativa. McGowan[1] destacou que "a natureza do pensamento inconsciente que emerge dos experimentos contemporâneos é radicalmente diferente daquilo que Freud postulou" e que ver a mente com sua influência inconsciente "honra a experiência única dos seres humanos individualmente — algo com frequência ignorado pela atual abordagem médica da mente". Nosso inconsciente parece ser a nossa maior força como espécie, e não o nosso ponto fraco mais sombrio.

    O impacto causado pelo inconsciente sobre nosso comportamento e tomada de decisões é profundo. Muito mais do que estamos dispostos a admitir. Como relatou John Bargh,[2] o principal pesquisador da mente inconsciente, seu cunhado fez o seguinte comentário enquanto ele, Bargh, explicava a influência drástica do inconsciente sobre as pessoas: "Simplesmente não pode ser assim, John. Eu não consigo me lembrar de nenhuma vez em que tenha sido influenciado pelo meu inconsciente!". Não conseguir detectar conscientemente, experimentar por completo e controlar diretamente os processos de pensamento inconscientes faz ser difícil acreditar no inconsciente: "ver para crer", diz o velho provérbio, sugerindo que algo não visto é algo que provavelmente não existe. A arrogância da mente consciente, ou a "autoilusão", como a chama o eminente psicólogo Bruce Hood, manifesta-se em sua própria percepção, forte, porém limitada, de que controle e realidade estão exclusivamente em seu território. Isso não poderia estar mais distante da verdade. Esse é um dos momentos mais empolgantes e desafiadores de nosso trabalho com pessoas obstinadas dentro das empresas. Como elas podem aceitar o fato de que a maior parte de suas vidas foi conduzida pelo inconsciente, quando realmente sentem que tomaram suas decisões mais cruciais com consciência e responsabilidade plenas? Mas é exatamente isto, um sentimento, não uma descoberta feita cientificamente. Não seja enganado por sua mente: ela mascara os processos, em sua maioria maravilhosos e inteligentes, que fazem de você quem você é.

O inconsciente está sempre lá. Ao ignorá-lo, podemos apenas causar prejuízo ao nosso potencial de liderança. No mais famoso experimento sobre a primazia do inconsciente na tomada de decisões, Benjamin Libet e sua equipe pediram aos participantes que tomassem decisões simples, como apertar um botão ou movimentar os dedos quando sentissem vontade, durante um período determinado.[4] Eles também pediram aos participantes que anotassem suas decisões no momento em que elas fossem tomadas durante o experimento. Ao monitorar a atividade cerebral dos participantes com um eletroencefalograma (EEG) e sua atividade motora voluntária com eletromiografia (EMG), Libet e seus associados revelaram que o acúmulo elétrico no cérebro dessas pessoas para a decisão que se aproximava aparecia cerca de um quarto de segundo antes do momento em que os participantes se tornavam conscientes daquela decisão e quase meio segundo antes de eles agirem. Esse *potencial para a prontidão* ocorre em nossos cérebros antes de estarmos cientes de nossas próprias decisões. Se você acha que isso é chocante, Soon *et al.*[5] aumentaram essa diferença para 10 segundos para decisões simples, afirmando que esse atraso "reflete a operação de uma rede de áreas de controle de alto nível que começam a preparar uma decisão futura muito antes de ela penetrar na consciência". Mais recentemente, um estudo feito por Koenig-Robert e Pearson[6] descobriu uma diferença de 11 segundos entre a tomada de decisão inconsciente e a resposta consciente. Como declarou Pearson:[7]

> Acreditamos que, quando enfrentamos uma escolha entre duas ou mais opções sobre as quais devemos pensar a respeito, traços não conscientes dos pensamentos já estão lá, em algo como alucinações inconscientes. Conforme a decisão do que pensar a respeito é tomada, áreas executivas do cérebro escolhem o traço de pensamento que for mais forte. Em outras palavras, se qualquer atividade cerebral preexistente combina com uma das suas escolhas, então será mais provável que o seu cérebro escolha essa opção, já que ela é impulsionada pela atividade cerebral preexistente.

Isso significa que nossa consciência não está ali primariamente para tomar decisões, mas para receber a decisão do inconsciente como um forte sinal e então fazer com que ela venha à fruição. Na verdade, essa é a diferença principal entre a consciência e a inconsciência: a inconsciência fornece a intenção ou a motivação profundamente arraigada, complexamente calculada, baseada nas emoções e guiada pelo comportamento, e a consciência fornece o melhor jeito de implementá-la com sucesso.

Embora o estudo original feito por Libet tenha gerado muita controvérsia, pois estudos posteriores afirmaram ter obtido resultados diferentes ao repetir o experimento,[8] a evidência acumulada aponta diretamente para a prioridade do inconsciente no processo de tomada de decisão e do consciente na implementação. Essas evidências fornecem cronogramas extremamente detalhados de quando isso acontece no cérebro, além da topografia de onde acontece. Por exemplo, Fried e associados[9] conduziram um estudo de fMRI agora famoso para descobrir muito específica e precisamente as áreas cerebrais envolvidas na tomada de decisão sobre um movimento e as áreas envolvidas no início desse movimento antes de as pessoas estarem cientes dele. Eles descobriram que:

> [U]ma população de [apenas] 256 neurônios é suficiente para prever em testes únicos a decisão iminente de se mover com uma precisão maior do que 80%, 700 ms [milissegundos] antes de o participante estar ciente. Além disso, previmos, com uma precisão de algumas centenas de ms, o momento preciso dessa decisão voluntária de se mover.

O número incrivelmente pequeno de neurônios necessário para se prever uma ação com mais de 80% de precisão revela tanto como a neurociência está ficando melhor em observar o cérebro de perto para descobrir processos escondidos quanto como os processos inconscientes levam a comportamento consciente com alta precisão. Se você sente que está vivendo em um episódio de *Black Mirror*, aquela popular série de ficção científica da TV, você não está sozinho!

DO QUE SE TRATA, ENTÃO, O PENSAMENTO CONSCIENTE?

Ao implementar decisões tomadas pelo inconsciente, a mente consciente é responsável por duas funções principais: planejamento e inibição. Vamos começar pelo planejamento. Como a decisão já está tomada e a motivação para agir já existe, a mente analisa o terreno para identificar objetos e atores, então os coloca em posição relativa a nós e em um ao outro para poder identificar a melhor rota de implementação da decisão que o cérebro já tomou.[10] Ela faz isso usando dois caminhos neurais distintos. Primeiro, identifica a natureza dos elementos ao nosso redor usando uma rota cerebral mais baixa, que inclui nosso córtex visual, nosso lobo temporal e a parte mais baixa de nosso córtex pré-frontal. Depois, posiciona esses elementos em seu local exato usando uma rota cerebral mais elevada, começando novamente em nosso córtex visual, mas passando em seguida para o nosso lobo parietal, que fica no topo do nosso cérebro, e para a parte mais alta do nosso córtex pré-frontal. A habilidade de nossa mente de fazer viagens mentais pelo tempo, para o passado e para o futuro, também sustenta esse processo de planejamento de "quem/o que está aqui" e "onde exatamente eles estão" para poder planejar o melhor caminho. Essa é a função de navegabilidade da mente consciente, em oposição às funções de tomada de decisões, estabelecimento de metas e criação de motivação da mente subconsciente.[11] Mas o planejamento seria impossível se nosso corpo reagisse de imediato e por impulso, implementando decisões inconscientes diretamente e sem os benefícios evolucionários de navegação/planejamento. Assim, a segunda função importante da mente consciente, a inibição, trata de pisar no freio para conter ações prematuras e conceder tempo para se planejar o melhor curso de implementação da decisão. A mente consciente, residindo principalmente no neocórtex do nosso cérebro, não inicia ações, mas tem "poder de veto" contra as decisões para agir do cérebro mais profundo. Ela não motiva, mas trava a motivação. Não decide, mas trava as decisões. De acordo com o famoso neurocientista Joseph Ledoux, ela não tem um "arbítrio", como entendido em "eu tenho livre-arbítrio para fazer o que quiser", mas tem um "não vou", como se entende em "não vou fazer isso".[12] Planejamento e inibição, seguidos respectivamente de pensamento abstrato e consciência, são os processos cruciais da mente consciente e podem explicar os problemas com motivação e engajamento nas empresas modernas. Em 2018, o percentual de funcionários engajados no mundo todo era abismal: 15%, com 67% dos funcionários desengajados e 18% ativamente desengajados.[13] Embora o engajamento total tenha aumentado um pouco nos últimos dois anos, ele ainda representa apenas uma fração da força de trabalho. Na verdade, há mais trabalhadores ativamente desengajados, aqueles que prejudicam a empresa intencionalmente, do que funcionários engajados! Isso pode ser atribuído ao vasto equívoco de compreensão dos conceitos de pensamento e motivação. Para o cérebro, tomada de decisão e motivação para agir são a mesma coisa e se originam no inconsciente. O cérebro analisa rapidamente uma situação e decide ativar suas redes motivacionais de abordagem ou evasão para iniciar o comportamento correspondente. Isso é tomada de decisão real. O outro tipo de tomada de decisão que aparece em nossa mente consciente não tem relação com motivação e comportamento, e é por isso que ela não ajuda as pessoas a se engajarem. É a tomada de decisão abstrata, conceitual e teórica, que não tem relação com a ação. A obsessão das empresas com análises excessivas, justificativas exaustivas e números infinitos é um desserviço à habilidade do nosso cérebro de se engajar. Os gestores empregam da forma errada técnicas de pensamento consciente, como comunicações apenas factuais, argumentação incansável e relatórios perpétuos, para convencer e motivar. Eles estão mirando o centro errado de tomada de decisões. Se os líderes quiserem motivar e engajar, precisam se conectar e convencer a mente inconsciente, que, por sua

> vez, fornece a desejada decisão real e a ação inevitável. É por isso que, embora todos em uma equipe pareçam concordar e entender plenamente o novo plano gestor, poucos (ou nenhum) dos integrantes dão o melhor de si para realizá-lo. Nessas situações, as mentes conscientes estão convencidas, mas as inconscientes, não.

Nosso cérebro se prepara para tomar uma decisão e nos empurrar para ações específicas muito antes do momento em que nos tornamos cientes disso. E ele o faz por motivos muito bons. O inconsciente nos ajuda a poupar energia (como vimos nos capítulos 1 e 2), a reagir muito depressa em situações de risco de morte e a formar atitudes depressa sobre outras pessoas com base em experiências anteriores. Os processos inconscientes do nosso cérebro fundamentam o modo como planejamos e refletimos sobre nossas vidas.[14] Em seu best-seller *Blink: a decisão num piscar de olhos*, Malcolm Gladwell compara nosso *inconsciente adaptável*, como ele é conhecido, a um computador gigante que processa de forma rápida e silenciosa a grande quantidade de dados de que precisamos para continuar funcionando normalmente em nossas vidas diárias. Se processássemos todos esses estímulos de maneira consciente, mal conseguiríamos fazer qualquer outra coisa. Gladwell cita o renomado professor de Psicologia Timothy Wilson, que cunhou o termo "inconsciente adaptável", dizendo:

> A mente opera com mais eficiência ao relegar uma boa parte do raciocínio de alto nível e sofisticado ao inconsciente, da mesma forma que um avião a jato moderno consegue voar no piloto automático, com pouca ou nenhuma contribuição do "consciente" piloto humano. O inconsciente adaptável faz um trabalho excelente de analisar o mundo, alertar as pessoas do perigo, impor metas e imitar ações de um jeito sofisticado e eficiente.

Corroborando esse conceito, o psicólogo e especialista comportamental Gerd Gigerenzer também tem advogado por uma aceitação mais ampla da *inteligência do inconsciente*, que se assenta fundamentalmente em regras simples, baseadas por sua vez em capacidades evoluídas do nosso cérebro. Essas capacidades evoluídas nos ajudam a tomar decisões instantâneas ou a fazer julgamentos rápidos e agir de acordo, fornecendo sinais na forma de sentimentos instintivos. Levando-se em consideração que nossa avançada capacidade de linguagem está posicionada na parte superior do nosso cérebro, o córtex cerebral, com sistemas cerebrais mais profundos e antigos, tenta se comunicar conosco por meio de sentimentos instintivos, impulsos, instintos e intuições, já que não pode simplesmente falar. E esse inconsciente mais profundo, adaptável e inteligente muitas vezes se provou capaz de tomar decisões melhores em situações muito exigentes, tais como escolher em quais ações investir e na compra de uma nova propriedade.[17]

Não queremos dizer com isso que o raciocínio inconsciente seja sempre superior ao consciente, tampouco que devamos abandonar por completo as análises. O debate científico é contínuo, com os dois lados conduzindo experimentos para demonstrar que confiar na mente inconsciente é ou mais benéfico ou mais perigoso à tomada de decisões complexas, quando existem muitos fatores determinando o resultado e, ainda pior, quando a maioria deles não pode ser facilmente compreendida ou não pode ser compreendida de forma alguma. De um lado, Ap Dijksterhuis, Loran Nordgren e associados, defendendo sua teoria do pensamento inconsciente, afirmam que o pensamento inconsciente, ou a deliberação sem atenção, pode ser muito mais benéfica do que o pensamento consciente quando um problema é muito complicado e multifacetado. Nessas situações, pensar demais leva à ativação dos vieses, à paralisia por análise, a decisões piores e a uma menor satisfação pós-decisão.[18] Do outro lado estão estudiosos como Ben Newell,[19] que defendem o contrário, ou seja, que apenas o pensamento racional pode trazer resultados ao lidarmos com complexidades, enquanto o pensamento rápido, inconsciente ou desfocado pode levar a sérios enganos. Independentemente da sua postura pessoal nesse debate, o importante é que as decisões não se formam do nada. O cérebro gasta uma energia considerável antes que uma decisão seja tomada, justamente preparando a mente consciente para isso. A qualidade dessa preparação influenciará diretamente na qualidade da decisão, consciente ou inconsciente.

Nós geralmente fazemos um experimento muito simples quando queremos demonstrar para nossas plateias o poder do arbítrio inconsciente sobre o consciente. Pedimos às pessoas que tentem *não* pensar em um urso polar branco pelos próximos cinco minutos, o que é quase impossível para a maioria de nós. Mais cedo ou mais tarde, um urso polar aparecerá na nossa mente. De fato, embora tentemos evitar pensar em um urso polar branco, enchendo nossa mente consciente com outros pensamentos muito diferentes, nossa mente inconsciente permanece alerta para qualquer sinal do pensamento indesejado, para nos ajudar a expulsá-lo. Esse popular exercício de reflexão, mencionado pela primeira vez por Fiódor Dostoiévski em 1863 e comprovado em experimentos por Daniel Wegner, da Harvard University,[20] nos ajuda a destacar o fato de que nossa mente consciente não está tão no controle quanto imaginamos — se é que está. Nosso inconsciente é que está. A boa notícia é que podemos estudar o modo como a mente inconsciente funciona e recalibrá-la para beneficiar um maior desenvolvimento de nossas habilidades de gestão e liderança.

QUADRO DE AÇÃO: EXPERIMENTO COM O PENSAMENTO CONSCIENTE E INCONSCIENTE

Selecione um problema organizacional de alta complexidade (isto é, que envolva muitos fatores, conhecidos ou desconhecidos) que a sua empresa gostaria de resolver no futuro próximo. Convoque a sua equipe e separe-a em três grupos menores. Peça ao grupo A que olhe para o problema e tome uma decisão imediata. Não permita que gastem tempo para pensar. Peça ao grupo B que faça o contrário. Autorize acesso aos dados disponíveis, permita que outros sejam acrescentados caso seja necessário, garanta que os integrantes passem no mínimo meia hora em deliberações avançadas e só então tomem a sua decisão. Por fim, peça ao grupo C que considere o problema brevemente, mas então distraia os integrantes com algum jogo trivial à sua escolha (resolver anagramas, montar um quebra-cabeça, um joguinho no celular etc.). Eles devem tomar sua decisão sobre o desafio depois que terminarem de jogar e sem mais deliberações. Você pode até acrescentar um grupo D, que deverá voltar para casa e dormir depois de analisar o problema, sugerindo

> uma solução apenas na manhã seguinte, sem ter nenhuma outra interação ou deliberação sobre o assunto.
> Observe as diferenças entre as decisões tomadas. Quais delas você seguiria e por quê? Foi o tempo gasto em deliberações racionais que determinou a qualidade do resultado, ou alguma outra coisa?
> Mude as pessoas de grupo e repita o experimento com um problema de complexidade baixíssima (uma questão mais simples, com menos aspectos e atributos). Você vê alguma diferença entre os dois casos?
> No primeiro caso (problema complexo), o pensamento racional e o excesso de análise sobre todos os parâmetros do problema podem resultar em uma paralisia do cérebro, já que a natureza do problema (complexa) envolvia muitos fatores invisíveis que não podem ser detectados facilmente pela mente consciente — portanto, precisamos de mais intuição e ativação da mente inconsciente. No segundo caso (problema simples), a mente consciente pode facilmente assumir o controle, já que os fatores podem ser vistos, explorados e determinados de acordo com isso.

Horário nobre

Respostas automáticas do cérebro a situações do mundo real são a norma, e não a exceção, em nossas vidas diárias. Levando-se em conta que 98% ou mais da nossa atividade cerebral total diária é completamente inconsciente[21] e que 95% das nossas decisões são inconscientes,[22] isso não deveria ser uma surpresa. O que é surpreendente, porém, é o fato de que tantos gestores e líderes sigam suas carreiras ignorando ou conceitualmente indo contra a ideia de que seu comportamento, assim como o de seus colegas, é altamente guiado pelo inconsciente. Eles precisam entender que isso é verdade, e que não é necessariamente algo ruim.

Mencionamos há pouco o fenômeno do *potencial de prontidão* do cérebro no processo de tomada de decisão. Antes que tomemos nossa decisão consciente e passemos para um comportamento condizente com ela, os neurônios em nosso cérebro começam a disparar dentro do reino inconsciente, criando a base para que essa decisão seja tomada. Esse processo de preparação neural para a tomada de decisão não é independente do ambiente externo e pode ser altamente influenciado por estímulos. Influenciar o potencial de prontidão do nosso cérebro significa influenciar nossa tomada de decisão e nosso comportamento, para que possamos guiar ou "dar um empurrãozinho" em nossas ações para um caminho preferido. O modo pelo qual isso pode ser conseguido é chamado de *preparação*. Preparar é ordenar nosso cérebro para pensamentos e comportamentos específicos.[23] O cérebro vai, de forma inconsciente e muito rápida, considerar sinais que são detectados em uma situação para preparar nossa mente para tomar uma decisão adequada e adotar o comportamento apropriado. Diferentes sinais externos levarão a diferentes preparações/ordenações neurais e, possivelmente, a decisões e comportamentos diferentes. Essencialmente, as mensagens do ambiente podem colocar nosso cérebro em caminhos específicos de pensamento e ação. Para otimizar o seu desempenho e o da sua equipe, você deve certificar-se de usar a preparação de modo positivo e produtivo. Senão, a preparação pode funcionar contra nós, sem que percebamos. A lista de resultados experimentais indicando o poder da preparação é longa:

- Participantes em um teste de conhecimentos gerais foram separados em três grupos, cada um se dedicando a diferentes atividades que prepariam seus cérebros para estados mentais diferentes: um como professores, um como secretários e um como vândalos. O grupo com preparação de professor superou consideravelmente o desempenho dos outros dois no teste, sendo os vândalos o grupo de pior desempenho.
- Participantes preparados com um estado mental de idosos (tendo sido informados de que idosos são sentimentais, jogam bingo e têm cabelos grisalhos, entre outras características) se tornaram mais conservadores em suas opiniões, enquanto outros, preparados com um estado mental político (relembrados das principais características dos políticos), expressaram-se de forma mais prolongada.

- Quando idosos foram preparados com base em uma associação positiva do fato de ser mais velho, tiveram um desempenho muito melhor em testes de memória do que aqueles preparados com os aspectos negativos de ser mais velho.

E isso não é tudo. Em um estudo muito divulgado, eleitores estadunidenses que participaram de um experimento sobre a identidade americana e disposição para votar, na San Diego State University em 2007, consideraram o então candidato presidencial Barack Obama menos americano até do que Tony Blair, o ex-primeiro-ministro britânico! Eles foram preparados inicialmente para considerar a etnia de Obama, rotulada no experimento como "negra". Esses vieses raciais negativos podem influenciar a opinião das pessoas de maneira subconsciente, por isso, devem ser confrontados abertamente para que percam o poder despercebido que exercem sobre a nossa tomada de decisão.

Em uma série de três experimentos famosos, Bargh e associados[26] descobriram que:

- Estudantes preparados por frases com associações à população idosa passaram a andar mais devagar no corredor depois de serem preparados do que um grupo de controle que leu frases não associativas.
- Estudantes preparados por frases com associações a comportamento educado e respeitoso esperaram com mais paciência e por mais tempo do lado de fora do escritório de um pesquisador ocupado (que fazia parte do experimento) do que aqueles preparados com palavras como "rude", "perturbar" e "agressividade". Na verdade, 82% daqueles preparados para polidez não interromperam o pesquisador ocupado nenhuma vez.
- Entre estudantes preparados por palavras que os lembrasse de sua raça, alunos afro-americanos reagiram com mais hostilidade aos pedidos frustrantes de um pesquisador. Novamente, como no caso do estudo com Obama, vieses negativos sobre questões raciais (até "autovieses" observados nesse estudo em especial) podem perder boa parte de sua influência subconsciente quando as pessoas tomam consciência deles.

Todos esses resultados, e eles são dignos de nota, demonstram que nosso cérebro automaticamente reage a sinais externos, adotando subliminarmente uma estrutura ou um estado mental específicos. O preparo ordena a mente para tomar a decisão "certa" e assumir o comportamento mais "apropriado", evocando atitudes e modelos preestabelecidos em nossa memória de longo prazo.

A preparação funciona melhor quando as pessoas não estão cientes de seus efeitos. Quando nos tornamos cientes deles, a preparação deixa de funcionar. Para os líderes, isso significa basicamente duas coisas. Primeira, que quando detectamos em nós mesmos comportamentos ou reações de reflexo das quais não gostamos, devemos considerar seriamente se elas são produto de uma preparação desfavorável de nosso cérebro. Existe algum sinal externo que esteja nos colocando automaticamente em um estado mental improdutivo e ineficaz? Segunda, deveríamos nos empenhar ao máximo para participar e/ou criar um ambiente de trabalho que prepare o nosso cérebro com os melhores atributos para o alto desempenho e para chances mais elevadas de sucesso. Será que as empresas para as quais trabalhamos, nossos colegas, até nossos escritórios estão impulsionando nosso cérebro para o desempenho máximo? Ou será que fazem o oposto? A lição central, porém, é que nosso cérebro não é independente de seu ambiente. Ele recebe e processa subliminarmente, de forma contínua, muito mais informação do que nossa mente consciente seria capaz de fazer, e reage de forma reflexiva, alterando a habilidade da nossa mente consciente de tomar decisões. Nossos cérebros evoluíram para manter um potencial de prontidão neural e para tomar decisões por meio da preparação. Trata-se de atividades que executam muito bem. Líderes que ignoram ou se opõem a essas descobertas científicas estão perdendo incríveis oportunidades de recalibrar seu cérebro para a grandeza. Isso porque o conhecimento da influência da mente inconsciente sobre o nosso comportamento é a arma mais importante de que dispomos para moldar esse comportamento de maneira favorável para nós. O conhecimento realmente é poder, nesse sentido. Bargh,[27] um proeminente defensor da nossa mente inconsciente, cuja pesquisa e palavras estão incluídas com destaque neste capítulo, declarou categoricamente sobre o assunto:

> Os processos cognitivos sociais automatizados categorizam, avaliam e imputam os significados do comportamento e de outras informações sociais, e essa contribuição está então pronta para ser usada pelo julgamento consciente e controlado [...] [mas] a natureza não intencional e descontrolada das análises automáticas do ambiente não significa que elas sejam impossíveis de controlar ou ajustar quando a pessoa está ciente delas, se a pessoa assim desejar.

Nossa mente inconsciente é mais poderosa do que a consciente, no sentido de que ela consome mais energia cerebral e analisa mais informação do que o nosso processo de pensamento controlado. O desafio que todos nós enfrentamos em nossos trabalhos não é o de encontrar um jeito de conter esse poder, algo muito perigoso e neurologicamente quase impossível de se fazer, mas de utilizá-lo em nosso benefício.

A preparação, como outros conceitos influentes na ciência, não é desprovida de oponentes. Alguns resultados experimentais não foram reproduzidos em estudos posteriores,[28] o que levantou dúvidas sobre a preparação e gerou um debate muito acalorado. Em particular, esses estudos afirmaram que os experimentos não puderam demonstrar a preparação, sugerindo que tanto a preparação quanto as expectativas das pessoas que conduzem a experiência são fundamentais para explicar o comportamento social. Os mais recentes argumentos fizeram o famoso psicólogo Daniel Kahneman[29] publicar uma carta aberta a colegas pesquisadores apoiando mais pesquisas sobre a preparação, um conceito no qual ele afirma acreditar. Até Doyen e associados, que estavam entre aqueles que não conseguiram replicar os resultados da preparação exatamente da mesma forma de um dos estudos famosos, concluíram explicitamente que "a preparação comportamental inconsciente é real".[30] Desde então, o conceito de preparação tem atraído ainda mais críticas no meio acadêmico, levando muitos psicólogos a denunciar a prática por completo.[31] Entretanto, os defensores originais da preparação, os praticantes no mundo dos negócios e os neurocientistas continuam a defender o conceito. Novas evidências sugerem que a preparação afeta tanto o cérebro quanto o nosso comportamento, mas de um jeito que é mais consistente com as atitudes preexistentes de um grupo social,[32] ou, pelo menos, quando não vai contra elas. Isso significa que a preparação pode não ser a ferramenta mais forte para induzir uma mudança comportamental revolucionária e completa, mas pode ser eficaz para "dar um empurrãozinho" para pequenas mudanças que possam, de maneira acumulada e ao longo do tempo, levar aos resultados desejados.

Há uma abundância de implicações de liderança associadas ao conceito de preparação. Kark e Shamir[33] concordam com o ponto de vista de que líderes inovadores podem influenciar o eu relacional dos seguidores exibindo comportamentos específicos que preparem os autoconceitos e a identidade desses seguidores. Eles afirmam que comportamentos específicos dos líderes, tais como apoio psicológico e compaixão, podem preparar uma identidade relacional dos seguidores e deixá-los mais conectados uns aos outros. Em outras palavras, quanto mais fortes as conexões e a ligação emocional que os líderes desenvolverem com seus seguidores, mais provável que os seguidores sejam mais relacionais em suas atitudes quanto aos outros. E mais, a preparação parece funcionar para desenvolver o potencial de liderança na pessoa. Em um estudo experimental, Latu *et al.*[34] pediram a 149 estudantes de todos os gêneros que fizessem um discurso em público em um ambiente de realidade virtual. Os participantes foram expostos a fotos de Hillary Clinton, Angela Merkel e Bill Clinton ou a nenhuma foto. Participantes do sexo feminino foram expostas a fotos de líderes populares de todos os gêneros. Descobriu-se que essa população tinha a tendência de falar menos quando exposta à foto de Bill Clinton ou a nenhuma foto. Outro grupo de participantes do sexo feminino, quando expostas a imagens de líderes também do sexo feminino (Hillary e Angela), mostraram um aumento considerável em termos de extensão e qualidade do discurso. Em outras palavras, exemplos femininos prepararam as participantes femininas da pesquisa a agir de forma mais inspirada e profunda. Em resumo, o comportamento de liderança dos gestores pode inconscientemente influenciar o comportamento de seus funcionários. Mas isso já era sabido, tanto que sempre dissemos: "Lidere pelo exemplo". Agora, temos fortes provas científicas para corroborar essa máxima.

De modo geral, os processos cognitivos automáticos, a preparação e o potencial de prontidão são conceitos que estão aqui para ficar, já que nossa mente inconsciente parece ter um controle mais elevado — e mais benéfico — de nossos pensamentos e comportamentos do que esperávamos. Dito isso, não somos simples zumbis a serviço do nosso cérebro descontrolado. Por meio da conscientização e do conhecimento, podemos reduzir os efeitos negativos da preparação, como a estereotipagem, e aumentar os efeitos positivos para maximizar nosso desempenho na liderança e na gestão. Apesar disso, aqueles que ainda se opõem à presença, ao poder e, com frequência, à inteligência de nossa mente inconsciente, saudando a superioridade incondicional de nossa racionalidade, estarão vivendo em uma ilusão que é ineficaz e perigosa para todos. Como no caso de abertura, não podemos simplesmente continuar ignorando os limites de nossa habilidade para estar no controle total de nosso próprio comportamento.

PREPARAÇÃO EM ORGANIZAÇÕES

Frequentemente encontramos, em empresas e instituições, pessoas que são cegas à interdependência entre cérebro, ambiente, decisões e comportamentos resultantes. De alguma forma, muitos são levados a crer que o desempenho e a agilidade mental independem de condições externas, simplesmente fluindo de dentro da cabeça e do coração da pessoa. Segundo essa perspectiva, seria ótimo se a empresa tivesse um desempenho fantástico independentemente do que estivesse acontecendo em torno de um indivíduo. Achamos essa abordagem danosa porque, acima de tudo, ela remove a responsabilidade da liderança e da organização de criarem o ambiente certo para a conquista. Para nós, o indivíduo é sempre importante, desde que tanto o indivíduo quanto aqueles em sua vizinhança imediata estejam cientes dos determinantes cruciais do comportamento pessoal e social, usando-os com eficácia. Como Philip Zimbardo,[35] o psicólogo que conduziu o famoso Experimento da Prisão de Stanford, mencionado no capítulo anterior, explica com frequência, não é o indivíduo que deveria sempre ser acusado de um determinado comportamento (abordagem da "maçã podre"), tampouco o ambiente imediato (a abordagem do "barril de maçãs"), mas, sim, aqueles que têm a habilidade de projetar as condições ambientais nas quais os atores se comportam e as ações acontecem (abordagem do "produtor de barris" ou "tanoeiro"). Líderes de verdade são "tanoeiros", eles criam ambientes positivos e dinâmicos que preparam o comportamento de si mesmos e de seus funcionários para um desempenho forte e duradouro. A seguir, apresentamos modos comprovados de criar as condições certas de preparação:

- *Cultura.* A cultura corporativa, ou mesmo departamental ou de equipe, é um preparador forte para o comportamento e a tomada de decisões. Descobriu-se que construtos culturais são motivadores essenciais do comportamento social, uma vez que, quando disparam o conhecimento implícito de seus valores, as pessoas automaticamente são colocadas em um estado de espírito específico e fazem escolhas comportamentais condizentes.[36] Isso significa que a cultura organizacional, com seus valores funcionais reais e como uma experiência coletiva vivida diariamente — não como uma apresentação polida ou uma explicação on-line no website corporativo —, determina subliminarmente o modo como o cérebro das pessoas é preparado para a ação. É imperativo que você desvele a ética de trabalho real em sua organização e compreenda o impacto dela na preparação das pessoas para comportamentos específicos em cada situação, como em reuniões, negociações, apresentações etc.

- *Contexto da mensagem.* Mensagens não são independentes do contexto ou da mídia em que aparecem. Na verdade, nosso cérebro está preparado para aceitar, rejeitar ou geralmente decodificar e designar significado para uma mensagem com base na percepção implícita da mídia; por exemplo, uma pessoa, uma *newsletter* eletrônica ou um anúncio no Facebook. Esse sinal contextual ou preparação da mídia[37] envolve uma ativação implícita da memória e forma atitudes quanto a um estímulo (a mensagem) com base em outro (o contexto ou mídia em que a mensagem aparece). Isso significa que reuniões, anúncios, as paredes do escritório, o portal interno, discussões informais de corredor e pessoas diferentes podem ter um efeito de preparação diferente. Escolha com cuidado a mídia para garantir que ela seja congruente com a mensagem e não prepare o cérebro para a reação oposta.

- *Símbolos.* Como Alter[38] explica, símbolos podem moldar poderosamente nossos pensamentos e ações, porque nós os percebemos de maneira fácil e rápida, bem como porque eles se inserem profundamente em nossas memórias. Eles são "ímãs de significados", recuperando instantaneamente associações programadas em nossos cérebros por experiências anteriores e nos preparando para atitudes, decisões e comportamentos específicos. Símbolos são transmissores de cultura.[39] Em um estudo muito discutido, pesquisadores[40] prepararam estudantes expondo-os subliminarmente a diversos logotipos da Apple ou a vários logotipos da IBM. Em seguida, pediram a eles que demonstrassem criatividade, sugerindo maneiras diferentes de usar itens comuns do cotidiano, como um clipe de papel (o teste dos "usos incomuns"). Aqueles preparados com os logotipos da Apple produziram mais em número e soluções mais criativas do que o grupo da IBM porque, aparentemente, a Apple está programada no cérebro como uma representação de pensamento criativo. Assim, o logotipo da Apple dispara uma reação inconsciente que ordena/prepara o cérebro para a criatividade, mais do que o logotipo da Microsoft. Essas descobertas sugerem fortemente que os estímulos a que nós e nossos colegas somos expostos no trabalho podem ter um efeito em cadeia potencialmente poderoso sobre nosso comportamento. Dê uma olhada ao seu redor no escritório e nos materiais corporativos que você e sua equipe estão usando diariamente. Existe algum símbolo específico que possa impulsionar o desempenho do seu cérebro? Ou existe algum símbolo que possa inibi-lo? Elimine os símbolos do segundo tipo e inclua mais do primeiro. Explore também quais deles podem ser introduzidos ao ambiente, e como, para aumentar o impacto positivo dos símbolos sobre os cérebros da sua equipe.

- *Palavras*. A preparação foi observada pela primeira vez em exercícios associativos com palavras, e desde então tem sido confirmado que ela reduz o processamento neural no córtex cerebral,[41] o que significa que há menos atividade neural na parte controlada de nosso cérebro do que quando a preparação está ausente. Isso ocorre porque a preparação dispara memórias implícitas que nos ajudam a desempenhar, quase automaticamente, uma tarefa com base em experiências anteriores, sem estarmos cientes ou conscientes desse processo.[42] A preparação poupa energia cerebral e nos ajuda a completar tarefas de maneira eficiente e a gerenciar o tempo de maneira eficaz. As palavras têm um poder aumentado na preparação, por isso, devemos prestar atenção ao modo como as utilizamos, tanto para nossos próprios propósitos implícitos de motivação quanto para a motivação de outras pessoas em nossas empresas. Nesse sentido, faz sentido que as empresas usem palavras elaboradas especificamente para seus valores, que busquem refletir sua filosofia central. A empresa TOMS Shoes, por exemplo, repete a palavra "dar" em seus valores e em seus materiais corporativos[43] para indicar que ela se dedica a "dar" de volta para as comunidades carentes algo a cada compra de um de seus produtos.[44] Há muitas listas disponíveis da terminologia recomendada para liderança[45] que podem induzir mudanças positivas e incrementar comportamentos, mas sugerimos que você crie a sua própria terminologia, mais adequada a seu papel, suas aspirações, sua empresa e sua equipe. As palavras vão colocar as pessoas, inclusive você, em um estado de espírito específico, então, escolha-as com cuidado e estratégia.

- *Silêncio.* Com muita frequência, temos observado nas empresas uma distância considerável entre o mundo onde se pensa e o mundo onde se faz. Funcionários de escritório estão, em muitos casos, desconectados dos trabalhadores do "mundo real", como o pessoal de chão de fábrica ou da linha de frente. Esse tipo de desconexão e seus riscos foi o que inspirou muitos gestores a se engajar no que é conhecido como "gestão do andar por aí", ou MBWA em inglês (*Management By Wandering Around*), uma prática que busca ajudar as pessoas nos escritórios a tomar um choque de realidade e garantir melhorias, especialmente quando se engajam ativamente na solução de problemas.[46] Mesmo assim, é comum ficarmos chocados pela quantidade de conversa nos escritórios, na forma de reuniões, apresentações, relatórios etc., e pelas muitas vezes em que há uma ausência de ação decisiva. Um estudo intrigante feito por Flegal e Anderson[47] sobre o "efeito da ofuscação verbal" pode explicar o motivo para isso. Eles pediram a golfistas de alto nível que realizassem uma ação, depois se engajassem em discussões verbais (alguns explicando sua técnica, outros falando sobre assuntos irrelevantes) e, no final, realizassem o mesmo movimento outra vez. Descrever sua experiência atrapalhou consideravelmente a habilidade dos golfistas de alcançar resultados. Já os golfistas habilidosos que se engajaram em atividade verbal irrelevante não tiveram seu desempenho prejudicado. Isso prova que o efeito da ofuscação verbal pode realmente prejudicar os esforços da equipe, e os seus, em repetir grandes conquistas. Conversa demais e pensar em excesso parecem afetar negativamente a habilidade dos cérebros de especialistas de ter um bom desempenho. Portanto, menos explicações intermináveis e mais ações focadas abrem o caminho para uma preparação melhor para o cérebro repetir grandes resultados.

QUADRO DE AÇÃO: CRIE UMA MATRIZ PARA CONDIÇÕES DE PREPARAÇÃO

Crie uma tabela-matriz com seis fileiras e duas colunas. Na primeira célula da primeira coluna, coloque o título: aspectos das condições de preparação. Nas cinco células seguintes da primeira coluna insira, uma por uma, as cinco formas mencionadas anteriormente para ajudar a criar as condições certas para a preparação, ou seja, cultura, contexto da mensagem, símbolos, palavras e silêncio. Na primeira célula da segunda coluna, coloque o título: elementos organizacionais.

Sua meta é preencher as cinco células que restam na segunda coluna com os aspectos particulares que ocorrem na sua organização, no seu departamento ou na sua equipe que poderiam influenciar as condições de preparação, trazendo resultados positivos e/ou negativos.

Anote suas conclusões e considere-as na próxima vez que precisar tomar decisões dentro de sua equipe.

Novos hábitos, velhos hábitos

Podemos não nos dar conta deles, naturalmente, mas rotinas ou hábitos irrefletidos representam um grande número de nossos comportamentos cotidianos. Estudos sugerem que até 45% de nossas ações diárias são repetidas do mesmo modo quase todos os dias.[48] Isso significa que quase metade do nosso comportamento é automático e executado com interferência cognitiva reduzida de nossa parte. Esse mecanismo poupa energia vital no cérebro, que pode ser canalizada para áreas e funções cerebrais em que ela é mais necessária; se tivéssemos de considerar e analisar conscientemente cada ação que executamos a cada minuto do dia, ficaríamos paralisados pela sobrecarga de informações e não seríamos capazes de realizar muita coisa. Se um hábito é benéfico para o nosso potencial de liderança, devemos cultivá-lo e até reforçá-lo, mas, se ele for danoso, precisamos reformulá-lo e transformá-lo em algo novo. As duas estratégias, contudo, presumem que saibamos o que são os hábitos e como lidar com eles, já que o seu impacto sobre o nosso comportamento simplesmente não pode ser desconsiderado.

Nossos circuitos neurais de hábito, isto é, as regiões e conexões cerebrais responsáveis pela formação e preservação de hábitos, apenas recentemente começaram a ser compreendidos. *Contingências de reforço* executadas pela mente inconsciente determinam quais comportamentos nos recompensarão e quais não, avaliando o resultado do comportamento escolhido mediante "sinais de recompensa-previsão de erro" para estimular sua transformação, ou não, em um hábito.[49] Inconscientemente, nosso cérebro nos "empurrará" na direção do comportamento que perceber como mais recompensador, e se essa recompensa realmente vem, e é repetida depois de fazermos essa ação várias vezes, então é formado um hábito pelo reforço. É por isso que podemos identificar conscientemente alguns comportamentos nossos como prejudiciais (comer alimentos gordurosos com frequência, por exemplo), mas achamos tão difícil abandonar esses hábitos. É a poderosa mente inconsciente que decide e avalia as recompensas por sua perspectiva própria e estimula um comportamento, não nosso pensamento controlado, mais fraco. Quando a mente inconsciente ama uma recompensa que nós, conscientemente — em teoria —, acreditamos ser negativa, adivinhe quem costuma sair ganhando! No cérebro, o neocórtex, os gânglios basais – que coordenam o aprendizado processual – e o mesencéfalo são associados à formação e à manutenção de hábitos, que se tornam mais ou menos engajados conforme o comportamento for deliberado ou habitual.[50]

Formar e manter um hábito é um processo de três passos:

1. *Exploração.* O neocórtex é mais ativo no primeiro passo; detecta e analisa um novo comportamento.
2. *Formação do hábito.* Os gânglios basais se tornam muito ativos quando repetimos um comportamento e o ciclo de *feedback* é reforçado pela recompensa do comportamento.
3. *Gravação.* O hábito está bem estabelecido pela neuroplasticidade e, por mais surpreendente que pareça, uma parte do neocórtex ainda está ativa, como se permitindo em silêncio que nos engajemos no hábito. É nesse ponto que existe uma possibilidade de mudar de hábito.

Adquirir novos hábitos demanda tempo. Em um cenário de mundo real e usando-se seres humanos (e não ratos, como em muitos experimentos relacionados a hábitos), descobriu-se que as pessoas adquiriam um hábito, o que significa que o automatismo se configurou, em uma média de 66 dias, com uma ampla faixa de variação de 18 até 254 dias.[51] Isso quer dizer que hábitos não se formam da noite para o dia e que, para a neuroplasticidade gravar novos caminhos no cérebro, a repetição e a confirmação da recompensa ao longo do tempo são importantes. Uma vez que um hábito esteja formado, metas novas e antigas, expressadas por nosso pensamento controlado (consciente), não interferem muito no processo, mas, para se formar um novo hábito, metas são importantes, tanto para começar o processo como para mantê-lo ao longo do tempo, até que o hábito esteja totalmente formado.[52]

Similarmente ao que ocorre com hábitos individuais, existem hábitos grupais que podem ser formulados dentro de uma entidade coletiva. Em teoria da administração, o conceito relevante referente a isso é o de *rotinas organizacionais*, que são vistas como um conjunto sistemático e repetitivo de atividades que ocorrem dentro das organizações.[53] Tais rotinas, segundo alguns, são o meio necessário para a implementação de tarefas.[54] Rotinas são entidades organizacionais que produzem estabilidade dentro das organizações. Quando novas, porém, as rotinas produzem mudança. Líderes deveriam considerar as rotinas organizacionais como hábitos coletivos potencialmente poderosos que podem desempenhar um papel vital em sustentar e/ou mudar a situação vigente dentro das empresas.

Se você quer, junto com sua equipe, desenvolver e sustentar novos hábitos produtivos no local de trabalho, então concordar plenamente com o objetivo do hábito e garantir que esse objetivo seja emocionalmente reforçado ao longo do tempo são passos fundamentais. Por exemplo: se você deseja começar a fazer anotações com sugestões do que é preciso fazer após cada reunião importante, mas simplesmente não parece fazer isso nunca, estabelecer uma meta muito forte referente a isso e relembrar a si mesmo dessa meta toda vez que entrar e sair de uma reunião pode ajudar a formar o hábito. Instalar um lembrete automático para aparecer em seu calendário eletrônico depois de reuniões, incluindo explicitamente o objetivo e não apenas a ação, tem funcionado bem para nossos clientes. Anotar periodicamente as melhorias que você conseguiu fazer por causa desse novo hábito ajuda a cimentá-lo ainda mais, em razão do reforço da recompensa.

O ciclo do hábito é descrito por Charles Duhigg,[55] repórter ganhador do prêmio Pulitzer, em seu livro *O poder do hábito: por que fazemos o que fazemos na vida e nos negócios*. Nessa obra, ele trata da importância do ciclo do hábito, que funciona assim:

1. *Sinal.* O gatilho que coloca seu cérebro no modo automático e pede que um hábito específico seja recuperado.
2. *Rotina.* O processo físico (fazer), mental (pensar) e emocional (sentimentos) que é disparado pelo sinal.
3. *Recompensa.* O resultado da rotina desejado pelo cérebro e devido ao qual o hábito existe.

Para trocar um hábito indesejado, Duhigg sugere manter sinal e recompensa iguais, mas escolher uma rotina diferente. Isso é o que ele chama de *regra de ouro da mudança de hábito*. A essência dessa abordagem é que você pode mudar um hábito tentando alcançar a mesma recompensa depois de um sinal específico, mas usando um curso de ação diferente. Por exemplo: se você tem o hábito de aceitar automaticamente mais trabalho do que os seus colegas para alcançar a recompensa emocional de ser um "membro digno do time", talvez seja melhor ajudar o time a lidar de maneira mais eficiente com a nova carga de trabalho, realmente priorizando o trabalho em equipe, e, assim, atingir a mesma recompensa emocional no fim.

Mudar a rotina para obter a mesma recompensa é uma das formas de se lidar com os hábitos. Trabalhar nos sinais é outra.[57] A primeira estratégia é evitar totalmente o sinal. Se você não quer ser distraído por uma olhadinha impulsiva nos novos e-mails ou por chamadas telefônicas, elimine esses sinais, colocando seu telefone no modo silencioso ou desligando as notificações de e-mail. Do mesmo modo, se o clima nas reuniões automaticamente se torna pesado toda vez que um membro específico da equipe provoca os colegas de um jeito negativo, conversar pessoalmente com essa pessoa, de modo a fazê-la parar de fornecer o sinal que causa as habituais brigas coletivas, pode interromper o comportamento indesejado. Sempre que os sinais são específicos do ambiente, mudar de ambiente fará os sinais desaparecerem e, assim, não disparem mais o hábito. Em nossa experiência, alternar os locais das reuniões, de modo que sejam feitas em diversos lugares dentro e fora da empresa, tem feito milagres para interromper o hábito de discussões prolongadas e sem valor que caracterizam tantas reuniões de negócios. Mudanças de escritórios, de cargos organizacionais e até mesmo de emprego podem funcionar muito bem para nos livrarmos de hábitos indesejados. Se o sinal não puder ser eliminado, como aquele chefe excessivamente crítico na avaliação de desempenho, cuja rispidez sempre causa a resposta submissa habitual, ter ciência do sinal e da rotina pode ser o começo da mudança de hábito. Inibir a resposta automática ao sinal envolve a estratégia da evasão, ou seja, monitorar diuturnamente os sinais e suas respostas para modificar o curso de ação. Essa é uma estratégia difícil, pois envolve nossa mente consciente trabalhando muito para mudar o comportamento. Ela funciona bem se o monitoramento for de fato muito vigilante e auxiliada por seus pares. Pedir àqueles mais próximos de nós que fiquem de olho em nossas respostas habituais automáticas e que nos avisem quando um sinal aparecer é crucial para que nossos cérebros comecem a se mover em uma direção diferente. O treinamento, especialmente como intervenção estruturada para a mudança, é outra forma de recondicionar o cérebro para responder de maneira diferente aos sinais do ambiente, assim como a punição, que pode anular o prazer de se completar um ciclo do hábito.

O empreendedor James Clear, autor de *Atomic habits: an easy and proven way to build good habits and break bad ones* [Hábitos atômicos: um jeito fácil e comprovado de construir bons hábitos e eliminar hábitos ruins],[58] destacou em uma entrevista à *Harvard Business Review*[59] os dois principais modos pelos quais podemos adquirir hábitos benéficos, um guiado pelo comportamento e outro, pela cognição. O modo comportamental diz respeito à regra dos dois minutos. Essa regra pede que alguém se engaje em um passo pequeno de um comportamento de dois minutos que esteja alinhado com o hábito desejado. Em vez de tentar se comprometer com metas ambiciosas e com frequência irreais, que demandam considerável energia do cérebro e um corte drástico dos hábitos atuais, divida essas metas em passos menores, mais alcançáveis e com uma exigência de tempo mais limitada — e comece o quanto antes. A recompensa dessa vitória rápida o levará para o passo seguinte, por fim levando à normalização do novo hábito. Já o método cognitivo trata da autoimagem. Em vez de se concentrar e se estressar com mudanças comportamentais consideráveis, tente estabelecer primeiro que tipo de pessoa você quer ser em relação a esse comportamento. Clear sugere que, ao vivenciar mentalmente e sentir profundamente a nova imagem que busca alcançar, comparando-se constantemente com o modelo desejado, você criará uma mudança comportamental positiva. Nas palavras dele:

> A meta não é correr uma maratona. A meta é se tornar um corredor. E, quando começa a atribuir essas novas identidades a si mesmo, você já não está mais buscando a mudança de comportamento. Está apenas agindo em alinhamento com o tipo de pessoa que você enxerga em si. Assim, eu acho que, dessa forma, uma mudança de comportamento é, na verdade, uma mudança de identidade.

Embora já exista muito conhecimento sobre como os hábitos são criados e como eles funcionam, ainda há muitos segredos a serem revelados. Revisando uma grande parte da literatura neurocientífica disponível sobre a neurobiologia dos hábitos, Amaya e Smith ficaram espantados ao verificar:

> [C]omo algo tão intuitivamente simples como um "hábito" pode exibir tanta complexidade quando investigado cientificamente. Obras recentes da neurociência comportamental indicam que os hábitos podem ocorrer com diferentes gradações de força, competem com outras estratégias pelo controle sobre o comportamento, são em parte controlados momento a momento enquanto ocorrem e incorporam mudanças na atividade neural por intermédio de múltiplos cronogramas e circuitos cerebrais.

Eles argumentam que muitas questões continuam sem resposta, como a importante dúvida de como, exatamente, hábitos reforçados positivamente diferem dos hábitos reforçados negativamente. Os primeiros resultados indicam que os últimos se formam mais depressa, mas é necessário pesquisar mais a fundo para esclarecer as diferenças nos processos neuroquímicos subjacentes aos dois. De qualquer forma, Amaya e Smith destacam que os hábitos podem ser sinais de otimização de performance, sendo esse o seu lado positivo, mas também de comportamentos que não estão mais conectados com o propósito, com as mudanças ambientais e com metas específicas, o que, dependendo da situação, pode ser um aspecto bem negativo. Infelizmente, é comum testemunharmos gestores, equipes e mesmo departamentos inteiros em empresas que se tornaram reféns de hábitos que talvez tivessem fortes razões benéficas para existir no começo, mas que agora servem apenas a si mesmos. Grandes líderes inspiram as pessoas a mudar fornecendo os sinais, as novas rotinas e os reforços comportamentais certos, no momento certo.

    Os hábitos são importantes automações cerebrais e precisam ser compreendidos e utilizados da forma apropriada se quisermos atingir o sucesso como gestores e líderes. Precisamos nos livrar de hábitos que não sirvam ao nosso propósito e desenvolver novos outros que o façam.

Hábitos desejáveis poupam valiosa energia cerebral e tempo, além de nos ajudarem a ter um desempenho grandioso com facilidade. A popularidade global do livro *Os 7 hábitos das pessoas altamente eficazes*, de Stephen Covey, publicado pela primeira vez em 1989 e considerado um dos livros de negócios mais vendidos de todos os tempos,[60] demonstra que as pessoas nas empresas querem desenvolver hábitos que as façam vencer automaticamente, instintivamente, impulsivamente. Covey sugeriu os seguintes hábitos de liderança em sua obra:

- Seja proativo;
- Comece com um final em mente;
- Coloque o que é mais importante em primeiro lugar;
- Pense em ganhos para todos;
- Procure primeiro entender para depois ser entendido;
- Use a sinergia;
- Afie suas ferramentas.

A neurociência por trás da formação e manutenção de hábitos pode nos ajudar a fazer isso, mas apenas se tivermos uma compreensão mais profunda de como e por que eles funcionam. Quais hábitos de liderança você quer desenvolver? Comece a fazer isso hoje, porque vai levar algum tempo. Em termos tipicamente "de hábito", a recompensa valerá o esforço.

QUADRO DE AÇÃO: CRIE UM MAPA DE HÁBITOS COM A FERRAMENTA SRHI

O índice de hábitos autorrelatados (SRHI) é uma ferramenta desenvolvida por Verplanken e Orbell[61] com base em medições de características essenciais dos hábitos, como seu histórico de repetições, sua automaticidade e sua identidade de expressão. A ferramenta envolve doze perguntas, concebidas para identificar a força dos hábitos. Essas perguntas são:

O comportamento X é algo que...
1. Faço com frequência?
2. Faço automaticamente?

3. Faço sem ter que me lembrar conscientemente?
4. Me faz sentir estranho se eu não fizer?
5. Eu faço sem pensar?
6. Exigiria esforço meu para não fazer?
7. Pertence à minha rotina (diária, semanal, mensal)?
8. Eu começo a fazer antes que me dê conta de estar fazendo?
9. Eu acharia difícil não fazer?
10. Eu não preciso pensar em fazer?
11. É típico "meu"?
12. Eu faço há muito tempo?

Ao pontuar cada hábito dessas doze declarações usando uma escala de concordo/discordo de 1 a 5 e calcular a pontuação média, podemos obter a força total do hábito. Usamos o SRHI para ajudar as pessoas e as equipes nas organizações a desenvolver um "mapa dos hábitos". Isso é feito seguindo-se quatro passos principais:

Passo 1. Identifique três bons hábitos que você deseja manter e três maus hábitos que deseja mudar. Recomendamos que você peça às pessoas mais próximas a você na empresa que o ajudem nessa seleção.

Passo 2. Complete o SHRI para todos os hábitos listados. Peça para pelo menos duas pessoas próximas a você no trabalho fazerem o mesmo com os seus hábitos, não os delas. Calcule a pontuação média, combinando todas as respostas. Relacione tanto os bons quanto os maus hábitos pela ordem de força (com base na pontuação de cada), separadamente. Você agora tem a base do mapa pronta.

Passo 3. Para cada hábito, bom e mau (e até para os completamente novos que você quiser adicionar), crie uma lista de ações que você pode adotar para lidar com ele

> de maneira eficaz. No caso dos bons hábitos, é possível que alguns tenham de ser consolidados e até desenvolvidos, enquanto os maus hábitos devem ser atenuados e, finalmente, mudados. Siga as recomendações desta parte do capítulo para fazer isso.
>
> *Passo 4.* Comprometa-se com o processo monitorando atentamente, discutindo em equipe com frequência, oferecendo reforços positivos e negativos sempre que possível e acrescentando/subtraindo ações conforme o necessário. Normalmente, hábitos tornam-se arraigados e não se desenvolvam nem mudam por si mesmos.
>
> Tenha em mente que as doze questões no SRHI podem ser alteradas para refletir com mais precisão o ambiente organizacional específico e a natureza do seu trabalho. Lembre-se também de que a mudança é mais fácil quando há apoio de seus pares do que quando ela é um esforço isolado e individual.
> Você pode criar um mapa dos hábitos da equipe, repetindo o exercício apresentado junto a seus membros. Então, poderá calcular as pontuações da equipe e compará-las com as suas. Tanto para o mapa pessoal quanto para o da equipe, repita o exercício no mínimo seis meses depois para identificar melhorias. Se você identificar que houve melhorias, comemore-as!

Vamos à atividade física!

O mundo ao nosso redor está se tornando cada vez mais digital. Nós passamos boa parte de nossos dias e noites presos à internet por motivos profissionais e pessoais. Como consequência, essa interação intensiva com o mundo digital não deixa o cérebro intocado. Pelo contrário: nosso cérebro está tentando se adaptar a essa nova situação, como sempre faz quando há mudanças consideráveis no nosso ambiente externo. Essa adaptação cerebral é, segundo alguns, positiva, mas, segundo outros, negativa. Pelo lado positivo, gente como Clive Thompson, autor do livro *Smarter than you think: how technology is changing our minds for the better* [Mais inteligente do que você pensa: como a tecnologia está mudando nossa mente para melhor],[62] acredita que nosso cérebro vem se tornando mais eficiente e eficaz com o uso de novas tecnologias por causa das oportunidades avançadas de colaboração, do acesso mais fácil a informações cruciais do mundo todo e da habilidade de monitorar cada aspecto de nossa vida que elas oferecem. Do lado negativo, gente como Larry Rosen, autor do livro *iDisorder: understanding our obsession with technology and overcoming its hold on us* [iDistúrbio: entendendo nossa obsessão com a tecnologia e superando seu domínio sobre nós],[63] acredita que nossa obsessão com dispositivos móveis já sinaliza a ocorrência de condições patológicas no cérebro, como vício, narcisismo aumentado, déficit de atenção e comportamentos obsessivos-compulsivos. Esses, obviamente, são dois lados da mesma moeda, e ainda não sabemos ao certo que tipos de benefícios e prejuízos de longo prazo essas tecnologias trarão ao nosso cérebro. O fato, porém, é que nosso cérebro evoluiu ao longo de milênios mediante interação intensiva com o mundo físico, e essa interação criou vários tipos de regras básicas relacionadas ao pensar e reagir em nossa mente inconsciente. Os estímulos a que expomos nossos sentidos todos os dias sinalizam para nosso cérebro com muito mais força do que podemos nos dar conta, influenciando nossa mente inconsciente a se comportar de modos surpreendentes. Se estivermos cientes disso e compreendermos como essas influências do mundo real atuam sobre o nosso poderoso pensamento escondido, podemos nos colocar na vantajosa posição de manipulá-las de acordo com os nossos objetivos. Bem-vindo ao mundo da "mente sobre a matéria".

Nós somos os nossos cérebros, situados dentro de nossos corpos físicos e vivendo em um ambiente específico que nos cerca constantemente. Isolar um do outro simplesmente não faz sentido. O conceito de cognição encarnada na filosofia e na psicologia argumenta de forma convincente que não podemos separar nosso cérebro de seu corpo, nem o nosso corpo de seu ambiente. A inter-relação entre o cérebro, o corpo e o ambiente biológico, psicológico e social em que nos encontramos é crucial para a maneira como nossa mente funciona, além de ter um impacto direto sobre como pensamos, sentimos e nos comportamos.[64] Segundo essa abordagem, a maior parte de nossa cognição é resultado da interação entre as regiões sensório-motoras do nosso cérebro, que perfazem a integração neural dos sistemas sensório e motor, ajudando-nos a receber estímulos e a nos mover de acordo com eles, com os nossos corpos e com o ambiente com que interagimos. Evidentemente, os cientistas que trabalham com sistemas de inteligência artificial (IA) há muito reconheceram que o problema com a IA e a robótica não é replicar o raciocínio de alto nível, que na verdade requer menos tecnologia computacional. O desafio é replicar as habilidades *sensório-motoras* de baixo nível, em sua maioria inconscientes, que são as responsáveis por garantir que interajamos de maneira eficaz e eficiente com o mundo ao nosso redor, e assim possamos sobreviver e prosperar.[65] Isso, sim, demandaria um volume descomunal de recursos computacionais. O poder do inconsciente é o que nos torna únicos como espécie, e não podemos mais fingir que ele realmente não importa ou que na verdade prejudica o nosso intelecto supremo. Isso tem de acabar. Os líderes precisam mudar os seus conceitos se pretendem melhorar suas equipes, suas empresas e a sociedade.

A dependência que nossa mente nutre pelo mundo físico que a envolve também é vividamente refletida na linguagem falada, já que constantemente usamos metáforas do mundo real para nos expressar no dia a dia.[66] Assim, temos uma agenda "pesada" para essa semana, uma decisão "transparente" foi tomada ontem, nós constantemente "empurramos" reformas, as acusações contra nossa firma finalmente "caíram" ontem, a equipe não "pegou" a importância do anúncio mais recente e o novo CEO é um tanto "frio" em comparação com o antigo. A lista não tem fim, o que mostra que, por meio da evolução, nosso cérebro desenvolveu uma profunda habilidade de considerar com atenção o mundo natural ao seu redor, às vezes até sem se separar totalmente dele, de modo a ter sempre uma visão realista da situação e reagir da melhor maneira possível. Grande parte do pensamento moderno se baseou no pressuposto de que nós podemos, de algum jeito, ser observadores objetivos e desapegados dos eventos que nos cercam, o que é considerado por muitos psicólogos, neurocientistas e filósofos não apenas falso, mas também altamente perigoso.[67] Se não interagirmos de forma ativa e constante com o mundo ao nosso redor, utilizando todos os nossos sentidos e nossas poderosas funções cerebrais, corremos o risco de viver "com a cabeça nas nuvens", isolados da realidade, como Sir Ken Robinson acusou muitos acadêmicos e profissionais modernos de fazer em sua palestra "Do schools kill creativity?" o evento TED Talk mais visto de todos os tempos.[68] E é isso, infelizmente, que nós testemunhamos pessoalmente em várias empresas e sessões de treinamento com as quais nos envolvemos. Há muita gente nas organizações do mundo todo que foi erroneamente levada a crer que a mente tem uma vida própria, separada do cérebro, do corpo e do ambiente, e que ela preside sobre tudo isso. Essas pessoas são analíticas demais, secas demais, desconectadas demais, e acreditam firmemente que isso é o melhor que um líder pode ser. Isso não poderia estar mais longe de como nosso cérebro realmente funciona e de como verdadeiros líderes devem ser para inspirar, desempenhar e crescer. Qual é a importância do ambiente físico real sobre o nosso comportamento? Considere os seguintes resultados de pesquisas experimentais:

- Segurar brevemente um copo com bebida quente em vez de bebida gelada ao analisarmos a personalidade das pessoas faz com que as consideremos mais "calorosas, generosas, atenciosas".[69]
- Da mesma forma, se nos pedirem para segurar uma bolsa de água quente em vez de uma bolsa com gelo, é mais provável que escolhamos um presente para um amigo do que para nós mesmos.[70]
- Se estivermos segurando uma prancheta pesada em vez de uma leve, atribuímos valores monetários maiores a moedas estrangeiras, aumentamos a justiça em nossa tomada de decisão, ficamos mais coerentes em nossas deliberações e tendemos a formar opiniões mais fortes.[71]
- Em uma série de experimentos, Ackerman e associados[72] descobriram que sentar em uma cadeira rígida nos faz negociar mais rigidamente, resolver um quebra-cabeça difícil nos deixa menos cooperativos socialmente e tocar um cobertor macio nos faz considerar a personalidade de alguém mais positiva do que quando tocamos um objeto duro.

Destacando a influência das sensações hápticas (ou táteis) para toda a nossa existência, Ackerman *et al.*[73] argumentam que:

> O tato é o primeiro sentido a se desenvolver e um meio crítico para aquisição de informações e manipulação ambiental. Experiências de toque físico podem criar uma armação ontológica para o desenvolvimento de conhecimento conceitual e metafórico intra e interpessoal, além de funcionar como um ponto de partida para a aplicação desse conhecimento.

Sempre que apresentamos essas evidências científicas para nossas plateias e nossos clientes, as reações são de surpresa e assombro, algumas de evidente ceticismo. É difícil aceitar que segurar um copo de café quentinho ou sentar em uma cadeira dura podem realmente mudar o comportamento organizacional nas empresas e instituições. Isso mostra o quanto nós nos afastamos mentalmente do nosso ambiente físico e passamos a ver os nossos processos cognitivos como independentes, indiferentes e objetivos. A quantidade de pesquisas que indicam o oposto está aumentando e inspirou a psicóloga Thalma Lobel a escrever o livro *Sensation: the new science of physical intelligence* [Sensação: a nova ciência da inteligência física],[74] sendo "inteligência física" outro nome para a cognição personificada nos casos em que ela funciona em nosso benefício, não causando confusão nem comportamento equivocado. Inteligência física é, na verdade, um termo excelente, pois indica que a habilidade de nosso cérebro de perceber sinais do ambiente físico para se mover em uma ou outra direção pode fornecer vantagens competitivas importantes àqueles que saibam como detectar essa habilidade e utilizá-la. Lobel incluiu texturas, pesos, cores, distância, brilho, limpeza, altos e baixos, além de uma linguagem baseada em metáforas que usamos diariamente, em sua análise de como os sentidos influenciam a nossa mente inconsciente e nos preparam para a ação. Ela conclui que:

> Uma vez que toma ciência dessas influências e do poder das metáforas, você pode usá-las em seu benefício [...] Preste atenção às contribuições dos seus sentidos e as avalie. Sua afinidade com o que os seus sentidos dizem lhe dará a inteligência física — de outra forma, seus sentidos entregarão apenas dados. Armado dessa nova consciência, você poderá evitar ser influenciado por associações

metafóricas previamente inconscientes em seus julgamentos e avaliações de outras pessoas.

Essa é a lição inestimável da cognição personificada. Ignorar ou negar sua existência na verdade aumenta a possibilidade de se operar com vieses e de se ter uma visão distorcida da realidade. Isso significa simplesmente que nós podemos tomar decisões ruins e ações errôneas. Aceitá-la e trabalhar com ela pode aumentar a nossa eficácia e, no final, ela pode se tornar uma arma poderosa em nosso estilo de liderança baseada no cérebro. Nossa recomendação é: comece a sentir o ambiente ao seu redor de uma forma concreta e mais clara. Repare nos detalhes do espaço e procure saber como esses detalhes podem mudar o modo como você pensa e age. Isso já é um bom começo. Particularmente, nós pedimos aos nossos parceiros que considerem como o ambiente físico afeta:

- seu humor diário;
- sua repetição de cadeias específicas de pensamento;
- seus níveis de proximidade e conexão com colegas e outras pessoas na organização;
- seu potencial criativo e reflexos inovadores.

Até o modo como formamos nossa postura corporal prepara nosso estado emocional de formas surpreendentemente poderosas. Podemos fingir uma postura para gerar o efeito mental desejado, o que significa dizer que o nosso corpo pode literalmente mudar a nossa mente.[75] Lembra do exercício de segurar a caneta com a boca, que produzia sentimentos felizes só porque se criava um sorriso falso? A interação entre nosso cérebro inconsciente, nosso corpo e o ambiente físico ao nosso redor cria potentes efeitos de preparação sobre nossa mente consciente que, se não forem reconhecidos e gerenciados, podem levar a erros consideráveis no pensar e no agir. Dito isso, a evolução ensinou a esse sistema o que funciona e o que não funciona, portanto, ouvir a sua intuição não significa automaticamente rejeitá-la. Na verdade, a sua intuição e os seus sentimentos instintivos desempenham o papel mais importante no desenvolvimento do conhecimento em liderança para ambientes complexos e dinâmicos.

Conhecimento e automaticidade

Quanto mais pensamos analiticamente sobre uma tarefa, maiores as chances de não sermos especialistas nela. Pense nisso. Quando estamos aprendendo a andar de bicicleta, devemos pensar em todos os aspectos possíveis dessa tarefa para evitar um tombo. Porém, após aprendermos, já não é preciso pensar muito. Podemos andar de bicicleta no piloto automático e pensar em outra coisa ao mesmo tempo. Quanto mais você pensa sobre um problema, uma tarefa ou uma nova ideia, mais evidente fica que sua proficiência precisa ser desenvolvida, pois ainda não está presente. Em um estudo de referência, o psicólogo e especialista em xadrez Adriaan de Groot descobriu que os mestres enxadristas, os maiores especialistas no jogo, têm uma habilidade espantosa de "captar rapidamente, reter e recuperar a informação contida em uma posição de xadrez complexa e desconhecida: sua essência, sua estrutura, até a localização precisa de quase todas as peças". Também se descobriu que especialistas processavam novas informações muito rapidamente e produziam uma reação intuitiva (heuristicamente ou por meio de um atalho no cérebro) mais depressa do que produziam um pensamento controlado e consciente. A proficiência, embora siga caminhos tortuosos no cérebro, reside basicamente em uma estrutura subcortical chamada cerebelo, ou "pequeno cérebro". Essa parte do cérebro foi recentemente conectada à evolução de nossas características humanas únicas, como a inteligência técnica, já que se desenvolveu muito mais rapidamente do que o neocórtex em nossos ancestrais.[77] Surpreendentemente, ele foi ligado até às nossas habilidades criativas.[78] Essas descobertas científicas mais recentes demonstram como o cerebelo é importante para o nosso pensamento e para as nossas ações em nossa vida profissional diária. Embora abordagens mais antigas, centradas no córtex, considerassem o desenvolvimento da proficiência e das características pessoais tidas como "aptidões" um processo que ocorria de cima para baixo dentro do cérebro, novas pesquisas sugerem que o cerebelo também desempenha um papel importantíssimo nesse âmbito, já que é nele que o refinamento comportamental acontece.[79] Tradicionalmente, pensava-se que o cerebelo fosse responsável por esse refinamento da ação final apenas em relação aos comportamentos concernentes ao sistema motor, mas, mais recentemente, essa responsabilidade foi estendida para outras funções cerebrais que envolvem o aprendizado.[80] Grosso modo, "a prática que leva à perfeição" é uma responsabilidade do cerebelo, e não da mente consciente. É preciso ir mais fundo para se encontrar a proficiência real.

Entretanto, isso não significa que toda proficiência ocorre de maneira totalmente automática. Pelo contrário, pensar e se comportar em situações críticas quando novas soluções são necessárias com urgência é um esforço colaborativo entre a mente consciente e a inconsciente. A proficiência funciona bem quando seu rápido reconhecimento de padrões é aplicado a tarefas rotineiras. No entanto, quando enfrentamos situações caóticas e multifacetadas, o reconhecimento automático de padrões deve ser acompanhado de simulações mentais rápidas de alguns resultados possíveis para trazer as melhores consequências. O reconhecimento de padrões é um processo de alto risco em momentos desafiadores, como vimos no capítulo 2. Esse é o modelo de decisão preparada pelo reconhecimento (RPD, na sigla em inglês), desenvolvido por Gary Klein[81] com base inicialmente em entrevistas com integrantes de alto escalão do corpo de bombeiros nos Estados Unidos. Trata-se de um ramo do processo de tomada de decisão naturalista, que é em grande parte intuitiva e automática. Em situações de crise, como um incêndio, o reconhecimento de padrões é muito útil, mas pode resultar na decisão errada por causa das condições que mudam rapidamente, e a análise deliberada por si só pode ser lenta demais para oferecer alguma utilidade. Desse modo, recuperar intuitivamente de sua memória de longo prazo padrões nos quais você pode confiar, enquanto executa ao mesmo tempo uma rápida análise do cenário (até três cenários) na sua mente consciente, com base nas condições que está vendo, pode ser a receita para a proficiência de liderança em nossos tempos.

Nossa experiência mostra que líderes influentes e inspiradores nas organizações sabem como usar sua experiência como um fator importante na tomada de decisões, mas sempre contrastam essa experiência e sua intuição com as condições atuais, as contribuições de outras pessoas e uma rápida análise do cenário. Eles confiam em sua intuição, especialmente quando ela envia fortes sinais no sentido de uma decisão ou comportamento, mas processam todos os dados disponíveis mentalmente para verificar aonde eles podem levar em relação às alternativas disponíveis.

Para nós, essa é claramente a beleza dos nossos cérebros: nada acontece isoladamente e tudo está relacionado. É por isso que precisamos tentar acionar as partes certas para a ação certa, e esse é um aspecto crucial de nosso modelo de liderança do cérebro adaptável.

IMPULSIONE SEU CÉREBRO

Tente se lembrar de no mínimo três e no máximo cinco momentos do ano que passou nos quais você demonstrou a seus pares um alto nível de proficiência. Pode ter sido uma contribuição vital durante uma reunião difícil, uma resposta a uma pergunta desafiadora após uma apresentação, um argumento vencedor durante uma negociação difícil etc. O foco deve estar em identificar esses momentos acalorados em que a sua proficiência se provou inestimável para a solução instantânea de problemas e em quando seus colegas ficaram claramente impressionados por essa demonstração de proficiência avançada. Para cada um desses momentos, crie uma tabela com os atributos da sua intervenção proficiente. De onde ela se originou? Da sua experiência, da sua intuição, de um reconhecimento rápido de padrões, de uma análise consciente? Qual é o tamanho do papel desempenhado por cada um desses fatores e como eles atuaram? Ao revelar as forças ocultas da proficiência em situações dinâmicas, você será capaz de compreendê-las melhor e utilizá-las com mais eficácia da próxima vez que precisar salvar o dia na sua empresa. Volte a esse exercício no futuro, sempre que reconhecer momentos semelhantes, porque isso permitirá que você adicione à sua lista mais momentos proficientes, obtendo assim uma compreensão de longo prazo da sua proficiência e de como aperfeiçoá-la.

Tenha em mente

Se você separa a mente do cérebro e se maravilha seletivamente com a suposta supremacia do pensamento consciente sobre a intuição e o sentimento instintivo, ficará constantemente decepcionado consigo mesmo e com frequência irritado com as pessoas ao seu redor. Isso porque não podemos pensar e agir conscientemente na maior parte do tempo. Ademais, não é neurologicamente possível "libertar" nossas mentes — e, portanto, nossas decisões e ações — da intuição e dos sentimentos instintivos. Na verdade, seria perigoso fazer isso, já que eles fornecem uma inteligência programada profundamente, muito necessária em nossa vida cotidiana, além de um espaço livre para que nossa mente consciente se concentre em outras questões. Adotar os processos de automaticidade do seu cérebro como elementos-chave do que faz de você um grande líder pode melhorar drasticamente tanto sua compreensão de si mesmo e dos outros como aprimorar consideravelmente o seu desempenho. Usar a preparação para ordenar de forma positiva e apropriada seu cérebro e os cérebros dos membros de sua equipe, estabelecendo quais hábitos de trabalho vocês precisam abolir e quais devem promover, e criar um ambiente físico que dê aquele "empurrãozinho" em todos vocês na direção certa são atitudes cruciais para dominar as respostas automáticas do cérebro. Tornar-se um especialista de verdade em épocas desafiadoras requer que você combine esse conhecimento de como a heurística, as intuições e os hábitos trabalham juntos com um pensamento rápido, analítico, claro e focado. Levando-se em consideração o poder da mente inconsciente sobre nosso pensamento e nossas ações, tudo começa aqui: qual é o potencial de prontidão do seu cérebro de liderança?

SUMÁRIO DO PILAR Nº 3: AUTOMAÇÕES DO CÉREBRO
Lições de liderança

Entenda como a preparação funciona

A preparação é um processo por meio do qual podemos preparar o cérebro para ter pensamentos e comportamentos específicos, e funciona bem quando as pessoas não estão cientes de seus efeitos.

Comportamentos específicos dos líderes podem preparar ações dos seguidores.

A preparação pode se mostrar muito útil como método de desenvolver líderes.

Cinco modos de criar as condições certas de preparação em organizações:

- Enfatize valores culturais.
- Esteja ciente do contexto da mensagem.
- Não negligencie símbolos.
- Escolha bem as palavras.
- Não subestime o silêncio.

Manter ou mudar de hábitos

Existe um processo de formação e manutenção de hábitos com três passos:

1. *Exploração.* Um novo comportamento é detectado, analisado e aceito.

2. *Formação de hábito.* Repete-se constantemente um comportamento quando ele é reforçado por uma recompensa.

3. *Gravação.* O hábito está bem estabelecido.

Você pode mudar hábitos desfavoráveis e adquirir outros, mais desejáveis, trocando de sinais e selecionando rotinas alternativas para alcançar as mesmas recompensas.

Familiarize-se com o ambiente físico

A inter-relação entre o cérebro, o corpo e o ambiente biológico, psicológico e social é crucial para o modo como nossa mente funciona, e isso influencia como nós pensamos, sentimos e nos comportamos como líderes.

Busque continuamente saber como o ambiente físico afeta:

- o humor;
- a repetição de cadeias específicas de pensamento;
- a proximidade e a conexão entre colegas e outras pessoas na organização;
- o potencial criativo e os reflexos inovadores.

PILAR Nº 4

Relações

Capítulo 7

Mais conectado, mais bem-sucedido

O SUCESSO É UMA TRILHA SOLITÁRIA

Ela não confiava nas pessoas. Não que não conseguisse trabalhar com elas; pelo contrário, ela já havia integrado e até mesmo criado, como diretora de unidade em seu cargo atual, equipes eficientes nas várias organizações nas quais trabalhara. Logo no princípio de sua carreira, ela aprendeu a ser cautelosa em sua relação com seus colegas, desconfiada até. Lembrava-se especificamente de um caso em que, como jovem gestora, fora traída por outro gestor em quem confiava muito. Ela falava abertamente com ele sobre todas as suas dúvidas e reservas quanto a algumas das ações da empresa, e ele acabou revelando tudo isso ao diretor dela. Quando ficou sabendo disso, ela se sentiu totalmente traída e, como seus amigos e família recomendaram, passou a não confiar em ninguém no trabalho. Se ela queria chegar ao topo, seria uma trilha solitária.

Essa abordagem parecia adequada. Como ela dizia com frequência aos seus amigos, é melhor prevenir do que remediar quando se trata de relacionamentos no trabalho. "Guarde as coisas para você e tudo vai dar certo" era o seu lema, e, por consequência, ela não parecia muito aberta a estabelecer relações calorosas e sólidas com os colegas. Embora fosse acessível, amigável e se dispusesse a ajudar qualquer um que precisasse, assim que as pessoas tentavam se aproximar emocionalmente, atingiam um muro. Ela estabelecia barreiras que todos reconheciam. Entendia que, em alguns casos, provavelmente as pessoas mereciam mais dela, mas não estava disposta a arriscar nada. "Melhor prevenir do que remediar", dizia ela. Até o dia que sua vice-diretora decidiu deixar a empresa e, antes de sair, pediu para falar com ela. Essa discussão foi o início do reexame e, ao final, da mudança de sua estratégia relativa a relacionamentos pessoais no trabalho.

Sua vice era muito mais jovem do que ela, mas conseguiu evoluir na carreira rapidamente e sempre foi considerada uma jovem estrela na empresa. O fato de ela resolver sair foi um golpe para a diretora com problemas de confiança, já que planejava que a vice fosse a sua substituta quando ela própria subisse na hierarquia. Por que a vice resolvera partir? A resposta foi direta: "Eu sentia que não podia me aproximar de você", ela disse à diretora. "Independentemente da cooperação de sucesso que tivemos ao longo de todos esses anos, eu ainda sentia que não podia confiar plenamente em você e me tornar algo mais do que uma típica supervisora e vice-diretora, talvez uma *coach* ou mentora, alguém com quem você pudesse discutir questões importantes", prosseguiu ela. "Eu quero algo a mais das pessoas com quem trabalho tão de perto e tão intensamente", concluiu. Ao investigar mais profundamente, a diretora entendeu que as coisas estavam mudando no mundo do trabalho. A competição intensiva dentro e fora da empresa, as várias crises econômicas ao redor do mundo, a vida socialmente interligada que todos levamos hoje e a imprevisibilidade e o dinamismo do trabalho diário no escritório requerem um tipo diferente de relacionamento. Soluções criativas para novos problemas caóticos e complexos demandam relações de um tipo mais próximo, profundo e sólido nas equipes e entre as equipes. A filosofia do "eu sou um lobo solitário, não confio em ninguém e vou chegar ao topo por mim mesmo", que provavelmente funcionava bem nas décadas passadas, não pode mais ser aplicada. Nós trabalhamos, criamos, resolvemos e vivemos juntos no trabalho, em um ritmo acelerado nunca visto antes. O sucesso ou o fracasso

> dependem mais da velocidade e da eficácia da colaboração cotidiana do que de nossos conhecimentos e habilidades profissionais. Essa percepção simples, mas poderosa, abalou a crença da diretora no trabalho emocionalmente solitário e, por meio de discussões intensivas, estudo pessoal e sessões de mentoria, ela se tornou uma mestra das relações e uma perita em colaboração humana.

A melhor estratégia para o sucesso humano é a cooperação ou o conflito? Economistas e cientistas comportamentais tentaram responder a essa pergunta por meio de muitos construtos teóricos, mais notavelmente o famoso — ou infame, dependendo do seu ponto de vista — Dilema do Prisioneiro. Apesar de ter sido concebido para provar que humanos se saem melhor caso não colaborem uns com os outros, na vida real acabou provando o oposto (ver o quadro "O Dilema do Prisioneiro para humanos" para uma explicação detalhada). A mentalidade de cavaleiro solitário (ou lobo solitário) sendo bem-sucedido em todas as arenas e vencendo todos os desafios é ultrapassada e muito perigosa. Embora possa até haver casos em que nossa contribuição individual é mais desejada e eficaz do que um esforço coletivo, esses casos estão progressivamente se tornando a exceção, não a regra. A boa notícia é que o nosso cérebro é profundamente programado para a colaboração e a conexão social, de modo que, ao compreender os alicerces neurológicos e comportamentais da cooperação, podemos colher os benefícios mais rapidamente e melhor do que nunca. Nossos cérebros são inerentemente muito bons nisso; no entanto, para que a colaboração possa fazer os seus milagres, precisamos desejar que ela funcione.

> **O DILEMA DO PRISIONEIRO PARA HUMANOS**
> O Dilema do Prisioneiro representa para nós um dos exemplos mais fortes do conflito entre o pensamento excessivamente analítico e o comportamento humano natural — ou, como alguns de nossos alunos gostam de chamar, do conflito entre a teoria e a realidade. Embora o Dilema do Prisioneiro tenha sido (e ainda seja) usado por alguns economistas como um exercício de reflexão que demonstra que o comportamento

egoísta é preferível à cooperação, ele prova exatamente o contrário! Como o famoso economista e ganhador do Prêmio Nobel de Economia de 1998, Amartya Sen, disse: "O homem puramente econômico está perto de ser, de fato, um idiota social. A teoria econômica tem se preocupado demais com esse tolo racional".[1] Isso se aplica perfeitamente ao caso do Dilema do Prisioneiro.

O jogo é simples. Duas pessoas são presas pela polícia e separadas uma da outra. Nas salas de interrogatório, são postas diante de duas opções: continuar em silêncio (a estratégia de "cooperar") ou confessar o crime (a estratégia de "desertar"). As consequências dessa escolha são as seguintes:[2]

- Se ambas permanecerem em silêncio (portanto, escolhendo cooperar), serão acusadas de um delito leve e sairão da prisão em um ano.
- Se ambas confessarem (portanto, escolhendo desertar), cada uma pega cinco anos de prisão.
- Se uma delas confessar e a outra, não (a primeira desertando e a segunda cooperando), a que confessou sai livre e a outra é punida com uma pena de dez anos de prisão.

O que você faria?

Nós nos lembramos vividamente da época em que, ainda estudantes, fomos apresentados a esse dilema pela primeira vez. A solução calculada era desertar, porque o melhor resultado possível de desertar era melhor do que o melhor resultado possível de cooperar (sair livre versus um ano na prisão) e o pior resultado possível de desertar também era melhor do que o de cooperar (cinco anos de prisão versus dez anos). Quando um de nós verbalizou essa opinião calculada na aula, o professor de Economia gritou: "Excelente! Esse é um ótimo exemplo de pensamento racional. Bravo!". Que vitória para o pensamento econômico. O problema, porém, é que, ao seguir essa estratégia, nunca recebemos o melhor resultado para nenhum dos dois, que seria um ano de prisão para cada um. Mas ninguém liga, já que a economia dominante quer que os humanos sejam egoístas, do mesmo modo que os genes de Richard Dawkins[3] estão sempre agindo de maneira egoísta para sobreviver nas gerações futuras. Para o pensamento econômico dominante, o egoísmo é o caminho racional, enquanto a cooperação é o caminho primitivo, emocional. O celebrado ganhador do Prêmio Nobel de Economia, John Nash, cuja vida inspirou o filme *Uma mente brilhante*, com Russell Crowe, vencedor do Oscar de 2001, desenvolveu matematicamente o seu Equilíbrio Único de Nash como solução para jogos sociais como o Dilema do Prisioneiro para destacar que a melhor estratégia possível, e a mais racional, é não cooperar. Entretanto, não é isso que acontece na realidade. Richard H. Thaller, um dos pais da economia comportamental e coautor do fundamental livro *Nudge: improving decisions about health, weatlh and happiness* [Empurrãozinho: melhorando decisões sobre saúde, riqueza e felicidade],[5] em parceria com CR Sunstein, relatou em 2015, com um tom levemente irônico dirigido aos pensadores econômicos tradicionais que, com frequência, se surpreendem quando encontram comportamentos humanos reais:

> A previsão retórica do jogo (Dilema do Prisioneiro) é de que os dois jogadores vão desertar, não importando o que o outro jogador faça, já que o melhor para o interesse egoísta de cada um é fazer isso. Entretanto, quando esse jogo é administrado no laboratório, 40 a 50% dos jogadores cooperam, o que significa [para os pensadores econômicos tradicionais] que cerca de metade dos jogadores não entende a lógica do jogo, [para aqueles mais abertos a aceitar o comportamento humano normal] sente que cooperar é a coisa certa a se fazer ou, possivelmente, as duas coisas.

O principal problema do Dilema do Prisioneiro é que, assim como acontece com muitos conceitos da economia clássica, ele se distancia das condições reais. Ele presume que as pessoas não possam se comunicar durante o processo de tomada de decisão, que não podem mudar de ideia, que não se conhecem de fato e que jogam esse jogo apenas uma vez. Na realidade, e especialmente nas situações de negócios e gestão que encaramos diariamente, ocorre exatamente o contrário com todas essas condições.[6] Em muitas situações, talvez em todas dentro de nossas organizações, nós conhecemos as pessoas e elas nos conhecem, provavelmente continuaremos a interagir com elas depois de uma ocasião específica, podemos nos comunicar e nos envolver com elas enquanto buscamos a melhor estratégia e temos reputações que nos precedem e que ainda nos seguirão posteriormente. Portanto, a melhor estratégia com frequência é cooperar. Mesmo em situações reais que envolvam prisão, a cooperação parece ser a estratégia-padrão, e não a opção exótica teorizada pelos economistas. Um artigo da revista *Wired* sobre dois apostadores de Las Vegas que conseguiram "quebrar" ilegalmente o algoritmo dos jogos eletrônicos nos cassinos relata que, quando os oficiais da lei ofereceram a ambos uma versão do Dilema do Prisioneiro para forçá-los a confessar, eles continuaram em silêncio e saíram livres poucos meses depois.[7] Isso apesar do fato de que tiveram um desentendimento sério no período imediatamente anterior à prisão. Mesmo quando o jogo é administrado em ambientes estéreis de laboratório, muitos preferem colaborar, a despeito das previsões dos economistas, já que, com frequência, somos inerentemente otimistas de que o melhor resultado para ambos os jogadores prevalecerá.[8] O Dilema dos Prisioneiros para humanos sugere colaboração; para o *Homo economicus*, deserção. A qual espécie você e seus colegas pertencem? Quanto ao lado prático de escolher a opção cooperativa como uma estratégia sustentável de liderança, dois livros exerceram um impacto profundo sobre nós: o clássico de

Robert Axelrod, *The evolution of cooperation* [A evolução da cooperação],[9] e o mais popular e acessível *The origins of virtue: human instincts and the evolution of cooperation* [As origens da virtude: instintos humanos e a evolução da cooperação], de Matt Ridley.[10] A principal contribuição de Axelrod foi o fato de ele ter organizado uma competição para que desenvolvedores de software apresentassem programas desenvolvidos especialmente e ganhassem um concurso do Dilema do Prisioneiro. Esses programas de software competiam uns com os outros simulando prisioneiros no jogo do Dilema do Prisioneiro. Os programas tinham que incluir regras de comportamento baseadas nas ações e reações dos outros programas. Foi solicitado a eles que se engajassem uns com os outros em rodadas múltiplas do jogo a cada vez. Ele descobriu que os programas mais bem-sucedidos, os que ganhavam os jogos repetidas vezes, não eram os que favoreciam a opção da deserção, tampouco os que cooperavam cegamente sob qualquer circunstância. Com base em suas descobertas e sugestões, aqui estão passos estratégicos específicos para os líderes modernos maximizarem o efeito positivo da cooperação:

- *Seja gentil*: nunca deserte primeiro; sempre comece cooperando. Se você desertar primeiro, as pessoas vão pressupor que essa é a sua estratégia padrão e vão tratá-lo com extrema cautela. Em negociações difíceis, em reuniões com pessoas que você não conhece e em interações com gente de fora da empresa, sempre comece oferecendo a sua parceria e demonstrando boa vontade. Desse jeito você aumenta a possibilidade de que elas também cooperem.
- *Retalie/retribua*: se eles desertarem, deserte também. Não permita que um movimento hostil passe despercebido. Ao desertar quando eles o fizerem, você passa uma mensagem forte: "Eu não sou bobo, não pense que

eu vou aceitar". Se eles cooperarem, coopere também sem pensar duas vezes.
- *Seja clemente*: deserte quando eles desertarem, mas então demonstre boa vontade de novo. Esse é o único jeito de sair de um ciclo vicioso e eterno de deserções que não produz o melhor resultado para as partes envolvidas. Perdoar e demonstrar disposição para melhores relações no futuro é uma escolha estratégica vencedora.
- *Comunique-se*: quando o dilema ocorre na realidade, ou seja, em nossa vida profissional diária, as pessoas não ficam isoladas em celas de detenção. Trocar informações confiáveis com elas pode fazer milagres, no sentido de se alcançar um resultado mutuamente benéfico. Fale com as pessoas, observe as suas respostas verbais e não verbais e evite iludir e enganar conscientemente suas contrapartes.
- *Não seja invejoso*: concentre-se em maximizar seu próprio placar e não necessariamente em atingir a melhor pontuação total em cada rodada. Surpreendentemente, os participantes do torneio de Axelrod que tentaram permanecer no topo em todas as rodadas acabaram perdendo o primeiro lugar geral. Portanto, concentrar-se no progresso pessoal e não no absoluto ajudará a alcançar os melhores resultados para todos.

Nós aplicamos e ensinamos esses princípios já há muitos anos, e eles sempre funcionaram bem. Recomendamos fortemente que você também os aplique, com cuidado, mas decisivamente. Você vai experimentar alguns resultados positivos de imediato, mas, quanto mais os aplicar, mais de longo prazo se tornarão os benefícios.

Matt Ridley,[11] por sua vez, forneceu um relato muito minucioso sobre o fenômeno da cooperação, altruísmo e moralidade, e ofereceu uma excelente introdução ao assunto. Tentando combinar a teoria do gene egoísta com o fenômeno muito difundido da colaboração, ele afirmou que "genes egoístas às vezes usam indivíduos generosos para atingir seus fins". Ele conclui sua obra destacando que "nossas mentes foram construídas por genes egoístas, mas foram construídas para serem sociais, confiáveis e cooperativas. Esse é o paradoxo que este livro [o dele] tentou explicar". A estratégia recíproca de "uma mão lava a outra e as duas lavam a cara" é central para a sua análise sobre por que colaboramos fora de nossa família e por que essas colaborações obtêm sucesso. E não precisam vir da nossa mente analítica, já que a reciprocidade é "um instinto. Nós não precisamos raciocinar para chegar à conclusão de que 'o bem com o bem se paga'".[12] Como bem disse Axelrod:[13]

> Existe uma lição no fato de que a simples reciprocidade atinge o sucesso sem que a pessoa se dê melhor do que ninguém com quem ela interage. Ela atinge o sucesso suscitando a cooperação dos outros, não os derrotando. Estamos acostumados a pensar em competições nas quais existe apenas um lado vencedor, competições como futebol ou xadrez. Mas o mundo raramente é assim. Em uma vasta gama de situações, a cooperação mútua pode ser melhor para os dois lados do que a deserção mútua. A chave para se dar bem não está em superar os outros, mas em conseguir sua cooperação.

QUADRO DE AÇÃO: O DILEMA DO PRISIONEIRO NA SUA EQUIPE

Separe sua equipe em dois grupos. Cada grupo deve ter no mínimo quatro pessoas. Pegue o primeiro grupo e coloque seus integrantes em salas diferentes: cada pessoa tem que estar sozinha em sua sala. Não diga a elas quem exatamente será o seu parceiro no jogo. Apresente as regras do Dilema do Prisioneiro a cada participante separadamente, diga que eles vão jogar apenas uma vez e

> pergunte qual será a sua decisão: eles vão cooperar ou desertar? Repita o exercício com o segundo grupo, mas, desta vez, com todos os participantes na mesma sala, cara a cara uns com os outros e com a habilidade de jogar o jogo três vezes seguidas. Anote as decisões dos dois grupos. Discuta com todos qualquer diferença possível nas estratégias entre os dois grupos. Por que essas diferenças existem? Expanda a discussão perguntando a eles qual é a melhor estratégia no mundo real. Peça a eles que relacionem exemplos reais de sua própria experiência. Você provavelmente vai notar que os participantes com viés para a racionalidade vão argumentar em defesa da deserção, enquanto os que pendem naturalmente para a construção de relacionamentos tenderão a favorecer a estratégia da cooperação. Tente chegar a um consenso em torno dos passos de Axelrod mencionados no quadro "O Dilema do Prisioneiro para humanos".

O cérebro socialmente programado

Qual é a importância das conexões sociais em nossas vidas para quem somos, para como nos comportamos e para o que realizamos? Seria o nosso cérebro uma máquina para maximização de resultados pessoais ou para o equilíbrio de resultados coletivos? Deveríamos nos importar apenas com nós mesmos ou gastar nossa valiosa energia cerebral com os outros também? No final, a liderança é um jogo individual ou social? Essas questões são centrais para o modelo LCA, já que cada vez mais evidências da neurociência, da psicologia e da sociologia sugerem que "nós" somos mais importantes do que "eu", de maneiras surpreendentes e às vezes contraintuitivas. Um líder que não possa entender e se conectar significativamente com o cérebro dos outros é um líder condenado a fracassar.

Nosso cérebro é um órgão social. Os relacionamentos sociais exercem um impacto dramático sobre um grande número de funções e conexões cerebrais, e ignorá-los ou depreciá-los pode apenas prejudicar nossa performance geral na liderança. O simples fato de termos uma consciência, que observa e reflete sobre nossas ações e o mundo ao nosso redor, ocorre por causa de nossa dimensão social. Eminentes psicólogos e neurocientistas atribuem a própria existência da consciência aos relacionamentos sociais. A consciência, para Peter Halligan e David Oakley, professores de Psicologia no Reino Unido:[14]

> [S]implesmente ocorre tarde demais para afetar os resultados dos processos mentais aparentemente ligados a ela [...] Sugerimos que ela seja o produto de nossa mente inconsciente, e fornece uma vantagem evolutiva que se desenvolveu em benefício do grupo social, não do indivíduo.

Essa é uma declaração incrível. A característica que nos diferencia uns dos outros e nos torna até egoístas em nosso comportamento, a singularidade do nosso pensamento consciente é, na verdade, uma função cerebral desenvolvida pelo inconsciente para nos ajudar a sobreviver como um grupo social, não como indivíduos. O "nós" criou o "eu"! Como isso soa contraditório à luz do profundo individualismo que observamos em nossas organizações e vidas pessoais. Segundo Halligan e Oakley,[15] nossa mente inconsciente transmite todas as informações e decisões para nossa mente consciente, que, então, cria uma construção personalizada necessária para desenvolver estratégias adaptativas no mundo real — como prever o comportamento dos outros, disseminar informações selecionadas e ser capaz de ajustar as percepções com base em estímulos externos. E eles não estão sozinhos nessa crença. O neurocientista Michael Graziano desenvolveu a teoria do "esquema de atenção" para argumentar que temos nossa consciência para poder detectar a consciência de outras pessoas e, assim, fazer pressuposições sobre o comportamento delas. Ele declarou em uma entrevista recente:[16]

> Nós notamos a percepção em outras pessoas. E isso é crucial para nós, como animais sociais. Você sabe, não basta olhar para outra pessoa e pensar nela como um tipo de robô, cujo próximo movimento você tem de prever. Temos essa impressão intuitiva de que a outra pessoa está ciente, tem uma mente, uma experiência interior.

E usamos isso para nos ajudar a compreender as outras pessoas, para tentar prever seu comportamento, para interagir melhor com elas. E fazemos isso constantemente. De fato, somos basicamente programados para enxergar a consciência em outras coisas.

Somos programados para usar nossa atenção para detectar inconscientemente sinais na linguagem verbal e corporal da outra pessoa para entender melhor seu estado de espírito e agir de acordo. É por isso que a teoria é chamada de esquema da atenção: usamos parte do nosso limiar de atenção para detectar padrões nos pensamentos, sentimentos e ações de outras pessoas. Louis Cozolino, outro professor de Psicologia e autor do livro *The neuroscience of human relationships: attachment and the development of the social brain* [A neurociência das relações humanas: apego e o desenvolvimento do cérebro social],[17] enfatizou que "o cérebro e o corpo são organismos biológicos. São organismos sociais, assim como o neurônio no cérebro é um organismo social. Ele precisa se conectar com outros neurônios".[18] Se as pessoas e os neurônios deixarem de criar conexões adequadas ao longo do domínio social e do cérebro, respectivamente, eles podem ser isolados e até rejeitados pelo sistema social e pelo sistema neurológico, respectivamente, o que trará prováveis consequências negativas. Assim como neurônios precisam criar novos caminhos para o cérebro permanecer sadio e prosperar, as pessoas precisam criar novos relacionamentos para que se mantenham sadias e prosperem. Para que a neuroplasticidade (conforme descrito anteriormente no livro) funcione e crie novos caminhos neurais, nosso cérebro precisa ser estimulado de maneira adequada. Se isso não acontece, temos menos chances de crescimento. Cozolino conclui — corretamente, devemos acrescentar — que:[19]

> Estamos apenas começando a perceber que não somos seres separados, que na verdade somos todos membros de uma mesma colmeia, e pode levar séculos até que percebamos que somos muito mais interconectados do que nos damos conta agora.

Não é verdade também para profissionais e organizações? Quanto mais um gestor, uma empresa, um setor industrial e até mesmo um país inteiro se desconectam de seu ambiente geral, mais ineficazes se tornam e acabam entrando em declínio. Nosso cérebro é primariamente um órgão para conectar, interagir, confiar e cooperar, e aí está a evolução da raça humana para fornecer o testemunho disso. Na verdade, a habilidade única da nossa espécie de formar relações sociais com múltiplas camadas e colaborar em atividades grupais altamente complexas e coordenadas com indivíduos sem relação genética é a nossa diferença mais importante. Curtis Marean, diretor do Institute of Human Origins na Arizona State University, acredita firmemente que a extraordinária habilidade do *Homo Sapiens* para cooperar, que ele chama de *hiper-pró-sociabilidade*, não é uma tendência aprendida, mas sim uma característica geneticamente codificada, e que foi isso o que ajudou nossa espécie a prevalecer sobre as outras relacionadas, como os neandertais.[20] Embora a cooperação também seja observada em espécies primatas, nossa habilidade única para colaborar em grupos grandes e bem organizados, empregando uma complexa competência moral baseada em reputação e punição, foi o que deu uma vantagem para a humanidade.

Pode parecer surpreendente, mas o que realmente nos separa das outras espécies não é tanto o nosso raciocínio superior, mas as nossas habilidades sociais. Estudos[22] demonstraram que chimpanzés e crianças pequenas têm desempenho semelhante em testes de QI tradicionais, mas os bebês humanos se saem melhor em testes relacionados a habilidades sociocognitivas, como aprender uns com os outros.[23] Então, quando alguém se gaba do poder da competição para fomentar crescimento pessoal, econômico e social, apenas relembre essa pessoa de que, sem a propensão do nosso cérebro para a cooperação, o aprendizado mútuo e a justiça social, nós ainda estaríamos nas cavernas, ou talvez até totalmente extintos! Como diz Martin Nowak, professor de Biologia e Matemática na Universidade de Harvard e diretor do Programa de Dinâmica Evolucionária: "As pessoas tendem a pensar na evolução como uma luta estritamente de todos contra todos pela sobrevivência. Na verdade, a cooperação é uma poderosa força motriz para a evolução".[24]

No mesmo sentido, a liderança precisa ser vista como um fenômeno relacional antes de qualquer outra coisa. Como argumentamos recentemente, líderes verdadeiros devem se importar com seus seguidores e uns com os outros, usando sua consciência como uma ferramenta para desenvolver colaboração, interdependência e confiança intragrupo como elos relacionais cruciais para a liderança.[25] As vantagens das conexões cerebrais entre líderes e seguidores também foram confirmadas por um estudo com hiperescaneamento que demonstrou que um líder e um seguidor sincronizam suas atividades neurais mais solidamente do que quando há uma ausência de relação de liderança.[26] A sincronização de neurônios pode ter várias implicações positivas. Em um estudo recente nosso,[27] descobrimos que membros de uma organização (tanto funcionários quanto gestores) são mais conectados uns com os outros do que com a organização, mostrando um alto grau de comportamento de cidadania organizacional direcionado ao indivíduo, em vez de à organização. Isso, contudo, pode se provar extremamente benéfico para a organização em si, já que altos níveis de comprometimento uns com os outros leva a altos níveis de comportamento solidário, que, conforme já foi comprovado, produz consequências organizacionais positivas.

Em outras palavras, líderes em empresas modernas não podem continuar com um estado mental de competição feroz ou uma sensação de isolamento de seu entorno social. Pelo contrário, aceitar de braços abertos a colaboração e a cooperação, concomitantemente à competição necessária e aos conflitos inevitáveis, fará que eles avancem para ser verdadeiros líderes do cérebro adaptável.

MAPEANDO RELAÇÕES NO CÉREBRO HUMANO

A capacidade do nosso cérebro de criar mapas espaciais internos, ou representações, do mundo físico para poder navegar de forma eficaz está bem estabelecida na neurociência. No entanto, as pesquisas mais recentes mostram que o mapeamento espacial interno, ou representação, é usado para navegar não apenas o ambiente físico ao nosso redor, mas também o social. Células de espaço, rede e fronteiras no hipocampo, a estrutura cerebral responsável por aprendizado contextual e memória episódica, rastreiam as pessoas ao nosso redor utilizando uma metodologia de categorização específica para ajudar o cérebro a decidir como interagir com elas.[28] A metodologia de categorização desses mapas sociais no cérebro "avalia" as pessoas de acordo com duas variáveis: poder e associação. O termo "poder" se refere à posição hierárquica dos outros em relação a nós nos grupos sociais. Somos supervisores ou subordinados... e a quem? Essa variável é medida em mais ou menos poder social relativo. O termo "associação" se refere à proximidade social em relação a nós: próxima ou distante. Ela se baseia em diversas questões, como parentesco biológico, propósitos e metas em comum, bem como experiências prévias de interação com a pessoa. A pessoa é uma amiga ou inimiga... e quando? O poder e a associação compõem o nosso mecanismo cerebral para mapear as relações sociais e agir de acordo. Mas é mais do que isso. É uma prova adicional de que o pensamento abstrato consciente é um produto, ou um subproduto, do esforço do nosso cérebro para navegar os mundos físico e social ao nosso redor. O fato de que temos uma experiência vivida, subjetiva, pessoal e fugaz de pensamentos abstratos internos em nossa mente pode não ser nada além de um efeito colateral de processos cerebrais mais complexos e cruciais de mapeamento e roteamento. Como destacam Shaffer e Schiller:

> Os mapas não são retratos precisos do mundo em toda a sua complexidade. São, isso sim, representações de relações — de distâncias entre locais, de endereços e do que existe onde. Os mapas reduzem uma estonteante quantidade de informações do mundo real a um formato simples e de leitura facilitada, útil para uma navegação eficaz e flexível. [As células do hipocampo] [...] juntam esses elementos relacionados em um mapa mental, que outras regiões cerebrais podem então ler para guiar a "navegação", o que equivale a uma tomada de decisão adaptável. O mapeamento permite que relações sejam inferidas, mesmo quando elas não foram vivenciadas. Também viabiliza o surgimento de atalhos verbais que vão além do âmbito dos domínios temporal e espacial. De fato, raciocinar

usando conceitos abstratos pode depender de algum desses fundamentos neurais.

Nosso cérebro tem uma capacidade de parar e pensar ou, falando cientificamente, de inibir e planejar, abrigada nas regiões executivas do cérebro, que previne a ação imediata e permite a modelagem abstrata de uma situação antes de iniciar um comportamento correspondente. Essa capacidade de raciocínio guiada pela mente nos ajuda a planejar melhor e a executar com mais sucesso as decisões mais profundas que são tomadas pelos processos inconscientes do nosso cérebro. O valor dessas funções mentais e cerebrais mais profundas fica evidente quando mapeamos a savana em busca de uma presa e finalizamos nossa caçada por comida com sucesso. Em vez de atacar a presa irrefletidamente assim que a vemos e alterar a rota de acordo com o modo como a presa tenta escapar, os humanos podem gastar mais energia cerebral mentalizando abstratamente tanto a melhor rota quanto os possíveis movimentos da presa para poder caçá-la com mais velocidade e eficiência. Essas mentalizações e modelagens abstratas, contudo, também são aplicadas a relações sociais. Em vez de se comportar de forma reativa e de acordo com os impulsos internos, o cérebro humano recria um modelo abstrato ou incompleto do terreno social e cria estratégias sociais possíveis para navegar com sucesso dentro de grupos e entre eles. É por isso que o raciocínio existe: não para tomarmos uma decisão, mas para mapearmos os mundos físico e social e imaginarmos rotas possíveis para uma aplicação bem-sucedida de nossas decisões e desejos mais profundos. A motivação inconsciente é a decisão, e o pensamento consciente é a implementação. Assim como inibir e planejar foi crucial para que os humanos sobrevivessem e prosperassem por meio da caça, da emigração e da evasão dos perigos da natureza, o mesmo vale para que sobrevivam e prosperem em meio às oportunidades e ameaças sociais.

Eu sei o que você está pensando

A habilidade do nosso cérebro de entender os estados mentais de outras pessoas e usar essa informação para prever seu comportamento é realmente espantosa. Também é uma ferramenta extremamente útil para gestores e líderes de todas as empresas, no mundo todo. A neurociência e a psicologia chamam essa habilidade de teoria da mente (ToM, na sigla em inglês), e ela representa uma habilidade essencial do nosso cérebro social. Os fundamentos dessa teoria foram estabelecidos no final da década de 1970, quando David Premack e Guy Woodruff escreveram sua dissertação, "Does the chimpanzee have a theory of mind?" [Os chimpanzés têm uma teoria da mente?].[29] Eles explicaram que:

> Um indivíduo tem uma teoria da mente se ele imputa estados mentais a si mesmo e a outros. Um sistema de inferências desse tipo é visto propriamente como uma teoria, porque tais estados não são observáveis diretamente, e o sistema pode ser utilizado para alguém fazer previsões sobre o comportamento de terceiros. Quanto aos estados mentais que o chimpanzé pode inferir, considere aqueles inferidos por nossa própria espécie, como, por exemplo, propósito ou intenção, assim como conhecimento, crença, pensamento, dúvida, palpite, fingimento, agrado e daí por diante.

Dito de modo simples, ToM é a capacidade avançada de nossa espécie de entender que temos processos cognitivos, emocionais e comportamentais em nossas cabeças que são separados dos processos similares na cabeça das outras pessoas. Em essência, é uma "teoria" porque podemos apenas inferir o que acontece em nossas mentes e nas de outras pessoas, já que não enxergamos os cérebros diretamente. Assim, desenvolvemos pessoalmente "teorias" ou "possíveis explicações" do que as outras pessoas pensam, sentem e estão prestes a fazer. Como já explicamos, o domínio da nossa espécie sobre as outras se deu graças à habilidade do nosso cérebro de estar consciente das nossas próprias ações e das ações de outras pessoas. Por consequência, podemos dizer que a ToM é o propósito principal de termos uma consciência.

A ToM é um sistema complexo. Ela combina diferentes áreas do cérebro responsáveis por memória, atenção, linguagem, funções executivas, processamento de emoções, empatia e imitação, e é profundamente dependente das interações de múltiplas camadas entre o desenvolvimento cerebral e o ambiente social.[30] A interação entre o cérebro e o ambiente humano é crucial. O isolamento é fatal. Algumas crianças com distúrbios cognitivos e de desenvolvimento, como autismo e esquizofrenia, têm dificuldades com a ToM.[31] Compreensivelmente, a ToM envolve muitas regiões cerebrais em nosso córtex — como o lobo pré-frontal, relacionado com a percepção de emoções, e o lobo temporal, relacionado com o reconhecimento de rostos — e em estruturas mais profundas, tais como a amígdala.[32] O fato de a amígdala estar envolvida indica o papel de guardião da ToM sobre o nosso bem-estar. Se a amígdala estiver hiperativa quando engajada na ToM, ela provavelmente detectou perigo nas ações potenciais de outras pessoas, e uma reação de evasão foi disparada. Se não, uma reação de abordagem é neurologicamente permitida e podemos continuar com a cooperação (aprenderemos mais sobre a amígdala e a confiança posteriormente, neste mesmo capítulo).

A função saudável da ToM é usualmente testada por tarefas específicas que revelam se crianças ou adultos (em grau menor) podem reconhecer corretamente que outras pessoas podem ter uma crença falsa a respeito de algo. Ou seja, uma crença que diverge da realidade e pode levar a uma ação errônea. O teste mais famoso desse tipo envolve duas crianças, Sally e Anne, e foi proposto pela primeira vez no começo da década de 1980 por Wimmer e Perner.[33] Imagine duas crianças, Sally e Anne, sentadas uma do lado da outra, cada uma segurando uma caixa. Sally também segura uma pedra, que ela coloca dentro de sua caixa, e então sai da sala, sem a caixa. Enquanto Sally está fora, Anne abre a caixa de Sally, retira a pedra de lá e a coloca em sua própria caixa. Quando Sally volta, solicita-se às crianças participantes (de várias idades a cada vez) que prevejam em qual caixa Sally vai procurar sua pedra. Se elas responder que será na caixa dela, isso quer dizer que as crianças reconheceram corretamente que Sally tem uma crença falsa. Se elas respondem que Sally vai procurar na caixa de Anne, então elas falharam no teste, pois não reconheceram a individualidade da mente de Sally, uma mente que é separada das mentes delas mesmas, e que contém opiniões separadas da realidade. Sally não sabe que Anne pegou a pedra de sua caixa, como as crianças sabem, portanto, equivocadamente procura pela pedra em sua própria caixa.

Esse e outros testes de crenças falsas nas pesquisas de ToM demonstram a importância da leitura da mente para a compreensão, o aprendizado e a colaboração na espécie humana. Leitura da mente, aqui, não no sentido daquela sobrenatural, mas como uma habilidade muito humana e baseada no cérebro de presumir o que outra pessoa está pensando. A intencionalidade compartilhada, como a chamou o famoso psicólogo Michael Tomasello, é necessária para se desenvolver um interesse comum entre membros de um grupo, ajudando-os a alcançar atenção conjunta e, no final, a agir cooperativamente para um objetivo em comum.[34] A leitura da mente, ou compreensão de intenção, como também é conhecida, é altamente desenvolvida em humanos sadios e desempenhou um papel vital em nossa evolução e dominação como espécie.

As implicações da ToM para o cérebro da liderança são profundas. Líderes têm um papel central no planejamento, na supervisão da implementação tática, na conversação, debate e negociação, tanto interna quanto externa, com um grande número de pessoas, e na motivação e no direcionamento de colegas e funcionários. Sua habilidade para compreender o estado mental das pessoas do outro lado da mesa (ou até ausentes dela) e de decodificar suas intenções é crucial para a tomada de decisão bem-sucedida. Senão, líderes estão decidindo e agindo no escuro. Mas o que podemos fazer para melhorar nossas habilidades de leitura de mente? Como podemos garantir que esse "sexto sentido" funcione para nós?

Vamos começar abolindo o pressuposto de que adultos são, via de regra, melhores do que as crianças em leitura da mente e de que essa habilidade ocorre sem nenhum esforço sempre que necessário. Sim, alcançamos pontuações mais elevadas do que as crianças em testes projetados para revelar egocentrismo versus tomada de perspectiva, mas não tão dramaticamente mais elevadas quanto seria de se esperar. Um estudo relevante descobriu que crianças falharam em assumir a perspectiva da outra pessoa em 80% das tarefas solicitadas, mas que os adultos falharam também em 45% das tarefas.[35] Não é uma diferença tão descomunal. Matthew D. Lieberman, professor nos departamentos de psicologia, psiquiatria e ciências comportamentais da University of California, em Los Angeles, comentou esse estudo, dizendo:[36]

> Sim, adultos têm a capacidade de mentalizar bem, mas, como esse estudo demonstra, eles não a aplicam de forma confiável. Isso provavelmente ocorre porque as regiões cerebrais que sustentam uma mentalização precisa demandam esforço para funcionar, e nós somos programados para ser mentalmente preguiçosos sempre que pudermos. Mentalizamos muito, mas isso não quer dizer que sempre o fazemos bem ou que não possamos aprender a fazê-lo melhor.

Mentalizar é a habilidade de entender o comportamento dos outros como um produto de seu estado mental.[37] Segundo Lieberman, o problema é que, com muita frequência, permitimos que nossos atalhos mentais tirem conclusões precipitadas sobre as preferências e intenções de outras pessoas, usando como principal contribuição o que nós pessoalmente preferimos e pretendemos fazer. Baseamos demais nossa leitura de mentes em nosso próprio estado mental, cometendo sérios erros de julgamento só porque não nos damos tempo suficiente para realmente considerar a situação. Ele também descobriu que gastar energia cerebral em tarefas mentais não sociais antes de nos envolvermos em ToM reduz nossa habilidade de sermos precisos. Contrariamente, quanto mais pensamos "socialmente" antes de uma tarefa de ToM, ou quanto mais levamos o nosso cérebro aos seus estados padrão (estados de relaxamento ou de devaneio), melhor nos tornamos nessa tarefa.[38]

Podemos enumerar, e temos certeza de que você também, diversos exemplos da vida profissional diária em que as pessoas, inclusive nós mesmos, caem nessas armadilhas prejudiciais à ToM. Quantas vezes pensamos que estamos agindo com empatia com outras pessoas, ou nos colocando "no lugar delas", quando, na verdade, estamos apenas projetando nessas pessoas o nosso próprio estado mental? Na realidade, um recente estudo organizacional descobriu exatamente isso. Em uma série de experimentos com 480 gestores de marketing experientes, Johannes D. Hatula e seus associados descobriram que os gestores aos quais pediram que tentassem criar empatia com seus clientes, antes de imaginar o que esses clientes queriam, raramente acertavam a previsão.[39] Em sua tentativa de demonstrar empatia com os clientes, os gestores, na verdade, incorriam em autorreferência, porque assumir a perspectiva do cliente ativava sua própria identidade particular de consumidor. Suas preferências pessoais de consumo eram refletidas nas preferências previstas. Além disso, suas previsões autocentradas diminuíam a probabilidade de eles usarem resultados de pesquisas de mercado, o que realça o fato de que a mentalização errada fica ainda pior se mesclada com a falsa confiança de que somos bons nisso. Por último, mas não menos importante, eles descobriram que os gestores explicitamente instruídos a não demonstrar empatia com os clientes tiveram um desempenho melhor.

Nicholas Epley, professor de Ciência Comportamental na Booth School of Business, da University of Chicago, em seu livro *Mindwise: why we misunderstand what others think, believe, feel and want* [Mentes semelhantes: por que compreendemos erroneamente o que os outros pensam, acreditam, sentem e querem], reforça o argumento de não se tentar criar empatia com os outros apenas fantasiando preguiçosamente sobre as suas necessidades. Ele sugere, em vez disso, tentar detectar as perspectivas reais das outras pessoas por meio de interação direta com elas, ou do que ele chama de "entendimento de perspectiva".[40] Ele usa muitos exemplos de empresas ou indivíduos que entenderam melhor o que outras pessoas queriam ao interagir com elas e investigar diretamente suas intenções. Essa abordagem gera resultados muito melhores do que apenas ficar dentro de um escritório e presumir as necessidades dos outros com base em conhecimento prévio, experiências pessoais e suas próprias preferências. Entretanto, ele admite que descobrir as perspectivas de outras pessoas usando uma abordagem de comunicação verbal pode ser problemático. Assim, recomenda que, quando for interagir diretamente com as pessoas cuja mente deseja ler, você tente primeiro construir uma relação com elas para que se sintam confortáveis; em segundo lugar, seja tão claro e transparente na discussão quanto possível; em terceiro, seja um bom ouvinte e esclareça quaisquer dúvidas com a outra pessoa para garantir que entendeu corretamente o que ela está dizendo.

Finalmente, engajar-se em ToM em grupos pode ser mais eficiente do que tentar sozinho. Isso significa que, se você e seus colegas tentarem ler a mente de outras pessoas (clientes, fornecedores, funcionários de outros departamentos etc.) como um grupo, os resultados provavelmente serão mais positivos do que se o fizessem sozinhos. Em um estudo recente, pesquisadores mostraram declarações em vídeo aos participantes, pedindo a eles que identificassem, individualmente e em grupos, mentiras e verdades. Os resultados indicaram que, embora indivíduos e grupos tenha se saído igualmente bem ao identificar verdades, os grupos foram consistentemente melhores do que os indivíduos na identificação de mentiras — tanto as mentiras inocentes e inofensivas quanto as intencionais e de alto risco. Segundo os pesquisadores:[41]

> Essa vantagem do grupo não ocorre devido ao ajuntamento estatístico de opiniões individuais (um efeito de "sabedoria da multidão"); em vez disso, é resultado do processo de discussão em grupo. Os grupos não estavam simplesmente maximizando as pequenas quantidades de precisão contidas nos membros individuais, e sim criando um tipo único de precisão.

Esta é a verdadeira expressão da sinergia cerebral sadia dentro de uma equipe. O todo é maior do que a soma de suas partes, e mentes em interação produzem resultados melhores do que o pensamento isolado e individual. Não é esse o objetivo por excelência do trabalho em equipe?

As principais lições para o líder com cérebro adaptável a respeito da leitura de mentes são claras:

- Suposições preguiçosas acerca do que outras pessoas pensam, sentem e têm maior probabilidade de fazer são simplesmente projeções do seu próprio estado mental e, portanto, estão condenadas ao fracasso.
- Tentar ativamente não projetar sua própria situação sobre os outros ajuda muito a se assumir a perspectiva correta.
- Fazer o dever de casa jamais pode ser substituído apenas pela leitura da mente. Pesquisas de mercado, pesquisas de clima organizacional, pesquisas relativas ao setor industrial em que se atua etc. devem sempre ser utilizadas.

- Tentar não se envolver em pensamentos mecânicos, técnicos e analíticos antes de se envolver em ToM melhorará os resultados da leitura da mente.
- Relaxar, meditar e tentar pensar em outras pessoas pode melhorar os resultados da ToM.
- Envolva-se diretamente com outras pessoas para captar sua perspectiva (em vez de simplesmente tentar adivinhá-la) criando uma situação confortável, sendo o mais claro e transparente possível, ouvindo ativamente e certificando-se de ter entendido a outra pessoa corretamente.
- Pratique a ToM coletivamente com a sua equipe. Ela pode ser mais bem-sucedida do que quando praticada sozinho, especialmente para detectar mentiras, o que, se passar despercebido, pode ser custoso para a organização.

Os espelhos em nosso cérebro

O conceito na área de leitura da mente, empatia, imitação e ligação social que mais gerou acalorados debates no mundo da neurociência e da psicologia nos últimos vinte anos é o dos assim chamados neurônios espelho. Neurônios espelho são os neurônios que são ativados quando um ser humano age, assim como quando um humano observa a mesma ação sendo realizada por outro humano.[42]

Em 1992, pesquisadores italianos publicaram um estudo mostrando que os neurônios de um macaco disparavam não apenas quando o macaco estava realizando uma ação, mas também quando esse macaco observava outro macaco fazendo a mesma coisa.[43] Desde então, inúmeros estudos, opiniões e fóruns surgiram, corroborando e expandindo a teoria dos neurônios espelho ou duvidando do que eles fazem de fato, mas não questionando sua existência.[44] Apoiadores celebrados do papel mais amplo que os neurônios espelho desempenham em nossas vidas individuais, em nossos trabalhos em grupo e mesmo em nossas culturas incluem o neurocientista VS Ramachandran,[45] que acredita que a descoberta dos neurônios espelho tenha importância equivalente à da descoberta do DNA, e Marco Iacoboni,[46] que afirma que os neurônios espelho são as células cerebrais especiais que podem finalmente nos ajudar a responder a questões filosóficas e científicas propostas vários séculos atrás. Os opositores dessa teoria também são muito vocais, com Hickok[47] identificando vários problemas empíricos associados às pesquisas com neurônios espelho e Kilner[48] destacando que a principal função atribuída a eles, a compreensão da ação, tem caminhos neurais alternativos para se materializar. Os neurônios espelho estão aqui para ficar, e os líderes deveriam estar cientes de sua existência e do seu impacto sugerido, independentemente de isso dizer respeito a funções relativas às habilidades motoras ou a funções emocionais mais profundas, como a empatia e a ligação social.

Na arena da literatura voltada para a liderança, Daniel Goleman e Richard Boyatzis publicaram um artigo influente na *Harvard Business Review* intitulado "Social intelligence and the biology of leadership" [Inteligência social e a biologia da liderança], em 2008, que incluiu toda uma seção sobre os neurônios espelho. Para eles, os neurônios espelho têm um papel importante na eficácia da liderança, já que os seguidores copiarão ou espelharão o estado mental do líder com base em como o líder expressa esse estado mental. Eles mencionam um estudo em que funcionários que receberam *feedback* negativo de seu desempenho acompanhado por sinais emocionais positivos relataram se sentir melhor de modo geral do que funcionários que receberam *feedback* positivo acompanhado de sinais emocionais negativos. Assim, líderes deveriam ter muito cuidado com as emoções e o humor que demonstram, principalmente por meio de sua linguagem corporal, porque esse perfil será espelhado de forma inconsciente pelas pessoas à sua volta.[49]

Somando-se a essas evidências, existem alguns estudos semelhantes que corroboram a ideia de que o espelhamento é um elemento importante no aspecto relacional da liderança em particular. Em primeiro lugar, a liderança pode ser percebida como diretamente relacionada com o fenômeno do espelhamento social, já que seguidores se conectam com líderes imitando seus comportamentos.[50] Entre outras coisas, os neurônios espelho permitem aos líderes transmitir, quando possível, uma sensação de segurança. A ausência de liderança pode ser percebida subconscientemente pela ausência de espelhamento social, o que tem sido associado com o aumento de cortisol, o hormônio do estresse.[51]

Além disso, os neurônios espelho parecem estar associados com outra importante capacidade da liderança, a empatia.[52] Usando testes fMRI, Schulte-Rüther *et al.*[53] sugerem que os neurônios espelho não estão envolvidos apenas na cognição motora, mas também na cognição emocional interpessoal, como a empatia. Em outras palavras, o espelhamento pode ajudar líderes e seguidores a expressar empatia mais depressa e, assim, conectarem-se uns com os outros ou a uma situação.

Nesse mesmo sentido, o espelhamento parece interferir no modo como líderes comunicam ideias a seus seguidores. Um estudo feito por Molenberghs *et al.*[54] descobriu que seguidores acharam mais fácil imaginar um líder fazendo um discurso inspirador do que declarações pouco inspiradas. Esse estudo confirmou um exemplo que dividimos com nossos estudantes nas aulas. Especificamente, dizemos que alguém certa vez discursou: "Eu tenho um sonho". Todos nós sabemos de quem se trata, não é? Mas o ponto é que podemos facilmente buscar esse líder em nossa memória com base em sua forma inspiradora de se comunicar com seus seguidores. Duvidamos que o mesmo acontecesse se ele tivesse dito: "Gente, estamos com um problema, vamos nos organizar em equipes de cinco pessoas para pensar a respeito e criar uma solução". Modos inspiradores de comunicação são definitivamente realçados pelos neurônios espelho. E mais: experiências positivas de liderança parecem ser realçadas pelo sistema de neurônios espelho.[55] Ou seja: é altamente provável que as pessoas espelhem uma postura, os gestos e a linguagem corporal geral de um líder forte, além da mentalidade do líder como um todo. Além disso, se você acha a mentalidade de seus superiores e/ou colegas incompatível com o propósito do negócio, então tente não espelhá-los. A imitação funciona melhor quando o que é imitado é positivo para o indivíduo e para a equipe.

A imitação é um poderoso mecanismo cerebral que contribui diretamente para nosso desenvolvimento, aprendizado, assimilação de grupo e homogeneidade cultural, para a cooperação e até para a inovação, em vários estágios da nossa vida. É uma função fundamental e programada em nosso cérebro — por exemplo, bebês com apenas 45 minutos de vida são capazes de imitar expressões faciais.[56] McGilchrist[57] sugere que a imitação, ou mímese, como é conhecida cientificamente:

> Permite que fujamos do confinamento de nossa própria experiência e entremos diretamente na experiência de outro ser: é desse jeito que nós, por meio da consciência humana, preenchemos a lacuna, compartilhamos do que os outros sentem e fazem, e do que é ser como aquela pessoa [...] Ela é fundamentada na empatia e embasada no corpo. De fato, a imitação é um marcador da empatia: pessoas com mais empatia imitam as expressões faciais daqueles com quem estão, mais do que as expressões de outros.

Líderes e gestores não deveriam se comportar como se a imitação não existisse e, assim, ignorar sua responsabilidade de moldar os humores, atitudes e comportamentos de outras pessoas. "Liderar pelo exemplo" agora é mais importante do que nunca, devido ao incrível atributo de alguns de nossos neurônios para copiar e colar automática e naturalmente o que acontece diante de nossos olhos. O poder da imitação molda a cultura da nossa organização, do nosso departamento e das nossas equipes de formas que passam desapercebidas para a mente gestora não adaptada. Acreditamos firmemente, com base em nossa experiência no mundo todo, que a mímese realmente é a maneira mais fácil de moldar a atmosfera de trabalho de uma empresa ou uma unidade, assim como a mais indicada para assimilação de valores desejados em grupos. Só precisamos "fazer o que dizemos", sempre e de forma consistente. Os neurônios espelho e a mímese podem operar milagres se escolhermos reconhecê-los e utilizá-los na direção certa diariamente em nossas vidas profissionais.

Conectividade humana

Líderes não são ilhas, ou não deveriam ser. Eles devem se manter ativamente conectados com pessoas de dentro e de fora de suas organizações, tanto aquelas próximas a ele como as mais distantes de seu círculo pessoal imediato. Vemos a criação, a manutenção e o constante desenvolvimento de poderosas redes humanas como um aspecto indispensável da liderança moderna em todas as organizações. Isso porque o nosso cérebro, prioritariamente um *órgão de processamento de informação*,[58] precisa das fontes corretas e da entrada de informações para poder criar uma ótima produção na forma de ideias, emoções e ações. Falando de modo direto, a qualidade e a quantidade de cérebros com que o seu cérebro interage vão determinar, a um grau elevado, a qualidade e quantidade do desempenho do seu próprio cérebro. Como um verdadeiro animal social, o líder do cérebro adaptável compreende a importância das conexões humanas e de suas redes e trabalha incansavelmente para construir pontes relevantes. Mas quais conexões são as que mais importam no contexto da liderança com cérebro calibrado e dos ambientes profissionais complexos em que operamos?

A clássica teoria de rede social concernente à "força dos elos mais fracos", desenvolvida pelo sociólogo americano Mark Granovetter no começo da década de 1970 e defendida fortemente desde então, é uma excelente ferramenta mental da qual podemos lançar mão para compreender e utilizar melhor as nossas conexões pessoais com outras pessoas.[59] Granovetter tentou fornecer uma explicação abrangente das redes humanas, aplicando simultaneamente micro e macroelementos da análise sociológica, e sugeriu que precisamos urgentemente analisar os elos entre pessoas que não sejam fortes, no sentido de proximidade de relacionamento (familiares mais próximos, amigos e colegas). Em outras palavras, precisamos voltar a nossa atenção, ao menos em termos profissionais, para os elos mais fracos, isto é, os elos com aquelas pessoas com quem temos conexões mais distantes e/ou indiretas (conhecidos, amigos distantes, colegas e parentes mais afastados). Essa última parte havia sido largamente ignorada pela sociologia até 1973. O argumento diz que, embora elos fortes sejam valiosos para oferecer apoio cotidiano, são os elos mais fracos que injetam as novas ideias, as novas experiências e as novas práticas tão necessárias em um grupo de pessoas. Portanto, esse grupo deve estabelecer elos com pessoas que tenham características diferentes, ou seja, que vivam e operem em níveis socioeconômicos distintos. Isso se aplica igualmente a indivíduos, municípios e cidades, empresas e organizações, e até mesmo a distritos industriais com centenas de pequenas e médias empresas colaborando e competindo umas com as outras para sobreviver nos competitivos mercados globais.[60] Ideias frescas, informações estratégicas, inovações criativas, mudança de iniciativas, perspectivas diferentes e tecnologias disruptivas raramente são produto de relações cansadas, desgastadas e muito conhecidas entre grupos de pessoas que trabalham juntas muito de perto, por tempo demais. Elas nascem em algum outro ponto da esfera socioeconômica da atividade humana e precisam ser notadas, analisadas e, no fim, abraçadas por um grupo de pessoas para poder gerar progresso. Pense na sua organização como um cérebro coletivo: se isolado de novos estímulos e dos desafios oferecidos por novas informações, ele acabará se degenerando e se tornando disfuncional. Se, pelo contrário, ele cria e usa apropriadamente os elos "fracos" com o mundo exterior em múltiplas direções, mantém-se sadio, e a neuroplasticidade força constantemente novos caminhos, oportunidades e capacidades.

Para que os elos fracos funcionem da melhor maneira, eles precisam ser qualitativamente diferentes de uma simples conexão do tipo "amigo de um amigo". Se esse novo elo é usado ativamente para produzir novas informações para o indivíduo e o grupo, então ele não é somente uma conexão distante, mas também uma conexão muito útil; é uma ponte.[61] Com base na abordagem pioneira (para sua época) de Granovetter e em nossa experiência sobre o assunto, desenvolvemos uma matriz bem direta para nos ajudar a explicar a líderes e gestores a importância de construir e manter as pontes certas. Nós a chamamos de matriz das redes de conexão da liderança (Tabela 7.1).

TABELA 7.1   Matriz das redes de conexão da liderança

	Potência da conexão	
Tipo de conexão	*Dinâmica/produtiva*	*Estática/não produtiva*
Forte/próxima	Apoio operacional ativo	Potencial beco sem saída
Fraca/distante	Ponte estratégica ativa	Potencial elo benéfico

Elos fracos que estejam ativos fornecem informações estratégicas cruciais ao líder e à equipe, sendo, portanto, instrumentais para introduzir mudanças, inovações e evolução. Os líderes deveriam proativamente criar essas conexões, já que se trata de uma responsabilidade-chave do papel da liderança em qualquer nível organizacional. Por exemplo, eles precisam frequentar eventos como conferências, convenções e feiras com a mente aberta e uma disposição proativa para que sejam capazes de estabelecer novos contatos. Esse é o primeiro passo. O segundo passo é investir tempo pessoal para nutrir esses contatos, de modo a mantê-los ativos e capazes de fornecer novas informações úteis. Elos fracos que existem, mas não são utilizados, são potenciais pontes e devem permanecer no radar mental do líder e ao seu alcance. A respeito dos elos mais fortes, se eles estiverem contribuindo positivamente com a vida operacional do líder e da equipe, devem ser mantidos e fomentados, pois formam um suporte crucial, uma rede cotidiana. Entretanto, se forem passivos e negativos, o líder deve pensar formas de desafiá-los e fazer que reconsiderem seu papel dentro do grupo e/ou da equipe. Um dos métodos que normalmente sugerimos em nossos projetos de consultoria é chamado de "terremotos pequenos e controláveis". Os líderes precisam desafiar pessoas negativas e passivas para fazer que reconsiderem suas atitudes. Para isso, podem aplicar vários métodos importantes o bastante para atrair a atenção, mas suficientemente pequenos para que sejam mantidos sob controle. Isso às vezes requer o envolvimento pessoal do líder para garantir o sucesso do método. Mas esse é um papel essencial do líder de qualquer maneira: estar pessoalmente envolvido. Não é?

Um líder com cérebro adaptável não pode se dar ao luxo de ficar preso em relações próximas contraproducentes e sem pontes distantes (socioeconomicamente falando) "fracas", mas poderosas. Todas essas micro e macrorrelações formam nossa verdadeira rede humana, na qual vivemos e trabalhamos. O seu impacto sobre nosso sucesso ou nosso fracasso, sobre nossos estados emocionais e nossos estados mentais, revela-se agora muito profundo. Tão profundo que até os pesquisadores que estudam as redes humanas há décadas foram pegos de surpresa quando confrontados com o impacto colossal dessas redes sobre várias condições humanas.

> **A IMPORTÂNCIA DA AMIZADE**
>
> Um estudo feito pelo Instituto Gallup mostrou que ter um melhor amigo é um fator crucial de previsão de desempenho superior no trabalho, contribuindo para aumentar em até sete vezes o engajamento.[62] Isso é notável. A maioria dos gestores que conhecemos mundo afora faria de tudo para que os membros de sua equipe aumentassem seu engajamento em 40% ou 50%. Um aumento de sete vezes, ou 700%, é impensável! A usual caixa de ferramentas de gestão para aumentar o engajamento e a produtividade, que inclui treinamento, comunicação e introdução de novos sistemas, empalidece diante do impacto de intervenções humanas tão humildes quanto nutrir amizades no local de trabalho. O problema, como quase tudo relacionado à gestão, é que treinamento e sistemas são facilmente controláveis, enquanto amizades, não. O conforto de lidar com ferramentas que podemos orçar, monitorar e transferir com facilidade cria uma ilusão de eficácia na gestão, enquanto as coisas que realmente importam e podem exercer um impacto considerável sobre o desempenho permanecem desconhecidas... e até temidas. Alguns gestores podem resistir à ideia, declarando: "Não estamos aqui para criar amizades, e sim para aumentar os lucros". Esses gestores precisam reavaliar sua mentalidade com urgência, imergindo-se na neurociência para destravar os poderosos processos cerebrais que podem aumentar a produtividade e os lucros de maneiras que nenhuma ferramenta tradicional de gestão poderia.
>
> A amizade tem múltiplos benefícios evolucionários. Ela nos ajuda a alcançar a excelência em saúde e bem-estar,

principalmente por nos permitir lidar de maneira eficaz com o desconforto, a incerteza e as ameaças. Ela cria um sistema de apoio social com pessoas que "nos entendem" e que "nós entendemos", o que quer dizer que a compreensão de parte a parte é melhor e mais rápida, e nós nos conectamos emocionalmente de forma mais profunda. Os benefícios emocionais e de saúde proporcionados pela amizade aparecem quando esse relacionamento é próximo, em vez de distante. E esse é o principal desafio da amizade: amizades próximas são difíceis de construir e manter. A evolução criou um processo complexo de aproximação entre amigos, justamente para garantir que alguém que parecia inicialmente um bom amigo não se revele um inimigo. Criar amizades próximas é crucial para a saúde mental e para a produtividade no ambiente profissional. Aqui estão algumas recomendações acerca de como cultivá-las:[64]

- *Nutra um senso de segurança.* A proximidade demanda segurança, e isso pressupõe evitar inimigos no círculo interno que poderiam causar muitos danos emocionais se não fossem detectados e rejeitados logo no início. A segurança requer as seguintes características de comportamento: coerência, disponibilidade, confiabilidade, reatividade e previsibilidade.
- *Atenção ativa.* Olhar e ouvir ativamente seu amigo, concentrando-se naquele momento de compartilhamento social, é crucial para desenvolver proximidade.
- *Seja vulnerável.* Dividir informações que fazem você parecer um ser humano normal, com pontos fortes e fracos, forja amizades mais fortes. Baixe sua guarda gradualmente e mostre seu eu verdadeiro e autêntico para aqueles com quem deseja desenvolver uma amizade mais próxima.
- *Testes.* O processo do desenvolvimento de confiança pressupõe pequenos passos de comportamentos recíprocos que confirmam constantemente a amizade e

> levam a um passo maior e mais significativo em seguida. Pedir pequenos favores e estar pronto para retribuí-los são elementos-chave dos testes de amizades.
> - *Individualize amizades.* Não existe qualquer abordagem tamanho único para amizades próximas. Pessoas diferentes têm necessidades emocionais diferentes, levando a elos sociais complexos, dinâmicos e diferenciados, que sempre dependem das pessoas envolvidas.
>
> Em um estudo revolucionário publicado em 2018, Parkinson e associados demonstraram que os cérebros de amigos próximos reagem de forma semelhante a estímulos externos. Eles pediram aos participantes que assistissem a filmes naturalistas enquanto um fMRI escaneava os seus cérebros para monitorar a reação ao que viam. As pessoas que eram amigas próximas manifestaram reações semelhantes aos filmes e, quanto mais a distância social aumentava, menores eram as similaridades entre as reações dos cérebros. Segundo os pesquisadores:[65] "Esses resultados sugerem que nós somos excepcionalmente semelhantes a nossos amigos no modo como percebemos e reagimos ao mundo ao nosso redor, o que tem implicações para a influência e a atração interpessoal". Ter amigos próximos no trabalho não apenas aumenta a resiliência e a força de vontade, mas também cria uma percepção comum de como o mundo se comporta e do que precisamos fazer a respeito, o que leva ao pensamento sincronizado e aos comportamentos coordenados — e, portanto, ao aumento do envolvimento e da produtividade.

Nicholas Christakis e James Fowler, em seu altamente elogiado livro *Connected: the surprising power of our social networks and how they shape our lives* [Conectados: o poder surpreendente de nossas redes sociais e como elas moldam nossas vidas], tomaram o mundo de assalto quando revelaram os modos inesperados pelos quais as redes de contato humanas influenciam quem somos. As suas principais conclusões,[66] resumidas aqui em três grupos, são discutidas sob as lentes da estrutura LCA:

1. *Nós criamos redes.* Nós estamos sempre, consciente ou inconscientemente, definindo nossa participação e posição nas redes humanas. Com quantas pessoas estaremos conectados, com mais ou menos intensidade, e qual papel vamos desempenhar nesses relacionamentos? Essas ações, sejam decisões deliberadas, sejam comportamentos intuitivos, vão determinar a experiência que teremos na rede. Nem sempre escolhemos as pessoas com quem trabalhamos, mas escolhemos aquelas com quem nos conectamos de verdade. Portanto, líderes não devem jamais se esconder. Eles devem amealhar de propósito posições ativas e centrais em redes de camadas múltiplas dentro e fora de suas empresas, conectando-se com as pessoas de acordo com a matriz de conexão em rede discutida. Líderes criam redes, não apenas participam delas.
2. *As redes nos criam.* O número e a qualidade das conexões determinam nosso próprio estado mental, bem-estar, formação de hábitos e níveis de felicidade. E isso vai além das pessoas que conhecemos. Também envolve as pessoas que estão conectadas com as que conhecemos e que nunca conhecemos. A transitividade, o processo das características sendo passadas através de vários graus de separação de uma pessoa par a outra (por meio de imitação), funciona por até três graus de separação. Isso significa que o amigo de um amigo de um amigo seu, que você não conheceu, influencia a sua felicidade e seus hábitos de saúde mais do que você imaginava ser possível. Em outras palavras, uma decisão tomada por alguém com quem você tem uma conexão indireta (o que significa, na prática, que você nem conhece esse alguém pessoalmente) pode influenciar a decisão de uma pessoa que você conhece, que, por sua vez, pode influenciar uma decisão sua. Mais uma vez, aqui está a teoria do caos em ação, já que isso funciona melhor em redes complexas e ricas e não em conexões arranjadas como uma linha simples. O reforço social de múltiplas conexões é importante para mudanças de normas e comportamentos. Dessa forma, os líderes precisam ser cautelosos sobre a porção de seu comportamento atribuída à

transitividade da rede. Por isso, observe e monitore padrões de comportamento em sua equipe e explore a sua origem. Se forem positivos, reforce-os. Se negativos, tente desassociar-se por meio da consciência aumentada, ou seja, notá-los provavelmente fará você alterar seu comportamento de acordo. Não os perceber permitirá que a situação persista. Por outro lado, para criar normas desejáveis, o líder deve tirar vantagem da transitividade e aumentar as interações que promovem essas normas. Isso pode ser feito mediante a introdução de mais pessoas que se comportem de acordo em diferentes níveis da organização e até mesmo de fora da empresa. Líderes estão cientes das influências da rede e as utilizam em seu benefício; eles não as seguem cegamente.

3. *As redes estão vivas (e com frequência são independentes de nós).* Relações complexas, diretas e indiretas em redes humanas densas têm características coletivas que são maiores do que a soma de suas partes. As redes existem e mudam independentemente da contribuição de cada indivíduo, permanecendo ativas antes e depois de cada participação individual. Entretanto, elas também têm propriedades emergentes que são atributos derivados das interações e interconexões de múltiplas camadas de membros. Nesse sentido, as culturas dependem menos de atores individuais e mais da interação de muitos atores que irão interagir de modo consciente ou inconsciente com suas normas e uns com os outros. Líderes de organizações maiores estão em uma posição de onde podem influenciar sua cultura mais lentamente e usando mais táticas do que aqueles em uma empresa menor. Nos dois casos, contudo, os líderes devem estar cientes do fato de que culturas são entidades vivas e complexas que não mudam com a simples mudança de uma regra ou uma pessoa. Elas se movem em uníssono. Nesse aspecto, os agentes da mudança, líderes de opinião e influenciadores em geral não conseguem atingir grandes resultados se antes as pessoas não tiverem tempo para se ajustar à nova situação. Em outras palavras, uma mudança, especialmente se radical, não pode ser aplicada na hora (assim que emerge), mas após um período de tempo, quando as pessoas estão mais familiarizadas e cientes dela. É por isso que mudanças dramáticas em opiniões, atitudes e comportamento dentro

de uma cultura raramente acontecem sem que antes se garanta que as pessoas tenham coletivamente chegado a um ponto crítico para aceitar essas mudanças.[67] Os líderes orquestram as mudanças, não necessariamente fazem que elas aconteçam sozinhos.

Há atualmente, sem dúvida, um ambiente hiperconectado criado pelas mídias sociais e o mundo on-line. Christakis e Fowler[68] acreditam que as redes sociais mudam nesse reino digital, mas que seus fundamentos continuam os mesmos. É verdade que Facebook, LinkedIn, Twitter, Instagram e outras mídias sociais nos permitem fazer mais conexões, mais depressa e com mais facilidade do que nunca. Jamais poderíamos usar avatares para esconder nossa identidade verdadeira. Mas será que todas essas conexões são redes de apoio ativas e pontes de verdade? Não podemos dizer com certeza, porque depende da conexão. As mídias sociais aceleraram as conexões e com frequência fornecem valor real na transitividade. Mas elas não significam automaticamente apoio ativo ou pontes. Como argumentou convincentemente a dra. Jillian Ney, uma especialista em inteligência social, em sua palestra no ciclo TEDx de 2014, "Connectedness and the digital self" [Conectividade e o eu digital], precisamos trazer a conectividade, um elo psicológico mais profundo, de volta para a discussão sobre conexões on-line.[69] Nós também acreditamos que conexões estabelecidas entre pessoas ou organizações por meio das mídias sociais não incluem necessariamente engajamento mental e emocional, portanto, tais conexões não podem ser consideradas, *a priori*, conexões ativas de redes humanas. Sem dúvida, líderes e gestores precisam estar presentes nas mídias sociais (e discutiremos no próximo capítulo como isso dever ser feito) e criar elos potencialmente ativos, mas ainda precisam nutrir e administrar deliberadamente as conexões com pessoas on-line e off-line para poder experimentar relações positivas e dinâmicas com elas.

No fim das contas, nós nos enxergamos, à maneira de Christakis e Fowler,[70] como membros de superorganismos: as redes humanas vivas das quais fazemos parte. Como tal, devemos contribuir decisivamente com elas e moldá-las, mas também estar cientes de como elas nos moldam. Nosso potencial de liderança no cérebro depende disso.

A ARTE DA CONECTIVIDADE HUMANA PARA LÍDERES

Como os líderes modernos podem se tornar melhores em conectar-se com outras pessoas dentro e fora de suas organizações? Ori e Rom Brafman sugerem que, para acelerar nossa habilidade de criar uma conectividade profunda instantânea, algo que eles chamam de "se dar bem" com outras pessoas, precisamos aumentar nossa vulnerabilidade.[71] Embora isso possa soar contraintuitivo, podemos nos conectar instantaneamente aos estados emocionais e mentais mais profundos das pessoas se nos permitirmos transparecer franqueza e vulnerabilidade. Nesse sentido, a vulnerabilidade induz a confiança imediata e a instintos de afeto nas outras pessoas. Isso, é claro, tem que ser expressado de forma apropriada, porque o excesso de vulnerabilidade pode emitir sinais indesejados de fraqueza. Brafman e Brafman[72] referem-se a um *continuum* de vulnerabilidade presente nas interações humanas. Em uma ponta, temos a não vulnerabilidade; na outra, a vulnerabilidade elevada. Os cinco estágios distintos desse *continuum*, conforme revelado por conversas diárias, são os seguintes:

- *Estágio fático.* Entabulamos conversas vazias, praticamos pequenas gentilezas, emitimos palavras sem nenhuma carga emocional, como "Tudo bem?" e "Bom te ver". O propósito aqui não é extrair uma resposta específica, mas, sim, reduzir quaisquer problemas possíveis em nossa interação.
- *Estágio fatual.* Falamos usando fatos e dados reais que não incitam nenhuma opinião subjetiva, como "sou engenheiro" ou "eu moro na Europa". Essas observações diretas revelam um pouco mais sobre nós, mas não em um sentido profundo ou emocional.
- *Estágio avaliador.* Damos nossas opiniões pessoais sobre pessoas, lugares e situações, como "eu gosto desse plano" e "esse produto é incrível". Aqui, assumimos um

- risco social, ainda que limitado, porque outras pessoas podem não concordar. Mas nada dramático ainda.
- *Estágio instintivo.* Fazemos declarações emocionalmente reveladoras, como "estou tão triste por Mark estar deixando a empresa" ou "estou muito contente por ter contratado você". Essas declarações são mais arriscadas e nos deixam expostos a críticas e à discordância emocional. Entretanto, esse é o tipo de declaração feita para as pessoas mais próximas de nós, pessoas que estão em nosso círculo de confiança.
- *Estágio de pico.* Este é o estágio mais revelador, em que abrimos nosso coração e nossa mente e falamos sobre nossos sentimentos mais ocultos, medos mais profundos e esperanças mais loucas. Afirmações do tipo "eu me pergunto como é que vamos fechar esse mês com números tão ruins. Temo pelo meu emprego, embora me pareça inconcebível que eu esteja em risco, depois de passar a vida inteira neste escritório. Será que eles não ligam para o passado? Será que eu não tenho nenhuma importância para eles? Sou apenas um número? Isso é assustador...".

Os três primeiros estágios são mais transacionais, enquanto os dois últimos são mais conectivos. É nosso dever analisar a situação e decidir qual abordagem devemos empregar para nos conectar mais rápida e profundamente com as pessoas com quem conversamos. Começar no estágio 5 com alguém que acabamos de conhecer não é aconselhável. Mas passar gradualmente dos três primeiros para os dois últimos, mesmo durante uma única conversa, pode nos ajudar a exibir certo grau de vulnerabilidade e nos conectar instantaneamente com as pessoas.

O modo como os líderes podem moldar seu comportamento para que se tornem mais conectáveis com outros no longo prazo, com base em descobertas neurocientíficas e psicológicas, é descrito no livro *The charisma myth: master of the art of personal magnetism* [O mito do carisma: mestre da arte do magnetismo pessoal], de Olivia Fox Cabane. Ela resumiu as características dos líderes carismáticos em três grupos. Para nós, esses grupos correspondem perfeitamente à abordagem dos "três cérebros" apresentada anteriormente neste livro:

- *Grupo A: Presença.* Transmitir a sensação de que você está 100% focado no problema e na pessoa (ou pessoas) à sua frente. Nós todos já passamos por situações em que sentimos que a pessoa diante de nós não estava realmente acompanhando ou ouvindo o que dizíamos. Não estar focado faz as outras pessoas se sentirem distantes e até traídas. Grandes líderes passam às pessoas a sensação de que elas são notadas e importantes, independentemente de seu cargo. Isso é absolutamente necessário para criar conexões profundas dentro e fora da empresa. Esse grupo se refere ao cérebro mais antigo e mais primitivo, porque é por meio de nossa linguagem corporal, postura, olhar e tom de voz que as pessoas compreenderão, consciente ou inconscientemente, que estamos disponíveis para elas. O cérebro automático vai captar ou não os sinais de transmissão de presença, mesmo quando você conversa com alguém pelo telefone.
- *Grupo B: Afeto.* Estabelecer empatia com as pessoas, demonstrando que você realmente se importa com a situação delas, perfaz o segundo grupo. Boa vontade, compaixão e aceitação são processos cruciais aqui, já que é pelo afeto que fazemos as pessoas se sentirem confortáveis, cuidadas e protegidas. Isso se refere ao cérebro emocional e especialmente aos sistemas de abordagem e evasão do mesencéfalo, conforme discutido em capítulos anteriores, já que até mesmo a nossa postura pode fazer as pessoas se sentirem seguras e se aproximem de nós ou se sintam ameaçadas e se afastem. Grandes líderes emitem sinais claros e fortes de compaixão e, assim, criam conexões profundas e duradouras.

- *Grupo C: Força.* Este grupo está relacionado a percepções de poder e autoridade. Embora inclua alguns elementos do cérebro primitivo e do mesencéfalo, a maior parte deles está arraigada no neocórtex. Aqui, entra em jogo a nossa habilidade de fazer algo específico para as pessoas com as quais queremos nos conectar. Pense a respeito. Estar presente é ótimo, e ser compassivo é ainda melhor. Mas a liderança real requer que você seja capaz de tomar decisões e ações específicas que melhorarão, na prática, o desempenho da sua equipe. Sua habilidade e disposição para mostrar com atos que você pode ajudar é uma questão de habilidades técnicas e analíticas avançadas. Ninguém consegue se conectar a um líder que não está disposto ou não é capaz de demonstrar (provar) sua perícia quando isso é mais necessário.

Novas vozes são acrescentadas à importância do afeto e da força, seja em nossas vidas pessoais,[74] seja na gestão de marcas,[75] já que essas duas variáveis na verdade representam associação e poder, conforme explicado anteriormente na seção de mapeamento social. A presença executiva também se tornou uma área com seus próprios defensores e um escopo expandido.[76] Embora raramente possamos ser perfeitos nesses três aspectos, acreditamos que prestar atenção à nossa performance em todos eles nos ajudará a melhorar a forma como nos conectamos e mantemos relações.

Confie na amígdala e nas substâncias químicas do seu cérebro

Confiança e amígdala normalmente não andam de mãos dadas. Isso porque, sempre que ocorre um aumento na atividade da amígdala, nós confiamos menos, e quando a amígdala está quieta, confiamos mais.

Todavia, nós precisamos confiar na amígdala, no sentido de dar ouvidos ao que ela nos diz.

A amígdala geralmente leva a culpa quando as pessoas exageram na reação de medo e raiva em uma situação, e dessa forma falham em administrar suas emoções com eficácia e em se conectar aos outros (ver capítulos 3 e 4). Não obstante, a amígdala tem um papel crucial na regulação do nível de confiança que temos em outras pessoas. Falando simplesmente, sem ela, nós confiaríamos em todo mundo, sem limites, e com resultados catastróficos para nós mesmos e para a nossa organização.[77] A amígdala, junto com a ínsula e outros centros cerebrais, é uma área neural fundamental, que ativa o nosso sistema de alarme quando confrontada com rostos de aparência não confiável.[78] Esse sistema de alerta programado, fornecido pela amígdala para nos proteger em situações de risco, está ausente se a amígdala for disfuncional. Na verdade, pessoas com uma amígdala desativada mantêm sua guarda natural sempre baixa e estão prontas a confiar plenamente em qualquer um.[79] É a amígdala que dispara para detectar medo e raiva em outras pessoas e até para diferenciar entre essas duas emoções.[80] Como rostos que expressam essas duas emoções são geralmente considerados menos confiáveis, a ausência de uma amígdala sadia nos impede de tomar medidas de precaução quando interagimos com eles. Com isso, pessoas sem amígdala se dispõem até a entregar para desconhecidos aleatórios os dados dos seus cartões de crédito, se assim lhes for pedido.[81] Isso ocorre porque a amígdala desempenha um papel importante na avaliação da valência emocional dos estímulos. Pessoas com lesões na amígdala, por exemplo, têm dificuldade para aprender associações entre os estímulos ambientais e os estados emocionais. Assim, elas podem não aprender que um estímulo antecipa recompensa ou perigo; adicionalmente, podem cair na hierarquia social ou exibir comportamento associativo reduzido.[82] Portanto, devemos ser extremamente gratos ao fato de uma amígdala em funcionamento pleno diferenciar as pessoas nas quais podemos confiar daquelas de quem devemos desconfiar. Se você experimenta sentimentos de evasão quando conhece gente nova, analise-os antes de aceitar ou rejeitá-los. Pode ser a sua amígdala sadia enviando sinais justificados de cautela ou uma sensibilidade exacerbada do seu sistema de evasão, o que o torna uma pessoa menos acessível. Aprender é uma habilidade central para os líderes com cérebro adaptável.

No caso de abertura deste capítulo, nossa protagonista tinha uma amígdala hiperativa, que não lhe permitia estabelecer uma conexão profunda com as pessoas mais importantes em torno dela no ambiente de trabalho. Em nosso ambiente global moderno, dinâmico e complexo, cada vez mais funcionários escolhem trabalhar em empresas com as quais se sentem pessoal e emocionalmente conectados, como vimos nos resultados da lista de cem melhores empresas para se trabalhar de 2015 da revista *Fortune*, no capítulo 5.

Além da amígdala, existem duas importantes substâncias químicas cerebrais envolvidas no desenvolvimento de confiança entre nós e as pessoas em nossa rede humana. Uma delas é a oxitocina e a outra é a vasopressina. Os estudos mais recentes sugerem que a oxitocina exerce um papel central na organização de nosso comportamento social, pois aumenta nossa propensão a confiar nos outros, a abordar e nos conectar com terceiros e a criar relacionamentos significativos.[83] Podemos aumentar consideravelmente o fluxo de oxitocina ouvindo música com outras pessoas[84] ou simplesmente dando um abraço nelas oito vezes por dia.[85] A segunda substância neuroquímica, a vasopressina, é crucial para regular a ligação, a sociabilidade e as reações de estresse entre humanos e outros mamíferos.[86] Descobriu-se que essa substância contribui extensamente para a retenção de relacionamentos, reduzindo a opção de deserção.[87] Ela aumenta a ligação próxima entre as pessoas adicionando entusiasmo ao relacionamento, mas pode se esgotar com o tempo. Assim, o desafio é identificar maneiras de revigorar o relacionamento quando detectamos sinais de desapego emocional nos outros.[88] O papel do líder é manter suas conexões vivas, dinâmicas e produtivas, e isso significa infundir entusiasmo e surpresas positivas em suas relações para conseguir manter níveis viáveis de substâncias neuroquímicas que facilitem a ligação.

A exclusão de pessoas do mercado de trabalho, em termos de máquinas substituindo seres humanos em muitos cargos típicos, foi profetizada por muitos, mas notavelmente por Jeremy Rifkin em seu clássico livro *O fim dos empregos: o contínuo crescimento do desemprego em todo o mundo* (1995). Mais recentemente, a *Harvard Business Review*, em seu número de junho de 2015, trouxe na capa a foto de um robô e o título "Meet your new employee: how to manage the man-machine collaboration" [Conheça seu novo funcionário: como administrar a colaboração homem-máquina]. Embora as máquinas desempenhem um papel cada vez maior em muitas áreas de negócios e atividades organizacionais, o palco principal ainda é ocupado por seres humanos. Em seu artigo "Humans are underrated" [Humanos são subestimados] na revista *Fortune,* adaptado de seu livro com o mesmo título, Geoff Colvin explica que os humanos continuarão no comando no futuro previsível, já que apenas eles podem satisfazer as profundas necessidades interpessoais que são tão profundamente importantes para o engajamento dentro e fora de nossas organizações.[89] O fato de os níveis de empatia, conforme medido por 72 estudos conduzidos junto a 14 mil estudantes nos Estados Unidos, terem caído mais de 10% nos últimos trinta anos demonstra que, embora ela esteja em grande demanda ("Empatia é a habilidade crucial para o século XXI", disse Meg Bear, VP do grupo na Oracle), seu estoque está diminuindo e isso requer uma virada dramática no modo como preparamos trabalhadores, gestores e líderes hoje em dia.[90] Colvin conclui, e nós não poderíamos estar mais de acordo, que:

> Ao longo das dez últimas gerações no mundo desenvolvido, e por períodos menores, mas ainda substanciais, em muitos mercados emergentes, a maioria das pessoas alcançou o sucesso aprendendo a fazer melhor do que as máquinas algum tipo de trabalho. Agora, essa era está terminando. As máquinas, cada vez mais, fazem melhor do que nós vários tipos de trabalho [...] Não tema [...] Você vai descobrir que aquilo de que vai precisar em seguida esteve aqui esse tempo todo. Está aqui desde sempre. No sentido mais profundo possível, você já tem o que é preciso. Faça com essa informação o que você quiser.

IMPULSIONE O SEU CÉREBRO

Peça à sua equipe que anote todas as habilidades necessárias para atingir seus objetivos. Classifique-as de 1 a 5 com base na eficácia com que elas podem ser executadas por máquinas (mais próximas de 1) ou por humanos (próximas

> de 5). Calcule a pontuação total e as médias para todas as habilidades, usando os resultados para iniciar uma discussão em grupo sobre as características únicas da contribuição humana. Vocês podem discutir como as máquinas nos auxiliam, mas o propósito principal é identificar o que torna os humanos capazes de criar um ambiente envolvente e de desenvolver conexões sociais significativas. Como a equipe pode melhorar? Use os materiais deste capítulo e dos anteriores para avançar a discussão e chegar a um consenso.

Tenha em mente

Líderes não são ilhas. Pelo contrário, eles assumem posições centrais nas redes de negócio e organizacionais para facilitar as relações que os ajudarão a alcançar seus objetivos. Entretanto, precisam recalibrar seus cérebros tanto para entender melhor os seus próprios comportamentos sociais e os daqueles à sua volta como para se conectar profunda e constantemente com as pessoas de dentro e de fora de suas organizações. Líderes devem proceder ao mapeamento das relações para que possam compreender por completo as origens de base social da consciência, adotar uma atitude de "colaborar primeiro e reciprocar depois" nas interações de negócios, utilizar a imitação como criação cultural e ferramenta de manutenção, estabelecer e administrar extensas redes humanas e dominar a arte de se dar bem com as pessoas e demonstrar presença. Eles também precisam introduzir o conceito de amizade e, com base no afeto e na força, garantir que a amígdala e algumas substâncias químicas cerebrais estejam em um modo cautelosamente colaborativo; essas são as condições necessárias para adaptar nosso cérebro para a liderança em rede. A era das máquinas também traz, paradoxalmente, a era dos seres humanos. Seja o primeiro a prosperar, cultivando em seu cérebro o que nos torna unicamente humanos!

Capítulo 8

Comunicação cerebral, mais persuasão

"POR QUE ELES NÃO SEGUEM NOSSOS VALORES?"
Os novos valores corporativos finalmente estavam prontos. Era prioridade na agenda da nova CEO: revisar e mudar a visão e os valores da empresa. Assim que assumiu o cargo, ela reuniu a sua equipe e rapidamente pediu aos integrantes que pensassem em novos valores, mais motivadores e inspiradores do que os antigos. Ela acreditava que, ao mudar tanto o produto existente como os valores — outrora voltados para a própria empresa e agora mais focados no consumidor e na sociedade como um todo —, também mudaria a cultura corporativa. Foi essa uma das atribuições essenciais que a diretoria lhe passara ao contratá-la: transformar a companhia de uma corporação tradicional, que adotava inovações a passos lentos, para um negócio moderno e de raciocínio rápido. Ela estava convencida de que os valores eram um excelente ponto de partida!
O departamento de comunicações da empresa trabalhou de perto com os recursos humanos e até com a equipe de marketing para identificar e desenvolver valores que refletissem a visão da nova CEO. Foram necessários meses de pesquisa interna e externa, de análise e reflexão, até que, com a ajuda de parceiros externos, como agências e consultorias, produziu-se um conjunto de valores motivacionais que soavam modernos e pareciam voltados para fora da

empresa, como as pessoas vêm primeiro, foco no cliente, trabalho autônomo, ênfase na cooperação e na sinergia, respeito pelo trabalho alheio etc. A CEO ficou muito feliz. Ela agora tinha valores corporativos que representavam o tipo de empresa no qual ela queria transformar a atual. Orgulhosa dos novos valores, não conseguia parar de falar sobre eles em reuniões sociais com seus pares de outras empresas. Muitos a parabenizaram, e isso reforçou as emoções de realização e orgulho que tinha pelo projeto.

De imediato, ela ordenou que se procedesse à reprodução dos novos valores em todos os materiais da empresa, on-line e off-line, e decorou escritórios e outras instalações com citações e palavras-chave retiradas dos valores. Os departamentos tinham que promover os valores a toda oportunidade, explicando-os para os funcionários e destacando a sua importância para o futuro da empresa. Todos tiveram que assinar um documento se comprometendo com os valores. Eventos de consolidação de equipes foram organizados especificamente por esse motivo, e todo o projeto foi implementado com sucesso e com plena concordância e apoio dos funcionários em todos os níveis. Um ano depois, a maioria das pessoas na empresa não estava nem perto de se comportar de acordo com os tão divulgados valores. Havia uma atitude competitiva entre os funcionários, menos respeito pelo trabalho dos outros, nenhuma delegação de responsabilidades e, portanto, nenhuma ênfase no trabalho autônomo. No geral, muito pouco havia mudado.

O que aconteceu? Por que as pessoas, embora tivessem participado ativamente do desenvolvimento dos valores e concordassem entusiasticamente com o resultado final, não se comportavam conforme o esperado? O que é preciso fazer para persuadir os funcionários a adotar coletivamente novos valores ou outras iniciativas similares? Essas foram as principais questões que a CEO pediu à sua equipe e a seus parceiros que tentassem responder. A empresa gastou somas consideráveis de tempo e dinheiro construindo e comunicando

> os valores sem obter em troca nenhum resultado relevante. Ela queria saber por quê. A resposta a surpreendeu, e mudou para sempre sua atitude quanto à comunicação. Aparentemente, a comunicação com as pessoas dentro de uma empresa, de modo a se induzir junto a elas qualquer tipo de mudança comportamental, deve envolver o disparo de inúmeras funções cerebrais responsáveis por tomadas de decisão e pelo comportamento. Confiar apenas na racionalidade e no centro analítico do cérebro não funciona. A influência efetiva exige uma abordagem holística do cérebro, e líderes com cérebro adaptável precisam dominar esse dom. Trata-se de uma habilidade central da LCA.

Persuadindo o cérebro a agir

Ao longo deste livro, discutimos longamente como diferentes regiões cerebrais e caminhos neurais afetam o modo como pensamos, sentimos, nos comportamos e nos conectamos. Ao fazer isso, tocamos na importância de nos comunicarmos de determinada maneira para afetar mais poderosamente o nosso cérebro e o das outras pessoas. Por exemplo, explicamos a significância dos símbolos e das palavras para criar um ambiente de preparação desejável no capítulo 6 e nos referimos ao *feedback* no capítulo 1 como uma estratégia essencial para poupar energia do cérebro e lidar com o esgotamento do ego. O que há em comum na maioria dessas percepções é que o cérebro humano é primariamente um órgão para o processamento de informações.[1] O que ele faz é receber informações na forma de estímulos, tanto de dentro do corpo humano como do mundo exterior, por intermédio dos sentidos e das redes neurais em nossos corpos. Então, reage a esses estímulos da maneira apropriada. Conforme argumentamos, isso depende principalmente dos estímulos em si e do modo como o cérebro está calibrado, ou adaptado, para reagir. Em nossa visão, o cérebro, como centro de processamento de informações, estabelece constantemente comunicações internas para identificar a reação certa aos estímulos certos. A comunicação é uma atividade cerebral crucial, talvez a mais crucial. E a comunicação cerebral, para nós, tem tudo a ver com enviar a mensagem certa para as estruturas certas do cérebro, de modo a persuadi-lo a reagir da maneira desejada. Como a influência é uma noção tão central da liderança, conforme corretamente destacado na edição especial da *Harvard Business Review* de 2013,[2] os líderes modernos têm uma grande necessidade de aprender e de praticar comunicações amigáveis ao cérebro para que possam persuadir com eficácia outras pessoas a se comportarem, ou não, de determinada maneira. Líderes desprovidos de sérios poderes de persuasão são como carros sem rodas: não irão muito longe.

Em nossa jornada para identificar e implementar o modelo mais eficaz de comunicação cerebral, há anos adotamos a abordagem do cérebro trino, como explicamos em capítulos anteriores. Essa abordagem separa o cérebro e todas as suas estruturas em três áreas principais: o cérebro antigo/reptiliano; o cérebro emocional/afetivo/sistema límbico; e o cérebro racional/reflexivo/neocórtex.[3] Cada uma dessas estruturas exige informações e estímulos diferentes para entrar em ação, e é necessário lançar mão de uma abordagem holística para levar em conta as três, de forma a se alcançar qualquer objetivo importante de comunicação que mire o comportamento. É assim que aplicamos a abordagem do cérebro trino, e ela tem se provado muito bem-sucedida em nossa experiência, apesar das críticas que tem atraído em anos mais recentes quanto à distinção de suas partes na evolução, supostamente porque as três partes do cérebro não necessariamente se desenvolveram e evoluíram de um modo tão claro e distinto. Saudada como a ideia mais influente da neurociência desde a Segunda Guerra Mundial,[5] concordamos plenamente com a análise do destacado pensador Gerald A. Cory, que diz que:[6]

> A despeito de sua atual baixa popularidade em algumas áreas da neurobiologia, acho que o conceito do cérebro trino continuará a ser influente. Com modificações apropriadas, conforme as pesquisas progridem, [essa abordagem] fornecerá um alicerce importante para a comunicação e a construção de pontes interdisciplinares.

É a simplicidade do modelo e sua eficácia para comunicar a funcionalidade do cérebro para audiências mais amplas, assim como seus elos diretos com características cognitivas, emocionais e comportamentais humanas, que fazem dele uma ferramenta adequada para discutir o impacto e os benefícios da neurociência na liderança e nas empresas. Montag e Panksepp[7] concordam com essa abordagem, tendo chamado o conceito do cérebro trino de uma simplificação, mas uma simplificação didática, querendo dizer que seu valor educacional como forma introdutória de se olhar para a estrutura e as funções cerebrais é evidente.

> **PENSAR EQUIVALE A PERSUADIR**
>
> No capítulo 7, abordamos aquilo que pode se provar a virada mais surpreendente na história moderna da humanidade: a consciência trata de *"nós"*, não de *"eu"*. A reflexão consciente forma a base para todos os processos funcionais de inibir e planejar que nos ajudam a navegar tanto o ambiente físico como o social. A respeito do último, a consciência nos ajuda a decodificar o que as outras pessoas devem estar pensando, sentindo ou pretendendo fazer, uma contribuição essencial para que possamos lidar com elas de maneira eficaz e eficiente. Mas essa não é a história completa.
>
> Em sua altamente influente teoria argumentativa do raciocínio, Hugo Mercier e Dan Sperber enxergam o ato de raciocinar como a fundação da análise lógica, das deliberações conscienciosas e das interações conversacionais. Em sua abordagem, o raciocínio é um processo intuitivo do cérebro para vencer discussões, influenciar outras pessoas e facilitar a ação comum.[8] Isso quer dizer que nossa elaborada habilidade de formular pensamentos conscientes e deles derivar argumentos para convencer tanto a nós mesmos como a outras pessoas a iniciar comportamentos desejados é alicerçada em processos inconscientes que evoluíram para promover a colaboração e a intencionalidade compartilhada. Esses processos inconscientes se tornam parcialmente conscientes na forma de raciocínio intuitivo para nos ajudar a criar equipes com objetivos em comum e executar tarefas complexas em grupo. Em suas próprias palavras:

> Embora a razão seja comumente vista como um meio superior de se pensar melhor por conta própria, argumentamos que ela é maldosamente usada em nossas interações com outras pessoas. Produzimos razões para justificar nossos pensamentos e atos junto aos outros e para gerar argumentos que os convençam a pensar e agir como sugerimos [...] O papel principal da lógica no raciocínio, sugerimos, pode muito bem ser um papel retórico: a lógica nos ajuda a simplificar e esquematizar argumentos intuitivos, destacando e, com frequência, exagerando sua força.

As principais diferenças entre a cooperação entre humanos e a cooperação entre outros animais é que os humanos colaboram com pessoas totalmente desconhecidas, não apenas com sua família e membros próximos da tribo, e trabalham conjuntamente em projetos de longo prazo, não apenas na busca da sobrevivência a curto prazo. Adicionalmente, a quantidade de informações trocadas entre os humanos é consideravelmente mais elevada do que a quantidade de informações trocadas entre quaisquer outros animais, assim como é muito mais elevada a nossa dependência dessas informações para aprendermos, crescermos e nos tornarmos bem-sucedidos em nossos domínios sociais. A argumentação, baseada no raciocínio e na lógica, com o objetivo de persuadir a nós mesmos e aos outros, é o que o pensamento consciente foi projetado para fazer dentro da estrutura maior de inibir e planejar discutida ao longo deste livro. Falando de maneira simples, nossa deliberação interna sobre como seguiremos adiante com a implementação de uma decisão, que já foi iniciada inconscientemente, requer que tenhamos outras pessoas do nosso lado, porque nada realizado por humanos pode ser feito sozinho. Pensar, assim como raciocinar, equivale a persuadir.

Líderes precisam levar em conta os três cérebros para que possam persuadir e mudar comportamentos. Em cenários interpessoais e organizacionais, isso é mostrado com sucesso no modelo de Chip e Dan Heanth,[9] apresentado em seu best-seller *Switch: how to change things when change is hard* [Virada: como mudar as coisas quando a mudança é difícil]. Sem se referir explicitamente ao cérebro trino, os irmãos Heath expandem o conceito do "cavaleiro e o elefante", que foi introduzido pelo psicólogo Jonathan Haidt.[10] Haidt associou metaforicamente as nossas funções cerebrais racionais às características de um cavaleiro — esperto e ligeiro, mas incapaz de se mover sozinho — e as nossas funções cerebrais emocionais às de um elefante — móvel e poderoso, mas irracional. Cada sistema precisa do outro: eles têm que reforçar um ao outro para atingir algum resultado significativo. Esses dois sistemas também foram descritos em detalhes pelo Prêmio Nobel de Economia, Daniel Kahneman, em seu livro aclamado internacionalmente, *Rápido e devagar: duas formas de pensar*. Os irmãos Heath acrescentaram à discussão outro elemento, chamado de *caminho*, destacando o fato de que, além dos atos de pensar e sentir, o próprio ambiente pode moldar as nossas ações — algo muito próximo da nossa discussão sobre a automaticidade do cérebro no capítulo 6. Os Heath, com base em extensivos experimentos comportamentais e em argumentos e exemplos similares desenvolvidos por outros autores e eruditos, mostram que, para se mudar um comportamento, é necessário seguir esta receita, adaptada aos temas da abordagem LCA deste livro:

1. *Racionalize a direção (ou guie o cavaleiro, para os Heath)*. O cérebro racional frequentemente fica preso em análises sem sentido e debates reflexivos infinitos. Ele não consegue se decidir por conta própria com facilidade. Para evitar a paralisia causada pela análise, precisamos de indicações claras e simples, que o sistema todo possa seguir. Comunicar-se com esse cérebro tem tudo a ver com esclarecer pontos cegos, utilizar "pontos luminosos" ou histórias de sucesso e usar linguagem simples e direta. Evitar sobrecarga de informações e mostrar o destino final são atos críticos para engajar o cavaleiro da forma mais eficaz. Em essência, precisamos convencer a mente racional e consciente a não inibir o comportamento que estamos tentando iniciar (ou inibir os comportamentos que estamos

tentando eliminar) e a usar as suas propriedades de planejamento para ajustar comportamentos de acordo com elas.
2. *Emocione a motivação (ou motive o elefante).* O cérebro emocional é quem move o sistema adiante, não o cavaleiro. Entretanto, um elefante sem destino e sem propósito é basicamente um elefante perdido. Logo, ele precisa do cavaleiro para lhe oferecer instruções de implementação. Entretanto, as instruções não conseguem por si sós movimentar o elefante. Instruções não são decisões. Nós movimentamos as pessoas quando as ajudamos a adotar uma mentalidade de crescimento, quando "quebramos" a mudança em pedacinhos menos apavorantes e, especialmente, quando encontramos a emoção ou o conjunto de emoções que melhor se adequa a equipes ou indivíduos específicos. A compreensão de que as emoções movem as pessoas mais do que ideias, números, ordens e procedimentos é crucial para que líderes e gestores adotem o modelo LCA. Nós tocamos nessa questão extensivamente ao longo deste livro.
3. *Formule o ambiente (ou molde o caminho).* O ambiente consiste em todos aqueles aspectos que podem influenciar nosso comportamento e/ou nossa percepção. Em outras palavras, às vezes o comportamento de alguém não é resultado de um processo racional e reflexivo, tampouco sua motivação se baseia em uma emoção. Ele se baseia em outros fatores externos que também podem exercer um impacto sobre o comportamento humano. Por exemplo, o cenário físico do escritório de um gestor pode potencialmente influenciar a percepção e, portanto, o comportamento dos funcionários que estiverem naquele escritório. Por consequência, as automações de nosso cérebro precisam receber os sinais certos do ambiente para permitir que o elefante e o cavaleiro se movimentem na direção do destino desejado. As automações cerebrais podem ser obstáculos ou facilitadores nesse caminho. Os hábitos e o ambiente físico da organização, assim como o ambiente social, podem atrapalhar ou impulsionar os esforços da nossa equipe para alcançar as metas comportamentais que estabelecemos.

Infelizmente, a maioria das iniciativas corporativas que encontramos no mundo todo direciona atenção demais ao primeiro elemento — o cavaleiro, ou o cérebro racional — e ignora o segundo e o terceiro. Mesmo quando se trata de tentar influenciar apenas o cavaleiro, as organizações quase sempre fazem exatamente o contrário do que recomendam a neurociência, a psicologia e a economia comportamental: elas sobrecarregam o cavaleiro com informações frequentemente desnecessárias e/ou excluem informações cruciais necessárias para definir claramente o destino final. Por exemplo: em uma reunião, os gestores repetidamente enfatizam excessivamente os detalhes ou fornecem informações minuciosas sobre um projeto ou uma tarefa, tentando ajudar os funcionários a alcançar determinado resultado mediante análise exaustiva da situação em torno da tarefa. Ao fazerem isso, porém, eles muitas vezes deixam de focar em pontos cruciais, críticos para a realização da tarefa, desorientando e sobrecarregando os cavaleiros (os funcionários) e provavelmente aumentando os seus níveis de estresse. Sendo assim, não envolvemos seriamente as outras duas partes do cérebro nem nos dirigimos ao cavaleiro da maneira certa. É por isso que, assim como no caso de abertura do capítulo, mesmo que façamos o que pudermos para persuadir nossos funcionários a seguir novos valores corporativos, eles não necessariamente o farão. Devemos lidar com o cavaleiro, o elefante e o caminho de maneira holística. A influência comportamental bem-sucedida exige participação de todos eles, de um jeito ou de outro. Quanto mais rapidamente você adotar essa mentalidade holística, mais incrementadas serão as suas habilidades de persuasão na liderança.

MEDINDO E MUDANDO O CÉREBRO COLETIVO CORPORATIVO

O cérebro coletivo de qualquer organização, representado pelos estados combinados dos três cérebros dos funcionários, está diretamente relacionado com a cultura da organização. O jeito como as pessoas pensam, sentem e se comportam no ambiente específico da empresa afeta diretamente o sucesso de uma cultura corporativa. Não seria incrível se houvesse uma forma de medir esse cérebro coletivo, de modo a entender melhor seu estado atual e mudá-lo se e quando necessário? É exatamente isso o que temos feito na região do Sudeste Europeu (SEE) desde 2011.

Um de nós (o dr. Dimitriadis), em colaboração estreita com o outro (o dr. Psychogios), desenvolveu uma ferramenta de diagnóstico que mede e modifica o cérebro coletivo corporativo a partir de comunicações internas e iniciativas de recursos humanos. A ferramenta foi implementada com sucesso em empresas regionais e multinacionais na região do SEE, tendo ganhado um prestigioso prêmio da indústria naquela região.[11] A ferramenta capta de maneira eficaz:

O que as pessoas sabem. Essa parte se refere ao cérebro cognitivo da companhia. Ela mede o nível de satisfação expresso pelos funcionários com as informações que recebem sobre a posição mais ampla e o futuro da empresa, além de seu papel e contribuição junto à empresa (o quadro geral e o quadro específico, respectivamente).

O que as pessoas sentem. Essa parte se refere ao cérebro emocional/afetivo da empresa. Ela mede o nível de muitos sentimentos na organização. Nós medimos todas as emoções basilares, assim como sentimentos subjetivos, como apreciação, apoio e fadiga.

O que as pessoas fazem. Essa parte se refere ao cérebro habitual/automático da empresa. Ela mede o nível de existência de hábitos comportamentais dos funcionários em suas ações cotidianas, como resolução de conflitos, comunicação intra e interdepartamental, defesa interna e externa da marca e outros.

A ferramenta, baseada em questionários com os funcionários e entrevistas com os gestores, foi desenvolvida como resposta ao que estávamos vivenciando no mercado: um desencontro entre problemas e soluções. As empresas que tinham problemas emocionais atacavam esses problemas com mais informação, enquanto outras, nas quais faltavam funcionários bem-informados, respondiam com declarações emocionais e discursos visionários. Não podemos resolver problemas emocionais com mais informação, do mesmo jeito que não podemos resolver lacunas de informação com emoções. Sem um indicativo claro de onde os problemas estão no cérebro coletivo, permanecemos cegos e condenados a desperdiçar tempo e dinheiro. Em contrapartida, examinando os três cérebros da nossa empresa, podemos estabelecer qual deles tem problemas de fato e trabalhar em soluções localizadas.

A ferramenta tem sido usada para redirecionar esforços de comunicação interna, para reunir várias funções rumo à descoberta de soluções reais de acordo com o problema e para dar à liderança das empresas uma direção clara para construir uma cultura corporativa vencedora. Dividir cérebros, unidades de negócios e departamentos nos permite identificar, dentro da organização, bolsões específicos de preocupações e bolsões de excelência cerebral — e utilizar ambos da maneira apropriada. Talvez um departamento precise de um reforço na confiança (tratamento emocional), enquanto outros precisam de novos hábitos para relatar problemas (tratamento comportamental e de procedimentos). Soluções de tamanho único não existem para cérebros individuais, e, da mesma forma, tampouco existem para cérebros coletivos corporativos.

QUADRO DE AÇÃO: CRIE SEU PRÓPRIO DIAGNÓSTICO DO CÉREBRO COLETIVO

Você pode criar sua própria versão da ferramenta de diagnóstico do cérebro coletivo corporativo para sua empresa, departamento ou equipe. Eis como:

1. Comece criando três categorias: *pensar, sentir* e *fazer*. Primeiro, como seu pessoal pensa, o que eles sabem e o que está na cabeça deles? Segundo, o que seu pessoal sente ou quais são suas emoções predominantes e quais

são as menos presentes? Terceiro, quais hábitos vocês têm, como usualmente se comportam uns com os outros ou quais são as regras de comportamento corporativo aceitas dentro e fora da organização?
2. Sob cada uma das categorias, use as informações contidas neste e nos outros capítulos deste livro para criar uma lista de variáveis (ou questões) relevantes para o seu setor industrial, sua empresa, sua situação. Não exagere no começo. Dez variáveis (questões) por categoria bastam para começar. Essas variáveis podem incluir:
    a) Para "pensar": o quanto estamos cientes das intenções estratégicas de nossa organização? Sabemos quais são as grandes questões que afetam a empresa? Está claro o modo como nosso trabalho contribui para as metas da empresa? Conhecemos todas as exigências e responsabilidades do nosso emprego? Os canais de comunicação são plenamente compreendidos?
    b) Para "sentir": o quanto a empresa apoia seu pessoal? O humor dominante prima pelo otimismo ou pessimismo? Nós nos sentimos energizados/cansados, notados/ignorados, curiosos/entediados, parte de uma equipe/isolados?
    c) Para "fazer": somos proativos ou reativos na solução de problemas? Abordamos outras pessoas quando elas enfrentam um problema operacional pelo qual somos responsáveis? Colaboramos com outros departamentos de maneira eficaz? Recomendamos a empresa para pessoas de fora como um excelente local para se trabalhar?
3. Entrevistas (ou conversas focadas) são a técnica recomendada para a primeira vez que se implementa a ferramenta. Discuta, com base nas variáveis, com no mínimo dez pessoas do mesmo departamento. Anote as informações básicas para cada variável e atribua pontos a cada uma, como alto, médio ou baixo, dependendo do desempenho. Recomendamos que estudos quantitativos

> envolvendo a empresa inteira sejam feitos com o envolvimento de especialistas nesse tipo de pesquisa.
> 4. O resultado é conseguir criar, primeiro, uma análise geral dos três cérebros (por exemplo, cérebro racional: alto; cérebro emocional: baixo; cérebro habitual: médio), mas também uma imagem mais detalhada de quais variáveis/elementos em cada categoria estão altos, médios ou baixos. Tente sustentar e usar como exemplos as variáveis com pontuação alta.
>
> Estenda a ferramenta a outras equipes e outros departamentos. Depois, compare os resultados. Você nota alguma diferença? Existe um padrão específico em algum departamento que favoreça ou limite uma das variáveis nos três cérebros da empresa? Aja de acordo com esse diagnóstico.

A influência de Cialdini

Se você fizer uma busca sobre como melhorar suas habilidades de influência, inevitavelmente chegará a Robert B. Cialdini, o incontestável guru global da persuasão. Cialdini, professor emérito de psicologia e marketing na Arizona State University, publicou seu fundamental livro *Influence: the psychology of persuasion* [Influência: a psicologia da persuasão] em 1984, e desde então seus seis princípios da persuasão se tornaram o padrão da indústria. Embora ele tenha desenvolvido esses princípios prioritariamente para uso em marketing e vendas, eles podem facilmente ser adotados e aplicados por líderes dentro de suas organizações. Os princípios,[12] que temos usado há anos, são os seguintes (explicados no contexto de liderança e gestão):

- *Reciprocidade.* Retribuir um gesto de boa vontade é um ato que está programado em nosso cérebro social, conforme explicamos no capítulo anterior. Nosso senso de justiça e nosso comportamento moral, ambos profundamente arraigados, pedem que retribuamos uma boa ação às pessoas que primeiro se comportaram gentilmente conosco. Aplicando a recomendação de Axelrod, que vimos no capítulo 7, um líder precisa começar um relacionamento com boa vontade. Isso tanto pode ajudar a abrir um ciclo positivo e potencialmente perpétuo de cooperação como, ao mesmo tempo, segundo Cialdini, aumentar nosso poder de persuasão. A atração gravitacional de boas ações é tão forte que pode moldar o comportamento de outras pessoas de acordo com o nosso. Comportando-se mal, todavia, você também pode influenciar o comportamento dos outros, mas dessa vez negativamente. Em outras palavras: se você levar para o pessoal, outros também levarão; se você sorrir, outros também sorrirão; se você inovar, outros também inovarão.

- *Comprometimento e coerência.* Muito do comportamento humano pode ser atribuído aos nossos esforços de reduzir o que psicólogos chamam de dissonância cognitiva. Esse é um conceito importante, desenvolvido pelo psicólogo social americano Leon Festinger nos anos 1950, e sugere que as pessoas se esforçam em suas vidas para atingir a coerência interna.[13] Isso significa que estamos constantemente tentando combinar nossas crenças com nossos atos e nossas muitas crenças umas com as outras. A incoerência (dissonância) entre aquilo em que acreditamos e o que fizemos em certa ocasião pode causar sérios conflitos internos, que precisam ser resolvidos de alguma forma, seja por uma mudança de crença, seja buscando-se ignorar o problema completamente, seja comportando-se com coerência logo depois. Por exemplo, comprometer sua equipe com determinado curso de ação influenciará os seus integrantes a se comportar de acordo. Em outras palavras, se você deseja que a sua equipe demonstre comprometimento com um projeto, precisa primeiro demonstrar o seu próprio comprometimento. Mas tenha cuidado: os membros da equipe precisam considerar o comprometimento profundamente importante para si próprios. Do contrário, o conflito interno por não acompanharem a ação não será tão grande. Faça que acreditem na ação (torne-a parte integral do propósito da equipe, por exemplo) e eles farão tudo que puderem para agir de forma coerente. Você também pode pedir à sua equipe que anote os motivos que fariam seus membros se comprometerem com uma iniciativa, e então apresentá-los ao time. Aspectos como responsabilidade em relação ao restante da equipe e aos consumidores finais que são o alvo do projeto, reputação da equipe e da empresa, comprometimento com nossos valores etc. podem funcionar bem e se tornar motivos coletivos.

- *Prova social.* Todos estamos cientes do efeito que um grupo de pessoas olhando para o céu tem sobre um transeunte qualquer: ao avistar o grupo, ele também vai, intuitivamente, olhar para cima. Isso é prova social, ou o princípio das pessoas seguindo o grupo social de forma inconsciente e automática. Os clássicos e famosos experimentos de conformidade de Asch demonstram que as pessoas podem seguir a opinião e o comportamento de outras mesmo quando são obviamente equivocados. No experimento original, cinquenta participantes tinham que passar separadamente por uma série de testes, escolhendo entre várias opções para apontar a resposta correta. O problema era que, durante a aplicação da maioria desses testes, outras pessoas presentes davam respostas obviamente erradas de forma aberta, na frente de todo o grupo. Será que os participantes acompanhariam as respostas erradas ou dariam as respostas corretas e óbvias (por exemplo: olhe para essas três linhas verticais no papel. Qual é a mais curta?)? Surpreendentemente, só 25% deles não se abalaram pelas respostas incorretas dos outros, enquanto os 75% restantes deram a resposta errada (a resposta sugerida pelos outros) ao menos uma vez.[14] Ao longo dos últimos anos, conduzimos muitas vezes um experimento similar junto a nossos estudantes. Pedimos a eles que leiam um texto denso sobre política ou economia. Em seguida, solicitamos que deem sua opinião para a classe sobre os principais assuntos contidos naquele texto. Entretanto, os dois primeiros alunos a expressar sua opinião são preparados com antecedência para enganar os demais, apresentando análises completa e obviamente erradas. Então, pedimos aos demais (os participantes reais do experimento) que expressem suas próprias perspectivas. E o que ocorre? A maioria dos alunos, embora assumindo um certo ar de surpresa, é influenciada pelas duas primeiras respostas equivocadas e acaba concordando com elas. São poucos os que discordam. O que parece ser crítico aqui é o *timing* da primeira resposta correta na classe. Se, por exemplo, ela aparece logo depois das duas primeiras, a chance de o resto da classe seguir pela rota correta é maior. Se a resposta certa aparece mais tarde, tende a exercer menos influência, já que mais opiniões de concordância com as duas primeiras emergem antes da correta. É altamente intrigante, mas também muito revelador do nosso comportamento social, não? Nós possuímos cérebros sociais, portanto, tendemos a seguir a multidão mesmo quando ela está obviamente errada. Em outro de nossos experimentos favoritos, a taxa de itens roubados de um parque de árvores petrificadas no Arizona subiu depois que uma campanha antirroubo declarou: "Muitos dos visitantes que passaram pelo parque roubaram madeira petrificada, mudando o estado da Floresta Petrificada".[15] Uma campanha para reduzir o roubo acabou promovendo o roubo! Eis aí a mensagem do bom senso. Nossos cérebros tendem a acompanhar o que outras pessoas fazem. Ao anunciar uma reunião importante, sempre mencione as pessoas que já confirmaram presença, especialmente se o número for alto. Se a participação acabar sendo limitada, não faça alarde a esse respeito. A prova social negativa tem uma forte reserva de influência, o que significa que algumas pessoas provavelmente escolherão de antemão não comparecer à próxima se seus cérebros captarem o fato de que as reuniões anteriores tiveram baixo comparecimento. As normas culturais dentro das organizações tendem a replicar o comportamento aceito pelas pessoas, seja ele positivo ou negativo. Preste muita atenção para determinar qual é qual e mude-o, se necessário.

- *Autoridade.* Via de regra, as pessoas tendem a seguir as regras se essas regras foram elaboradas por pessoas que elas consideram dotadas de autoridade. Os experimentos seminais sobre obediência conduzidos por Stanley Milgram e Philip Zimbardo, mencionados no capítulo 5, provam cabalmente esse ponto. Isso significa que deve ficar claro na empresa quem é responsável por quais decisões. A confusão de autoridade prejudica seu potencial de persuasão. Além disso, alguns estudos clássicos[16] demonstram que o poderio da especialidade pode impulsionar o efeito da autoridade e aumentar a persuasão. Um comunicador que seja percebido como possuidor de proficiência pode influenciar tanto as atitudes quanto a memória dos outros. Após estimulação dos núcleos caudados no cérebro — uma área dos gânglios basais relacionada com o processamento de *feedback*, aprendizado, expectativas de recompensa, cooperação social e confiabilidade — e do lobo medial temporal, associado à formação de memórias de longo prazo e proficiência, a taxa de aceitação positiva de uma mensagem (ou seja, atitude) aumentou até 12% e seu reconhecimento (ou seja, a memória) aumentou 10%.[17] Esses números são, na verdade, muito altos quando comparados com estudos mais antigos.[18] Ser um perito em sua área, seja ela qual for, significa primar pela excelência naquela atividade, em vez de simplesmente ser bom nela. Demonstre essa proficiência sempre que necessário, especialmente em situações de alta pressão, e seus níveis de influência vão aumentar.

- *Gostar.* É mais provável que sejamos influenciados por pessoas que admiramos e das quais gostamos do que por aquelas por quem não nutrimos simpatia. Os três princípios do gostar e seus impactos sobre a persuasão já foram muito propalados.[19] Primeiro, gostamos de pessoas que sejam fisicamente atraentes. Segundo, gostamos de pessoas que compartilhem de alguma similaridade conosco. E, terceiro, gostamos de pessoas que gostem da gente. Isso significa que líderes e gestores precisam cuidar de sua presença física e estar sempre apresentáveis. Eles também precisam se apresentar de maneira que sugira alguma similaridade com seus seguidores. O líder pode demonstrar isso por meio declarações como: "eu comecei do mesmo jeito que vocês", "nós compartilhamos a mesma visão" e assim por diante. Por último, os líderes devem fazer elogios sempre que possível e apropriado. Parte desse princípio da persuasão inclui a afirmação de que fazemos mais esforço por pessoas que gostem de nós do que por pessoas que não gostam de nós. Segundo nossa vivência, isso tem se provado consistentemente correto. Observamos que as pessoas se mostram mais apaixonadas, proativas e inventivas quando são apreciadas.
- *Escassez.* Nosso cérebro evoluiu para notar a escassez e automaticamente se movimentar para garantir a disponibilidade dos recursos vitais que estejam prestes a ser exauridos. Priorizar comportamentos que deem acesso a recursos que nossa percepção categoriza como

escassos foi uma estratégia evolucionária necessária, já que deixar de adquirir esses recursos poderia significar deixar de sobreviver. Cialdini enfatizou o potencial de marketing e vendas que acompanha esse princípio (como fez com a maioria dos princípios, que foram originalmente concebidos por ele para uso no marketing). Ele aconselhava profissionais de marketing a sempre lembrar os clientes em potencial de que esta oferta fantástica terminaria logo ou de que aquele produto está vendendo depressa e nunca mais será produzido. Em ambientes organizacionais modernos, os líderes devem sempre lembrar as suas equipes de que recursos, sua posição no mercado e até a própria existência da empresa não podem ser tomados como verdades imutáveis. Revistas de negócios estão cheias de casos de empresas outrora poderosas que, no espaço de apenas alguns anos, tiveram que lutar por sua sobrevivência (a exemplo de Nokia, Kodak e outras). Não se trata de assustar as pessoas, mas de quebrar as zonas de conforto, dar um choque de realidade e estabelecer o tom para um trabalho dinâmico, proativo e inovador na equipe. Além disso, competições criativas com prazos curtos que ofereçam prêmios desejáveis aos funcionários podem ser usadas para criar curtos impulsos de entusiasmo e novas ideias. "Hackathons", como elas são chamadas, ou competições breves e intensas de desenvolvimento de projetos originadas em empresas de internet, software, digitais e criativas, funcionam tão bem porque ocorrem raramente. Acreditamos que, se elas acontecessem todos os dias, não teriam o mesmo efeito e certamente levariam a força de trabalho à exaustão extrema. Assim, usar *hackathons* de um jeito relevante para a sua empresa é altamente aconselhável, mas observando-se o princípio da escassez, ou seja, não deve ser uma solução usada todos os dias.

Em 2016, Cialdini atualizou seu modelo clássico, adicionando outro princípio da persuasão, o qual ele chamou de união.

- *União*. Este princípio diz respeito ao efeito da proximidade social e da identidade compartilhada sobre a persuasão. Sugere que, quanto mais próxima a associação de uma pessoa a determinado grupo social ou entidade, mais elevado será o impacto persuasivo de uma mensagem que englobe essa proximidade. A identidade compartilhada, segundo Cialdini, é formada quando as pessoas estão juntas e agem juntas. Por estar juntos entenda-se compartilhar características em comum, de tal modo que seja possível categorizar os envolvidos em um mesmo grupo social. Assim que nos identificamos fortemente com um grupo, torna-se mais fácil e mais rápido nos persuadir a agir de acordo com os interesses desse grupo e suas guias comportamentais. Agir juntos se refere ao fenômeno antropológico de pessoas se ligando umas com as outras quando executam ações coordenadas, em uníssono. Dançar com alguém ou tocar música com outras pessoas são tidos historicamente como atos que criam sincronicidade e fortalecem a identidade compartilhada. Porém, engajar-se em interações sociais, como o *speed dating*, de modo altamente estruturado e recíproco, fortalece o elo emocional surpreendentemente rápido, mesmo entre completos estranhos. Em um ambiente de trabalho, os líderes precisam exercitar os dois jeitos de aumentar o senso de união dentro das equipes, entre departamentos e até com parceiros externos. Estar juntos pode envolver valores compartilhados, um propósito em comum e uma narrativa que una as pessoas, enquanto agir juntos pode envolver ações rigorosamente coordenadas que engajem a equipe toda em um cronograma limitado para produzir resultados extraordinários. Além disso, esforços para consolidação de equipes devem incluir atividades para fortalecer tanto a dimensão de estar juntos quanto a de agir juntos.

Os sete princípios da persuasão não funcionam com facilidade em todas as situações e com todas as pessoas. Mas temos percebido que, com a prática e um pouco de reflexão, você pode dominar a arte de escolher o princípio correto para o desafio mais à mão. Alguns deles podem até virar hábitos de sua nova abordagem LCA. Utilize-os e aumente seu poder persuasivo.

Fale com o cérebro

Quando falamos a respeito da persuasão na liderança e o cérebro com nossos alunos e clientes corporativos, muitas vezes recebemos a pergunta: "Tá, tudo bem! Mas vocês têm algum truque rápido ou palavras específicas que nós podemos aplicar imediatamente?". Embora não sejamos adeptos de palavras mágicas "reveladoras" que supostamente criam seguidores cegos, algumas descobertas científicas parecem confirmar a eficácia do uso de palavras ou frases específicas para gerar efeitos influenciais imediatos sobre as pessoas. Além disso, existem estilos conversacionais que podem nos ajudar a aumentar nosso impacto de persuasão e nosso potencial colaborativo no longo prazo.

Vamos começar com aqueles que têm um efeito de vitória rápida e que nós, pessoalmente, usamos quase todos os dias em nossas práticas de ensino e consultoria. O psicólogo, escritor e comentarista de mídia Rob Yeung fez um excelente trabalho de resumos dessas técnicas aceleradas no final do seu livro, *I is for influence: the new science of persuasion* [I de influência: a nova ciência da persuasão].[21] Aqui estão elas:

- *"Mas não é só isso"*. Isso melhora ainda mais uma oferta que já era boa. Como Yeung explica, propor uma nova posição a alguém, apresentando um projeto de reestrutura organizacional, ou convencer a sua equipe a fazer hora extra esse mês para alavancar os números pode ser feito de modo muito mais eficaz se você explicar quais são as vantagens — e depois oferecer mais vantagens ainda. Você não mostra todas as suas cartas no discurso principal, deixando para revelar os benefícios surpresa só no finalzinho. Usar as palavras "mas não é só isso" do jeito certo tem o poder de fazer as pessoas sentirem que vão obter mais do que elas esperavam, mais do que deveriam ou mais do que tinham solicitado.
- *"Porque..."*. Um experimento muito intrigante e amplamente citado demonstrou que, se alguém está tentando furar a fila para usar a copiadora, essa pessoa pode obter uma alta taxa de aprovação se especificar o motivo para isso. "Com licença, eu só tenho cinco páginas. Posso usar a copiadora, porque estou mesmo com pressa?" recebeu uma taxa de aceitação de 94%, contra 60% de aceitação

da frase mais simples: "Com licença, eu tenho cinco páginas. Posso usar o xerox?". Acrescentar a palavra "porque" impulsiona drasticamente a influência. É uma vergonha o número de vezes que gestores e líderes dizem apenas "Isso não é possível", "Agora não", "Vou pensar nisso mais tarde" ou outras frases que criam decepção para seus colegas e subordinados. Apenas acrescentar "porque" e oferecer uma razão verdadeira e honesta deixaria todos mais felizes. Quando pedir favores ou um esforço extra à sua equipe no trabalho, sempre explique de maneira clara e direta por que isso é necessário. Você deve incorporar essa técnica na sua comunicação, pois isso fará uma imensa diferença à sua eficácia como influenciador.

- *"Eu preciso que você faça (algo muito específico e/ou mensurável)"*. Ser específico em um pedido aumenta enormemente o impacto positivo desse pedido. Em vez de dizer "Temos que aumentar nossos esforços", melhor dizer "Temos que aumentar em 7% nossa taxa de produtividade em comparação com o ano passado para poder acompanhar os outros departamentos". Ser específico fala diretamente com o cavaleiro em seu cérebro e põe de lado qualquer mal-entendido, confusão ou pessimismo desnecessário. Se a meta estiver clara e dividida em partes pequenas, ela também estará gerenciável.

- *"Você tem uma escolha"*. Sempre lembrar os seus colegas, funcionários e parceiros de negócios de que eles têm de fato uma escolha diante de decisões importantes e urgentes aumenta a probabilidade de que aceitem a decisão que você deseja tomar. Isso permite às pessoas sentir que estão no controle, em vez de se sentirem presas. Uma sensação de estar preso ou em perigo pode estimular excessivamente a amígdala, com todas as consequências negativas mencionadas anteriormente (estresse, medo, ansiedade, agressividade etc.). Nós sempre temos uma escolha em qualquer decisão a ser tomada, mesmo as mais difíceis. Dizer isso explicitamente, particularmente em um tom de voz de quem oferece apoio, convence as pessoas de que elas estão optando por algo que é decisão delas. Isso impulsiona a confiança, o envolvimento e a satisfação. Em vez de dizer algo como "Não temos escolha, precisamos reestruturar", seria melhor dizer "Nós temos uma escolha: ou ficamos como estamos, e provavelmente nos tornamos irrelevantes para nossos clientes em seis meses, ou mudamos agora e superamos nossos concorrentes no jogo deles!". Percebeu a diferença?

A persuasão rápida é muito prática em nossas reuniões, discussões, anúncios e apresentações diários. Entretanto, não aconselhamos que a pessoa se torne um malandro da persuasão. Raramente conseguimos esconder por completo nossas verdadeiras habilidades, intenções e potencial de liderança. Nesse aspecto, adotar um estilo conversacional que nos torne mais profundamente receptivos aos outros e a responder de um jeito mais significativo e influente pode melhorar o próprio cerne da nossa capacidade cerebral de persuasão. Isso é especialmente necessário para os líderes porque, como Andrew Newberg e Mark R. Waldman, autores do livro *Words can change your brain: 12 conversational strategies to build trust, resolve conflict and increase intimacy* [Palavras podem mudar o seu cérebro: 12 estratégias conversacionais para construir confiança, resolver conflitos e aumentar a intimidade],[23] explicam:

> Embora tenhamos nascido com o dom da linguagem, as pesquisas demonstram que somos surpreendentemente inexperientes quando se trata de nos comunicarmos com os outros. Com frequência, escolhemos nossas palavras sem pensar, ignorantes dos efeitos emocionais que elas podem ter sobre os outros. Falamos mais do que precisamos.

Newberg e Waldman sugerem uma solução, a qual chamam de *comunicação compassiva*, que, quando praticada em longo prazo, alinha os dois lados do nosso cérebro e aumenta a ressonância neural entre as pessoas que participam da conversa. O raciocínio neural se refere à "transferência minuciosa de informações de um cérebro para o outro",[24] impulsionando a possibilidade de que os sinais certos sejam enviados e recebidos e de que a cooperação emerja. Os autores sugerem doze maneiras pelas quais podemos nos tornar comunicadores compassivos, muitas delas já mencionadas anteriormente neste livro. Elas são: adotar uma atitude mais relaxada, estar plenamente presente durante uma conversa, cultivar o silêncio interior, aumentar a mentalidade positiva, refletir sobre valores mais profundos (ou propósitos), acessar memórias agradáveis (para que expressões positivas emerjam), observar sinais não verbais nos outros, expressar consideração, falar de modo afetuoso, devagar e breve, e ouvir profundamente. Essa lista é um sumário muito conveniente que pode ser usado por quem almeje se tornar um comunicador melhor, mais cooperativo e, essencialmente, mais influente.

 Acreditamos nesses e em outros atributos similares discutidos neste livro. Embora implementar todos eles seja mais complicado do que falar a respeito, temos visto melhorias reais em nós mesmos e em outros sempre que trabalhamos de perto e de forma séria com essa questão. Isso começa com a compreensão simples, mas profunda, de que a comunicação é difícil e com frequência ineficaz se não considerarmos como o cérebro funciona sempre que buscamos exercer algum impacto sobre o comportamento de outras pessoas. Em uma palestra TEDx Talk muito bem recebida na University of Strathclyde, na Escócia, intitulada "A ilusão da comunicação e sua solução baseada no cérebro", um de nós[25] instou a audiência a adotar modos de comunicação amistosos para o cérebro se quisermos mudar este mundo para melhor. Infelizmente, o que vemos todos os dias nas empresas são cavaleiros falando com cavaleiros, comportando-se como se não houvesse outras partes do cérebro a ser incluídas nas tomadas de decisão e, especialmente, na adoção de cursos de ação previamente acordados. Assim, quando duas pessoas estão conversando, dois lobos frontais concordam um com o outro quanto ao que é lógico, racional e analiticamente correto fazer, e então dois cérebros inteiros (não apenas os lobos frontais, que, na verdade, se tornam irrelevantes após a conversa) simplesmente não movimentam aquelas duas pessoas a agirem de acordo. Imagine isto: em uma conversa com seus colegas, vocês, de forma rápida e coletiva, concordam que investir 110% dos esforços combinados de todos nesse novo projeto é crucial para o seu sucesso. Posteriormente, porém, torna-se claro que as pessoas não aumentaram os esforços tanto quanto fora originalmente combinado. Claro, algumas tentaram um pouco mais, mas nada perto do que se imaginara. O cavaleiro entendeu, mas o elefante não se moveu e o caminho não ficou claro. Apenas quando começarmos a pensar no cérebro como um todo, tanto o nosso quanto o das pessoas com quem conversamos, poderemos tomar decisões significativas que acabarão levando à mudança de comportamentos. Líderes modernos precisam conversar com o cérebro como um todo, e não exclusivamente com os lobos frontais dominados pela racionalidade. Fale com o cérebro e as pessoas se movimentarão.

O IMPORTANTÍSSIMO *FEEDBACK*

Em um trabalho de pesquisa recente de nossa autoria com colegas,[26] baseado em muitas entrevistas com gestores de organizações de vários tipos e tamanhos, de diferentes indústrias e setores, descobrimos que o *feedback* gerencial é um sinal fundamental a partir do qual as rotinas no local de trabalho podem mudar. O *feedback* fornece informações sobre características de trabalho e tenta guiar o desempenho em dada direção,[27] sendo visto como uma parte integral do processo de aprendizado.[28] Em nosso estudo, descobrimos que o *feedback* pode ser usado para influenciar a mudança em padrões de comportamentos organizacionais. Em particular, percebemos que existem dinâmicas específicas que ocorrem durante o processo de *feedback* que ajudam os gestores a compreender, facilitar, endossar e monitorar esse processo.[29] E mais: em um estudo mais recente, descobrimos que três princípios que podem ser aplicados ao se dar *feedback* são cruciais:[30]

- Primeiro: o *feedback* funciona melhor quando é informal. Quando você deseja conversar com um funcionário sobre algum comportamento que ele repete e está criando problemas, é preferível (ao menos da primeira vez) evitar procedimentos formalizados, como pedir a ele que venha ao seu escritório. Opte por maneiras mais informais. O estudo demonstrou que os gestores poderiam alcançar resultados melhores se usassem estruturas informais, como chamar o funcionário para tomar um café ou para dar uma caminhada, durante a qual conversariam.
- O segundo princípio preconiza que o *feedback* dever ser tão específico quanto possível. Os gestores devem

abordar diretamente, desde o começo da discussão, o comportamento que precisa ser mudado. Discussões longas e genéricas devem ser evitadas, assim como é preciso deixar claro qual é o assunto da discussão e que uma decisão deverá ser tomada ao seu final.

- O terceiro princípio prescreve que o *feedback* também deve demonstrar os benefícios que serão alcançados após a mudança do comportamento. Os gestores precisam discutir esses benefícios com os funcionários, destacando o que eles podem ganhar depois da mudança de um comportamento habitual que está, no momento, causando danos.

Chamamos esses três princípios de estrutura tríplice do *feedback* nas organizações.

É fácil perceber similaridades entre os resultados desse estudo e muitos dos conceitos discutidos neste e nos capítulos anteriores. Isso porque o *feedback* é uma função básica, que influencia nossos cérebros e, subsequentemente, nosso comportamento. Descobriu-se que utilizar cuidadosamente ciclos de *feedback* de informações pode fazer o cérebro reagir da forma apropriada à mensagem inicial e mude nosso comportamento. Ciclos eficazes de *feedback* têm quatro componentes:

- *Evidências.* Dados a respeito do comportamento devem ser imediatamente recebidos e apresentados.
- *Relevância.* Dados frios são transformados em contribuições cheias de significado mediante design, apresentação, comparação e contexto.
- *Consequência.* Uma mensagem precisa carregar um propósito ou um objetivo mais amplo.
- *Ação.* Os atos individuais que tornam possível alcançar os dados desejados, fechando-se assim este ciclo e abrindo-se um novo.

> Como exemplo, pense no esforço de uma empresa para aumentar os comportamentos relativos à sustentabilidade no trabalho. Se existirem metas de reciclagem, os resultados da reciclagem poderiam ser comunicados com frequência e com dados concretos (evidência), os dados poderiam ser apresentados junto do objetivo desejado para comparação imediata (relevância), um comentário motivacional pode acompanhar o anúncio dos dados para relembrar as pessoas do propósito e da importância da atividade (consequência) e o ciclo se fecha com novas ações que, assim se espera, levarão a medições melhoradas (nasce um novo ciclo).

Estímulos de persuasão

Os recentemente descobertos poderes de persuasão da comunicação cerebral levaram a uma explosão da *neurocultura*, ou a ampla difusão de *insights* neurocientíficos na sociedade como um todo e na cultura popular.[31] Consideramos esse processo muito empolgante, já que é óbvio que acreditamos que a liderança, os negócios, a educação, a política e a vida em geral passariam por uma melhoria drástica se uma abordagem mais baseada no cérebro fosse adotada. A eficácia das comunicações poderia aumentar exponencialmente, levando a uma economia substancial de tempo e dinheiro. Isso é ainda mais válido na propaganda, onde o velho adágio resiste: "Metade da minha propaganda é desperdiçada; só não sei qual metade".[32] O neuromarketing — o esforço das áreas de marketing, propaganda e vendas para desenvolver comunicações novas e mais eficazes baseadas na neurociência da persuasão — inclui muitas dicas, técnicas e modelos de como as empresas podem fazer mais com menos. Algumas delas podem ser aplicadas com facilidade em um contexto de liderança, especialmente o modelo dos seis estímulos de Patrick Renvoise e Christophe Morin, publicado pela primeira vez em 2002. Esse modelo oferece *insights* extremamente úteis a respeito de por que os líderes deveriam se comunicar diretamente com o cérebro de seus associados e funcionários. Na Tabela 8.1, você pode ver o trabalho pioneiro de Renvoise e Morin[33] sobre quais estímulos aplicar para ser drasticamente mais eficaz e eficiente na persuasão, no contexto das comunicações internas e das informações administrativas.

Dificilmente encontraríamos um caso em que fosse possível usar todos esses estímulos ao mesmo tempo. Entretanto, você pode utilizar um mix de dois ou três para garantir que a sua mensagem chegará à parte do cérebro da sua audiência que induzirá respostas comportamentais. Senão, você falará apenas com a parte executiva do cérebro, que talvez esteja empreendendo uma série de análises, mas nenhuma ação.

TABELA 8.1 — Modelo de seis estímulos de Renvoise-Morin adaptado para a liderança

Estímulos	Descrição	Lição de liderança
Egocentrismo	Estruturas mais antigas e profundas do cérebro se ocupam primariamente da nossa sobrevivência. O senso individual de autopreservação faz nosso cérebro notar o que se refere a nós, pessoalmente.	Em reuniões, apresentações e anúncios de notícias importantes, precisamos sempre considerar a ênfase no aspecto "o que é que eu tenho com isso" da nossa mensagem e nos certificar de que estejamos falando sob a perspectiva do receptor da mensagem. Use a palavra "você" com frequência, de um jeito positivo e construtivo. E é claro que há aspectos individuais no trabalho de equipe, embora algumas pessoas argumentem que não deveria haver. Mas tentar ignorar o eu individual dentro das equipes e suprimi-lo pode ser desastroso. Tente promovê-lo por meio da compreensão mútua e elevá-lo por meio da colaboração recíproca.

Contraste	Nosso cérebro precisa gastar energia para identificar diferenças entre mensagens. Dessa forma, ele está inclinado a não fazer essa diferenciação, para poupar energia.	Pare de soar igual em toda campanha de comunicação interna e repasse de informações administrativas. Torne mais fácil para o cérebro dos seus funcionários entender o que você está dizendo, desenvolvendo sempre mensagens que enfatizem claramente características distintas e estados distintos. Os efeitos comunicacionais de "antes e depois" e o "com e sem" se aplicam aqui, e podem ser utilizados para convencer as pessoas sobre novas políticas e para mudar projetos. "Olhe para a situação com essa nova regra e sem ela. Qual você prefere?" Essas mensagens utilizam o contraste de maneira eficaz para tornar a informação mais digerível para o cérebro.
Tangibilidade	O cérebro se sai melhor quando precisa entender informações concretas e tangíveis do que informações abstratas e teóricas. Ele gasta menos energia captando as primeiras e muito mais energia trabalhando com o segundo tipo.	Sempre tente usar imagens e palavras concretas e claras, além de informações contextuais específicas que transformem um tópico abstrato e difícil em algo preciso e tangível. Números podem ajudar, especialmente se mencionados em um contexto específico. Em vez de "Vamos gastar muito neste projeto", prefira "Vamos gastar um milhão, que é o orçamento total do nosso departamento, neste projeto". A mensagem tem um impacto muito mais forte na segunda versão.
Começo e fim	Dentre outros motivos, a arte de contar histórias é tão antiga (pense na *Ilíada* e na *Odisseia*) porque os nossos cérebros gostam de receber informações de maneira sequencial, isto é, com um começo e um fim. Então, a atenção é naturalmente mais alta nesses dois pontos.	Tenha muito cuidado ao escolher suas palavras no começo e no fim de anúncios importantes. O mesmo vale para quando for se reunir com novos colegas e funcionários: eles se lembrarão claramente das primeiras e das últimas palavras que você disser na reunião, se elas forem poderosas. Jamais conceba um começo maçante de uma apresentação, na esperança de chegar aos detalhes suculentos mais tarde. A atenção já estará perdida muito antes de você alcançar o slide número 18.

Visualização	Somos seres visuais. Nosso cérebro recebe a maioria de suas informações, e mais rapidamente, a partir de nossos olhos, não pelos outros sentidos. Quanto mais graficamente visual a mensagem, melhor.	Nunca use materiais ou slides grosseiros, entediantes ou de difícil leitura ou compreensão. A mensagem tem que ser clara, incisiva e o centro das atenções. Use menos recursos visuais, mas mais ousados; palavras e números em menor quantidade, mas mais ousados. Deixe o minimalismo para as exposições de arte e para os slides de Excel desgastados dos alunos de MBA. Seguindo as normas culturais e as diretrizes da marca da sua empresa, crie campanhas internas e apresentações que sejam diretas e fáceis de notar e entender. Quanto mais marcantes e claros forem os recursos visuais, mais intenso será o efeito. De novo, tenha cuidado com os reflexos de aceitação únicos da sua empresa durante esses esforços.
Emocionalidade	Os cérebros são órgãos emocionais, no sentido de que são as emoções que nos movem a responder comportamentalmente a uma mensagem. Como vimos anteriormente neste capítulo, o elefante nos move e o cavaleiro nos guia.	Não é verdade que a informação e a comunicação corporativas não podem conter emoções. Se não pudessem, viveríamos em um ambiente doente, até com pitadas de psicopatia (como explicamos no capítulo 4). As emoções são uma função integral, se não central, de nosso cérebro, portanto, utilizá-las corretamente pode apenas levar a uma comunicação mais impactante e à persuasão. Temos notado que muitos gestores tentam retirar a emocionalidade de suas mensagens e, assim, reduzem perigosamente o impacto do que têm a dizer. Ao nos mantermos sensíveis à cultura de nossas organizações, podemos infundir nossas mensagens com emoções relevantes ao que estamos tentando alcançar, de modo a maximizar o efeito. As emoções equivalem a ações. É simples assim.

DIMENSÕES DA INFLUÊNCIA SOCIAL

Influência e persuasão nem sempre são práticas claras, com opções certas e erradas. Elas requerem uma abordagem nuançada, sob medida para o indivíduo e a equipe a que nos dirigimos. Elas também dependem muito de fatores situacionais. Nesse sentido, Jonah Berger, professor da Wharton School na University of Pennsylvania, discute em seu livro *Invisible influence: the hidden forces that shape behavior* [Influência invisível: as forças ocultas que moldam o comportamento][34] as três dimensões que deveriam moldar nossa abordagem à influência e que podem impactar de maneira relevante o sucesso dos nossos esforços persuasivos. São elas:

- *Similaridade x diferenciação.* Nós já discutimos a importância dos valores compartilhados, das identidades compartilhadas e da intencionalidade compartilhada. Entretanto, as pessoas também são influenciadas por sua necessidade de serem diferentes. A campanha da Apple de 1997, "Pense Diferente", se baseou no impulso humano de nem sempre se conformar às massas e no desejo de se sentir diferente. O equilíbrio entre a imitação do intragrupo e da diferenciação do extragrupo é crucial para maximizar nossa influência no grupo-alvo. Às vezes, podemos influenciar mais profundamente o comportamento se lembrarmos às pessoas de quem elas não deveriam gostar, em vez de a que grupo elas de fato pertencem.
- *Familiaridade x novidade.* O poder da familiaridade jaz no fato de que nosso cérebro processa com mais eficiência, em termos de tempo e energia, estímulos que sejam similares a estímulos antigos do que aqueles completamente desconhecidos e não familiares. A incerteza é menor nesses casos, e experiências prévias podem ser utilizadas como mapas para a rápida tomada de decisões. Por outro lado, a novidade tem suas próprias vantagens, já que fornece a variedade necessária para

> aumentar as chances de aprendizado e de crescimento da pessoa, atrai atenção mais depressa por causa da incerteza e, como já foi comprovado, aumenta a satisfação com a vida, especialmente quando periodicamente presente. Líderes precisam equilibrar a familiaridade e a novidade e seus esforços pela influência, observando o comportamento prévio de sua equipe quando exposta a informações conhecidas e desconhecidas.
> - *Colaboração x competição.* Estar juntos e agir juntos, em uníssono, são condições poderosamente persuasivas. Ao mesmo tempo, aumentar o senso de competição entre indivíduos específicos e/ou grupos pode promover seu impacto persuasivo e mover as pessoas mais depressa e com mais intensidade. Integrar colaboração e competição é um aspecto crucial da caixa de ferramentas de influência do líder.
>
> A perspectiva de Berger é nuançada: ele não usa apenas uma ou outra abordagem, mas as duas alternativas em todas as três categorias, até simultaneamente, para maximizar a influência. Saber quando fazer isso separa os líderes persuasivos dos reativos.

Tenha em mente

A persuasão é uma habilidade basilar da liderança e líderes modernos precisam ser capazes de influenciar comportamentos para atingir os objetivos de suas organizações. Isso significa que precisamos "falar" com todas as três funções principais — pensamento, sentimento e comportamento — para alcançar resultados importantes. Os lobos frontais, que são as partes executivas do cérebro, falando e concordando uns com os outros, raramente levam a respostas apaixonadas e significativas por si sós. As emoções têm que motivar e o ambiente tem que facilitar o curso de ação desejado. Dirija o cavaleiro (racionalidade), motive o elefante (emoções) e abra o caminho (hábitos e procedimentos) para alcançar os resultados máximos, tanto para o cérebro individual quanto para o coletivo. Use sempre que possível: os sete princípios da persuasão de Cialdini; frases e palavras específicas que podem acelerar sua influência sobre os outros (como "porque"); os doze pontos para conversações compassivas; e o modelo dos seis estímulos para chamar a atenção do cérebro. Além disso, o resultado deve ser baseado em uma combinação de abordagens, em vez de numa ou noutra. Seu poder aumentado de persuasão, se utilizado da forma apropriada, exercerá um impacto positivo considerável sobre o seu trabalho e sobre o trabalho de outras pessoas também.

SUMÁRIO DO PILAR Nº 4: RELAÇÕES
Lições de liderança

Foco no esforço coletivo
Concentre-se na colaboração, em vez de no esforço individualista.

Crie amizades próximas
Cinco recomendações para criar amizades próximas:

- nutra um senso de segurança
- escuta ativa
- seja vulnerável
- apoio recíproco
- trate suas diferentes amizades de modo diferente

Conexões importam
Não negligencie conexões com pessoas que podem exercer um impacto dramático sobre as funções cerebrais e sobre o desempenho da liderança.

Compreenda como os outros estão pensando
Engaje-se diretamente com as outras pessoas criando uma situação confortável, sendo tão claro quanto possível e ouvindo ativamente.

Esteja ciente da imitação
Líderes devem estar cientes da imitação quando estiverem moldando os humores, atitudes e comportamentos de outras pessoas.

Persuada
Persuada adotando a abordagem do cérebro trino:
- racionalize a direção
- emocione a motivação
- formule o ambiente

Avalie o cérebro coletivo
Use a ferramenta de diagnóstico tríplice para avaliar o cérebro coletivo:
- o que as pessoas sabem
- o que as pessoas sentem
- o que as pessoas fazem

Esteja ciente da influência
Esteja ciente dos seguintes princípios da influência:
- reciprocidade
- comprometimento e coerência
- prova social
- autoridade
- gostar
- escassez
- união

Fale com o cérebro
Existem palavras e frases específicas que causam impacto imediato:
"Mas não é só isso."
"Porque..."
"Eu preciso que você..."
"Você tem uma escolha."

Esteja ciente do feedback
Enfatize:
- *feedback* informal
- *feedback* específico
- *feedback* orientado para os benefícios.

Estímulos da persuasão
Seis estímulos específicos podem tornar os líderes mais eficazes na persuasão:

- egocentrismo
- contraste
- tangibilidade
- começo e fim
- visualização
- emocionalidade

Dimensões da influência social:
- similaridade x diferenciação
- familiaridade x novidade
- colaboração x competição

Não use apenas uma ou outra abordagem. Use ambas as alternativas nas três categorias, até simultaneamente, para maximizar a influência.

Considerações finais

O futuro da ciência cerebral, liderança e a abordagem LCA

O futuro da ciência cerebral

Descobertas inovadoras sobre o cérebro apenas começaram a emergir. O que sabemos atualmente é provavelmente só a ponta do iceberg. Como declararam Gary Marcus e Jeremy Freeman, editores do livro *The future of the brain: essays by the world's leading neuroscientists* [O futuro do cérebro: ensaios dos principais neurocientistas do mundo]:[1] "Nunca houve um momento mais empolgante na neurociência do que agora". Esperamos que as duas próximas décadas sejam cruciais para revelar descobertas e fatos ainda mais intrigantes sobre como nossos neurônios disparam, interagem e impactam nosso comportamento. Fizemos o melhor que podíamos, dentro das restrições usuais, para incluir neste livro as descobertas e discussões mais recentes sobre o cérebro, combinando-as com os estudos clássicos que recuam até meados do século XX. Sentimos que essa mistura de clássico e moderno (com uma ênfase no moderno), baseada em extensas pesquisas conduzidas na literatura relacionada ao cérebro, adicionalmente aos resultados tangíveis que observamos, dá à abordagem LCA sua vantagem. Acreditamos que os quatro pilares permanecerão como estão ainda por um longo tempo. Fique de olho, porém, e mantenha a mente aberta para novas descobertas, novas aplicações da neurociência e das ciências comportamentais. Use essas novas descobertas para desenvolvê-la ainda mais você mesmo! Seu cérebro é elástico e adora crescer. Use a abordagem LCA para isso.

De todos os novos desdobramentos no vasto campo da neurociência, aquele que exercerá o impacto mais profundo no modo como percebemos e lidamos com o cérebro é a tecnologia que interage com ele ou o altera. As descobertas iniciais do que tem sido chamado de "neurotecnologia"[2] são estarrecedoras e criam muita esperança para as pessoas com danos cerebrais. A Braingate,[3] a Neuralink,[4] financiada por Elon Musk, e outras iniciativas similares nas ciências e nos negócios pelo mundo todo estão desenvolvendo aparelhos e software para computadores que interagem diretamente com os neurônios no cérebro. Parece que não só a neuroplasticidade, que ocorre naturalmente, pode aprimorar o nosso cérebro, mas também eletrodos implantados em nossas cabeças e sensores no topo do nosso crânio. A tecnologia será capaz de contornar nosso cérebro executivo. Ela vai alcançar estruturas mais profundas para evocar respostas diretas, vai obter informação mais clara sobre pensamentos e sentimentos e vai ajudar dois ou mais cérebros a interagir e se comunicar diretamente. Aqui está uma seleção de estudos altamente intrigantes sobre esse assunto:

1. *Comunicação direta de cérebro para cérebro.* Uma equipe liderada por Rajesh PN Rao, diretor do NSF Center for Sensorimotor Neural Engineering e professor de Ciências da Computação e Engenharia na University of Washington, conduziu a primeira interface de cérebro para cérebro em agosto de 2013.[5] No experimento, dois indivíduos sentados em locais diferentes tinham que cooperar um com o outro para ganhar um jogo de computador. O primeiro, chamada de remetente, estava olhando para a tela do jogo pensando em que movimento ele e seu parceiro de jogo deveriam fazer, mas não tinha acesso aos controles físicos. O segundo, chamado de destinatário, fazia os movimentos no jogo usando sua mão, mas sem ter acesso à tela para ver por si mesmo o movimento requerido. Então, ele dependia do remetente. O remetente estava usando um aparelho leitor de ondas cerebrais (EEG) que captava seus pensamentos sobre fazer os movimentos corretos para ganhar o jogo. O destinatário também usava um aparelho, chamado de estimulante magnético transcranial (TMS, na sigla em inglês), que podia fazê-lo mover sua mão involuntariamente, estimulando magneticamente centros motores específicos

em seu cérebro. Eles conseguiram ganhar o jogo. Os pensamentos do remetente moveram a mão do destinatário na direção certa para jogar, de acordo com as regras simples do videogame. Na sequência desse feito muito divulgado, a equipe conseguiu conectar com sucesso três cérebros no que eles chamaram de BrainNet para jogar o clássico videogame Tetris.[6] Assim como no primeiro experimento, todos os participantes estavam usando aparelhos EEG, com dois deles agindo como remetentes e um, como destinatário. Eles não apenas conseguiram jogar com uma taxa de sucesso de 81,25% como, mais importante, o destinatário conseguia identificar qual dos dois remetentes foi o mais preciso ao enviar os sinais cerebrais corretos para ganhar o jogo, somente com base nos aportes cerebrais! As implicações sociais disso são profundas. Nas palavras dos próprios pesquisadores:[7]

> Descobrimos que, como nas redes sociais convencionais, a BrainNet permite que os Destinatários aprendam a confiar no Remetente que for mais confiável, nesse caso, com base apenas na informação transmitida diretamente para seu cérebro. Nossos resultados apontam o caminho para futuras interfaces cérebro a cérebro que possibilitem a resolução cooperativa de problemas por humanos usando uma "rede social" de cérebros conectados.

2. *Reconstrução de imagem e fala.* Em um artigo publicado em 2011, Sinji Nishimoto e associados anunciaram que foram bem-sucedidos em captar imagens das mentes das pessoas, captadas enquanto elas assistiam a filmes da natureza e reproduzidas em uma tela separada. Pessoas passando por um fMRI assistiam a esses filmes enquanto, ao mesmo tempo, os cientistas gravavam o que acontecia nas áreas cerebrais associadas a imagens visuais, especificamente no córtex visual occipitotemporal. Usando modelos avançados de representação visual, eles conseguiram reconstruir as imagens dinâmicas vistas pelos participantes até um grau satisfatório.[8] Embora um pouco esfumaçadas, essas imagens reconstruídas eram boas o bastante para gerar altas esperanças de uma melhoria no futuro próximo. Como declarou recentemente

Thomas Naselaris, um dos autores deste estudo: "O potencial para fazer algo como a leitura da mente estará disponível mais cedo do que esperávamos. Vai acontecer enquanto ainda estivermos vivos".[9] Sobre a reconstrução da fala, em um estudo financiado pelo Facebook, Moses e associados[10] instalaram eletrodos diretamente no cérebro de pessoas prestes a passar por cirurgia cerebral. Eles, então, pediram a essas pessoas que lessem em voz alta uma série de questões, além de uma lista de possíveis respostas para cada questão. Ao analisar os dados eletromagnéticos gerados no cérebro pelos movimentos da laringe, dos lábios, da língua e da mandíbula, eles puderam prever qual questão, com 76% de precisão, e quais respostas, com 61% de precisão, eram lidas em voz alta pelos participantes, só de olhar para os dados cerebrais. Isso significa que, no futuro, os dados cerebrais poderiam revelar o que alguém diz sem a necessidade de se ouvir de fato a pessoa falar!

3. *Compartilhar pensamentos.* Um estudo publicado em 2014 demonstrou que dois cérebros conectados podem compartilhar um pensamento por meio de neurotecnologias não invasivas.[11] Foi solicitado a um indivíduo em Kerala, na Índia (a emissora), que imaginasse estar movendo sua mão ou seu pé. O aparelho de interface cérebro-computador que ele usava na cabeça captou o sinal em seu cérebro, gerado por esse pensamento, e o traduziu em um simples código binário (0 e 1) que representava cada ação imaginada. Então, os pesquisadores designaram uma palavra para cada ação imaginada, a palavra italiana *ciao* e a palavra espanhola *hola,* dependendo de ele ter pensado em mover a mão ou o pé. O emissor sabia disso, então podia decidir qual palavra seria emitida quando fez o movimento. Os códigos binários gerados foram então enviados por e-mail para a cidade de Estrasburgo, na França, onde outra pessoa (o receptor) estava com os olhos fechado e usando outro aparelho na cabeça. O aparelho traduziu o código binário recebido em lampejos de luz que o receptor viu em sua mente. Sabendo de antemão o que os lampejos podiam significar, ele poderia dizer as palavras *ciao* ou *hola,* assim replicando diretamente o que o emissor decidira enviar. Em essência,

os dois cérebros se comunicaram diretamente um com o outro pela internet. O emissor pretendeu dizer *ciao* ou *hola*, e o receptor soube qual dessas ele escolheu. Giulio Ruffini, um dos autores do estudo, disse muito francamente que:[12]

> pode-se olhar para o experimento de duas formas. Por um lado, é bem técnico e uma validação muito humilde do conceito. Por outro, esta foi a primeira vez que isso foi feito, então é um pouco um momento histórico, acho, e foi muito empolgante.

Com tantos avanços na compreensão das funções e das interações cerebrais, o renomado físico e futurologista Michio Kaku incluiu corretamente em seu livro de 2015, *The future of the mind: the scientific quest to understand, enhance, and empower the mind* [O futuro da mente: a jornada científica para entender, aprimorar e capacitar a mente], tópicos tão controversos e místicos quanto telepatia, telecinesia, controle da mente, consciência de silício e mente além da matéria. Em suas próprias palavras, nas linhas de abertura do livro:

> Os dois maiores mistérios em toda a natureza são a mente e o universo [...] Se você quer apreciar a majestade do universo, é só voltar seu olhar para os céus noturnos, ardendo com bilhões de estrelas [...] Para testemunhar o mistério da nossa mente, tudo o que precisamos fazer é olhar para nós mesmos no espelho e perguntar: o que há por trás dos nossos olhos? [...] Mas [até recentemente] as ferramentas básicas da neurociência não forneciam um modo sistemático de se analisar o cérebro.

Agora fornecem. A tecnologia de leitura do cérebro está evoluindo depressa, com empresas privadas e governos reunido seus esforços para seguir adiante com a interface cérebro-computador (BCI, na sigla em inglês).[13] Ao mesmo tempo, porém, nós definitivamente precisamos atualizar as regulamentações de proteção para acompanhar esses desdobramentos.[14]

O que todos esses avanços significam para a liderança baseada no cérebro? Apesar de ser difícil dizer, podemos visualizar algumas coisas.

Em primeiro lugar, os líderes levarão mais a sério métodos e iniciativas para o treinamento do cérebro, como a abordagem LCA — tanto para si mesmos quanto para suas organizações. Isso também significa, esperamos, que as abordagens mais favoráveis ao cérebro serão introduzidas logo no início da educação para que crianças e adolescentes usem abordagens de melhoria do cérebro para lidar de forma mais eficaz com os desafios que enfrentam na escola e na vida.

Em segundo, líderes e gestores utilizarão aplicativos móveis, programas de computador e vários aparelhos para ajudá-los a receber *neurofeedback* (como seus neurônios se comportam ao serem disparados por estímulos controlados) para muitas de suas tarefas diárias. Exemplos viáveis disso já incluem:

- Recrutar e desenvolver pessoal mediante testes de reconhecimento facial e eletroencefalograma (EEG). Empresas de neurociência aplicada como a Trizma Neuro, da qual um de nós, o dr. Nikolaos Dimitriadis, é cofundador e CEO, estão criando metodologias patenteadas de análise de habilidades usando neurotecnologia. Basta uma sessão de cinco minutos na frente de uma tela, usando um EEG na cabeça e tendo seus dados biométricos gravados em vários aparelhos, para neuroanalisar sua empatia, resiliência e criatividade! Outras empresas ao redor do mundo estão usando jogos baseados na neurociência para analisar competências similares para recrutamento e desenvolvimento de pessoal.
- Detectar ondas cerebrais das pessoas no escritório para capacitá-las a atingir mais depressa o estado de fluxo, tornando-se, assim, mais produtivas e realizadas.
- Mapear emoções por meio de reconhecimento de voz e outros métodos durante reuniões para ajudar as empresas a criar um ambiente mais colaborativo e excitante para seus funcionários.
- Coletar dados biométricos/fisiológicos, principalmente por meio de dispositivos portáteis, para detectar *burnout*, ansiedade e outras condições que ameaçam o bem-estar das pessoas nas empresas.

Ao mesmo tempo, análises de dados avançadas de todas as possíveis fontes digitais expandirão os limites da descoberta de padrões de comportamento profundamente arraigados no trabalho.

Em terceiro lugar, ainda que em um futuro mais distante, vemos a implementação direta da neurotecnologia e da comunicação de cérebro para cérebro na liderança, provavelmente começando pelas empresas globais, pelos governos e até pela educação. É claro, estamos falando de previsões, que, como tais, devem ser consideradas com cautela. Inclusive, porque muitas delas não se tornarão realidade se as duas questões mais importantes, privacidade e ética, não forem adequadamente resolvidas.

Obviamente, a neurociência e a neurotecnologia aplicadas são como qualquer outra ferramenta humana: elas podem ser utilizadas com boas ou com más intenções. Por exemplo, podem ser usadas para promover objetivos egoístas e para manipular ou para criar benefícios compartilhados e coletivos. Elas também podem ser usadas como um meio de resolução de conflitos ou um meio de expansão de conflitos — quem sabe, até para se deflagrar uma guerra. Um relatório especial na revista *Foreign Policy* revelou que neuroarmamentos já estão sendo fabricados e que agências de defesa e empresas têm investido somas consideráveis de dinheiro para integrar a neurotecnologia com sistemas humanos e infraestruturais.[15] "Bem-vindo às neuroguerras", declarou a primeira página do número de setembro-outubro de 2015 da revista *Foreign Policy*, portanto, infelizmente, talvez não estejamos tão longe assim de um futuro muito indesejável.

ESTRUTURA DO CÉREBRO, ESTRUTURA DA EMPRESA

Estruturas organizacionais não ficarão imunes à neurociência. O modo como organizamos empregos, tarefas, níveis de autoridade e linhas de comunicação dentro das organizações seguirá o modo como nossos cérebros são organizados. Estruturas internas do cérebro serão espelhadas nos mapas e no design de equipes, departamentos e organizações. Isso soa inverossímil demais? Pois já está acontecendo. O famoso guru da liderança, John P. Kotter, explicou em seu artigo seminal na *Harvard Business Review*, intitulado "Accelerate"

(Acelere),[16] expandindo o assunto em seu livro *XLR8: building strategic agility for a faster-moving world* [XLR8: construindo agilidade estratégica para um mundo que se movimenta mais depressa],[17] sua descoberta de um sistema operacional duplo dentro das corporações. Esse sistema duplo consiste na junção da hierarquia tradicional, em forma de pirâmide, formal e inflexível, com redes mais informais, espontâneas, flexíveis, com clima de startup e impulsionadas por projetos. O primeiro sistema precisa existir para garantir a continuidade das entregas e estabilidade, enquanto o segundo é vital para fomentar a inovação, a disrupção criativa e a competitividade futura. As empresas precisam de ambas assim como nosso cérebro precisa de ambas: racionalidade e emoções devem trabalhar juntas, em harmonia. Do contrário, os cérebros tornam-se disfuncionais e as empresas são ultrapassadas por startups mais enxutas e criativas.

Os especialistas em marketing Marc de Swaan Arons, Frank van den Driest e Keith Weed publicaram seu artigo, "The ultimate marketing machine" [A máquina de marketing perfeita] em uma edição da *Harvard Business Review* dedicada ao "Think, feel, do: the new basics of marketing" (Pense, sinta, faça: as novas bases do marketing). Nesse artigo, os autores argumentam que a estrutura de marketing perfeita e funcional é aquela que espelha as funções cruciais do cérebro.[18] Eles sugeriram que, para que o marketing funcione melhor, tarefas "pensar" (incluindo aí pesquisa e análise), tarefas "sentir" (incluindo gestão de engajamento de clientes e relações de mídia) e tarefas "fazer" (incluindo criação e produção de conteúdo) precisam ser gerenciadas por equipes diferentes, cada uma formada por especialistas em sua respectiva função cerebral. Para colocar em termos suaves, uma revolução está sendo forjada. Os líderes precisam urgentemente se preparar para a neurociência e conduzir essa revolução para novos reinos. Os que o fizerem serão os vencedores.

Homo relationalis: a liderança relacional do cérebro adaptável

Teorias tradicionais de liderança tentaram abordar e compreender a liderança como uma característica individual que consiste em muitos aspectos cognitivos. O foco recaía sobre o indivíduo que age como líder e suas características, comportamentos e estilos. Acreditamos que é melhor abandonar essas abordagens. O futuro da liderança é relacional e unifica três elementos centrais: o(s) líder(es), o(s) seguidor(es) e o contexto. Não é possível entender o fenômeno chamado liderança em sua totalidade se você permanecer focado em um ou dois desses elementos. A liderança é um processo dinâmico que ocorre no relacionamento e na interação entre líder e seguidor no âmbito de um contexto em particular. Se você desconsiderar um desses três elementos interconectados, vai perder o senso real de liderança. O líder e o seguidor não podem ser vistos independentemente do contexto do qual participam e não podem ser vistos independentemente das pessoas com as quais se relacionam. A liderança ocorre dentro do processo de se relacionar com o outro, com o objetivo de fazer coisas de um jeito não estático, dinâmico e em evolução contínua. Essa abordagem relacional à liderança não é nova; há mais de quinze anos existe uma escola de pensamento que argumenta que precisamos entender a natureza da liderança como um processo relacional.[19] A liderança relacional pode ser compreendida como um processo de construção social dentro de entidades coletivas complexas (organizações) que ocorre por meio das conexões e das interdependências de seus membros.[20]

Em outra obra nossa, propusemos o termo *Homo relationalis* para mostrar que são os aspectos relacionais (interconectividade, inter-relação e interação) entre nós que devem ser contabilizados se quisermos explicar e entender melhor o processo de liderança.[21] Contudo, há um elo perdido referente à maneira como a liderança é construída como um processo social. Sugerimos que essa lacuna pode ser coberta se também considerarmos abordagens diferentes para compreender a conexão social, abordagens essas que podem ser encontradas na ciência cerebral. Com base no aspecto relacional da liderança, verdadeiros líderes estão cuidando uns dos outros e usando seu cérebro como uma ferramenta para desenvolver colaboração interna, interdependência e confiança no grupo ao qual pertencem. O principal motivo é que os comportamentos de liderança relacional estão mais próximos da natureza real do cérebro humano, que evoluiu para ser social. Dado o seu córtex mais complexo, os humanos têm a habilidade de retribuir, colaborar, sentir empatia, confiar e propor análises inteligentes de situações sociais, mas também de enganar e lutar com mais inteligência do que outras espécies.[22] Essas capacidades naturais do cérebro humano devem ser encaradas como elos relacionais cruciais no processo contínuo de interação entre líderes e seguidores.

Em outras palavras, o futuro da liderança é relacional e ajustado ao cérebro. Se buscamos aceitar o escopo total de nosso cérebro social interdependente, precisamos enfatizar a liderança relacional ajustada ao cérebro.[23] A liderança relacional do cérebro adaptável é um tipo de liderança dinâmica e cocriada que se baseia nos elos relacionais de todos os atores da liderança, líderes e seguidores. É um tipo de liderança que apresenta uma melhor compreensão do funcionamento interno e, especialmente, do propósito de funções-chave do cérebro. Um tipo de liderança que trará confiança e colaboração para dentro das organizações, assim como competição controlada quando necessário, e que, no final, vai libertar o verdadeiro poder do *Homo relationalis*. Nós achamos que a nossa abordagem LCA conduz o futuro da liderança.

Nesse sentido, encaramos o quarto pilar do nosso modelo LCA, as relações, mais como uma linha horizontal que forma a fundação para todos os outros três pilares.

O NOVO PARADIGMA COLABORATIVO
Do Homo economicus para o Homo relationalis
Se você perguntar a alguém quais espécies exibem o mais alto nível de colaboração entre seus membros, a resposta típica que receberá será: abelhas e formigas. As habilidades que as abelhas e as formigas possuem para colaborar dentro de suas comunidades de maneira harmoniosa e incansável atraem a atenção do público. Mas será que é realmente assim? Se a cooperação é predefinida geneticamente, os humanos são uma espécie colaborativa ou competitiva?

A admiração direcionada às abelhas e às formigas, que seriam máquinas cooperativas perfeitas, se baseia em um equívoco fundamental. Na verdade, essas espécies não têm poder de decisão para escolher entre colaboração ou competição, mas são instruídas por substâncias químicas a colaborar.[24] Nessa tirania quimicamente induzida de *coworking*, essas espécies nascem para cooperar com alguns membros específicos de sua comunidade e por motivos específicos. Em uma analogia com as sociedades humanas, essas organizações seriam mais como sistemas totalitários. Na verdade, não responder a essa pergunta com "humanos" revela o dano causado pela mentalidade do *Homo economicus*, que se concentra exclusivamente na luta competitiva, no interesse próprio e na individualidade que isola.

O *Homo economicus* é produto de uma concepção individualista da humanidade, esvaziada de qualquer dimensão social, que considera uma lei natural que o interesse próprio de uma pessoa seja o interesse de todas as pessoas, o que leva a um modelo ultraegocêntrico de tomada de decisão e de comportamento. O conceito do *Homo economicus* também pode ser encontrado em estudos sobre a liderança tradicional, e é coerente com a epistemologia positivista e o dogma cartesiano que distingue claramente entre mente e natureza.[25] Em outras palavras, essa perspectiva nos afasta da nossa natureza real, que, de fato, é muito mais colaborativa do que poderíamos imaginar. Olhar para a evolução do *Homo sapiens sapiens*, comparando-a com a de outras espécies, e estudar o tamanho do cérebro em relação ao tamanho do grupo levou à teoria do cérebro social. Essa teoria sugere que socializar, colaborar e coexistir em comunidades depende do tamanho do cérebro, especialmente das áreas corticais do lobo frontal.[26] Em outras palavras, os humanos desenvolveram cérebros maiores para que pudessem forjar sólidas relações sociais e aumentar suas chances de sobreviver como parte de um grupo social. Nesse sentido, o modelo de humanidade do *Homo economicus* está desaparecendo; novos

> modelos, como o *Homo reciprocans,* o *Homo sociologicus* e o *Homo socioeconomicus,* emergiram, como um esforço para entender melhor as complexas interrelações entre as pessoas.[27] Sugerimos o *Homo relationalis* para enfatizar a necessidade de nos relacionar em nossas interações diárias, pois isso aumenta a colaboração e expressa o que chamamos de liderança relacional ajustada ao cérebro.

O futuro da abordagem liderança do cérebro adaptável

O próprio fato de você estar lendo esta frase significa que a nossa aplicação do modelo LCA na escrita deste livro foi bem-sucedida. Se o livro em si será bem-sucedido, depende dos resultados que você obterá ao aplicar o modelo LCA. Você é bem-sucedido, nós somos bem-sucedidos.

Mas esta não é a primeira vez que aplicamos o modelo LCA. Nosso envolvimento com neurociência, psicologia, sociologia, antropologia, economia comportamental e, é claro, com as ciências da administração e do marketing, inevitavelmente calibrou nossos cérebros para aplicar muitos dos princípios do livro quase que automaticamente. Ao longo dos últimos dez anos, desempenhamos múltiplos papéis em nossas vidas profissionais: conferencistas, palestrantes, treinadores, pesquisadores, mentores, *coaches,* consultores, gestores e empreendedores. Esses papéis nos ajudaram a gerar múltiplas experiências com o modelo LCA, tanto diretamente quanto por meio das pessoas a quem ensinamos, aconselhamos e treinamos. Portanto, não incluímos neste livro nenhuma descoberta ou recomendação que não tenhamos experimentado pessoalmente e que não tenham produzido resultados tangíveis. É essa crença profundamente arraigada, vinda da experiência compartilhada que temos na abordagem LCA, que nos deu o ímpeto para escrevermos o livro e torná-lo acessível a mais pessoas no mundo todo. Nossa promessa é: com a aplicação dos princípios da LCA, seu cérebro se tornará seu maior aliado na liderança.

Todos os pilares da abordagem LCA, quase certamente, serão aprimorados e se expandirão no futuro. Vejamos brevemente como alguns dos assuntos discutidos previamente podem nos ajudar (em alguns casos, isso já está acontecendo):

Pilar nº 1. O ato de pensar será mais inteligente, e se concentrará nas coisas que podemos fazer, em vez de naquelas que pensávamos estar fazendo. Conseguiremos discernir vieses, falsos padrões e esgotamento do ego mais depressa do que nunca graças a aplicações de autoanálise e ao incremento das análises de dados do mundo ao nosso redor, assim como de nosso próprio corpo e cérebro. Faremos perguntas melhores, nos tornaremos mais resilientes, faremos apostas estratégicas mais inteligentes e compreenderemos com antecedência se estamos buscando nosso propósito como organização, já que a comunicação entre as pessoas se tornará mais amistosa ao cérebro.

Pilar nº 2. As emoções finalmente serão reconhecidas como a base de toda a motivação para a tomada de decisões e para a ação. Como consequência, os sentimentos se tornarão mais significativos. Nossa capacidade para a inteligência emocional aumentará devido à tecnologia de *feedback*, que nos permitirá compreender melhor o que nós e os outros sentem no trabalho. Além disso, estilos emocionais e humores serão rastreados e mais bem administrados por meio de análises de dados e interfaces de detecção de emoções. Não ficaremos obcecados apenas com as emoções positivas, reconhecendo em vez disso a necessidade de uma abordagem emocional holística que utilize as emoções negativas também.

Pilar nº 3. As automações cerebrais passarão a funcionar definitivamente em nosso benefício. O neurodesign nos ajudará a criar espaços melhores, tanto on-line quanto off-line. Esses espaços prepararão o cérebro para uma cooperação melhor, com mais criatividade e maior produtividade. Também seremos capazes de monitorar hábitos com mais facilidade por meio de aplicativos e sensores em celulares e outros dispositivos.

Pilar nº 4. As relações se tornarão mais fortes e mais motivadoras. A mídia social já está revolucionando o modo como as pessoas se conectam, trabalham e vivem, dentro e fora das organizações, mas muitas vezes com efeitos negativos. Embora a construção de pontes úteis seja mais fácil do que nunca, nós também seremos capazes de nutrir e avaliar essas pontes com mais eficiência. A persuasão será auxiliada digitalmente por meio de análises avançadas e até de informações e sugestões geradas por computador. Isso será largamente baseado no que é chamado de neurociência preditiva, que consiste em avaliar, modelar e prever o comportamento neural em nosso cérebro.[28] Ao mesmo tempo, estruturas internas do cérebro formarão a base para abordagens de reestruturação corporativa no mundo todo. A neurotecnologia otimizará a comunicação entre as partes nessas novas estruturas, que se tornarão supereficientes e supereficazes, como nosso cérebro já é.

A complexidade pede grandes líderes. Grandes líderes em qualquer atividade social ou econômica e em qualquer empresa ou instituição. Grandes líderes de qualquer faixa etária e de qualquer lugar do planeta. A complexidade também demanda líderes fronéticos. Como o conhecimento passado não é suficiente para lidar com os problemas complexos do futuro, precisamos cultivar os nossos julgamentos cotidianos, mais práticos, ao tomarmos decisões e ao nos comportarmos em um contexto social.

    Esperamos que a abordagem LCA seja um passo importante para o fortalecimento da nossa frônese e, portanto, de nosso potencial de liderança individual e coletivo — o qual, então, poderemos libertar para o mundo. Vá em frente — liberte-o!

Tenha em mente

Nós recomendamos veementemente que você as revisite com regularidade todas as seções "Tenha em mente" deste livro, para refrescar a memória e impulsionar sua liderança cerebral para novos domínios!

EPÍLOGO

A abordagem LCA se tornou integral ao modo como nós, os autores, usufruímos nossas vidas pessoais e profissionais. Escrever este livro não foi uma exceção. Ele exigiu que colocássemos em prática os quatro pilares da abordagem LCA com cuidado, coerência e criatividade. Da seguinte forma.

Sobre o raciocínio, tivemos que usar nossa força de vontade com cautela, já que ambos trabalhávamos em período integral enquanto escrevíamos. Tivemos que evitar ao máximo o efeito *burnout*, vários vieses cognitivos e o reconhecimento equivocado de padrões, especialmente enquanto decidíamos qual literatura relevante usar e quais sugestões e exemplos. Tivemos que constantemente fazer as perguntas certas para o desenvolvimento do livro e nos lembrar do propósito maior para sua escrita. Tivemos que ser criativos na solução de diversos desafios, entrar no fluxo tão frequentemente quanto possível (para progredir rapidamente) e estender nossa memória ao limite para garantir que não deixássemos de fora nada que considerássemos importante. Aprimorar nossa mentalidade de crescimento foi absolutamente necessário!

Sobre as emoções, a maioria das emoções vivenciadas enquanto escrevíamos este livro variavam, felizmente, de positivas a extremamente positivas. Então, o humor dominante foi o do *foguete*. Entretanto, quaisquer emoções negativas que surgiram durante algum contratempo também foram colocadas em uso: elas nos deixaram mais determinados e mais resilientes para atingir nossa meta. Todas essas emoções nos mantiveram em movimento (como as emoções fazem). A emoção basilar dominante foi a de *entusiasmo*, ou *busca*, e a equação emocional que mais vivenciamos foi a de *curiosidade* (= espanto + reverência).

Sobre as automações cerebrais, tiramos vantagem da preparação nos certificando de que nossas mesas estivessem sempre cheias de materiais relacionados ao livro. Fizemos das reuniões on-line diárias entre nós uma rotina, independentemente de onde estivéssemos. Comprávamos por impulso qualquer livro ou revista (geralmente em livrarias de aeroportos da Europa e da Ásia) que mencionasse neurociência ou o cérebro, e líamos as notícias mais recentes sobre o assunto em várias fontes on-line. Esses também são hábitos que mantivemos pela maior parte dos últimos dez anos.

Sobre relações, fizemos o melhor que podíamos para nos manter conectados com várias pessoas, inclusive um com o outro, nossa maravilhosa equipe editorial, profissionais e cientistas com interesses semelhantes no mundo todo e, é claro, com nossos alunos, colegas e clientes. Elos fracos se provaram tão importantes quanto os fortes em termos de novas ideias, solução de problemas e de estender os braços para o mundo.

O mais importante: nós nunca deixamos de tentar influenciar positivamente uma vasta gama de pessoas, como (de novo) um ao outro, nossos parceiros de negócios e da vida, e nossa equipe de apoio na editora para poder terminar o livro da melhor maneira possível. Ao mesmo tempo, ao mencionar o livro para pessoas que conhecíamos em aulas, empresas e eventos, tentávamos persuadi-las positivamente e criar antecipação.

Obrigado por ler este livro e, tomara, por compartilhar da nossa visão sobre essa nova era de liderança, baseada no cérebro. Existem agora dois caminhos muito claros à sua frente: você pode continuar com os mesmos pensamentos, emoções, hábitos e relações que tinha antes da leitura *ou* pode aplicar os quatro pilares e se tornar uma versão ainda melhor do seu eu líder. A decisão é sua. Esperamos de verdade que o seu cérebro já tenha feito a escolha certa!

AGRADECIMENTOS

Gostaríamos de agradecer à equipe dedicada, experiente e profissional da Kogan Page por seu apoio inestimável.

Também queremos agradecer a todos os nossos alunos, colegas, clientes corporativos e nosso público por sua recepção entusiasmada às ideias presentes neste livro e por sua oferta constante de novos desafios, perspectivas e lições. Nossos cérebros continuam a desabrochar por causa de vocês!

Gostaríamos de estender nossa gratidão às milhares de pessoas no mundo todo que compraram a primeira edição desta obra e abraçaram seus conceitos, argumentos e métodos. Um obrigado especial àqueles que compartilharam conosco sua empolgação, suas histórias e suas sugestões.

Finalmente, somos muito gratos a nossas famílias por sua compreensão, seu apoio e seu amor sem limites.

Esta segunda edição é dedicada a todos que desejam se tornar líderes melhores fazendo uso dos poderes imensos, e frequentemente ocultos, do cérebro humano!

SOBRE OS AUTORES

Nikolaos Dimitriadis

Nikolaos Dimitriadis é um comunicador profissional, educador e consultor vencedor de vários prêmios. É coautor dos livros *Neuroscience for leaders: a brain-adaptive leadership approach* e *Advanced marketing management: principles, skills and tools* (ambos publicados pela Kogan Page). Dimitriadis já palestrou nos TEDx da University of Strathclyde sobre a necessidade urgente da comunicação baseada no cérebro, é um NeuroMarketer com certificação e palestrou também no Programa de Gestão de NeuroMarketing da Hamburg Media School. É um palestrante e consultor muito requisitado, e dá aulas regularmente em programas corporativos e de MBA por todo o mundo. O dr. Dimitriadis estudou mais de 5 mil cérebros em 25 países com propósitos de marketing, liderança e RH. Também trabalhou com grandes marcas, como IKEA, IBM, JTI, Nestlé, Johnson & Johnson, AstraZeneca, T-Mobile, Dell, Pierre Fabre, Coca-Cola, Banca Intesa Sanpaolo, Microsoft, CISCO, SAP, Unicredit, VMware, Emirates NBD, Raiffeisen Bank, Société Générale, Credit Agricole USAID e outras. É diretor dos Serviços de Neuroconsultoria no OptimalHRGroup, que atua com neuropesquisa, neuroconsultoria e neurotreinamento. Em 2017, tornou-se cofundador e gestor da Trizma Neuro, uma startup de neurociência aplicada. Também é o Gestor Nacional para a Sérvia na University of Sheffield International Faculty, City College.

Alexandros Psychogios

Alexandros Psychogios é professor de Gerenciamento de Recursos Humanos Internacionais na Birmingham City Business School, da Birmingham City University. Também é professor visitante no Cyprus International Institut of Management (CIIM) e pesquisador associado no South Eastern European Research Centre (SEERC). Sua especialização e o foco de pesquisas incidem sobre gestão internacional de recursos humanos; liderança, neurociência e complexidade; e gestão de desempenho. Seu trabalho se concentra em diversas questões de liderança e gestão em contextos diferentes, mas igualmente desafiadores, tais como pequenas e médias empresas, economias emergentes ou em crise, organizações baseadas em projetos etc. O prof. Psychogios tem uma ampla experiência de participação em diversos projetos de consultoria, treinamento e pesquisa relacionados a liderança e gestão de desempenho. Em agosto de 2020, recebeu da Divisão de Consultoria em Gestão da Academy of Management o Benedictine University Award por Trabalho Excepcional de Pesquisa sobre Questões Éticas em Consultoria sobre liderança em contexto de crise.

NOTAS DE FIM

INTRODUÇÃO

1. Rosenberg e Hivland, 1960
2. Rock e Tang, 2009
3. 2013
4. Hensons e Rossou, 2013
5. Stacey, 2012
6. Antonacopoulou, 2012
7. Stacey, 2012
8. Antonacopoulou e Psychogios, 2015
9. Gorgiev e Dimitriadis, 2016
10. *New Scientist*, 2017
11. O'Shea, 2005
12. Sapolsky, 2017
13. *New Scientist*, 2017
14. Barry *et al.*, 2017
15. Goto e Grace, 2008
16. O'Shea, 2005
17. Panksepp, 2005
18. *New Scientist*, 2017
19. Kaas e Herculano-Houzel, 2017
20. McMillan, 2006; Psychogios e Garev, 2012
21. Kaufmann, 1993; Stacey, 2004
22. Wheatley, 1999; Cilliers, 2000
23. Horney *et al.*, 2010
24. Clawson, 2011
25. Stacey, 2010
26. Hood, 2014
27. 2004
28. Maccoby, 2004

29. Pierce e Newstrom, 2014; Obolensky, 2014; Western, 2013; Stacey, 2012; Psychogios, 2007
30. Obolensky, 2014
31. Vugt e Ronay, 2014
32. Vugt, 2018, p. 192
33. Kahneman, 2011
34. Tooby e Cosmides, 2005
35. Lee *et al.*, 2012
36. Beugré, 2018
37. Becker *et al.*, 2011
38. Van der Meij *et al.*, 2016; Grouda *et al.*, 2019
39. De Neve *et al.*, 2016
40. Vugt e Grabo, 2015
41. Brown, 2018
42. Little *et al.*, 2007
43. Boyd e Richerson, 2006
44. Dimitriadis e Dmitiriadis, 2018
45. Gander, 2018

CAPÍTULO 1

1. Foer, 2012
2. Nørretranders, 1998
3. Nease, 2016
4. 2016
5. Reybolds, 2016
6. Nield, 2016
7. Richardson, 2019
8. Inzlicht *et al.*, 2016
9. 2016
10. Baumeister e Tierney, 2011
11. Borysenko, 2019
12. OMS, 2019
13. Rapier, 2019
14. Gelles *et al.*, 2018

15. Gelles *et al.*, 2018
16. Arquivado em: <https://perma.cc/C7UX-8FXL>
17. 2013
18. 2013
19. 2019
20. Woods, 2006
21. 2013
22. Zautra *et al.*, 2010
23. 2019
24. Russo *et al.*, 2012
25. Luthans *et al.*, 2006
26. 2008
27. 2012
28. 2014
29. Southwick *et al.*, 2017
30. APA, 2019

CAPÍTULO 2

1. 2010
2. 2012
3. 2018
4. 2019
5. Dennett, 2018
6. 2018
7. Haselton *et al.*, 2005
8. Jeffery, 2014
9. 2018
10. CIPD, 2019
11. Williams, 2017
12. 2014
13. Gibbs, 2017
14. Ariely, 2008; Kahneman, 2011
15. 2006
16. Isaac, 2017

17. Kleinman, 2017
18. 2014
19. 2015
20. Reingold, 2014
21. 2016
22. 2005
23. Silver, 2012
24. Goleman, 1998
25. Goleman, 1998
26. 2012
27. 2013

CAPÍTULO 3

1. 2013
2. 2013
3. 2014
4. 2014
5. Medeiros, 2017
6. 2009
7. 2010
8. 2009a
9. 2009b
10. Buchanan e Hunczynsky, 2010
11. 2018
12. Psychogios *et al.*, 2008
13. 2008
14. Monitoramento Cerebral Avançado, 2020
15. 2011
16. 2014a
17. 2014b
18. 1998
19. Conti *et al.*, 2006
20. 2013
21. 2014

22. 2015
23. 2016
24. 2012
25. Medeiros, 2017
26. Bargh, 2017
27. Yong, 2018
28. Lewis *et al.*, 2018
29. Johnston, 2017
30. 1997
31. 2012
32. 2013
33. 2012
34. 2011
35. Eichenbaum, 2011
36. Burtis, 1982
37. 2003
38. Burnett, 2016
39. Klimech, 2013
40. 2014
41. 2001
42. 2012
43. 2015
44. 2019
45. 2016
46. Lunau, 2019
47. Godden e Baddeley, 1975
48. Burnett, 2016
49. 2012
50. *The Economist*, 2010
51. 2007, 2012
52. 2012
53. 2011
54. 2012
55. 2012

CAPÍTULO 4

1. 1911
2. 1930, 1949
3. 1947
4. Miller *et al.*, 2008
5. 2011
6. Sociedade Psicológica Australiana, 2016
7. 2019
8. Tomasello, 2019
9. 2012
10. 2013
11. 2017
12. Kelley *et al.*, 2019
13. Kaczmarek *et al.*, 2019
14. Davidson e Begley, 2012
15. Le Merrer *et al.*, 2009
16. 2007
17. Segal *et al.*, 2016
18. Ver, por exemplo, Craig, 2010 e Gu *et al.*, 2013
19. Oldroyd *et al.*, 2019
20. Damasio, 2018
21. 2004
22. 2012
23. Hasson e Frith, 2016
24. 2015
25. 2008
26. 2013
27. 2012
28. *Independent*, 2010
29. 2009
30. 2010
31. 2009
32. 2013
33. Posner *et al.*, 2005
34. 2016

35. Tee, 2015
36. Barsade *et al.*, 2018
37. 1995
38. 2007
39. 1996
40. 1996
41. Goleman *et al.*, 2002; Boyatzis e McKee, 2005
42. 2018
43. 2001

CAPÍTULO 5

1. Heiss, 2014
2. Wolpert, 2011
3. 2015
4. Adolphs e Anderson, 2018
5. 2007
6. 2008
7. Nathanson, 1992
8. Jack *et al.*, 2014
9. 2012
10. Badawy, 2003
11. Schultz, 2002
12. Yu e Dayan, 2005
13. 2014
14. Panksepp e Biven, 2012
15. Brown *et al.*, 2015
16. Brown *et al.*, 2015
17. Mallan *et al.*, 2013
18. Burnett, 2016
19. Ten Brinke *et al.*, 2012; Phutela, 2015
20. Vugt, 2018
21. Ohlsen *et al.*, 2013
22. Spisak *et al.*, 2012
23. 2014

24. 2017
25. Ekman, 1984
26. Berggren *et al.*, 2010
27. 2011
28. 2001
29. 1974
30. 2007
31. Psychogios *et al.*, 2019
32. 2001
33. Pankdepp e Biven, 2012
34. Montag e Paksepp, 2017
35. 2012
36. 2005
37. Wallis, 2005
38. Psychogios, 2005
39. Michalos, 1985
40. Herzberg *et al.*, 1959
41. 2008
42. 2010
43. Psychogios e Szamosi, 2015
44. 2009
45. Colvin, 2015
46. 2014
47. 2001
48. 2015
49. 2012
50. 2018
51. 2015
52. Barsade *et al.*, 2018
53. Gander, 2014
54. 2007
55. Vugt, 2018

CAPÍTULO 6

1. 2014
2. 2017
3. 2013
4. Libet *et al.*, 1983
5. 2008
6. 2019
7. Goldhill, 2019
8. Gholipour, 2019
9. 2011
10. Kosslyn e Miller, 2013
11. Baumeister e Bargh, 2014
12. McGilchrist, 2012
13. HR Exchange, 2018
14. Bargh, 2014
15. 2005
16. 2007
17. Para saber mais, ver Wilson, 2002; Gladwell, 2005; e Gigerenzer, 2007
18. Bos *et al.*, 2006
19. Newell *et al.*, 2009
20. Winerman, 2011
21. Gazzaniga, 1998
22. Zaltman, 2003
23. Alter, 2013
24. McGilchrist, 2012
25. Kristoff, 2008
26. 1996
27. 1994
28. Ver Doyen *et al.*, 2012 e Bargh, 2013
29. 2012
30. Doyen *et al.*, 2012
31. Chivers, 2019
32. Chivers, 2019
33. 2002

34. 2013
35. 2008
36. Hong *et al.*, 2000
37. Dahlén, 2005
38. 2013
39. Buchanan e Hunczynsky, 2010
40. Fitzsimons *et al.*, 2008
41. Wig *et al.*, 2005
42. Schacter, 1987
43. TOMS, 2015
44. Chu, 2013
45. Veja, por exemplo, Brandon, 2015
46. Tucker e Singer, 2015
47. 2008
48. Neal *et al.*, 2006
49. Schultz e Romo, 1990
50. Graybiel e Smith, 2014
51. Lally *et al.*, 2010
52. Wood e Neal, 2007
53. Feldman, 2000
54. Pentland e Rueter, 1994
55. 2013
56. 2013
57. Wood e Neal, 2007
58. 2018
59. Beard, 2019
60. Gandel, 2011
61. 2003
62. 2013
63. 2012
64. Valera *et al.*, 1991
65. Moravec, 1988
66. McGilchrist, 2012
67. McGilchrist, 2012
68. Robinson, 2006
69. Williams e Bargh, 2008

70. Williams e Bargh, 2008
71. Jostmann *et al.*, 2009
72. 2010
73. 2010
74. 2014
75. Cuddy, 2012
76. Groot e Gobet, 1996
77. Barton e Venditti, 2014
78. Saggar *et al.*, 2015
79. Koziol *et al.*, 2010
80. Doya, 2000
81. 1998

CAPÍTULO 7

1. Thaler, 2015
2. Thaler, 2015
3. 1976
4. Capraro, 2013
5. 2008
6. Dimitriadis e Ketikidis, 1999
7. Poulsen, 2014
8. Capraro, 2013
9. Axelrod, 1984
10. 1997
11. 1997
12. Ridley, 1997
13. 1984
14. Halligan e Oakley, 2015
15. 2015
16. Guzman, 2015
17. 2006
18. Sullivan, 2015
19. Sullivan, 2015
20. Marean, 2015

21. De Waal, 2014
22. Tomasello, 2014; Van der Goot *et al.*, 2014
23. Stix, 2014
24. Nowak, 2012
25. Dimitriadis e Psychogios, 2020
26. Jiang *et al.*, 2015
27. Psychogios *et al.*, 2019
28. Shaffer e Schiller, 2020
29. Premack e Woodruff, 1978
30. Korkmaz, 2011
31. Korkmaz, 2011
32. Ver, por exemplo, Martin e Weisberg, 2003
33. 1983
34. Tomasello e Carpenter, 2007
35. Dumontheil *et al.*, 2010
36. Lieberman, 2013
37. Frith e Frith, 1999
38. Lieberman, 2013
39. Hattula *et al.*, 2015
40. Epley, 2014
41. Klein e Apley, 2015
42. Keysers, 2010; Fabbri-Destro e Rizzolatti, 2008; Rizzolatti e Craighero, 2004
43. di Pellegrino *et al.*, 1992
44. Marshall, 2014
45. 2011
46. 2009
47. 2009
48. 2011
49. Goleman e Boyatzis, 2008
50. Chartrand e van Baaren, 2009
51. Kouzakova *et al.*, 2010
52. Cheng *et al.*, 2007; Van Overwalle, 2009
53. 2007
54. 2017
55. Boyatzis *et al.*, 2012

56. McGilchrist, 2012
57. 2012
58. Sullivan, 2015
59. Granovetter, 1973, 1983
60. Dimitriadis, 2008
61. Granovetter, 1983
62. Hallowell, 2011
63. Pattee, 2019
64. Pattee, 2019
65. Parkinson *et al.*, 2018
66. Christakis e Fowler, 2010
67. Watts e Dodds, 2007
68. 2010
69. Ney, 2014
70. 2010
71. Brafman e Brafman, 2010
72. 2010
73. 2013
74. Neffinger e Kohut, 2014
75. Malone e Fiske, 2013
76. Ver, por exemplo, Hewlett, 2014
77. Fox, 2013
78. Winston *et al.*, 2002
79. Adolphs *et al.*, 2002
80. Fox, 2013
81. Fox, 2013
82. Blair, 2001
83. Levitin, 2015
84. Levitin, 2015
85. Zak, 2011
86. Levitin, 2015
87. Young, 2003
88. Young, 2003
89. Colvin, 2015
90. Colvin, 2015

CAPÍTULO 8

1. Sullivan, 2015
2. Ignatius, 2013
3. MacLean, 1990
4. Pribram, 2002
5. Harrington, 1992
6. 2002
7. 2017
8. Mercier e Sperber, 2017
9. 2010
10. 2006
11. Dimitriadis, 2014
12. Cialdini, 2007
13. Festinger, 1957
14. Asch, 1951
15. Cialdini *et al.*, 2006
16. French e Raven, 1959; Mechanic, 1962; Hickson *et al.*, 1971; Pettigrew, 1972; Patchen, 1974
17. Klucharev *et al.*, 2008
18. Klucharev *et al.*, 2008
19. Dobelli, 2013
20. Leckart, 2012
21. 2011
22. Langer *et al.*, 1978
23. 2012
24. Newberg e Waldman, 2012
25. Dimitriadis, 2015
26. Psychogios *et al.*, 2019
27. Fedor *et al.*, 2001
28. Ashby e O'Brien, 2007
29. Psychogios *et al.*, 2018
30. Psychogios *et al.*, 2019
31. Frazzetto e Anker, 2009
32. AdAge, 1999
33. 2007

34. 2016

CONSIDERAÇÕES FINAIS

1. 2015
2. Donoghue, 2015
3. Disponível em: <http://www.braingate2.org>. Arquivado em: <https://perma.cc/L7MF-9S8Q>
4. Disponível em: <http://www.neuralink.com>. Arquivado em: <https://perma.cc/H38F-RSS5>
5. Rao *et al.*, 2014
6. Jiang *et al.*, 2019
7. 2019
8. Nishimoto *et al.*, 2011
9. Requart, 2015
10. 2019
11. Grau *et al.*, 2014
12. Eveleth, 2015
13. Rogers, 2019
14. Duncan, 2019
15. Requarth, 2015
16. 2012
17. 2014
18. Arons *et al.*, 2014
19. Dihn *et al.*, 2014; Uhl-Bien, 2005, 2006
20. Psychogios e Garev, 2012; Bradbury e Lichtenstein, 2000
21. Dimitriadis e Psychogios, 2020
22. Dunbar, 1998
23. Dimitriadis e Psychogios, 2020
24. Gamble *et al.*, 2014
25. Bradbury e Lichtenstein, 2000
26. Dunbaar, 1998
27. O'Boyle, 2007
28. Markram, 2013

Referências bibliográficas

Introdução

Antonacopoulou, E. Leadership: making waves. In.: Owen, H. (ed.) *New insights into leadership*: an international perspective. London: Kogan Page, 2012.

Antonacopoulou, E. e Psychogios, A. Practising changing change: how middle managers take a stance towards lived experiences of change. In.: *Annual Meeting of the Academy of Management*. Vancouver, ago. 2015.

Barry, T.J.; Murray, L.; Fearon, P.; Moutsiana, C.; Johnstone, T. e Halligan, S.L. Amygdala volume and hypothalamic–pituitary–adrenal axis reactivity to social stress. In.: *Psychoneuroendocrinology*, v. 85, 2017. pp. 96–99.

Becker, W.J.; Cropanzano, R.; Sanfey, A.G. Organizational neuroscience: taking organizational theory inside the neural black box. In.: *Journal of Management*, v. 37(4), 2011. pp. 933–61.

Beugré, C. D. *The neuroscience of organizational behavior*. Cheltenham: Edward Elgar Publishing, 2018.

Bloom, P. *Against empathy*: the case for rational compassion. London: Vintage, 2017.

Boyd, R. e Richerson, P.J. Culture and the evolution of the human social instincts. In.: *Roots of human sociality*, 2006. pp. 453–77.

Brown, J.D. In the minds of the followers: follower–centric approaches to leadership. In.: Antonakis, J. e Day, D.D. *The nature of leadership*. London: Sage, 2018. pp. 82–108.

Cilliers, P. Rules and complex systems. In.: *Emergence*: complexity and organization, v. 2(3), 2000. pp. 40–50.

Clawson, J. *Level three leadership*. 5ª ed. London: Prentice Hall, 2011.

De Neve, J.E.; Mikhaylov, S.; Dawes, C.T.; Christakis, N.A. e Fowler, J.H. Born to lead? A twin design and genetic association study of leadership role occupancy. In.: *The Leadership Quarterly*, v. 24(1), 2011. pp. 45–60.

Dimitriadis, N.; Ney, J. e Dimitriadis, N.J. *Advanced marketing management*: principles, skills and tools. London: Kogan Page, 2018.

Gander, K. Endorestiform nucleus: scientist just discovered a new part of the human brain. In.: *Newsweek*. 2018. Disponível em: <www.newsweek.com/endorestiform-nucleus-new-part-human-brain-discovered-scientist-1228367>. Arquivado em: <https://perma.cc/X4G6-6CPT>.

Gorgiev, A. e Dimitriadis, N. Upgrading marketing research: neuromarketing tools for understanding consumers. In.: Tsiakis, T. (ed.) *Handbook of research on innovations in marketing information systems*. Pennsylvania: IGI Global, 2016.

Goto, Y. e Grace, A.A. Limbic and cortical information processing in the nucleus accumbens. In.: *Trends in Neurosciences*, v. 31(11), 2008. pp. 552–58.

Grouda, J.; Psychogios, A. e Melnyk, Y. The power of temperament: exploring the biological foundations of leadership perceptions. In.: *Interdisciplinary Perspectives on Leadership Symposium*; power and leadership. Corfu, maio 2019.

Hardy, B. *Willpower doesn't work*: discover the hidden keys to success. London: Piatkus, 2018.

Henson, C. e Rossou, P. B*rain wise leadership*: practical neuroscience to survive and thrive at work. Sydney: Learning Quest, 2013.

Hood, B. *The domesticated brain*. London: Pelican Books, 2014.

Horney, N.; Passmore, B. e O'Shea, T. Leadership agility: a business imperative for a VUCA world. In.: *People and Strategy*, v. 33(4), 2010. pp. 34–38.

Kaas, J.H. e Herculano-Houzel, S. What makes the human brain special: key features of brain and neocortex. In.: Opris, I. e Casanova, M.F. (eds.) *The physics of the mind and brain disorders*. New York: Springer International Publishing, 2017. pp. 3–22.

Kahneman, D. *Thinking, fast and slow*. Basingstoke: Macmillan, 2011.

Kandel, R.E. *The disordered mind*: what unusual brains tell us about ourselves. New York: Farrar, Straus and Giroux, 2018.

Kaufmann, S.A. *Origins of order*: self-organization and selection in evolution. Oxford: Oxford University Press, 1993.

Lee, N.; Senior, C. e Butler, M.J. The domain of organizational cognitive neuroscience: theoretical and empirical challenges. In.: *Journal of Management*, v. 38(4), 2012. pp. 921–31.

Little, A.C.; Burriss, R.P.; Jones, B.C. e Roberts, S.C. Facial appearance affects voting decisions. In.: *Evolution and Human Behavior*, v. 28(1), 2007. pp. 18–27.

Maccoby, M. Why people follow the leader: the power of transference. In.: *Harvard Business Review*. Publicado em: set. 2004. Disponível em: <https://hbr.org/2004/09/

why-people-followthe-leader-the-power-of-transference>. Arquivado em: <https://perma.cc/85MG-7F3G>.

McMillan, E. *Complexity, organizations and change*: an essential introduction. Abingdon: Routledge, 2006.

New Scientist. *How your brain works*: inside the most complicated object in the known universe. 2017. New Scientist Instant Expert. John Murray Learning e New Scientist.

Newman, R. *Neuropolis*: a brain science survival guide. London: William Collins, 2017.

O'Shea, M. *The brain*: a very short introduction. Oxford: Oxford University Press, 2005.

Obolensky, N. *Complex adaptive leadership*: embracing paradox and uncertainty. 2ª ed. Farnham: Gower Publishing Limited, 2014.

Panksepp., J. *Affective neuroscience*: the foundations of human and animal emotions. Oxford: Oxford University Press, 2005.

Pierce, T.J. e Newstrom, W.J. *Leaders and the leadership process*: Readings, self-assessments and applications. 6ª ed. New York: McGraw-Hill, 2014.

Psychogios, A. Towards the transformational leader: addressing women's leadership style in modern business management. In.: *Journal of Business and Society*, v. 20(1 e 2), 2007. pp. 169–80.

Psychogios, A. e Garev, S. Understanding complexity leadership behaviour in SMEs: lessons from a turbulent business environment. In.: *Emergence*: complexity and organization, v. 14(3), 2012. pp. 1–22.

Rock, D. e Ringleb, A. H. Defining NeuroLeadership as a field. In.: *NeuroLeadership Journal*, v.2, 2009. pp. 1–7.

Rock, D. e Tang, Y. Neuroscience of engagement. In.: *NeuroLeadership Journal*, v.2, 2009. pp. 15–22.

Rosenberg, M.J. e Hovland, C.I. Cognitive, affective, and behavioral components of attitudes. In.: Rosenberg, M.J.; Hovland, C.I.; McGuire, W.J.; Abelson, R.P. e Brehm, J.W. *Attitude organization and change*: an analysis of consistency among attitude components. New Haven, CT: Yale University Press, 1960. pp. 1–14.

Sapolsky, R.M. *Behave*: the biology of humans at our best and worst. London: Penguin, 2017.

Stacey, R.D. *Strategic management and organizational dynamics*: the challenge of complexity. 4ª ed. London: Prentice Hall, 2004.

Stacey, R.D. *Complexity and organizational reality*: uncertainty and the need to rethink management after the collapse of investment capitalism. 2ª ed. Abingdon: Routledge, 2010.

Stacey, R.D. *Tools and techniques of leadership and management*: meeting the challenge of complexity. Abingdon: Routledge, 2012.

Tooby, J. e Cosmides, L. The theoretical foundations of evolutionary psychology. In.: Buss, D.M. (ed.) *The handbook of evolutionary psychology*. Chichester: John Wiley, 2005. pp. 5–67.

Van der Meij, L.; Schaveling, J. e van Vugt, M. Basal testosterone, leadership and dominance: A field study and meta-analysis. In.: *Psychoneuroendocrinology*, v. 72, 2016. pp. 72–79.

Vugt, M.V. Evolutionary, biological, and neuroscience perspectives. In.: Antonakis, J. e Day, D.D. *The nature of leadership*. London: Sage, 2018. pp. 189–217.

Vugt, M.V. e Grabo, A.E. The many faces of leadership: an evolutionary–psychology approach. In.: *Current Directions in Psychological Science*, v. 24(6), 2015. pp. 484–89.

Vugt, M.V. e Ronay, R. The evolutionary psychology of leadership: theory, review, and roadmap. In.: *Organizational Psychology Review*, v. 4(1), 2014. pp. 74–95.

Western, S. *Leadership*: a critical text. 2ª ed. London: Sage, 2013.

Wheatley, J.M. *Leadership and the new science*. 2ª ed. San Francisco: Better-Koehler Publishers, 1999.

Capítulo 1

APA. *Building your resilience*. Disponível em: <http://www.apa.org/topics/resilience>. Arquivado em: <https://perma.cc/E324-T5GY>.

Bachmann, O. Grunschel, C. e Fries, S. Multitasking and feeling good?: autonomy of additional activities predicts affect. In.: *Journal of happiness Studies*, v. 20(3), 2019. pp. 899–918.

Baumeister, F.R. e Tierney, J. *Willpower*: rediscovering the greatest human strength. London: Penguin Group, 2011.

Borysenko, K. Burnout is now an officially diagnosable condition: here's what you need to know about it. In.: *Forbes*. Publicado em: 29 maio2019. Disponível em: <http://www.forbes.com/sites/karlynborysenko/2019/05/29/burnout-is-now-an-officially-diagnosable-condition-heres-what-you-need-to-know-about-it/#45495e092b99>. Arquivado em: <https://perma.cc/Q7RY-KLFM>.

Fletcher, D. e Sarkar, M. Psychological resilience: a review and critique of definitions, concepts, and theory. In.: *European Psychologist*, v. 18, 2013. pp. 12–23.

Foer, J. *Moonwalking with Einstein*: the art and science of remembering everything. London: Penguin Books, 2012.

Gelles, D.; Steward, J.B.; Silver-Greenberg, J. e Kelly, K. 'Worst is yet to come': a fraying, exhausted Elon Musk confronts a fateful tweet and 'excruciating' year. In.: *Financial Post*. 2018. Disponível em: <https://business.financialpost.com/transportation/autos/a-fraying-exhausted-elon-musk-confronts-a-fateful-tweet-and-an-excruciating-year>. Arquivado em: <https://perma.cc/JMM6-CA5T>.

Inzlicht, M.; Berkman, E. e Elkins-Brown, N. The neuroscience of 'ego depletion': how the brain can help us understand why self-control seems limited. In.: Harmon-Jones, E. e Inzlicht, M. *Social neuroscience*: biological approaches to social psychology. 1ª ed. New York: Routledge, 2016. pp. 101–23.

Kozloski, J. Closed-loop brain model of neocortical information-based exchange. In.: *Frontiers in Neuroanatomy*, v. 10, 2016. p. 3.

Luthans, F.; Avey, J.B.; Avolio, B.J.; Norman, S.M. e Combs, G.M. Psychological capital development: toward a micro-intervention. In.: *Journal of Organizational Behavior*: the international journal of industrial, occupational and organizational psychology and behavior, v. 27(3), 2006. pp. 387–93.

Maulding, W.S.; Peters, G.B.; Roberts, J.; Leonard, E. e Sparkman, L. Emotional intelligence and resilience as predictors of leadership in school administrator. In.: *Journal of Leadership Studies*, v. 5(4), 2012. pp. 20–29.

Mischel, W. *The marshmallow test*: understanding self-control and how to master it. London: Corgi, 2014.

Nease, B. *The power of fifty bits*: the new science of turning good intentions into positive results. New York: HarperCollins, 2016.

Nield, D. *Neuroscientist says he's solved the mystery of why our brains use so much energy*. 2016. Disponível em: <www.sciencealert.com/scientists-think-they-ve-figured-out-why-the-brain-uses-up-so-much-energy>. Arquivado em:<https://perma.cc/65JQ-RZZN>.

Nørretranders, T. *The user illusion*: cutting consciousness down to size. New York: Penguin Books, 1998.

Ohashi, K.; Anderson, C.M.; Bolger, E.A.; Khan, A.; McGreenery, C.E. e Teicher, M.H. Susceptibility or resilience to maltreatment can be explained by specific differences in brain network architecture. In.: *Biological Psychiatry*, v. 85(8), 2019. pp. 690–702.

Peterson, S.J.; Balthazard, P.A.; Waldman, D.A. e Thatcher, R.W. Neuroscientific implications of psychological capital: are the brains of optimistic, hopeful, confident, and resilient leaders different? In.: *Organizational Dynamics*, v 37(4), 2008. pp. 342–53.

Rapier, G. Elon Musk's infamous tweet declaring he had 'funding secured' at $420 per share to take Tesla private was sent one year ago today. Here's everything the company's faced in the year since. In.: *Business Insider*. 2019. Disponível em: <www.businessinsider.com/elon-musk-tesla-private-one-year-anniversary-2019-8?r=US&;IR=T>. Arquivado em: <https://perma.cc/SP46-5XDL>.

Reynolds, E. Why does the brain use so much energy? In.: *Wired*. 2016. Disponível em: <www.wired.co.uk/article/why-brain-uses-so-much-energy>. Arquivado em: <https://perma.cc/Z3V8-L6B2>.

Richardson, M.W. *How much energy does the brain use?* 2019. Disponível em: <www.brainfacts.org/brain-anatomy-and-function/anatomy/2019/how-much-energy-does-the-brain-use-020119>. Arquivado em: <https://perma.cc/5UVM-56BL>.

Russo, S.J.; Murrough, J.W.; Han, M.H., Charney, D.S. e Nestler, E.J. Neurobiology of resilience. In.: *Nature Neuroscience*, v. 15(11), 2012. pp. 1475–84.

Sanbonmatsu, D.M.; Strayer, D.L.; Medeiros-Ward, N. e Watson, J.M. *Who multitasks and why?*: multi-tasking ability, perceived multi-tasking ability, impulsivity, and sensation seeking. In.: *PLOS ONE*, v. 8(1), 2013.

Siegler, M.#G. *Eric Schmidt*: every 2 days we create as much information as we did up to 2003. Publicado em: 04 de ago. 2010. Disponível em: <http://techcrunch.com/2010/08/04/schmidt-data/>. Arquivado em: <https://perma.cc/4P9M-LKXN>.

Southwick, F.S.; Martini, B.L.; Charney, D.S. e Southwick, S.M. Leadership and resilience. In.: Marques, J. e Dhiman, S. (eds.) *Leadership Today*. New York: Springer, 2017. pp. 315–33.

Steward, J. Sustaining emotional resilience for school leadership. In.: *School Leadership and Management*, v. 34(1), 2014. pp. 52–68.

Swaminathan, N. Why does the brain need so much power?. In.: *Scientific American*. Publicado em: 29 abr. 2008.

Walter, M. *Marshmallow test*. London: Transworld Publishers, 2014.

WHO. Burn-out an 'occupational phenomenon': International Classification of Diseases. 2019. Disponível em: <www.who.int/mental_health/evidence/burn-out/en/>. Arquivado em: <https://perma.cc/76T6-HGPK>.

Woods, D.D. Essential characteristics of resilience engineering. In.: Hollnagel, E.; Woods, D.D. e Leveson, N. *Resilience Engineering*: concepts and precepts. Burlington: Ashgate Publishing, 2006. pp. 21–34.

Zautra, A.J.; Hall, J.S. e Murray, K.E. A new definition of health for people and communities. In.: Reich, J.W., Zautra, A.J. e Hall J.S. (eds.) *Handbook of adult resilience*. New York: Guilford Press, 2010. pp. 3–29.

Capítulo 2

Ariely, D. *Predictably irrational*: the hidden forces that shape our decisions. London: HarperCollins, 2008.

Ariely, D. e Loewenstein, G. The heat of the moment: the effect of sexual arousal on sexual decision making. In.: *Journal of Behavioral Decision Making*, v. 19(2), 2006. pp. 87–98.

Badaracco, J.L. How to tackle your toughest decisions. In.: *Harvard Business Review*, set. 2016. pp. 104–07.

Berger, W. *A More beautiful question*: the power of inquiry to spark breakthrough ideas. New York: Bloomsbury, 2014.

Bhangal, S.; Merrick, C.; Cho, H. e Morsella, E. Involuntary entry into consciousness from the activation of sets: object counting and color naming. In.: *Frontiers in Psychology*, v. 9, 2018. p. 1017.

CIPD. *Diversity management that works*: research report. 2019. Disponível em: <www.cipd.co.uk/Images/7926-diversity-and-inclusion-report-revised_tcm18-65334.pdf>. Arquivado em: <https://perma.cc/5VYQ-EBL4>.

Darley, J.M. e Batson, C.D. 'From Jerusalem to Jericho': a study of situational and dispositional variables in helping behavior. In.: *Journal of Personality and Social Psychology*, v. 27(1), 1973. pp. 100–08.

Dennett, D.C. *From bacteria to Bach and back*: the evolution of minds. London: Penguin Books, 2018.

Fridman, J.; Barrett, L.F.; Wormwood, J.B. e Quigley, K.S. Applying the theory of constructed emotion to police decision making. In.: *Frontiers in Psychology*, v. 10, 2019. p. 1946.

Gibbs, S. The iPhone only exists because Steve Jobs 'hated this guy at Microsoft'. In.: *The Guardian*. Publicado em: 21 jun. 2017. Disponível em: <www.theguardian.com/technology/2017/jun/21/

apple-iphone-steve-jobs-hated-guy-microsoft-says-scott-forstall>. Arquivado em: <https://perma.cc/V5TK-XAK4>.

Goleman, D. *Emotional intelligence*: why it can matter more than IQ. New York: Bloomsbury, 1986.

Goleman, D. *Vital lies, simple truths*: the psychology of self-deception. New York: Bloomsbury, 1998.

Harris, S. *Free will*. New York: Free Press, 2012.

Haselton, M.G.; Nettle, D. e Andrews, P.W. The evolution of cognitive bias. In.: Buss, D.M. *The handbook of evolutionary psychology*. Hoboken: John Wiley and Sons Inc, 2005. pp. 724–46.

Hill, D. *Emotionomics*: leveraging emotions for business success. London: Kogan Page, 2010.

Isaac, M. Inside Uber's aggressive, unrestrained workplace culture. In.: *NYTimes*. Publicado em: 22 fev. 2017. Disponível em: <www.nytimes.com/2017/02/22/technology/uber-workplace-culture.html>. Arquivado em: <https://perma.cc/2USF-8QNE>.

Janis, I.L. *Groupthink*: psychological studies of policy decisions and fiascoes. Boston: Houghton Mifflin, 1982.

Jeffery, R. *The neuroscience of bias*: diet cola makes you (even) more racist. 2014. Disponível em: <www.peoplemanagement.co.uk/long-reads/articles/neuroscience-bias>. Arquivado em: <https://perma.cc/A8P7-R2TK>.

Kahneman, D. *Thinking, fast and slow*. New York: Farrar, Straus and Giroux, 2011.

Kleinman, Z. Uber: the scandals that drove Travis Kalanick out. In.: *BBC*. 2017. Disponível em: <www.bbc.com/news/technology-40352868>. Arquivado em: <https://perma.cc/L6E2-6NMG>.

Molenberghs, P. e Louis, W.R. Insights from fMRI studies into ingroup bias. In.: *Frontiers in Psychology*, v. 9, 2018. p. 1868.

Peters, S. *The chimp paradox*: the mind management program to help you achieve success, confidence, and happiness. London: Vermilion, 2012.

Reingold, J. How Home Depot CEO Frank Blake kept his legacy from being hacked. In.: *Fortune*. Publicado em: 17 nov. 2014.

Ross, H.J. *Everyday bias*. London: Rowman and Littlefield Publishers, 2014.

Schoemaker, P.J. e Krupp, S. The power of asking pivotal questions. In.: *MIT Sloan Management Review*, v. 56(2), 2015. pp. 39–47.

Silver, N. *The signal and the noise*: why so many predictions fail — but some don't. New York: The Penguin Press, 2012.

Tetlock, P.E. *Expert political judgment*: how good is it? How can we know? Princeton: Princeton University Press, 2005.

Watkins, A. *Coherence*: the secret science of brilliant leadership. London: Kogan Page, 2013.

Williams, M. Numbers take us only so far. In: *Harvard Business Review*, nov.-dez. 2017. pp. 142–46.

Capítulo 3

Advanced Brain Monitoring. 2020. Disponível em: <www.advancedbrainmonitoring.com>. Arquivado em: <https://perma.cc/7WD8-GGT2>.

American Heritage Dictionary of the English Language. 5ª ed. New York: Houghton Mifflin Harcourt Publishing Company, 2011.

Bargh, J. *Before you know it*: the unconscious reasons we do what we do. London: William Heinemann, 2017.

Bechara, A. The somatic marker hypothesis and its neural basis: using past experiences to forecast the future in decision making. In.: Bar, M. *Predictions in the brain*: using our past to generate a future. Oxford: Oxford University Press, 2011. pp. 122–33.

Bjork, R.A. e Bjork, E.L. Forgetting as the friend of learning: implications for teaching and self-regulated learning. In.: *Advances in Psychology Education*, v. 43, 2019. pp. 164–67.

Boyatzis, R.E.; Passarelli, A.M.; Koenig, K.; Lowe, M.; Mathew, B; Stoller, J.K. e Phillips, M. Examination of the neural substrates activated in memories of experiences with resonant and dissonant leaders. In.: *The Leadership Quarterly*, v. 23(2), 2012. pp. 259–72.

Buchanan, D.A. e Hunczynsky, A.A. *Organizational behaviour*. 7ª ed. Upper Saddle River, NJ: Prentice Hall, 2010.

Burnett, D. *Idiot Brain*: what your head is really up to. New York: WW Norton and Company, 2016.

Bursley, J.K. *Unconscious learning*: James Bursley at TEDx Enola. 2012. Disponível em: <www.youtube.com/watch?v=ghPX9NhPqpg>. Arquivado em: <https://perma.cc/C397-PP.9D>.

Bursley, J.K.; Nestor, A.; Tarr, M.J. e Creswell, J.D. Awake: offline processing during associative learning. In.: *PLOS ONE*, v. 11(4): e0127522, 2016.

Burtis, P.J. Capacity increase and chunking in the development of short-term memory. In.: *Journal of Experimental Child Psychology*, v. 34(3), 1982. pp. 387–413.

Carey, B. *How we learn*: the surprising truth about when, where, and why it happens. London: Random House Trade Paperbacks, 2015.

Chopra, D. e Tanzi, R.E. *Super brain*: unleash the explosive power of your mind. London: Rider Books, 2013.

Chrysikou, E.G. Your fertile brain at work. In.: *Scientific American Mind*, Special Collector's Edition on Creativity, v. 23(1, Winter), 2014. pp. 86–93.

Conti, R.; Angelis, J.; Cooper, C.; Faragher, B. e Gill, C. The effects of lean production on worker job stress. In.: *International Journal of Operations and Production Management*, v. 26(9), 2006. pp. 1013–38.

Csikszentmihalyi, M. *Flow*: the psychology of optimal experience. London: Harper Perennial Modern Classics, 2008.

Curtis, C.E. e D'Esposito, M. Persistent activity in the prefrontal cortex during working memory. In.: *Trends in Cognitive Sciences*, v. 7(9), 2003. pp. 415–23.

Dweck, C.S. *Mindset*: how you can fulfill your potential. London: Robinson, 2012.

Eichenbaum, H. *The cognitive neuroscience of memory*: an introduction. Oxford: Oxford University Press, 2011.

Entrepreneur. *Creative genius*: habits and tips from inventive people in the business. abr. 2015. pp. 56–60.

Foer, J. *Moonwalking with Einstein*: the art and science of remembering everything. London: Penguin Books, 2012.

Fortune. CEO 101: business leaders share their secrets to success. In.: *Fortune*. 17 nov. 2014. pp. 46–53.

Fox, E. *Rainy brain, sunny brain*: how to retrain your brain to overcome pessimism and achieve a more positive outlook. London: Arrow Books, 2013.

Godden, D.R. e Baddeley, A.D. Context-dependent memory in two natural environments: On land and underwater. In.: *British Journal of Psychology*, 66(3), 1975. pp. 325–31.

Hamann, S. Cognitive and neural mechanisms of emotional memory. In.: *Trends in Cognitive Sciences*, v. 5(9), 2001. pp. 394–400.

Hood, B. *The domesticated brain*. London: Pelican Books, 2014.

Howe, M.J.A.; Davidson, J.W. e Sloboda, J.A. Innate talents: reality or myth? In.: *Behavioral and Brain Sciences*, v. 21(3), 1998. pp. 399–407.

IBM. *IBM 2010 global CEO study*: creativity selected as most crucial factor for future success. In: *IBM Press News*. 2010. Disponível em: <www-03.ibm.com/press/us/en/pressrelease/31670.wss>. Arquivado em: <https://perma.cc/8MD6-ECYF>.

Johansson, F. *The click moment*: seizing opportunity in an unpredictable world. London: Penguin, 2012.

Johnston, I. 'Catastrophic' lack of sleep in modern society is killing us, warns leading sleep scientist. In.: *The Independent*. 2017. Disponível em: <www.independent.co.uk/news/sleep-deprivation-epidemic-health-effects-tired-heart-disease-stroke-dementia-cancer-a7964156.html>. Arquivado em: <https://perma.cc/5L8Q-EUYS>.

Kempermann, G.; Kuhn, H.G. e Gage, F.H. More hippocampal neurons in adult mice living in an enriched environment. In.: *Nature*, v. 386(6624), 1997. pp. 493–95.

Klimesch, W. *The structure of long-term memory*: a connectivity model of semantic processing. Hove: Psychology Press, 2013.

Kotler, S. *The rise of Superman*: decoding the science of ultimate human performance. New York: Houghton Mifflin Harcourt, 2014a.

Kotler, S. The science of peak human performance. In.: *Time*. 2014b. Disponível em: <https://time.com/56809/the-science-of-peak-human-performance/>. Acesso em: <archived at https://perma.cc/GUN8-Q7SM>.

Lewis, P.A., Knoblich, G. e Poe, G. How memory replay in sleep boosts creative problem-solving. In.: *Trends in Cognitive Sciences*, v. 22(6), 2018. pp. 491–503.

Lunau, K. A 'memory hacker' explains how to plant false memories in people's minds. In.: *Vice*. 2019. Disponível em: <www.vice.com/en_in/article/8q8d7x/memory-hacker-implant-false-memories-in-peoples-minds-julia-shaw-memory-illusion>. Arquivado em: <https://perma.cc/8XCK-SJVB>.

Mackay, D.G. The engine of memory. In.: *Scientific American Mind*, v. 25(3, maio-jun.), 2014. pp. 30–38.

Medeiros, J. How to 'game your brain': the benefits of neuroplasticity. In.: *Wired*. 2017. Disponível em: <www.wired.co.uk/article/game-your-brain>. Arquivado em: <https://perma.cc/UHT3-7VKX>.

Mourkogiannis, N. *Purpose*: the starting point of great companies. Basingstoke: Palgrave/Macmillan, 2006.

Mueller, J.S.; Melwani, S. e Goncalo, J. The bias against creativity: why people desire yet reject creative ideas. In.: *Psychological Science*, v. 21(1), 2012. pp. 13–17.

Pink, D. *Drive*: the surprising truth about what motivates us. New York: Riverhead Books, 2009a.

Pink, D. *The puzzle of motivation*. In.: TED Talks. 2009b. Disponível em: <www.youtube.com/watch?v=rrkrvAUbU9Y&t=4s->. Arquivado em: <https://perma.cc/6QYG-JAWP>.

Psychogios, G.A.; Alexandris, K. e Onofrei, A. Addressing individual and organizational factors influencing middle managers' synthesising role in knowledge creation and diffusion. In.: *International Journal of Learning and Intellectual Capital*, v. 5(2), 2008. pp. 208–22.

Quinn, R.E. e Thakor, A.V. Creating a purpose-driven organization. In.: *Harvard Business Review*, jul.-ago., 2018. pp. 78–85.

Scientific American Mind. Upgrading the brain. Scientific American Mind, Special issue: the future you, v. 25(6, nov.-dez.), 2014. pp. 8–9.

Seelig, T. *inGenius*: a crash course on creativity. Carlsbad, CA: Hay House, Inc., 2012.

Shaw, J. *The memory illusion*: remembering, forgetting, and the science of false memory. London: Random House, 2016.

Sims, P. *Little bets*: how breakthrough ideas emerge from small discoveries. London: Random House, 2011.

Sinek, S. *Start with why*: how great leaders inspire action. In.: TED Talks. 2009. Disponível em: <www.youtube.com/watch?v=u4ZoJKF_VuA&t=5s>. Arquivado em: <https://perma.cc/4UJK-GHWY>.

Sinek, S. *Start with why*: how great leaders inspire everyone to take action. London: Penguin, 2010.

Sinek, S. *Leaders eat last*: why some teams pull together and others don't. London: Penguin, 2014.

Taleb, N.N. *Black Swan*: the impact of the highly improbable. London: Penguin, 2007.

Taleb, N.N. *Antifragile*. London: Allen Lane, 2012.

Taylor, R. *Creativity at Work*: supercharge your brain and make your ideas stick. London: Kogan Page, 2013.

The Economist. The world in figures: countries. In.: *The World in 2011: 25-year special edition, The Economist*. London, 2010.

Yong, E. *A new theory linking sleep and creativity*. 2018. Disponível em: <www.theatlantic.com/science/archive/2018/05/sleep-creativity-theory/560399/>. Arquivado em: <https://perma.cc/73Z5-6C27>.

Capítulo 4

Antonacopoulou, E.P. e Gabriel, Y. Emotion, learning and organizational change: towards an integration of psychoanalytic and other perspectives. In.: *Journal of Organizational Change Management*, v. 14(5), 2001. pp. 435–51.

Australian Psychological Society. *Corporate psychopaths common and can wreak havoc in business, researcher says*. Publicado em: 13 set. 2016. Disponível em: <www.psychology.org.au/news/media_releases/13September2016/Brooks/>. Arquivado em: <https://perma.cc/Q5YX-MNXP>.

Babiak, P. e Hare, D.R. *Snakes in suits*: when psychopaths go to work. London: HarperBusiness, 2006.

Barsade, S.G.; Coutifaris, C.G. e Pillemer, J. Emotional contagion in organizational life. In.: *Research in Organizational Behaviour*, v. 38, 2018. pp. 137–51.

Boyatzis, R. e Goleman, D. *Emotional competency inventory*. Boston, MA: The Hay Group, 1996.

Boyatzis, R. e McKee, A. *Resonant leadership*: sustaining yourself and connecting to others through mindfulness, hope, and compassion. Boston, MA: Harvard Business School Press, 2005.

Brooks, A.W. Get excited: reappraising pre-performance anxiety as excitement. In.: *Journal of Experimental Psychology: General*, v. 143(3), 2013. pp. 1144–58.

Buhayar, N. 'Laser-focused' CEOs proliferate as jargon infects speech. In.: *Bloomberg*. Publicado em: 11 set. 2013. Disponível em: <www.bloomberg.com/news/articles/2013-09-11/laser-focused-ceos-multiply-with-promises-from-ipads-to-macaroni>. Arquivado em: <https://perma.cc/QNR8-TH3E>.

Chamorro-Premuzic, T. 1 in 5 business leaders may have psychopathic tendencies – here's why, according to a psychology professor. In.: *CNBC*. Publicado em: 08 abr. 2019. Disponível em: <www.cnbc.com/2019/04/08/the-science-behind-why-so-many-successful-millionaires-are-psychopaths-and-why-it-doesnt-have-to-be-a-bad-thing.html>. Arquivado em: <https://perma.cc/7GUT-YSWZ>.

Conley, C. *Emotional equations*: simple truths for creating happiness + success. New York: Simon and Schuster, 2012.

Cooper, R.K. e Sawaf, A. *Executive EQ: emotional intelligence in leadership and organizations*. New York: Perigee, 1996.

Craig, A.D. The sentient self. In.: *Brain Structure and Function*, v. 214(5–6), 2010. pp. 563–77.

Damasio, A. *Descartes' error*: emotion, reason, and the human brain. New York: Penguin, 1994.

Damasio, A. Emotions and feelings: A neurobiological perspective. In.: Manstead, A.S.; Frijda, N. e Fischer, A. *Feelings and emotions:* the Amsterdam symposium. Cambridge: Cambridge University Press, 2004. pp. 49–57.

Damasio, A. *The strange order of things*: life, feeling and the making of cultures. New York: Pantheon Books, 2018.

Davidson, J.R. e Begley, S. *The emotional life of your brain*: how to change the way you think, feel and live. New York: Hudson Street Press, 2012.

Dijk, C.F.V. e Freedman, J. Differentiating emotional intelligence in leadership. In.: *Journal of Leadership Studies*, v. 1(2), 2007. pp. 8–20.

Dutton, D.G. e Aaron, A.P. Some evidence for heightened sexual attraction under conditions of high anxiety. In.: *Journal of Personality and Social Psychology*, v. 30, 1974. pp. 510–17.

Ekman, P. *Emotions revealed*: recognizing faces and feelings to improve communication and emotional life. New York: Owl Books, 2007.

Ellis, B.J. e Boyce, W.T. Biological sensitivity to context. In.: *Current Directions in Psychological Science*, v. 17(3), 2008. pp. 183–87.

Eurich, T. What self-awareness really is (and how to cultivate it). In.: *Harvard Business Review*, jan. 2018. p. 4.

Fayol, H. *Industrial and general administration*. London: Sir Isaac Pitman and Sons, 1930.

Fayol, H. *General and industrial management*. London: Sir Isaac Pitman and Sons, 1949.

Fox, E. *Rainy brain, sunny brain*: how to retrain your brain to overcome pessimism and achieve a more positive outlook. London: Arrow Books, 2013.

Galetzka, C. The story so far: how embodied cognition advances our understanding of meaning-making. In.: *Frontiers in Psychology*, v. 8, 2017. p. 1315.

Goleman, D. *Emotional intelligence*: why it can matter more than IQ. New York: Bantam, 1995.

Goleman, D.; Boyatzis, R. e McKee, A. *Primal leadership*: realizing the power of emotional intelligence. Boston, MA: Harvard Business School Press, 2002.

Gonzales, M. *Mindful leadership*: the 9 ways to self-awareness, transforming yourself and inspiring others. Chichester: John Wiley and Sons, 2012.

Gu, X.; Hof, P.R.; Friston, K.J. e Fan, J. Anterior insular cortex and emotional awareness. In.: *Journal of Comparative Neurology*, v. 521(15), 2013. pp. 3371-88.

Hasson, U. e Frith, C.D. Mirroring and beyond: coupled dynamics as a generalized framework for modelling social interactions. In.: *Philosophical Transactions of the Royal Society B: Biological Sciences*, v. 371(1693), 2016.

Independent. *Think oblique*: how our goals are best reached indirectly. 2010. Disponível em: <www.independent.co.uk/arts-entertainment/books/features/think-oblique-how-our-goals-are-best-reached-indirectly-1922948.html?amp>. Arquivado em: <https://perma.cc/JNH8-K795>.

Jiang, J.; Chen, C.; Dai, B.; Shi, G.; Ding, G.; Liu, L. e Lu, C. Leader emergence through interpersonal neural synchronization. In.: *Proceedings of the National Academy of Sciences*, v. 112(14), 2015. pp. 4274–79.

Kaczmarek, L.D.; Behnke, M.; Enko, J.; Kosakowski, M.; Guzik, P. e Hughes, B.M. Splitting the affective atom: divergence of valence and approach-avoidance motivation during a dynamic emotional experience. In.: *Current Psychology*, 23 abr. 2019. pp. 1–12.

Kelley, N.J.; Hortensius, R.; Schutter, D.J. e Harmon-Jones, E. The relationship of approach/avoidance motivation and asymmetric frontal cortical activity: a review of studies manipulating frontal asymmetry. In.: *International Journal of Psychophysiology*, v. 119, 2017. pp. 19–30.

Le Merrer, J.; Becker, A.J.J.; Befort, K. e Kieffer, L.B. Reward processing by the opioid system in the brain. In.: *Physiological Reviews*, v. 89(4), 2009. pp. 1379–1412.

Miller, L. *Mood mapping*: plot your way to emotional health and happiness. London: Rodale, 2009.

Miller, M.; Bentsen, T.; Clendenning, D.D.; Harris, S.; Speert, D. e Binder, C. *Brain facts*: a primary on the brain and nervous system. Washington: Society for Neuroscience, 2008.

Nadler, R.T.; Rabi, R. e Minda, J.P. Better mood and better performance: learning rule-described categories is enhanced by positive mood. In.: *Psychological Science*, v. 21(12), 2010. pp. 1770–76.

Oldroyd, K.; Pasupathi, M. e Wainryb, C. Social antecedents to the development of interoception: attachment related processes are associated with interoception. In.: *Frontiers in Psychology*, v. 10, 2019. pp. 712.

Parvizi, J.; Jacques, C.; Foster, B.L.; Withoft, N.; Rangarajan, V.; Weiner, K.S. e Grill-Spector, K. Electrical stimulation of human fusiform face-selective regions distorts face perception. In.: *Journal of Neuroscience*, v. 32(43), 2012. pp. 14915–20.

Posner, J.; Russell, J.A. e Peterson, B.S. The circumplex model of affect: an integrative approach to affective neuroscience, cognitive development, and psychopathology. In.: *Development and Psychopathology*, v. 17(3), 2005. pp. 715–34.

Ronson, J. *The psychopath test*: a journey through the madness industry. London: Picador, 2011.

Segal, N.L.; Goetz, A.T. e Maldonado, A.C. Preferences for visible white sclera in adults, children, and autism spectrum disorder children: implications of the cooperative eye hypothesis. In.: *Evolution and Human Behavior*, v. 37(1), 2016. pp. 35–39.

Snaebjornsson, I.M. e Vaiciukynaite, E. Emotion contagion in leadership: follower-centric approach. In.: *Business and Economic Horizons (BEH)*, v. 12(1232-2017-2389), 2016. pp. 53–62.

Taylor, W.F. *The principles of scientific management*. New York/London: Harper and Brothers, 1911.

Tee, E.Y. The emotional link: leadership and the role of implicit and explicit emotional contagion processes across multiple organizational levels. In.: *The Leadership Quarterly*, v. 26(4), 2015. pp. 654–70.

Tomasello, M. Michael Shermer with Dr Michael Tomasello: Becoming human, Science Salon 64. 2019. Disponível em: <www.youtube.com/watch?v=ghJkITn-il8>. Arquivado em: <https://perma.cc/XL6N-R5FV>.

Weber, M. *The theory of social and economic organization*. New York: Free Press, 1947.

Capítulo 5

Achor, S. *The happiness advantage*: the seven principles of positive psychology that fuel success and performance at work. New York: Crown Publishing, 2010.

Adler, J.M. e Hershfield, H.E. Mixed emotional experience is associated with and precedes improvements in psychological well-being. In.: *PLOS ONE*, v. 7(4), 2012. Disponível em: <https://journals.plos.org/plosone/article?id=10.1371/journal.pone.0035633>. Arquivado em: <https://perma.cc/YU7C-5ES6>.

Adolphs, R. e Anderson, D.J. *The neuroscience of emotion*: a new synthesis, New Jersey: Princeton University Press, 2018.

Antonakis, J.; Fenley, M. e Liechti, S. Can charisma be taught?: tests of two interventions. In.: *Academy of Management Learning and Education*, v. 10(3), 2011. pp. 374–96.

Badawy, A.A.B. Alcohol and violence and the possible role of serotonin. In.: *Criminal Behavior and Mental Health*, v. 13(1), 2003. pp. 31–44.

Barsade, S.G.; Coutifaris, C.G. e Pillemer, J. Emotional contagion in organizational life. In.: *Research in Organizational Behaviour*, v. 38, 2018. pp. 137–51.

Bastian, B. *The other side of happiness*: embracing a more fearless approach to living. London: Allen Lane, 2018.

Berggren, N.; Jordahl, H. e Poutvaara, P. The looks of a winner: beauty and electoral success. In.: *Journal of Public Economics*, v. 94(1–2), 2010. pp. 8–15.

Boehm, J.K. e Lyubomirsky, S. Does happiness promote career success? In.: *Journal of Career Assessment*, v. 16(1), 2008. pp. 101–16.

Brown, P.; Kingsley, J. e Paterson, S. *The fear-free organization*: vital insights from neuroscience to transform your business culture. London: Kogan Page Limited, 2015.

Burnett, D. *Idiot brain*: what your head is really up to. New York: WW Norton and Company, 2016.

Colvin, G. Personal bests. In.: *Fortune*, 15 mar. 2015. pp. 32–36.

Conley, C. *Emotional equations*: simple truths for creating happiness + success. New York: Simon and Schuster, 2012.

Dolan, P. *Happiness by design*: finding pleasure and purpose in everyday life. London: Penguin, 2014.

Ekman, P. Expression and the nature of emotion. In.: *Approaches to Emotion*, v. 3, 1984. pp. 19–344.

Ekman, P. *Emotions revealed*: recognizing faces and feelings to improve communication and emotional life. New York: Owl Books, 2007.

Gander, K. Top words of 2014: the heart emoji named most used term of the year. In.: *The Independent*. 2014. Disponível em: <www.independent.co.uk/news/weird-news/top-words-of-2014-the-heart-emoji-named-most-used-term-of-the-year-9948644.html>. Arquivado em: <https://perma.cc/2ASX-GTXV>.

Greenfield, S. *The human brain*: a guided tour. London: Weidenfeld and Nicholson, 2015.

Hammond, C. *Emotional rollercoaster*: a journey through the science of feelings. New York: HarperCollins, 2005.

Heiss, E.D. The MBA of the future needs a different toolbox. In.: *Forbes*. 2014. Disponível em: <www.forbes.com/sites/darden/2014/10/01/the-mba-of-the-future-how-many-doing-what/>. Arquivado em: <https://perma.cc/8VPL-7J55>.

Herzberg, F.; Mausner, B. e Snyderman, B. *The motivation to work*. 2ª ed. New York: John Wiley, 1959.

Jack, R.E.; Garrod, O.G. e Schyns, P.G. Dynamic facial expressions of emotion transmit an evolving hierarchy of signals over time. In.: *Current Biology*, v. 24(2), 2014. pp. 187–92.

Kashdan, T. e Biswas-Diener, R. *The power of negative emotion*: how anger, guilt and self-doubt are essential to success and fulfillment. London: Oneworld Publications, 2015.

Lövheim, H. A new three-dimensional model for emotions and monoamine neurotransmitters. In.: *Medical Hypotheses*, v. 78(2), 2012. pp. 341–48.

Mallan, K.M.; Lipp, O.V. e Cochrane, B. Slithering snakes, angry men, and out-group members: what and whom are we evolved to fear? In.: *Cognition and Emotion*, v. 27(7), 2013. pp. 1168–80.

McGonigal, K. *The upside of stress*: why stress is good for you, and how to get good at it. London: Penguin Random House, 2015.

Michalos, A.C. Multiple discrepancies theory (MDT). In.: *Social Indicators Research*, v. 16(4), 1985. pp. 347–413.

Milgram, S. *Obedience to authority*: an experimental view. New York: HarperCollins, 1974.

Montag, C. e Panksepp, J. Primary emotional systems and personality: An evolutionary perspective. In.: *Frontiers in Psychology*, v. 8, 2017. p. 464.

Nathanson, D.L. *Shame and pride*: affect, sex, and the birth of the self. New York: WW Norton, 1992.

Ohlsen, G.; van Zoest, W. e van Vugt, M. Gender and facial dominance in gaze cuing: emotional context matters in the eyes that we follow. In.: *PLOS ONE*, v. 8(4), e59471, 2013.

Olivola, C.Y.; Eubanks, D.L. e Lovelace, J.B. The many (distinctive) faces of leadership: inferring leadership domain from facial appearance. In.: *The Leadership Quarterly*, v. 25(5), 2014. pp. 817–34.

Panksepp, J. e Biven, L. *The archaeology of mind*: neuroevolutionary origins of human emotion. New York: WW Norton and Company, 2012.

Phutela, D. The importance of non-verbal communication. In.: *IUP Journal of Soft Skills*, v. 9(4), 2015. p. 43.

Plutchik, R. The nature of emotions. In.: *American Scientist*, v. 89(4), 2001. pp. 344–50.

Psychogios, A.G. Towards a contingency approach to promising business management paradigms: the case of Total Quality Management. In.: *Journal of Business and Society*, v. 18(1/2), 2005. pp. 120–34.

Psychogios, A. e Szamosi, T.L. Fight or fly?: rationalizing working conditions in a crisis context. In.: *31st European Group of Organization Studies (EGOS) Colloquium*, Athens, 1–4 jul. 2015.

Psychogios, A.; Szamosi, L.; Brewster, C. e Prouska, R. Varieties of crisis and working conditions: a comparative study between Greece and Serbia. In.: *European Journal of Industrial Relations*, DOI: 101177/09596801198. 2019.

Sanfey, A.G. Social decision-making: insights from game theory and neuroscience. In.: *Science*, v. 318(5850), 2007. pp. 598–602.

Schultz, W. Getting formal with dopamine and reward. In.: *Neuron*, 36(2), 2002. pp. 241–63.

Spisak, B.R.; Homan, A.C.; Grabo, A. e Van Vugt, M. Facing the situation: testing a biosocial contingency model of leadership in intergroup relations using masculine and feminine faces. In.: *The Leadership Quarterly*, 23(2), 2012. pp. 273–80.

Ten Brinke, L.; MacDonald, S.; Porter, S. e O'Connor, B. Crocodile tears: facial, verbal and body language behaviors associated with genuine and fabricated remorse. In.: *Law and Human Behavior*, v. 36(1), 2012. p. 51.

The Tomkins Institute. *Nine affects, present at birth, combine with life experience to form emotion and personality*. 2014. Disponível em: <www.tomkins.org/what-tomkinssaid/introduction/nine-affects-present-at-birth-combine-to-form-emotion-mood-and-personality/>. Arquivado em: <https://perma.cc/YV9R-ZGW2>.

Todorov, A.; Olivola, C.Y.; Dotsch, R. e Mende-Siedlecki, P. Social attributions from faces: determinants, consequences, accuracy, and functional significance. In.: *Annual Review of Psychology*, v. 66, 2015. pp. 519–45.

Tomkins, S. *Affect imagery consciousness*. v. I e II. New York: Springer Publishing Company, 2008.

Trichas, S.; Schyns, B.; Lord, R. e Hall, R. 'Facing' leaders: facial expression and leadership perception. In.: *The Leadership Quarterly*, v. 28(2), 2017. pp. 317–33.

Vugt, M.V. Evolutionary, biological, and neuroscience perspectives. In.: Antonakis, J. e Day, D.D. *The Nature of Leadership*. 2018. pp. 189–217

Wallis, C. The new science of happiness. In.: *TIME*, v. 17(1), 2005. Disponível em: <http://content.time.com/time/magazine/article/0,9171,1015832,00.html>. Arquivado em: <https://perma.cc/HLQ2-GCY9>.

Wiseman, R. *59 Seconds*: think a little, change a lot. New York: Macmillan, 2009.

Wolpert, D. *The real reason for brains*. 2011. Disponível em: <www.youtube.com/watch?v=7s0CpRfyYp8>. Arquivado em: <https://perma.cc/J6PC-7ZP4)>.

Yu, A.J. e Dayan, P. Uncertainty, neuromodulation, and attention. In.: *Neuron*, v. 46(4), 2005. pp. 681–92.

Zimbardo, P. *The Lucifer Effect*: understanding how good people turn evil. New York: Random House, 2007.

Capítulo 6

Ackerman, J.M.; Nocera, C.C. e Bargh, J.A. Incidental haptic sensations influence social judgments and decisions. In.: *Science*, v. 328, 2010. pp. 1712–15.

Alter, A. *Drunk tank pink*: the subconscious forces that shape how we think, feel, and behave. London: Oneworld Publications, 2013.

Amaya, K.A. e Smith, K.S. Neurobiology of habit formation. In.: *Current Opinion in Behavioral Sciences*, v. 20, 2018. pp. 145–52.

Bargh, J.A. The four horsemen of automaticity: awareness, efficiency, intention, and control in social cognition. In.: Wyer, R.S. e Srull, T.K. *Handbook of social cognition*. 2ª ed. Hillsdale: Erlbaum, 1994. pp. 1–40.

Bargh, J.A. Social psychology cares about causal conscious thought, not free will per se. In.: *British Journal of Social Psychology*, v. 52(2), 2013. pp. 228–30.

Bargh, J.A. Our unconscious mind. In.: *Scientific American*, v. 310(1), jan. 2014. pp. 20–27.

Bargh, J. *Before you know it*: the unconscious reasons we do what we do. London: William Heinemann, 2017.

Bargh, J.A.; Chen, M. e Burrows, L. Automaticity of social behavior: direct effects of trait construct and stereotype activation on action. In.: *Journal of Personality and Social Psychology*, v. 71(2), 1996. pp. 230–44.

Barton, R.A. e Venditti, C. Rapid evolution of the cerebellum in humans and other great apes. In.: *Current Biology*, v. 24(20), 2014. pp. 2440–44.

Baumeister, R.F. e Bargh, J.A. Conscious and unconscious: toward an integrative understanding of human mental life and action. In.: Sherman, J.W.; Gawronski, B. e Trope, Y. (eds.) *Dual-process theories of the social mind*. New York: Guilford Publications, 2014. pp. 35–49.

Beard, A. *The right way to form new habits*. 2019. Disponível em: <https://hbr.org/podcast/2019/12/the-right-way-to-form-new-habits>. Arquivado em: <https://perma.cc/5EY4-WZB7>.

Bos, M.W.; Dijksterhuis, A. e van Baaren, R.B. On making the right choice: the deliberation-without-attention effect. In.: *Science*, v. 311, 17 fev. 2006. pp. 1005–07.

Brandon, J. *40 powerful words to help you lead a team*. 2015. Disponível em: <www.inc.com/john-brandon/40-words-of-leadership-wisdom.html>. Arquivado em: <https://perma.cc/3MY5-ELBE>.

Buchanan, D.A. e Hunczynsky, A.A. *Organizational behaviour*. 7ª ed. Upper Saddle River, NJ: Prentice Hall, 2010.

Cambridge Advanced Learner's Dictionary and Thesaurus. Cambridge University Press. Disponível em: <http://dictionary.cambridge.org/dictionary/english/unconscious>. Arquivado em: <https://perma.cc/5V3S-YY3V>.

Chivers, T. What's next for psychology's embattled field of social priming. In.: *Nature*. 2019. Disponível em: <www.nature.com/articles/d41586-019-03755-2>. Arquivado em: <https://perma.cc/8FPS-MWBP>.

Chu, J. *TOMS sets out to sell a lifestyle, not just shoes*. 2013. Disponível em: <www.fastcompany.com/3012568/blake-mycoskie-toms>. Arquivado em: <https://perma.cc/59HV-FQSX>.

Clear, J. *Atomic habits*: an easy and proven way to build good habits and break bad ones. London: Random House Business, 2018.

Covey, S. *The 7 habits of highly effective people*. New York: Free Press, 1989.

Cuddy, A. Your body language may shape who you are. In.: *TED Talks*. 2012. Disponível em: <www.ted.com/talks/amy_cuddy_your_body_language_may_shape_who_you_are>. Arquivado em: <https://perma.cc/KN9L-HS7S>.

Dahlén, M. The medium as a contextual cue: effects of creative media choice. In.: *Journal of Advertising*, v. 34(3), 2005. pp. 89–98.

Doya, K. Complementary roles of basal ganglia and cerebellum in learning and motor control. In.: *Current Opinion in Neurobiology*, v. 10(6), 2000. pp. 732–39.

Doyen, S.; Klein, O.; Pichon, C.L. e Cleeremans, A. Behavioral priming: it's all in the mind, but whose mind?. In.: *PLOS ONE*, v. 7(1), e29081, 2012.

Duhigg, C. *The power of habit*: why we do what we do and how to change. London: Random House, 2013.

Feldman, M. Organizational routines as a source of continuous change. In.: *Organization Science*, v. 1, 2000. pp. 611–29.

Fitzsimmons, G.M.; Chartrand, T.L. e Fitzsimmons, G.J. Automatic effects of brand exposure on motivated behavior: how Apple makes you 'Think Different'. In.: *Journal of Consumer Research*, v. 35(1), 2008. pp. 21–35.

Flegal, K.E. e Anderson, M.C. Overthinking skilled motor performance: or why those who teach can't do. In.: *Psychonomic Bulletin and Review*, v. 15, 2008. pp. 927–32.

Fried, I.; Mukamel, R. e Kreiman, G. Internally generated preactivation of single neurons in human medial frontal cortex predicts volition. In.: *Neuron*, v. 69(3), 2011. pp. 548–62.

Gandel, S. The 7 Habits of Highly Effective People (1989), by Stephen R Covey. In.: *TIME*: the 25 most influential business management books. 2011. Disponível em: <http://content.time.com/time/specials/packages/article/0,28804,2086680_2086683_2087685,00.html>. Arquivado em: <https://perma.cc/E7Y4-5GYF>.

Gazzaniga, M.S. *The mind's past*. Berkeley: University of California Press, 1998.

Gholipour, B. A famous argument against free will has been debunked. In.: *The Atlantic*. Publicado em: set. 2019. Disponível em: <www.theatlantic.com/health/archive/2019/09/free-will-bereitschaftspotential/597736/>. Arquivado em: <https://perma.cc/5VP3-YMDA>.

Gigerenzer, G. *Gut feelings*: short cuts to better decision making. London: Penguin, 2007.

Gladwell, M. *Blink*: the power of thinking without thinking. London: Penguin Books, 2005.

Goldhill, O. *Neuroscientists can read brain activity to predict decisions 11 seconds before people act*. 2019. Disponível em: <https://qz.com/1569158/neuroscientists-readunconscious-brain-activity-to-predict-decisions/>. Arquivado em: <https://perma.cc/G8LY-CJE2>.

Graybiel, A.M. e Smith, K.S. Good habits, bad habits. In.: *Scientific American*, v. 310(6), 2014. pp. 38–43.

Groot, A.D. de e Gobet, F. *Perception and memory in chess*: studies in the heuristics of the professional eye. Assen: Van Gorcum, 1996.

Hong, Y.Y.; Morris, M.W.; Chiu, C.Y. e Benet-Martinez, V. Multicultural minds: a dynamic constructivist approach to culture and cognition. In.: *American Psychologist*, v. 55(7), 2000. pp. 709–20.

Hood, B. *The self-illusion*: why there is no 'you' inside your head. London: Constable, 2012.

HR Exchange Employee engagement on the rise: Gallup survey shows increase from 2015. 2018. Disponível em: <www.hrexchangenetwork.com/employee-engagement/articles/employee-engagement-on-the-rise-gallup-survey>. Arquivado em: <https://perma.cc/Q3ZF-DUXY>.

Jostmann, N.; Lakens, D. e Schubert, T. Weight as an embodiment of importance. In.: *Psychological Science*, DOI: 101111/j1467-9280200902426x, set. 2009.

Kahneman, D. A proposal to deal with questions about priming effects. In.: *Nature*. 2012. Disponível em: <https://www.nature.com/news/polopoly_fs/7.6716.1349271308!/suppinfoFile/Kahneman%20Letter.pdf>.

Kark, R. e Shamir, B. The dual effect of transformational leadership: priming relational and collective selves and further effects on followers. In.: *Transformational and charismatic leadership*: the road ahead, v. 2(2), 2002. pp. 67–91.

Klein, G.A. *Sources of power*: how people make decisions. Cambridge, MA: MIT Press, 1998.

Koenig-Robert, R. e Pearson, J. Decoding the contents and strength of imagery before volitional engagement. In.: *Scientific Reports*, v. 9(1), 2019. p. 3504.

Kosslyn, S.M. e Miller, G.W. *Top brain, bottom brain*: surprising insights into how you think. New York: Simon and Schuster, 2013.

Koziol, L.F.; Budding, D.E. e Chidekel, D. Adaptation, expertise, and giftedness: towards an understanding of cortical, subcortical and cerebellar network contributions. In.: *The Cerebellum*, v. 9(4), 2010. pp. 499–529.

Kristof, N.D. What? Me biased? In.: *NYTimes*. Publicado em: 30 out. 2008. Disponível em: <www.nytimes.com/2008/10/30/opinion/30kristof.html>. Arquivado em: <https://perma.cc/YD65-M3A6>.

Lally, P.; Van Jaarsveld, C.H.; Potts, H.W. e Wardle, J. How are habits formed?: modeling habit formation in the real world. In.: *European Journal of Social Psychology*, v. 40(6), 2010. pp. 998–1009.

Latu, I.M.; Mast, M.S.; Lammers, J. e Bombari, D. Successful female leaders empower women's behavior in leadership tasks. In.: *Journal of Experimental Social Psychology*, v. 49(3), 2013. pp. 444–48.

Libet, B.; Gleason, C.A.; Wright, E.W. e Pearl, D.K. Time of conscious intention to act in relation to onset of cerebral activity (readiness-potential): the unconscious initiation of a freely voluntary act. In.: *Brain*, v. 106(3), 1983. pp. 623–42.

Lobel, T. *Sensation*: the new science of physical intelligence. London: Icon Books, 2014.

McGilchrist, I. *The master and his emissary*: the divided brain and the making of the western world. New Haven, CT: Yale University Press, 2012.

McGowan, K. The second coming of Sigmund Freud. In.: *Discover*, v. 24, abr. 2014. pp. 54–61.

Meyer, D.E. e Schvaneveldt, R.W. Facilitation in recognizing pairs of words: evidence of a dependence between retrieval operations. In.: *Journal of Experimental Psychology*, v. 90, 1971. pp. 227–34.

Moravec, H. *Mind children*: the future of robot and human intelligence. Cambridge, MA: Harvard University Press, 1988.

Neal, D.T.; Wood, W. e Quinn, J.M. Habits: a repeat performance. In.: *Current Directions in Psychological Science*, v. 15(4), 2006. pp. 198–202.

Newell, B.R., Wong, K.Y., Cheung, J.C. e Rakow, T. Think, blink or sleep on it?: the impact of modes of thought on complex decision making. In.: *The Quarterly Journal of Experimental Psychology*, v. 62(4), 2009. pp. 707–32.

Pentland, B. e Rueter, H. Organizational routines as grammars of action. In.: *Administrative Science Quarterly*, v. 39, 1994. pp. 484–510.

Pentland, B.T.; Feldman, M.S.; Becker, M.C. e Liu, P. Dynamics of organizational routines: a generative model. In.: *Journal of Management Studies*, v. 49, 2012. pp. 1484–508.

Robinson, K. Do schools kill creativity? In.: *TED Talks*. 2006. Disponível em: <www.ted.com/talks/sir_ken_robinson_do_schools_kill_creativity>. Arquivado em: <https://perma.cc/58Z5-YHNP>.

Rosen, L.D. *iDisorder*: understanding our obsession with technology and overcoming its hold on us. New York: Macmillan, 2012.

Saggar, M.; Quintin, E.M.; Kienitz, E.; Bott, N.T.; Sun, Z.; Hong, W.C.; Chien, N.L.; Dougherty, R.F.; Royalty, A.; Hawthrone, G. e Reiss, A.L. Pictionary-based fMRI paradigm to study the neural correlates of spontaneous improvisation and figural creativity. In.: *Scientific Reports*, v. 5, artigo 10864, 2015.

Schacter, D.L. Implicit memory: history and current status. In.: *Journal of Experimental Psychology*: learning, memory and cognition, v. 13, 1987. pp. 501–18.

Schultz, W. e Romo, R. Dopamine neurons of the monkey midbrain: contingencies of responses to stimuli eliciting immediate behavioral reactions. In.: *Journal of Neurophysiology*, v. 63(3), 1990. pp. 607–24.

Soon, C.S.; Brass, M.; Heinze, H.J. e Haynes, J.D. Unconscious determinants of free decisions in the human brain. In.: *Nature Neuroscience*, v. 11(5), 2008. pp. 543–45.

Thompson, C. *Smarter than you think*: how technology is changing our minds for the better. London: William Collins, 2013.

Toms. *Your impact*. 2015. Disponível em: <https://www.toms.com/impact>. Arquivado em: <https://perma.cc/DFQ5-AAKS>.

Tucker, A.L. e Singer, S.J. The effectiveness of management-by-walkingaround: a randomized field study. In.: *Production and Operations Management*, v. 24(2), 2015. pp. 253–71.

Valera, F.J.; Thompson, E. e Rosch, E. *The embodied mind*: cognitive science and human experience. Cambridge, MA: MIT Press, 1991.

Verplanken, B. e Orbell, S. Reflections on past behavior: a self-report index of habit strength. In.: *Journal of Applied Social Psychology*, v. 33(6), 2003. pp. 1313–30.

Wig, G.S.; Grafton, S.T.; Demos, K.E. e Kelley, W.M. Reductions in neural activity underlie behavioral components of repetition priming. In.: *Nature Neuroscience*, v. 8(9), 2005. pp. 1228–33.

Williams, L.E. e Bargh, J.A. Experiencing physical warmth promotes interpersonal warmth. In.: *Science*, v. 322, 2008. pp. 606–07.

Wilson, T.D. *Strangers to ourselves*: discovering the adaptive unconscious. Cambridge, MA: Harvard University Press, 2002.

Winerman, L. Suppressing the 'white bears'. In.: *APA Monitor on Psychology*, v. 42(9), out. 2011. p. 44.

Wood, W. e Neal, D.T. A new look at habits and the habit-goal interface. In.: *Psychological Review*, v. 114(4), 2007. pp. 843–63.

Zaltman, G. *How consumers think*: essential insights into the mind of the market. Boston, MA: Harvard Business School Press, 2003.

Zimbardo, P. The psychology of evil. In.: *TED Talks*. 2008. Disponível em: <www.ted.com/talks/philip_zimbardo_the_psychology_of_evil>. Arquivado em: <https://perma.cc/JT2H-H78Z>.

Capítulo 7

Adolphs, R.; Baron-Cohen, S. e Tranel, D. Impaired recognition of social emotions following amygdala damage. In.: *Journal of Cognitive Neuroscience*, v. 14(8), 2002. pp. 1264–74.

Axelrod, R. *The evolution of cooperation*. New York: Basic Books, 1984.

Blair, H.T. Synaptic plasticity in the lateral amygdala: a cellular hypothesis of fear conditioning. In.: *Learning and Memory*, v. 8(5), 2001. pp. 229–42.

Boyatzis, R.E.; Passarelli, A.M.; Koenig, K.; Lowe, M.; Mathew, B.; Stoller, J.K. e Phillips, M. Examination of the neural substrates activated in memories of experiences with resonant and dissonant leaders. In.: *The Leadership Quarterly*, v. 23(2), 2012. pp. 259–72.

Brafman, O. e Brafman, R. *Click*: the forces behind how we fully engage with people, work, and everything we do. New York: Crown Business, 2010.

Cabane, O.F. *The charisma myth*: master the art of personal magnetism, London: Portfolio Penguin, 2013.

Capraro, V. A model of human cooperation in social dilemmas. In.: *PLOS ONE*, v. 8(8), e72427, 2013.

Chartrand, T.L. e van Baaren, R.B. Human mimicry. In.: *Advances in Experimental Social Psychology*, v. 41, 2009. pp. 219–74.

Cheng, Y.; Meltzoff, A.N. e Decety, J. Motivation modulates the activity of the human mirror neuron system. In.: *Cerebral Cortex*, v. 17, 2007. pp. 1979–86.

Christakis, N.A. e Fowler, J.H. *Connected*: the surprising power of our social networks and how they shape our lives. London: HarperPress, 2010.

Colvin, G. Humans are underrated. In.: *Fortune*, edição europeia, v. 172(2), 1º ago. 2015. pp. 34–43.

Cozolino, L. *The Neuroscience of human relationships*: attachment and the development of the social brain. London: WW Norton & Company, 2006.

Dawkins, R. *The selfish gene*. Oxford: Oxford University Press, 1976.

De Waal, F. One for all. In.: *Scientific American*, Special evolution issue: how we became human, v. 311(3), set. 2014. pp. 52–55.

di Pellegrino, G.; Fadiga, L.; Fogassi, L.; Gallese, V. e Rizzolatti, G. Understanding motor events: a neurophysiological study. In.: *Experimental Brain Research*, v. 91(1), 1992. pp. 176–80. 1992.

Dimitriadis, N. Information flow and global competitiveness of industrial districts: lessons learned from Kastoria's fur district in Greece. In.: Carayannis, E.G.; Assimakopoulos, D. e Kondo, M. *Innovation networks and knowledge clusters*: findings and insights from the US, EU and Japan. London: Palgrave Macmillan, 2008. pp. 186–209.

Dimitriadis, N. e Ketikidis, P. Logistics and strategic enterprise networks: cooperation as a source of competitive advantage. In.: *4th Hellenic Logistics Conference, Sole – The International Society of Logistics*. 1999. [em grego]

Dimitriadis, N. e Psychogios, A. Social brain-constructed relational leadership: a neuroscience view of the leader–follower duality. In.: *CAFE Working Papers*, v. 1, Centre for Applied Finance and Economics, Birmingham City Business School. 2020.

Dumontheil, I; Apperly, I.A. e Blakemore, S.J. Online usage of theory of mind continues to develop in late adolescence. In.: *Developmental Science*, v. 13(2), 2010. pp. 331–38.

Epley, N. *Mindwise*: why we misunderstand what others think, believe, feel, and want. London: Allen Lane, 2014.

Fabbri-Destro, M. e Rizzolatti, G. Mirror neurons and mirror systems in monkeys and humans. In.: *Physiology*, v. 23, 2008. pp. 171–79.

Fox, E. *Rainy brain, sunny brain*: how to retrain your brain to overcome pessimism and achieve a more positive outlook. London: Arrow Books, 2013.

Frith, C.D. e Frith, U. Interacting minds: a biological basis. In.: *Science*, v. 286(5445), 1999. pp. 1692–95.

Goleman, D. e Boyatzis, R. Social intelligence and the biology of leadership. In.: *Harvard Business Review*, v. 86(9), 2008. pp. 74–81.

Granovetter, M.S. The strength of weak ties. In.: *American Journal of Sociology*, v. 78(6), 1973. pp. 1360–80.

Granovetter, M. The strength of weak ties: a network theory revisited. In.: *Sociological Theory*, v. 1(1), 1983. pp. 201–33.

Guzman, I.P. What is consciousness?: Dr. Michael Graziano and the attention schema theory. In.: *BrainWorld*, v. 6(2), Winter, 2015. pp. 46–49.

Halligan, P. e Oakley, D. Consciousness isn't all about you, you know. In.: *New Scientist*, v. 227(3034), 15 ago. 2015. pp. 26–27.

Hallowell, E.M. *Shine*: using brain science to get the best from your people. Boston, MA: Harvard Business Review Press, 2011.

Hattula, J.D.; Herzog, W.; Dahl, D.W. e Reinecke, S. Managerial empathy facilitates egocentric predictions of consumer preferences. In.: *Journal of Marketing Research*, v. 52(2), 2015. pp. 235–52.

Hewlett, S.A. *Executive presence*: the missing link between merit and success. New York: HarperCollins, 2014.

Hickok, G. Eight problems for the mirror neuron theory of action: understanding in monkeys and humans. In.: *Journal of Cognitive Neuroscience*, v. 21(7), 2009. pp. 1229–43.

Iacoboni, M. *Mirroring people*: the science of empathy and how we connect with others. New York: Picardo, 2009.

Jiang, J.; Chen, C.; Dai, B.; Shi, G.; Ding, G.; Liu, L. e Lu, C. Leader emergence through interpersonal neural synchronization. In.: *Proceedings of the National Academy of Sciences*, v. 112(14), 2015. pp. 4274–79.

Keysers, C. Mirror neurons. In.: *Current Biology*, v. 19(21), 2010. pp. 971–73.

Kilner, J.M. More than one pathway to action understanding. In.: *Trends in Cognitive Sciences*, v. 15(8), 2011. pp. 352–57.

Klein, N. e Epley, N. Group discussion improves lie detection. In.: *Proceedings of the National Academy of Sciences*, v. 112(24), 2015. pp. 7460–65.

Korkmaz, B. Theory of mind and neurodevelopmental disorders of childhood. In.: *Pediatric Research*, v. 69, 2011. pp. 101R–108R.

Kouzakova, M.; van Baaren, R. e van Knippenberg, A. Lack of behavioral imitation in human interactions enhances salivary cortisol levels. In.: *Hormones and Behavior*, v. 57, 2010. pp. 421–26.

Levitin, D.J. Why the modern world is bad for your brain. In.: *The Guardian*. Publicado em: 18 jan. 2015. Disponível em: <www.theguardian.com/science/2015/jan/18/modern-world-bad-for-brain-daniel-j-levitin- organized-mind-information-overload>. Arquivado em: <https://perma.cc/7Q46-7LPJ>.

Lieberman, M.D. *Social*: why our brains are wired to connect. New York: Broadway Books, 2013.

Malone, C. e Fiske, S.T. *The human brand*: how we relate to people, products, and companies. San Francisco: Jossey-Bass, 2013.

Marean, W.M. The most invasive species of all. In.: *Scientific American*, v. 313(2), ago. 2015. pp. 22–29.

Marshall, J. Mirror neurons. In.: *Proceedings of the National Academy of Science USA*, v. 111(18), 2014. p. 6531.

Martin, A. e Weisberg, J. Neural foundations for understanding social and mechanical concepts. In.: *Cognitive Neuropsychology*, v. 20(3–6), 2003. pp. 575–87.

McGilchrist, I. *The master and his emissary*: the divided brain and the making of the western world. New Haven, CT: Yale University Press, 2012.

Molenberghs, P.; Prochilo, G.; Steffens, N.K.; Zacher, H. e Haslam, S.A. The neuroscience of inspirational leadership: the importance of collective-oriented language and shared group membership. In.: *Journal of Management*, v. 43(7), 2017. pp. 2168–94.

Neffinger, J. e Kohut, M. *Compelling people*: the hidden qualities that make us influential. London: Piaktus, 2014.

Ney, J. *Connectedness and the digital self*: Jillian Ney at TEDx. University of Glasgow. 2014. Disponível em: <www.youtube.com/watch?v=3QA8iy7sjT8>. Arquivado em: <https://perma.cc/K8A6-JTFY>.

Nowak, M.A. Why we help. In.: *Scientific American*, v. 307(1), jul. 2012. pp. 20–25.

Parkinson, C.; Kleinbaum, A.M. e Wheatley, T. Similar neural responses predict friendship. In.: *Nature Communications*, v. 9(1), 2018. pp. 1–14.

Pattee, E. How to have closer friendships (and why you need them). In.: *NYTimes*. Publicado em: 20 nov. 2019. Disponível em: <www.nytimes.com/2019/11/20/smarter-living/how-to-have-closer-friendships.html>. Arquivado em: <https://perma.cc/EK98-NY2B>.

Poulsen, K. No limit: two Las Vegas gamblers found a king-size bug in video poker. It was the worst thing that could have happened to them. In.: *Wired*, nov. 2014. pp. 138–45.

Premack, D. e Woodruff, G. Does the chimpanzee have a theory of mind? In.: *Behavioral and Brain Sciences*, v. 1(4), 1978. pp. 515–26.

Psychogios, A.; Nyfoudi, M.; Theodorakopoulos, N.; Szamosi, L.T. e Prouska, R. Many hands lighter work?: deciphering the relationship between adverse working conditions and organization citizenship behaviours in small and medium-sized enterprises during a severe economic crisis. In.: *British Journal of Management*, v. 30(3), 2019. pp. 519–37.

Ramachandran, V.S. *The tell-tale brain*: a neuroscientist's quest for what makes us human. New York: WW Norton, 2011.

Ridley, M. *The origins of virtue*: human instincts and the evolution of cooperation. London: Penguin, 1997.

Rifkin, J. *The end of work*: the decline of the global labor force and the dawn of the post-market era. New York: Putnam, 1995.

Rizzolatti, G. e Craighero, L. The mirror-neuron system. In.: *Annual Review of Neuroscience*, v. 27(1), 2004. pp. 169–92.

Schulte-Rüther, M.; Markowitsch, H.J.; Fink, G.R. e Piefke, M. Mirror neuron and theory of mind mechanisms involved in face-to-face interactions: afunctional magnetic resonance imaging approach to empathy. In.: *Journal of Cognitive Neuroscience*, v. 19(8), 2007. pp. 1354–72.

Shaffer, M. e Schiller, D. In search of the brain's social road maps. In.: *Scientific American*, fev. 2020. pp. 23–27.

Stix, G. The 'it' factor. In.: *Scientific American*, Special evolution issue: how we became human, v. 311(3), set. 2014. pp. 72-79.

Sullivan, J. Born to trust: The brain evolution as a social organism: a conversation with Louis Cozolino, PhD. In.: *BrainWorld*, v. 6(2), Winter, 2015. pp. 50-53.

Thaler, R.H. *Misbehaving*: the making of behavioral economics. London: Allen Lane, 2015.

Thaler, R.H. e Sunstein, C.R. *Nudge*: improving decisions about health, wealth, and happiness. New Haven, CT: Yale University Press, 2008.

Tomasello, M.A. *Natural History of human thinking*. Cambridge, MA: Harvard University Press, 2014.

Tomasello, M. e Carpenter, M. Shared intentionality. In.: *Developmental Science*, v. 10(1), 2007. pp. 121-25.

Van der Goot, M.H.; Tomasello, M. e Liszkowski, U. Differences in the nonverbal requests of great apes and human infants. In.: *Child Development*, v. 85(2), 2014. pp. 444-55.

Van Overwalle, F. Social cognition and the brain: a meta-analysis. In.: *Human Brain Mapping*, v. 30, 2009. pp. 829-58.

Watts, D.J. e Dodds, P.S. Influentials, networks and public opinion formation. In.: *Journal of Consumer Research*, v. 34(4), 2007. pp. 441-58.

Wimmer, H. e Perner, J. Beliefs about beliefs: representation and constraining function of wrong beliefs in young children's understanding of deception. In.: *Cognition*, v. 13(1), 1983. pp. 103-28.

Winston, J.S.; Strange, B.A.; O'Doherty, J. e Dolan, R.J. Automatic and intentional brain responses during evaluation of trustworthiness of faces. In.: *Nature Neuroscience*, v. 5(3), 2002. pp. 277-83.

Young, L.J. The neural basis of pair bonding in a monogamous species: a model for understanding the biological basis of human behavior. In.: Wachter, K.W. e Bulatao, R.A. (eds.) *Offspring*: human fertility behavior in biodemographic perspective. Washington DC: The National Academy Press, 2003. pp. 91-103.

Zak, P. Trust, morality – and oxytocin? TED Talks. 2011. Disponível em: <www.ted.com/talks/paul_zak_trust_morality_and_oxytocin>. Arquivado em: <https://perma.cc/888B-664L>.

Capítulo 8

AdAge. *John Wanamaker – special report*: the advertising century. 1999. Disponível em: <https://adage.com/article/special-report-the-advertising-century-johnwanamaker/140185>. Arquivado em: <https://perma.cc/2C8S-H28B>.

Asch, S.E. Effects of group pressure on the modification and distortion of judgments. In.: Guetzkow, H. (ed.) *Groups, leadership, and men*. Pittsburgh: Carnegie Press, 1951. pp. 177–90.

Ashby, F.G. e O'Brien, J.R.B. The effects of positive versus negative feedback on information–integration category learning. In.: *Perception and Psychophysics*, v. 69, 2007. pp. 865–78.

Berger, J. *Invisible influence*: the hidden forces that shape behavior. New York: Simon and Schuster, 2016.

Cialdini, R.B. *Influence*: the psychology of persuasion. New York: HarperCollins, 2007.

Cialdini, R. *Pre-suasion*: a revolutionary way to influence and persuade. London: Random House Books, 2016.

Cialdini, R.B.; Demaine, L.J.; Sagarin, B.J.; Barrett, D.W.; Rhoads, K. e Winter P.L. Managing social norms for persuasive impact. In.: *Social Influence*, v. 1(1), 2006. pp. 3–15.

Cory, G.A. Reappraising MacLean's triune brain concept. In.: Cory, G.A. e Gardner, R. (eds.) *The evolutionary neuroethology of Paul MacLean*: convergences and frontiers. Westport: Greenwood Publishing Group, 2002. pp. 9–27.

Dimitriadis, N. *Neuromarketing is the future*. 2014. Disponível em: <www.ekapija.com/website/en/page/842820/Nikolaos-Dimitriadis-CEO-of-DNA-communications-Neuromarketing-is-the-future>. Arquivado em: <https://perma.cc/8DWY-TF4D>.

Dimitriadis, N. *The illusion of communication and its brain-based solution*. TEDx. Glasgow: The University of Strathclyde, 25 abr. 2015

Dimitriadis, N. e Psychogios, A. Social brain-constructed relational leadership: a neuroscience view of the leader–follower duality. In.: *CAFE Working Papers*, v. 1, Centre for Applied Finance and Economics, Birmingham City Business School. 2020.

Dobelli, R. *The Art of thinking clearly*. London: Spectre, 2013.

Fedor, D.B.; Davis, W.D.; Maslyn, J.M. e Mathieson, K. Performance improvement efforts in response to negative feedback: the role of source power and recipient self-esteem. In.: *Journal of Management*, v. 27, 2001. pp. 79–97.

Festinger, L. *A theory of cognitive dissonance*. Evanston, IL: Row, Peterson, & Co, 1957.

Frazzetto, G. e Anker, S. Neuroculture. In.: *Nature Reviews Neuroscience*, v. 10(11), 2009. pp. 815–21.

French, J.R.P. e Raven, B.H. The bases of social power. In.: Cartwright, D. (ed.) *Studies of Social Power*. Ann Arbor: Institute for Social Research, 1959. pp. 259–69.

Goetz, T. The feedback loop. In.: *Wired*, jul. 2011. pp. 126–133, 162.

Haidt, J. *The happiness hypothesis*: finding modern truth in ancient wisdom. New York: Basic Books, 2006.

Harrington, A. At the intersection of knowledge and values: fragments of a dialogue in Woods Hole, Massachusetts, august 1990. In.: Harrington, A. (ed.) *So human a brain*: knowledge and values in the neuroscience. New York: Springer Science and Business Media, 1992. pp. 247–324.

Heath, C. e Heath, D. *Switch*: how to change things when change is hard. New York: Crown Business, 2010.

Hickson, D.J.; Hinings, C.R.; Lee, C.A.; Schneck, R.S. e Pennings, J.M. A strategic contingencies theory of intra-organizational power. In.: *Administrative Science Quarterly*, v. 16, 1971. pp. 216–29.

Ignatius, A. Influence and leadership. Editorial para edição especial da HBR [Influence: how to get it, how to use it]. In.: *Harvard Business Review online*. 2013. Disponível em: <https://hbr.org/2013/07/influence-and-leadership>. Arquivado em: <https://perma.cc/5K4S-354G>.

Kahneman, D. *Thinking, fast and slow*. New York: Farrar, Straus and Giroux, 2011.

Klucharev, V.; Smidts, A. e Fernández, G. Brain mechanisms of persuasion: how 'expert power' modulates memory and attitudes. In.: *Social Cognitive and Affective Neuroscience*, v. 3(4), 2008. pp. 353–66.

Langer, E.J.; Blank, A. e Chanowitz, B. The mindlessness of ostensibly thoughtful action: the role of 'placebic' information in interpersonal interaction. In.: *Journal of Personality and Social Psychology*, v. 36(6), 1978. pp. 635–42.

Leckart, S. The hackathon is on: pitching and programming the next killer app. In.: *Wired*. Publicado em: fev. 2012. Disponível em: <www.wired.com/2012/02/ff_hackathons/all/1>. Arquivado em: <https://perma.cc/G57S-BMFN>.

MacLean, P.D. *The triune brain in evolution*: role in paleocerebral functions. New York: Plenum Press, 1990.

Mechanic, D. Sources of power of lower participants in complex organizations. In.: *Administrative Science Quarterly*, v. 7, 1962. pp. 349-64.

Mercier, H. e Sperber, D. *The enigma of reason*: a new theory of human understanding. London: Allen Lane, 2017.

Montag, C. e Panksepp, J. Primary emotional systems and personality: an evolutionary perspective. In.: *Frontiers in Psychology*, v. 8, 2017. p. 464.

Newberg, A. e Waldman, M.R. *Words can change your brain*: 12 conversational strategies to build trust, resolve conflict and increase intimacy. New York: Hudson Street Press, 2012.

Patchen, M. The locus and basis of influence on organizational decisions. In.: *Organizational Behavior and Human Performance*, v. 11, 1974. pp. 195-221.

Pettigrew, A. Information control as a power resource. In.: *Sociology*, v. 6, 1972. pp. 187-204.

Pribram, K.H. Pribram and MacLean in perspective. In.: Cory, G.A. e Gardner, R. (eds.) *The evolutionary neuroethology of Paul MacLean*: convergences and frontiers. Westport: Greenwood Publishing Group, 2002. pp. 1-8

Psychogios, A.; Antonacopoulou, A.; Nyfoudi, M.; Blakcori, F. e Szamosi, T.L. How does feedback matter for the sustainability of organizational routines? In.: *Annual Meeting of the Academy of Management*, ago. 2018. Paper 16801. Chicago.

Psychogios, A.; Blakcori, F.; Szamosi, L. e O'Regan, N. From feeding-back to feeding-forward: managerial feedback as a trigger of change in SMEs In.: *Journal of Small Business and Enterprise Development*, v. 26(1), 2019. pp. 18-42.

Renvoise, P. e Morin, C. *Neuromarketing*: understanding the 'buy buttons' in your customer's brain. San Francisco: SalesBrain LLC, 2007.

Sullivan, J. Born to trust: the brain evolution as a social organism – a conversation with Louis Cozolino, PhD. In.: *BrainWorld*, v. 6(2), Winter, 2015. pp. 50-53.

Yeung, R. *I is for influence*: the new science of persuasion. London: Macmillan, 2011.

Considerações finais

Arons, M.D.S.; van den Driest, F. e Weed, K. The ultimate marketing machine. In.: *Harvard Business Review*, v. 92(7), jul.-ago. 2014. pp. 54-63.

Bradbury, H. e Lichtenstein, B. Relationality in organizational research: exploring the 'space between'. In.: *Organization Science*, v. 11(5), 2000. pp. 551–64.

Dihn, J.; Lord, R.G.; Gardner, W.; Meuser, J.D.; Liden, R.C. e Hu, J. Leadership theory and research in the new millennium: current theoretical trends and changing perspectives. In.: *The Leadership Quarterly*, v. 25, 2014. pp. 36–62.

Dimitriadis, N. e Psychogios, A. Social brain-constructed relational leadership: a neuroscience view of the leader–follower duality. In.: *CAFE Working Papers*, v. 1, Centre for Applied Finance and Economics, Birmingham City Business School. 2020.

Donoghue, J. Neurotechnology. In.: Marcus, G. e Freeman, J. (eds.) *The future of the brain*: essays by the world's leading neuroscientists. Princeton: Princeton University Press, 2015. pp. 219–33.

Dunbar, R.I.M. The social brain hypothesis. In.: *Evolutionary Anthropology*: issues, news, and reviews, v. 6(5), 1998. pp. 178–90.

Duncan, A. *Mind-reading technology is closer than you think*. 2019. Disponível em: <www.fastcompany.com/90388440/mind-reading-technology-is-closer-than-you-think>. Arquivado em: <https://perma.cc/CF9U-DYYX>.

Eveleth, R. I emailed a message between two brains. In.: *BBC*. 2015. Disponível em: <www.bbc.com/future/story/20150106-the-first-brain-to-brain-emails>. Arquivado em: <https://perma.cc/NB5F-PFU2>.

Gamble, C.; Gowlett, J. e Dunbar, R. *Thinking big*: how the evolution of social life shaped the human mind. London: Thames and Hudson, 2014.

Grau, C.; Ginhoux, R.; Riera, A.; Nguyen, T.L.; Chauvat, H.; Berg, M.; Amengual, J.L.; Pascual-Leone, A. e Ruffini, R. Conscious brain-to-brain communication in humans using non-invasive technologies. In.: *PLOS ONE*, v. 9(8), e105225, DOI: 101371/journalpone0105225. 2014.

Jiang, L.; Stocco, A.; Losey, D.M.; Abernethy, J.A.; Prat, C.S. e Rao, R.P. Brainnet: a multi-person brain-to-brain interface for direct collaboration between brains. In.: *Scientific Reports*, v. 9(1), 2019. pp. 1–11.

Kaku, M. *The future of the mind*: the scientific quest to understand, enhance, and empower the mind. New York: Anchor Books, 2015.

Kotter, J.P. Accelerate! In.: *Harvard Business Review Press*, 2012.

Kotter, J.P. XLR8: building strategic agility for a faster-moving world. In.: *Harvard Business Review Press*, 2014.

Marcus, G. e Freeman, J. Prefácio. In.: Marcus, G. e Freeman, J. (eds.) *The future of the brain*: essays by the world's leading neuroscientists. Princeton: Princeton University Press, 2015. pp. xi–xiii.

Markram, H. Seven challenges for neuroscience. In.: *Functional Neurology*, v. 28(3), 2013. pp. 145–51.

Moses, D.A.; Leonard, M.K.; Makin, J.G. e Chang, E.F. Real-time decoding of question-and-answer speech dialogue using human cortical activity. In.: *Nature Communications*, v. 10(1), 2019. pp. 1–14.

Nishimoto, S.; Vu, A.T.; Naselaris, T.; Benjamini, Y., Yu, B. e Gallant, J.L. Reconstructing visual experiences from brain activity evoked by natural movies. In.: *Current Biology*, v. 21(19), 2011. pp. 1641–46.

O'Boyle, E.J. Requiem for Homo Economicus. In.: *Journal of Markets and Morality*, v. 10(2), 2007. pp. 321–37.

Psychogios, A. e Garev, S. Understanding complexity leadership behaviour in SMEs: lessons from a turbulent business environment. In.: *Emergence*: Complexity and organization, v. 14(3), 2012. pp. 1–22.

Rao, R.P.N.; Stocco, A.; Bryan, M.; Sarma, D.; Youngquist, T.M. e Wu, J. A direct brain-to-brain interface in humans. In.: *PLOS ONE*, v. 9(11), e111332, DOI: 101371/journalpone0111332. 2014.

Requarth, T. This is your brain. This is your brain as a weapon. In.: *Foreign Policy*. Publicado em: 14 set. 2015. Disponível em: <https://foreignpolicy.com/2015/09/14/this-is-your-brain-this-is-your-brain-as-a-weapon-darpa-dual-use-neuroscience>. Arquivado em: <https://perma.cc/AY6E-ZN59>.

Rogers, S. Brain–computer technology is accelerating: Will we soon be typing with our minds? In.: *Forbes*. Publicado em: 25 set. 2019. Disponível em: <www.forbes.com/sites/solrogers/2019/09/25/brain-computer-technology-is-accelerating-will-we-soon-be-typing-with-our-minds/#4b78fadd483c>. Arquivado em: <https://perma.cc/PX3Z-BAUQ>.

Uhl-Bien, M. Implicit theories of relationships in the workplace. In.: Schyns, B. e Meindl, J.R. (eds.) *Implicit leadership theories:* essays and explorations. Greenwich, CT: Information Age Publishing, 2005. pp. 103–33.

Uhl-Bien, M. Relational leadership theory: exploring the social processes of leadership and organizing. In.: *The Leadership Quarterly*, v. 17(6), 2006. pp. 654–76.